大变局：全球与中国经济脉动

陈四清　主编

中国金融出版社

责任编辑：黄海清
责任校对：潘　洁
责任印制：陈晓川

图书在版编目（CIP）数据

大变局：全球与中国经济脉动/陈四清主编. —北京：中国金融出版社，2019.1
ISBN 978-7-5049-9817-0

Ⅰ.①大…　Ⅱ.①陈…　Ⅲ.①世界经济—研究②中国经济—经济发展—研究　Ⅳ.①F11②F124

中国版本图书馆CIP数据核字（2018）第239838号

大变局：全球与中国经济脉动
Dabianju：Quanqiu yu Zhongguo Jingji Maidong
出版发行　中国金融出版社
社址　北京市丰台区益泽路2号
市场开发部　（010）63266347，63805472，63439533（传真）
网上书店　http://www.chinafph.com
（010）63286832，63365686（传真）
读者服务部　（010）66070833，62568380
邮编　100071
经销　新华书店
印刷　北京市松源印刷有限公司
尺寸　169毫米×239毫米
印张　31.5
字数　468千
版次　2019年1月第1版
印次　2019年1月第1次印刷
定价　95.00元
ISBN 978-7-5049-9817-0

把握新形势下的全球与中国大势

陈四清

40年前，中国改革开放号角吹响，拉开了中国经济持续快速稳定发展的序幕。10年前，国际金融危机爆发，冲击了世界经济金融秩序。当前，国际国内形势日趋复杂，全球经济增长动力不足，国际开放合作共识减弱，中国经济社会结构面临深刻转变。在这个特殊的历史时刻，深入分析全球经济运行特点和中国经济重大变革，科学研判国内外经济金融大势，有助于为更好更快地实现经济金融发展目标提供决策依据。

一、全球经济不确定性、不稳定性增强

国际金融危机以来，国际力量对比发生深刻变化，全球经济金融体系处在历史转折点上，不确定性、不稳定性显著增强。尽管全球经济仍在扩张，但增长动能减弱，区域分化加剧，贸易保护主义抬头，金融脆弱性上升。2018年10月，IMF预计未来两年全球经济增长率仍将达到3.7%（按PPP法计算），但较上次预测下调了0.2个百分点。当前，全球经济运行有几个鲜明的特点：

一是全球增长即将见顶。全球经济扩张进入平顶阶段，各国增长出现不同步性。美国增长势头短期内仍相对强劲，失业率降至次贷危机以来最低水平。欧元区增长势头放缓，社会内部矛盾上升，主要大国经济复苏不如预期。

全球复苏开始分化，助推全球增长退潮，加剧国际金融市场震荡。

二是货币政策开始转向。在经历了长期的低利率环境后，主要国家货币政策开始转向。美联储持续推进货币政策正常化与缩表进程，引发“美元荒”，美国10年期国债收益率已突破3%关口。欧洲央行在2018年底停止购债，预计最快在2019年中开启加息进程，日本央行购债规模悄然收缩，新兴经济体纷纷加息。全球流动性正面临紧缩，系统性风险可能上升，市场自满情绪与高企的资产价格面临回调风险，汇率、利率、股市、债市、大宗商品价格等都将面临更大振荡。

三是国际秩序深刻调整。美国奉行单边主义和保护主义，对各国采取了贸易保护主义措施，遭到了多国的抵制与反对。国际贸易紧张局势愈演愈烈，对全球经济增长、消费投资、商业信心与资产价格带来重大威胁。美国发起的贸易战损害了全球产业链，可能把世界经济带入“冷战陷阱”“衰退陷阱”“反契约陷阱”“不确定陷阱”，进而引发新一轮经济与金融动荡。与之相反，中国、欧盟、日本、加拿大、墨西哥等国积极寻求改善经贸秩序，一方面积极推动世界贸易组织改革，另一方面加快区域贸易合作谈判，国际经贸秩序处于调整重塑之中。

四是新兴市场风险上升。历史上，在美联储加息周期中，新兴市场都经历了痛苦的调整过程。2018年以来，美元指数一度快速上涨，对新兴市场造成严重冲击，土耳其和阿根廷首当其冲，印度尼西亚、南非、菲律宾等国家也受到不同程度的影响。诸多新兴市场国家面临财政和经常账户“双赤字”，过去五年来这一问题不仅没有好转，反而出现不同程度恶化，极易导致经济滞胀、国际资本大规模外流，进而有可能演化为新的金融风险乃至危机。

二、中国经济进入大调整的关键时期

党的十九大报告勾勒了中国发展的宏伟蓝图，即在2020年全面建成小康社会的基础上，到2035年将基本实现现代化，到2050年将建成富强民主文明和谐美丽的社会主义现代化强国。新目标带来新要求和新变化，中国经济更加注重高质量发展，正经历一系列重大变革。

首先，经济结构加快调整。供需结构方面，经济增长动能加快转换，服务业在GDP中的占比已超过60%。消费成为经济发展的主动力，2018年上半年，消费贡献率达到78.5%的高点。城乡一体化持续推进，2017年常住人口城镇化率达到58.52%。人口结构方面，2017年60岁以上人口比例为17.3%，人口老龄化持续加重，养老、医疗、健康等需求不断增加。未来，中国经济结构仍将持续调整，“服务化”“消费化”、城镇化和老龄化特征更加凸显。预计2035年服务业占GDP的比重将超过65%，消费贡献率稳定在70%甚至更高，城镇化率有望达到70%，60岁以上人口比重将超过1/4。

其次，创新活力持续迸发。中国科技创新能力显著提升，主要创新指标进入世界前列。根据世界知识产权组织（WIPO）发布的报告，2018年中国首次进入全球最具创新性的前20大经济体之列，在全球126个经济体中排名第17位。未来，中国将把创新摆在国家发展全局的核心位置，搭建高效率创新体系，激发全社会创新活力，尽早摆脱关键核心装备和技术受制于人的局面。预计2035年中国研发投入强度将达到3%左右，科技进步贡献率将超过65%，稳居创新型国家行列。

再次，开放大门越开越大。中国对外开放质量不断提升，对外贸易和投资结构优化，对外投资从劳动密集型向技术、资本密集型转变。2018年前三季度，一般贸易比重达到58.4%，机电产品占出口总值的58.3%，知识密集型服务出口增速达到20%以上。对外开放更加注重管理模式与国际接轨。中国已设立了上海、广东、天津、福建等十多个自贸区，持续放宽市场准入，加快与国际标准、规则对接，并探索更高水平的经贸规则。同时，中国将“一带一路”作为新一轮对外开放的战略支点，打造顺应全球化的最广泛国际合作平台。

最后，人民生活持续改善。中国居民收入增长较快，生活水平显著提高，生态环境有所好转，公共服务更加完善，稳步迈向全面小康社会。2018年前三季度，全国居民人均收入增长6.6%，快于人均GDP增速；居民恩格尔系数降至28.5%，进入联合国划分的20%~30%的富足区间。绿色发展成效显著，2018年前三季度单位GDP能耗同比下降3.1%，空气质量优良天数比例达到81%。同时，中国织起全球最大的医保网，大规模棚户区改造稳步推进，脱贫攻坚战扎实开展。预计2035年人民生活将更为宽裕，中等收入群体比例超过全国人口的一半，城乡区域差距和居民收入差距显著缩小，基本公共服务均等化基本实现，向共同富裕目标稳步迈进。

三、应对全球与中国经济新形势的战略抉择

面对国内外经济金融形势的新变化、新挑战，中国需要站在全球视野、立足本国国情，加强顶层设计，深化供给侧结构性改革，扩大全方位对外开放，妥善应对各种风险挑战，保持经济健康平稳发展，从多个层次、更高领域提升中国综合竞争力，推动世界经济再平衡和可持续增长。

一是加快中国经济向高质量发展方式转变。稳中求进工作总基调是做好经济工作的方法论，稳是主基调，稳是大局。在追求合理经济增速的同时，要推动结构优化和质效提升，增强经济的平衡性、协调性和可持续性。要牢固树立五大发展理念，全面对标高质量发展要求，全面激发发展动力和活力，充分调动企业家、创业者积极性，切实提高供给体系质量和效率，大力实施创新驱动发展战略，增强区域发展协同性，着力补齐民生短板。

二是加快制造业向全球价值链中高端转变。要从战略高度重视制造业转型升级。面向新一轮全球价值链变革，积极转变制造业发展模式，稳定增加研发经费投入，推动产学研一体化，增强技术创新能力，在更高水平上融入全球分工体系，谋求在全球价值链中地位的提升。坚持“引进来”“走出去”并举，加快提升设计、研发、营销等能力，培育向全球价值链中高端延伸的国际竞争新优势，在巩固“中国制造”“中国加工”地位的同时，重点推动形成“中国创造”“中国营销”“中国品牌”。支持中国制造企业“走出去”，开拓多元化市场，在全球范围内优化生产经营流程和要素配置。

三是加快开放格局向制度型开放转变。过去40年，我国大力推动商品和要素流动型开放，成为世界货物贸易第一大国、外资流入第二大国，但在国内规则与国际通行规则接轨上，在主动参与制定国际规则上，还存在一定的差

距。中国既要继续做好国际规则遵守者和维护者，又要探索做好国际规则制定者和推动者。要坚定维护多边贸易体制，促进贸易和投资自由化便利化，反对各种形式的贸易和投资保护主义。要放宽市场准入，全面实施准入前国民待遇加负面清单管理制度，保护外商在华合法权益特别是知识产权，允许外资在更多领域实行独资经营。积极参与区域贸易协定谈判，争取早日谈成区域全面经济伙伴关系和中日韩自由贸易协定，进一步推动亚太自贸区建设。

四是加快金融体系向融通全球型转变。一国金融体系配置全球资本的能力越强，越有利于在全球范围内整合资源，进而拓展市场、降低成本、提高效益，推动该国企业变大变强。中国金融业应加快拓展国际化布局，加大对重点地区尤其是“一带一路”沿线布局力度，提升现有机构辐射能力，发挥全球资本整合者的作用。要完善金融基础设施，稳步推进人民币国际化，稳步推进金融市场双向开放。加大支持上海国际金融中心建设力度，巩固提升香港国际金融中心地位，更多吸引全球资本聚集。

习近平总书记指出，“认识世界发展大势，跟上时代潮流，是一个极为重要并且常做常新的课题”。国际形势风云变幻，合作共赢是唯一正确选择；国内经济深刻变化，改革开放是重要应对法宝。这既是经济规律使然，也符合人类历史逻辑。未来，要以习近平新时代中国特色社会主义思想为指导，扎实践行五大新发展理念，发挥市场在资源配置中的决定性作用，更好地发挥政府作用，把握好经济金融发展大势，全力推动高质量发展，我国一定能够实现“两个一百年”奋斗目标。

目 录

○○○ Contents

第一章
全球经济金融发展

第一节　美国经济

美联储加息的意图、潜在影响及对策

自2009年7月开始，美国经济开始了稳步复苏，美联储在2015年12月启动了危机以来的首次加息，将联邦基金目标利率区间提高25个基点至0.25%~0.5%。作为非常规货币政策正常化背景下的加息周期，与以往相比，当前美国经济复苏基础较弱，并没有物价急速上涨的压力，未来加息节奏还面临新兴市场溢回效应冲击和特朗普新政不确定性影响。美联储加息进程将对全球和我国经济金融市场造成较大外溢影响，可能引发局部或全球性的经济危机，对我国跨境资本流动、人民币汇率、资产价格和人民币国际化业务带来困扰。我国可以通过加快推进经济转型和结构改革，将宏观经济政策、宏观审慎监管与资本管制措施相结合，完善人民币汇率形成机制，动态调整外币融资币种，深化外商投资管理体制改革等措施，做好风险应对。

一、2015年开启的加息周期与之前加息周期的异同点

（一）20世纪80年代以来的六轮加息周期背景

1980年以来，美联储共经历了六轮较为明显的加息周期。

第一轮是两次石油危机背景下的加息周期（1980年8月至1981年5月、1983年3月至1984年8月），其间还出现了利率回调现象（见图1-1）。

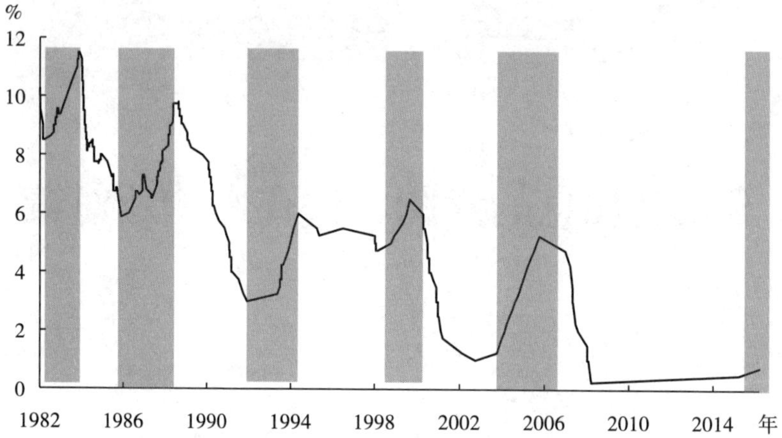

资料来源：Wind，中国银行国际金融研究所。

图 1-1　美国联邦基金目标利率历史走势

20世纪70年代，美国深陷滞胀泥潭，美元持续贬值。1973年、1979年两次石油危机导致原油价格暴涨，从1979年的15美元/桶涨至1981年2月的39美元/桶。石油危机给美国带来了输入型通胀，加之当时全球央行普遍超发货币，导致20世纪70年代中后期美国经济增速放缓、物价飞涨、失业率大增、美元持续贬值。到1980年6月，美元指数较1976年峰值下跌超过20%。时任美联储主席的保罗·沃尔克于1980年8月至1981年5月采用超常规手段压制通胀，联邦基金有效利率从9.5%上升到历史最高水平19%。美元利率飙升拉动美元指数止跌回升，通货膨胀也得到极大程度的遏制。

但是沃尔克的超常规加息措施导致美国经济在1981年7月开始急剧衰退。1981年里根上台，大力推进“里根经济学”，即减税和放松管制的供给改革。到1983年，改革开始见效，美国经济强势复苏，失业率开始下降，通胀再起。于是美联储在1983年2月至1984年8月开始了“正常情况下”的一轮加息，共加息12次，将目标利率从 8.5%上调至11.5%。

第二轮是《广场协议》与“87股灾”背景下的加息周期（1987年1月至

1989年5月），基准利率从5.875%上调至9.8125%，其间也出现了短期利率回调现象。

从1985年开始，美国通胀率迅速抬头。CPI指数（1978年=100，下同）从1984年的119.9快速攀升至1985年的131.1，至1989年达到209.9，年均增幅高达12%。与此同时，美元强势一方面给美国造成巨大的贸易逆差，另一方面也给各发达经济体带来了输入型通胀。于是1985年9月，美国、德国、法国、英国和日本签订《广场协议》，决定共同干预市场，令美元对主要货币大幅贬值，美国巨额贸易赤字开始缩减，经济强劲复苏，核心通胀再度飙升，美国货币政策在1986年后逐步收紧。

然而1987年发生的“股灾”导致美联储紧急降息救市，加息进程出现暂时倒退。由于救市及时，股市下跌对经济影响不大，1988年起通胀继续上扬，美联储重启加息进程，共加息17次，利率从6.5%最终升至 9.75%。此轮紧缩使经济增长放缓，加上随后的油价上涨和1990年8月开始的第一次海湾战争严重影响了经济活动，货币政策又迅速转向宽松。

第三轮是“通胀恐慌下”的加息周期（1994年2月至1995年2月），加息7次，基准利率从3%上调至 6%。

1990年和1991年美国经济增速放缓，1991年GDP 同比增速甚至降为-0.1%。为了应对经济衰退，美联储实行宽松货币政策，削减利率至3%。宽松举措取得了不错效果，1992年经济增速开始回升，GDP同比增速达到3.6%，之后几年也维持在2.5%以上。但宽松举措的不良后果逐步显现，从1993年开始通胀飙升，1993—1995年通胀定基指数年均增速高达18.6%。为了对冲通胀影响，美联储开始逐步加息。前三次美联储先是小幅加息25个基点，随后提高每次加息幅度至50个基点，最终将基准利率从3%提高至6%，使通胀得到控制，债券收益率大幅下降。

第四轮是亚洲金融危机、互联网泡沫下的加息周期（1999年6月至2000年5月），加息6次，基准利率从4.75%上调至6.5%。

进入20世纪90年代中后期，美国经济开启强势增长模式，助推美元指数大幅飙升。受全球化、放松管制、金融自由化、IT技术革命的共同推动，美国在20世纪90年代中后期保持了低通胀、低失业、高增长的经济奇迹，GDP增速长期维持在4%以上，互联网泡沫加速膨胀。1998年美联储将利率下调50个基点以应对亚洲金融危机，互联网热潮令 IT投资增长，经济出现过热倾向，美联储旋即再次收紧货币政策，将利率从 4.75%上调至 6.5%。

第五轮是房地产泡沫下的加息周期（2004年6月至2006年6月），加息17次，基准利率从1%上调至5.25%。

2000年互联网泡沫破灭和纳斯达克指数崩溃后，美国经济再次陷入衰退，“9・11 事件”更令经济和股市雪上加霜。美联储随即转向，从2001年开始，在三年内将联邦基金目标利率从6.5%降至1%。低利率极大地刺激了美国房地产泡沫，次贷加速扩张。2003年下半年经济强劲复苏，需求快速上升拉动通胀和核心通胀抬头，2004年美联储开始收紧政策，连续 17次分别加息 25个基点，直至达到2006年6月的 5.25%。此轮加息周期引发了美国房地产泡沫破灭，进而引爆了2007—2008年国际金融危机。

第六轮是非常规货币政策逐步退出的加息周期（2015年12月开始），截至2017年底已加息五次，目标利率区间从0~0.25%上调至1.25%~1.5%。

2008年国际金融危机爆发之后，美国经济连续两年负增长。为了应对半个多世纪以来最严重的金融危机，美联储在短期内将联邦基金目标利率由4.25%降至0.25%的历史低点，并持续七年之久。其间还推出三轮总额高达3万多亿美元的量化宽松政策（QE），美联储资产负债表规模也从危机前的8000多亿美元飙升至4.5万亿美元。随着经济逐步企稳回升，家庭和企业资产负债表逐渐修复，美联储于2014年底宣布退出量化宽松政策，在2015年底将联邦基金目标利率上调25个基点，开启了近10年来的首次加息。

（二）历次加息的主要意图

美联储加息决定主要服务于本国经济发展需要，这可以从美联储利率决策框架中得到印证。美联储主要采用基于规则的方法（如泰勒规则），作为联邦基金利率目标的决策框架。根据该规则，美联储将利率设定为通货膨胀和产出对其自然水平偏离的函数，当产出缺口为负（正）以及通货膨胀超过（低于）目标值时，应提高（降低）名义利率。采用这一框架使美联储利率决策具有相对确定性、稳定性以及可预测性。

综合上述六轮加息历程，可以发现美联储加息意图主要有两方面：一是抑制通胀，防止物价过快上涨，伤害居民消费和经济增长。这在20世纪80年代、90年代初的加息周期中表现较为明显。二是避免经济过热和资产泡沫，这在互联网泡沫和房地产泡沫加息周期中表现较为明显。

尽管美联储历次加息均对世界其他国家和地区产生重大影响，如20世纪80年代的拉美债务危机、1997年亚洲金融危机和2008年国际金融危机等。但这只是加息的副产品，根本原因还是此类国家经济结构和经济基本面出现问题，加息只是加速问题爆发，而非美国故意针对为之。当前全球经济金融市场高度融合，2015年美国经济总量占全球的23%，美元处于国际货币体系核心位置，美国经济对全球的外溢效应大。加息会导致国际资本流动方向逆转，新兴经济体融资成本和外债偿还负担加重、货币加速贬值，最终导致局部危机发生，这也会对美国经济带来负反馈效应。因此，从主观上来说，美联储也不会故意“杀敌一千，自损八百”，加息决议主要还是考虑美国经济发展需要。

历史总是相似的，2015年开启的加息周期中，美联储有预留政策空间、防范经济过热与资产泡沫风险的目的。

2008年国际金融危机发生前，美国的整体杠杆率、私有部门杠杆率及其增速均大幅超过可持续标准。危机爆发后，美国政府为了避免经济衰退，在危机之初果断采取赤字预算，通过量化宽松政策和低利率政策大力加杠杆，取代私有部门去杠杆留下的空白。美国经济在经历了2008—2009年连续两年负增长后，在2010年领先其他发达国家率先开启复苏进程。

在衰退发生后实施宽松货币政策具有推高股市、修复企业资产负债表的作用，但长期使用则适得其反，难以解决结构性停滞问题，使高风险资产和虚拟经济过度膨胀，从而影响劳动生产率和经济长期增长。美联储逐渐意识到这一问题，从2015年开始逐渐通过缓慢加息和缩减资产负债表来抑制高风险资产继续膨胀，推动资金流入实体经济，避免再次发生类似2008年国际金融危机的市场风险。

二、美联储未来加息路径和影响因素

美联储未来加息路径。不同于历次加息，此次美联储是在资产负债表空前膨胀、金融体系流动性十分充裕以及经济复苏前景仍不完全明朗的情况下推进货币政策正常化进程。这既要协调好加息和缩减资产负债表之间的关系，避免流动性急剧收缩对金融体系及实体经济造成严重冲击，又要确保在加息过程中实现对利率的有效把控，使其真实反映美联储的政策意图，因此美联储需要建立新的利率变化框架。

考虑到2015年以来的加息周期起点的各项经济指标普遍低于历史水平，加息幅度过大不仅会引发美国国内经济过度紧缩，还会使美国财政压力过大，因此初步判断此轮加息的幅度将低于2004—2006年的水平，频率上也将低于两年17次加息的情形。但考虑到此轮加息应对的是长期缓慢复苏的经济形势，不排除加息周期持续时间较长的情况。

美联储对未来较长时期内中立利率水平的判断，直接影响美联储未来升息的频率及幅度。中立利率是指能够满足经济长期潜在增长需要，维持充分就业，不会引发通货膨胀，并且使资金供求保持均衡的利率。2017年底，美联储关于未来中立利率的预期值为3%左右。基于这一思路，对美联储的加息节奏可采取倒推方式。基于美联储对未来中立利率的预期值以及达到该水平的大致时间，倒推美联储可能的升息频率和幅度。2018年将加息4次左右，之后每年加息2次左右，加息将持续到2020年前后。

美联储未来加息决策面临不确定性。耶伦就任美联储主席以后，美联储的利率决策框架在泰勒规则的基础上又出现了新变化，这集中体现在两个方面：一是决策因素扩展到金融市场和外部经济。过去美联储利率决策主要考虑本国实体经济发展需要，而较少考虑外部影响和金融市场环境。随着经济金融全球化的发展，外部经济和金融市场因素在美联储利率决策框架中的地位和重要性逐渐凸显。二是耶伦时期美联储更加强调决策对数据的依赖，更加具有自主权衡特征。过去美联储利率决策主要关注相对稳定的季度同比数据，但当前美联储更加关注议息会议召开当月的环比数据和边际增量。月度环比数据波动性太大，直接导致美联储决策的波动性和不确定性，更加具有自主权衡的色彩，使市场对加息判断莫衷一是，无法达成一致。

因此，考虑到上述变化，未来美联储加息决策可能还会受外部溢回效应和特朗普新政下经济数据走势影响。一方面，从以往加息周期历史经验看，如果美联储加息力度过大、节奏过快，可能引发局部甚至全球性的金融危机。自2014年以来，新兴经济体资本一直在持续外流，尤其是亚太新兴经济体2016年资本外流规模达到了3263.3亿美元（见图1–2）。如果再次发生类似1998年的亚洲金融危机，将会对美国产生较大的溢回效应，冲击美国金融市场，影响长期经济发展，进而延缓加息进程。

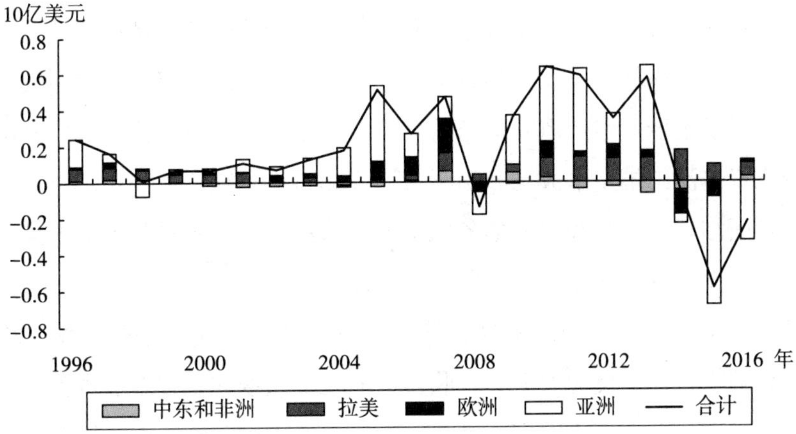

资料来源：IIF，中国银行国际金融研究所。

图 1–2　新兴经济体资本净流动情况

另一方面，特朗普新政的长期效果和可持续性有待观察。积极的财政政策在短期会提振经济发展水平，刺激物价回暖，加快美联储加息节奏。但长期来看，美国政府财政空间有限，特朗普5500亿~10000亿美元的财政支出可能会使政府债务很快达到上限，政府面临关门风险，过快上涨的利率也会加重政府债务负担，财政政策推行空间有限，阻力重重。因此，激进的财政政策或令美国经济短升长降、货币短紧长松。

三、美联储加息对国际及我国经济金融的影响

（一）美联储加息对国际经济金融的影响

第一，美联储加息可能引发局部或全球性危机。从长周期看，美联储历次加息均对世界其他国家和地区经济产生较大影响，包括20世纪80年代的拉美债务危机、90年代的墨西哥金融危机、1997年亚洲金融危机和2008年国际金融危机等。由此可见，2015年以来的加息需要重点防范的仍然是新兴市场国家，尤其是重债国、过度依赖外资国以及汇率、金融市场不健全的国家。

美国货币政策收紧容易引发资本外逃和国际大宗商品价格变动，对发展中国家或新兴经济体造成冲击，进而对其基础设施建设和经济可持续发展产生负面影响。美联储加息不仅将抬升美国利率水平，同时也将提升国际流动性紧缩预期，引发全球股市等风险资产价格下跌，推动国际资本回流美国及美元升值，造成资本流出国金融波动和国际大宗商品价格下跌。尤其对部分存在“双赤字”且面临较大银行和主权债务风险的新兴经济体，不排除因资本外流和外债负担加重而爆发金融乃至经济危机的可能。

第二，对美国经济有利有弊。随着短期利率上升预期增强，短、中、长期的市场利率将提前反应并上升，收益率曲线形状变陡，资金成本面临全面上升压力。这可能抑制房屋按揭市场需求，对美国房地产市场复苏产生影响。2008年以来的超低利率环境使美国金融市场存在许多非正常的逐利机制，风险大幅上升，利率正常化将使诸多扭曲因素回归常态。加息影响收入再分配，有利于债权人、储蓄者或固定收入者，对长期投资和经济增长有一定促进作用，但将增加美国政府的偿债成本。加息增加美元升值压力，抑制美国出口。

第三，全球金融市场格局将发生变化。美联储是全球最重要的中央银行，收缩货币政策相当于减少全球流动性。全球市场的借贷成本会提高，许多经济体借贷成本会随之上升。美国货币政策收紧，将对美元指数形成坚实支撑，美元走强格局仍会持续。欧洲、日本经济温和复苏，与美国货币政策分化明显，欧元、日元、英镑兑美元汇率仍将低位徘徊。美元大幅升值，大宗商品

价格持续低迷，加剧大宗商品出口国、外资依赖国与美元负债较高国家的货币贬值，如加拿大元、澳大利亚元、巴西雷亚尔、南非兰特、智利比索、马来西亚林吉特等。

（二）美联储加息对我国经济金融的外溢影响

鉴于美国和美元在世界经济金融体系中的特殊地位，美联储实现货币政策正常化将会对双边经贸联系和金融交往密切的中国产生较强的外溢影响，跨境资本流动、人民币汇率稳定、经常账户盈余、企业融资成本以及海外投资战略等都会受到影响。

第一，跨境资本外流压力增加。境内外息差缩窄叠加中国经济下行、人民币贬值预期等因素，将对中国资本外流产生持续压力。根据我们的测算，2015年和2016年中国跨境资本净流出规模均超过5500亿美元（见图1–3）。美国经济稳固复苏，美联储仍处于加息周期，国内市场主体将积极优化本外币负债结构，加快全球资产配置步伐，境外资本流入也将进一步收缩，为维持汇率稳定外汇储备也有可能继续下降，地下钱庄和虚假贸易等非正规渠道下的资本外流也有可能加剧，资本外流风险较大。

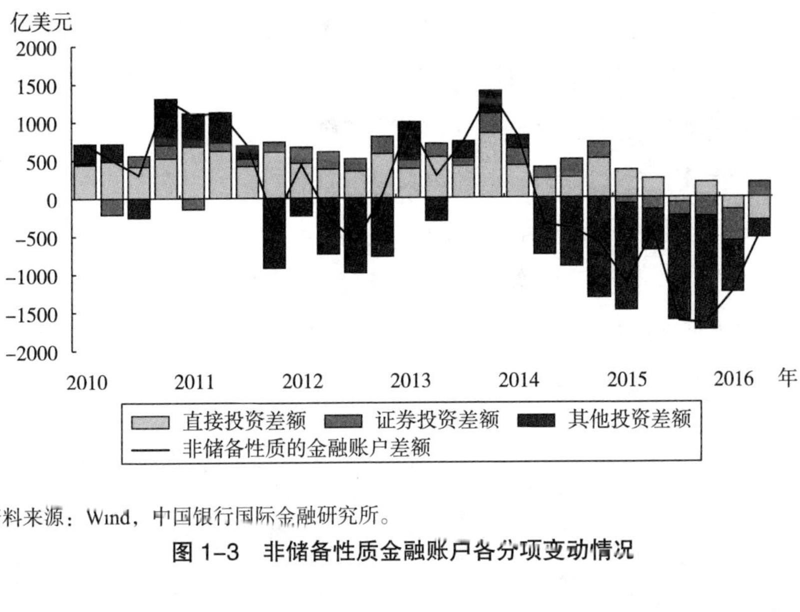

资料来源：Wind，中国银行国际金融研究所。

图 1–3　非储备性质金融账户各分项变动情况

第二，人民币仍有贬值压力。虽然人民币逐渐与美元脱钩，但很大程度上还受美元汇率走势影响。美国经济强势奠定了未来美元强势的基础，加上我国跨境资本外流压力仍然存在，人民币仍有阶段性贬值预期，短期内波动可能加剧（见图1–4）。

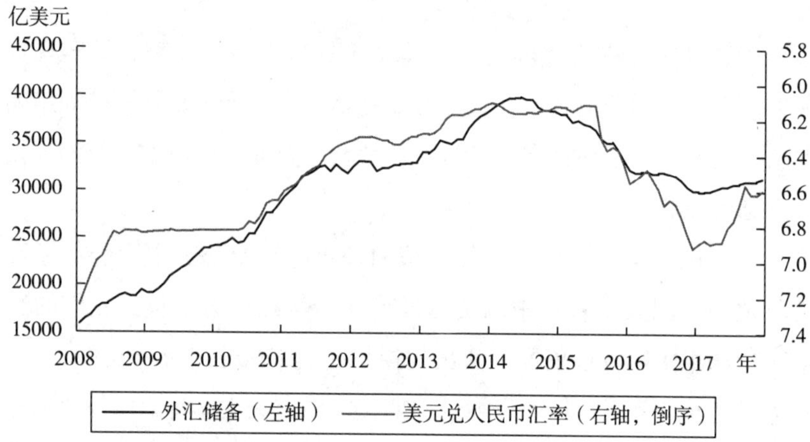

资料来源：Wind，中国银行国际金融研究所。

图 1–4 人民币汇率和外汇储备余额

第三，国内资本市场价格承压。美联储加息将导致我国跨境资本外流增加，跨境资本流动中热钱和短期流动资本占一定比重，主要以套利投机为目的。这部分资本流入我国后一般不会进入实体经济领域，而是进入股市、楼市等虚拟经济领域，推高资产价格，带来通货膨胀压力。在资本外流和房地产市场加强调控背景下，这部分跨境资本将率先流出，对我国资本市场价格带来巨大冲击，加剧股市、债市和房地产市场的波动。

第四，国内企业美元融资成本和存量债务负担增加。美联储加息导致全球市场利率中枢上移，同时美联储货币政策正常化将在中期促使美元流动性趋紧，国内企业境外美元负债成本上升。根据国际金融协会（IIF）的测算，在美联储低利率背景下，2016年中国外债支付的平均利率为3%，2017年进一步提高到3.5%。此外，美元升值也使存量美元债务负担增加。

第五，人民币国际化业务推进将遇阻。一方面，美联储加息之后，人民币存在贬值压力，境外投资者持有人民币热情下降，境外机构和个人持有的境内人民币资产规模下降，离岸市场存量人民币减少，境外人民币融资成本上升。另一方面，人民币趋贬，海外投资者不愿购买以人民币计价发行的债券。截至2017年底，中国香港人民币存款余额降至5591.4亿元，较2014年的峰值下降约一半。2017年离岸人民币债券发行869.15亿元，较上一年下降51.4%。

第六，中国企业和金融机构海外投资风险增大。在“一带一路”背景下中国企业和金融机构对新兴市场投资快速增加，美联储加息后新兴市场存在较大的货币贬值和资本外逃压力，债务风险骤升，这将给中国企业和金融机构的海外资产安全带来严峻挑战。

四、我国应对美联储加息的对策建议

第一，加快推进经济转型和结构改革，稳增长乃应对风险之根本。美联储加息给中国带来的诸多外溢影响只是外因，内因是中国经济下行压力较大。因此，解决问题的关键在于保持中国经济稳定增长，防止发生系统性金融风险。中国应加速推进经济转型和结构调整，加快推动战略性新兴产业、高端装备制造业的发展，发展现代服务业，继续推进新型城镇化建设，积极培育经济增长新动能。

第二，将宏观经济政策、宏观审慎监管与资本管制措施相结合，防控短期跨境资本无序流动。面对资本外流加剧的巨大压力，单纯依靠某一政策手段很难达到防控短期跨境资本异常流动的效果，中国应综合运用宏观经济政策、宏观审慎监管与资本管制措施来管理跨境资本流出，增强金融部门、企业的风险抵御能力，打击投机套利行为，打破资本外流和汇率贬值的恶性循环。政府可以更优惠的产业政策和税收政策吸引外资流入，辅之以一系列稳汇率的资本管制措施，如要求银行自查境外直接投资外汇业务；加强跨境人民币业务管理；要求部分境内银行做好资本项下人民币净流出管理，减少短期内人民币跨境集中流出，减少离岸人民币头寸与流动性等措施，以防控短期跨境资本无序流动。

第三，进一步完善人民币汇率形成机制，保持必要的汇率干预机制。加快推进外汇市场建设，完善人民币汇率形成机制，继续坚持“前一日收盘价+一篮子货币”的中间价定价规则，实现“中间价+CFETS”两条腿走路，稳定市场预期。未来随着市场化程度的提高以及政府干预的减少，汇率的弹性和双向波动性必然继续扩大，这是正常现象。虽然人民币不存在持续贬值基础，但在不同经济发展阶段仍面临阶段性波动压力，因此，中国还应保持必要的汇率干预机制以便在出现非理性波动时能够进行有效干预，使人民币汇率在区间内波动。

第四，深化外商投资管理体制改革，吸引外资流入。在我国经济结构调整和生产要素价格提高的新常态下，低品质、低端化的劳动密集型外企撤离中国不可避免，我们应顺势而为，化被动为主动，通过政策引导和扶持，实现外资结构的优化升级。可以扩大开放领域，鼓励外资投向高端制造业、高新技术产业、现代服务业、新能源和节能环保等产业。根据地区差异制订差别化的招商引资方案，同时全面清理涉及外商投资的审批事项，最大限度缩小审批、核准范围，增加审批透明度。完善网上信息公开政策，及时将相关信息通过多种渠道予以公布，并考虑增加外文版文件，吸引外资流入。

特朗普贸易政策的走向与我国的应对建议

综合考虑特朗普的民意基础、言论倾向、提名团队特征以及个人风格，预计美国对华贸易摩擦加剧的可能性较大。研判中美贸易战性质应该看到大国行为对历史发展的深远影响，从这个角度出发，贸易战的底线在于维护第二次世界大战后来之不易的国际贸易基本规则，维护多边主义和自由贸易。如果没有突破这个底线，我国可以按部就班地与美国“讲道理”。如果美国出现了加征45%关税这种突破底线的举动，我国应迅速实施反制措施。面对特朗普贸易政策所代表的全球化逆潮迹象，我国不能被动接招，对外要推动全球贸易自由化，加快“一带一路”伙伴国自由贸易区建设，对内要走好自己的改革开放之路。

一、特朗普贸易政策的形成背景

尽管历次美国总统大选中都有“反华”噪声，但从没有获选总统像特朗普一样贸易保护立场如此激进，也很少有共和党候选总统依靠在贸易自由化受伤的劳工群体获得出人意料的选举胜利。特朗普提名的贸易政策团队显露出浓厚的保护主义色彩，上台后一些“出格”竞选言论付诸实施（如退出TPP），更让中美贸易战风险陡然上升。

（一）特朗普当选美国总统的民意基础

贸易全球化的受损群体是特朗普当选美国总统的关键支持者。美国大选前，大多数机构的选举预测结果都是错的，对选票估计偏差最大的州包括俄亥俄、威斯康星、爱荷华、宾夕法尼亚、明尼苏达、密歇根等。这些地区是美国20世纪制造业繁荣的工业区，包括“钢铁城”匹兹堡、“汽车城”底特律等著名城市，如今它们纷纷因为贸易全球化而衰败。对比2012年民主党获胜的大选和2016年共和党获胜的大选，这些衰败工业区的投票立场转变最为显著，这是特朗普所代表的共和党获胜的主要民意基础。而且，拥有大学学历的群体比例越低的地区，投票立场转变越为突出，因为这些群体的工作更容易遭受贸易全球化冲击。

（二）竞选时期特朗普的贸易政策观点

竞选时特朗普的言论已经展示出极其强势的贸易保护倾向，并且在上任后致力于落实其中很多承诺，显示出较强的执行力。在竞选过程中，特朗普很多言论一改再改、前后相悖，但强烈的贸易保护倾向是他最为稳定的观点。比较突出的观点有：（1）退出美国主导的跨太平洋伙伴关系协定（TPP），这是奥巴马政府力推的高标准贸易规则和区域贸易平台；（2）重新谈判北美自由贸易协定（NAFTA），这是美国贸易政策历史上具有里程碑意义的区域贸易平台；（3）威胁退出世界贸易组织（WTO），这是美国一手推动建立的多边贸易平台，也是当今全球贸易规则的基石；（4）指责中国等国操纵汇率，导致美国贸易和就业受损，威胁要对中国和墨西哥征收45%的关税。

（三）特朗普提名贸易政策团队的特点

特朗普提名的贸易政策相关机构负责人不仅倾向于贸易保护，而且具有丰富的贸易摩擦经验。候任美国贸易代表罗伯特·莱特希泽既有政策制定经历，也有诉讼实战经验。他曾在里根总统时期担任美国副贸易代表，参与制定了20世纪80年代美国打压日本的贸易政策。他还长期代表美国钢铁产业及其他公司，参与了众多对外反补贴、反倾销诉讼案件。候任国家贸易委员会主任彼得·纳瓦罗有两部针对中国的著作，从著作内容来看，他的对华贸易态度非常强硬，是对华“鹰派中的鹰派”。候任商务部长威尔伯·罗斯作为“破产重组之王”，对诸如钢铁、煤矿等行业的保护态度也不容忽视。

二、特朗普对华战略可能具有复杂、多变的特点

中美贸易战的爆发风险因特朗普当选达到了前所未有的程度，但特朗普的贸易战设想能变成何种强度贸易战政策还面临很多不确定性。特朗普退出TPP之所以相对容易执行是因为TPP尚未正式在国内立法生效，但美国对华贸易政策的出台是贯穿内政外交、行政机构和国会的博弈过程，各方力量互动的复杂性决定了最终政策形式的多变特性，既有可能激进，也有可能温和，还可能介于两者之间。

一是特朗普与共和党建制派的关系。特朗普是作为共和党人当选总统，并且共和党仍然控制国会参众两院，一般而言这有助于总统落实竞选言论，例如奥巴马借势完成了医保改革。但特朗普是以“反建制派”标签出身，与国会里传统的建制派共和党在内政外交等多方面存在不同程度的分歧。特朗普能争取到国会对贸易战设想多大强度的支持，对最终政策而言将是一个重要变数。

二是特朗普决策圈的内部派系问题。特朗普一方面信任其竞选团队人马，将竞选团队首席执行官班农任命为白宫首席战略官，代表了激进派思路；另一方面又吸纳了多位建制派共和党人加盟，如任命共和党全国委员会主席普利布斯为白宫办公室主任。决策圈的主导权归属激进派还是建制派尚不明晰。此前两派在国务卿提名上各执一端，最终上任的蒂勒森属于双方折中妥协之选。所以两派就对外贸易的政策路线之争也是一个重要变数。

三是特朗普熟悉国际事务后的政策思路转变。在“冷战”后的历任美国总统中，不少对华战略都需要经过较长一段时期才能稳定成型。特朗普从未有过政坛经历，上任后精力优先关注移民、医改等国内议题，对于国际事务需要较长一段时间学习和熟悉，这就产生了一些变数。一方面，特朗普可能会逐渐

接受和延续共和党建制派的温和重商主义路线；另一方面也可能有某些幕僚利用特朗普对国际事务缺乏了解和反复多变的个性，致使特朗普执意采取激进对华政策。

三、特朗普上台后美国贸易政策走向的五个判断

从特朗普整体贸易政策风格来看，他是一位现实主义色彩浓厚、灵活务实的政治家。他重视实际利益和美国本土利益，轻视意识形态和全球责任，敢于打破思维定式并且不按传统套路出牌。我们既要认识到哪些方面他敢想敢做，又要合理估计哪些方面仅仅是威胁口号，还要意识到哪些地方现在没有明确提出但未来可能存在风险。

（一）贸易摩擦加剧，但极端贸易战争难以出现

加剧贸易保护、制造贸易摩擦会成为特朗普上台后的工作重点。尽管美国总统选举时的许诺与后期真正落实的政策之间往往存在一定偏差，如尼克松的外交政策、里根的财政政策均有大幅调整，但美国总统在上任之初往往要在容易迅速突破、取得成绩的领域展开工作。考虑到特朗普的民意政治基础、稳定的贸易保护倾向、成熟的贸易政策团队，美国贸易政策方向上的保护色彩一定会更加浓厚，并且会选择一些影响力较大的重点行业制造贸易摩擦，如钢铁等。

美国退出世贸组织、发动极端贸易战的可能性较小。考虑到世贸组织长期以来作为全球贸易基石的深远影响，退出世贸组织几乎无异于宣告美国否定全球贸易规则体系，准备发动极端贸易战。退一步讲，尽管世贸组织条约中允许成员国退出，特朗普也有总统权力提议退出世贸组织，但美国国会可以阻止总统退出贸易协议。美国历史上贸易政策有自由和保护两种倾向摇摆的过程，但是全面大幅提高关税这样的贸易战仅在1929年大萧条时出现过，是除战争之外最后的手段。只有在财政货币政策失败，美国重新陷入衰退，整个国会别无选择时才有可能发动极端贸易战。

（二）不再推动TPP通过国会，但会延续TPP的进攻性内容

TPP本身很难通过国会审批。一方面美国掌控谈判的实力已经不比20世纪90年代，另一方面奥巴马急于在卸任前留下政治遗产，使得美国在TPP谈判中做了较多妥协。特朗普长期以来对TPP持反对观点，还引发了希拉里对TPP由支持到反对的立场转变。一是因为TPP对美国本土实际利益尤其是普通劳动群体意义有限。根据美国国际贸易委员会的官方报告，十五年之后TPP仅能给美国整体就业带来0.07%的改善，对于制造业而言反而会造成就业下降0.2%。二是TPP的重要影响体现在美国对新一代经贸规则的话语权、对全球责任的担当，而这并不符合特朗普的政策导向。

特朗普会通过其他形式延续TPP的进攻性内容。TPP作为美国打造的新一代高标准贸易规则，部分内容具有较强的攻击性和针对性，如产业政策、知识产权、国有企业、劳工保护和环境保护等方面。特朗普要维护美国发展利益，TPP中的这些攻击性内容很可能还会通过其他形式重现。

（三）放弃TPP不代表放弃经贸规则影响力，RCEP会面临更多阻碍

特朗普放弃TPP和放弃经贸规则影响力有重要区别。放弃TPP最多意味着美国放弃区域贸易平台，但美国领先的经济实力和制度实力决定了美国对经贸规则的巨大影响力仍将长期存在，只不过这种影响力不再体现为担负全球责任、充当领头羊角色。目前有部分观点陷入误区，认为TPP的困境就是我国主导的区域全面经济伙伴关系（RCEP）的机遇。这可能严重低估了RCEP未来所面临的困难。第一，美国放弃TPP会有显著的示范效应，其他国家会怀疑其他区域平台的意义和可行性，这与美国2008年放弃世贸组织平台内的多边谈判导致当时各国纷纷放弃多边转向区域平台是同样的道理。第二，达成一个贸易协定很难，但破坏另一个协定则相对容易，而且美国有干扰亚太合作的丰富经验。最重要的是，无须推动TPP之后美国腾挪出大量的政治经济外交资源，这些资源反而让特朗普更有条件和能力给RCEP谈判制造麻烦。

（四）更加重视双边贸易谈判，中美BIT谈判难度上升

特朗普将带来美国贸易政策平台的又一次大转变。2008年多哈回合谈判失败后，美国贸易政策重心从多边平台（WTO）转向了区域平台（TPP），特朗普上台后可能从区域平台进一步转向双边平台。双边平台有助于特朗普为美国谋取更多实际本土利益，实现对我国等竞争对手精准发力，同时不用背上担当全球责任和维护自由市场经济的包袱。

尽管特朗普没有就中美双边投资协定（BIT）谈判表态，但潜在困难亟须重视。截至2017年初，中美BIT谈判已经谈了31轮，但特朗普上台后未来前景不容乐观。第一，不按传统套路出牌的特朗普可能提出新的要价。第二，特朗普有可能把TPP的高标准规则和进攻性内容放入中美BIT谈判，提高谈判原定的目标水平。第三，中美BIT谈判重点是服务业的开放和投资，美国跨国公司服务业领域对外投资的增加并不会造成本国就业岗位流失，反而可以为美国共和党所代表的跨国公司争取更大的市场利益。

（五）保留汇率作为重要的施压政策工具，但会注意择时择机

特朗普比奥巴马更重视汇率这一政策工具。从奥巴马政府的行动来看，人民币汇率并非重要的焦点问题。从美国财政部2016年10月全球汇率政策报告看，奥巴马政府不仅没有把我国认定为汇率操纵国，而且还比2016年4月的报告减少了对我国经常账户的指责。但特朗普、特朗普相关经济顾问、候任国家贸易委员会主任、候任美国财政部部长等官员却反复提及人民币汇率问题。

特朗普可能会等待时机向人民币汇率施压。2016年，人民币贬值压力较大，我国资本外流严重，出口持续下降，特朗普没有必要在这一环境中施压人民币汇率升值。但2017年，美元已经出现阶段性见顶迹象，我国出口也有回升态势。特朗普有可能会择机再度对人民币汇率问题施压，要求人民币保持坚挺升值，这必然打击我国出口的复苏势头，引发热钱流入等问题。

四、大国贸易战博弈应着眼于大格局

美国对华贸易战的政策形式可能是多种多样的，进而问题就引向了如何判断不同形式贸易战的强度，这决定了中国应该如何与之博弈。贸易战本身是经济利益的冲突，但贸易壁垒大幅变动的影响往往难以准确估计，甚至在得失方向上也容易计算失误。中美贸易战与其他国家间的贸易战有本质差异，研判的着眼点不能局限于计算贸易额得失，更应该看到中美互动对国际贸易秩序的深远影响能力，这在当前全球化放缓的历史环境下有着独特的意义。

以规则为基础的国际贸易秩序是第二次世界大战后全球化的重要成果，各方应珍惜这一国际格局。第二次世界大战之后的全球化与第一次世界大战之前的全球化相比，国际贸易政策的互动不再总是伴随着强权胁迫甚至战争，关键原因是国际贸易秩序从“以实力为基础”进化到了“以规则为基础”。如果一国违反规则，受到波及的国家无论实力大小都可以合法地采取反制措施。所以就算是美国，在世贸组织体制内也经常遭受其他小国起诉，而且美国即便败诉也大多服从执行裁决。这种小国和大国的贸易政策互动在第二次世界大战之前是难以想象的，也是如今汇率、货币、财政等其他国际政策协调时不易做到的。正是在以规则为基础的秩序中，形成了以最惠国待遇、国民待遇以及照顾发展中国家实行特殊待遇为基本原则的国际贸易体制。

中美两国是少数有能力影响国际格局的大国，是否冲击国际贸易秩序和基本规则应是判断贸易战强度的重点。大国的贸易政策及互动能对国际格局产生深远影响。回首历史，19世纪80年代俾斯麦政府提高德国农产品关税之后，引发俄国、法国等欧洲国家纷纷效仿，从此农产品贸易全球化严重受挫，保护主义反而成为农业领域的历史潮流，直到21世纪农业保护依然如此。美国和中国分别是现今世界第一大和第二大贸易国，是为数不多能够提供国际公共品、掌握制度话语权的大国，双方贸易战对贸易额的影响可能最多持续数年，但如果改变了国际贸易秩序和基本规则，则有可能对全球化历史进程和各方发展环境产生深远影响。所以，面对多种多样的贸易战手段，判断冲突强度的重点不单是一时贸易金额得失的多寡，更在于是否影响国际贸易秩序和基本规则。

五、政策建议

面对特朗普贸易政策所代表的全球化逆潮迹象，我国不能被动接招，要主动出招，化挑战为机遇。

（一）我国只有在全球化逆潮中主动作为，才能为自身发展营造一个新的全球化战略机遇期

改革开放以来，我国成功抓住了全球化深入发展的外在战略机遇，深度融入相互依赖的全球经济体系，成功实现了我国经济的快速发展壮大。如今，我国在世界中的体量和影响力已经举足轻重，以至于任何机遇都取决于自身内在的战略选择，而不可能再像过去一样等待外部机遇。所以，面对全球化逆潮加剧，我国已经没有可能像过去一样作壁上观、静观其变、变中求机。要想维护自身发展利益，我国应当选择主动抗旗、积极作为、动中求机，通过服务贸易自由化、“一带一路”自由贸易协定网络建设对冲全球化逆潮。

（二）低强度的贸易战可以“讲道理”，高强度的贸易战要“迅速反制”

低强度的贸易战，即美国使用反倾销、反补贴等常规措施，这种贸易战政策最易执行也最温和，中国可以与美国“讲道理”。美国贸易代表署在2017年3月发布的《2017年美国总统贸易政策推动重点》中强调了要采取反倾销、反补贴等措施维护公平贸易。这些措施执行难度小、见效快、针对性强，既可兑现竞选承诺，也都符合世贸组织规则，美国采取这些措施的概率较高。中国对这些常规措施过去已经非常熟悉，也可以到世贸组织争端解决机构对之提起诉讼。凡是可以在世贸组织框架之内解决的贸易摩擦都属于低强度的贸易战，中美双方完全可以在“斗而不破”的现有规则之下“讲道理”。

高强度的贸易战，一旦美国对华关税政策出现任何违背最惠国待遇的行为，无论是多罚收1%关税还是实施45%高关税，中国都应迅速回应反制措施。最惠国待遇是第二次世界大战后国际贸易的基本规则，意味着美国对华关

税与对其他贸易伙伴相比不应有歧视。一旦美国单方面修改对华关税，无论是与别国相比多罚收1%还是如特朗普所言实施45%高关税，都是违背最惠国待遇的行为，也是美国贸易政策的历史性倒退。对于这种消极的贸易战，中国占据维护自由贸易的道义高地，应发动对等反制甚至非对称反制。事实上，也只有中国这样超大贸易体量的国家才可能在关税战爆发之前就对美国形成震慑，使其不敢轻举妄动，回到谈判桌上平等对话。

（三）在扩大开放中维护贸易自由化，争取其他贸易伙伴不跟风保护主义

开放是世界多数国家的选择，也是中国发展的既定方向，各方会继续做大全球化的蛋糕。我国要把扩大对外开放与引导各国立场结合起来，促进欧盟等重要伙伴坚持既有的贸易自由化政策方针。对欧盟要尽快结束双边投资协定（BIT）谈判，对加拿大要尽早启动中加自贸协定谈判，在亚太地区要加快中韩升级版自贸协定、中日韩自贸协定等双边谈判。在我国开放金融等服务业的进程中可以给予欧盟等友好伙伴更多先行先试的便利，使特朗普孤立于新一代国际规则、全球化潮流之外。

（四）推动“一带一路”倡议和我国自由贸易区战略融合发展，担当全球化进程中的大国责任

与美欧等地区不同的是，“一带一路”区域国家对全球化建设仍有明显的需求，这从亚投行组建的一呼百应上可以得到印证。同时，我国又有打造自由贸易区网络的供给能力。党的十七大把自由贸易区建设上升为国家战略，党的十八大提出要加快实施自由贸易区战略。因此，我国应充分考虑伙伴国特征，有针对性地积极商签自由贸易协定（FTA），在“一带一路”沿线地区打开全球化的新局面。首先，与发达国家商签FTA的重点应放在跟进全球贸易和投资自由化的前沿，以开放推动国内相关领域的改革，构建高标准自由贸易协定网络。其次，与发展中国家和地区签署FTA的重点应放在货物贸易市场准

入，以开放换取其他发展中国家的市场开放，减少对美欧市场依赖。最后，中国还应通过优惠贸易协定积极帮助最不发达国家的贸易政策能力建设，推动包容性发展。

（五）人民币汇率问题要兼顾眼前和长远，资本流入和流出管理不可偏废

面对人民币汇率贬值压力增大，各方普遍把政策焦点放在了资本流出管理上，忽视了未来潜在的热钱流入风险。从汇率升值贬值全周期视角来看，资本外流和人民币贬值压力恰恰是过去升值周期热钱大规模流入所埋下的隐患爆发。因此，考虑到未来特朗普可能择机施压人民币升值，我国须从现在就统筹好资本流入和流出的双向管理，不能只顾眼前的流出问题。

（六）走好自己的改革开放之路，让贸易摩擦无从下手

我国本身的市场经济制度建设、供给侧结构性改革还面临一系列任务，具有很大的改进余地。鉴于我国的经济规模，目前走好自己的改革开放之路，做好自己的分内之事，完善国内市场经济制度，不仅是我国跨越“中等收入陷阱”的必选动作，也是对世界经济增长的重大贡献，更是让外国贸易摩擦无从下手的重要解决办法。

特朗普税改：内涵、影响及应对

特朗普就任美国总统后施政遇阻，他在竞选和上台初承诺的经济刺激举措，或者没有出台，或者在制定过程中遭遇挫折。比如，废除奥巴马医保法案、推出大规模基础设施建设等政策就屡屡碰壁。因而，特朗普团队开始将重点转移到税收改革上，希望加速税改进程，借此打开突破口。目前，美国税改方案已正式实施，税改对美国经济、跨境资本流动、政府财政收支和企业竞争力影响巨大，也对中国产业投资和税制改革带来了压力。

一、特朗普税改的时代背景和主要内容

2017年，美国经济复苏基本稳固，失业率处于16年来最低水平，通胀指数逐渐朝2%目标迈进，美联储货币政策正常化进程逐渐加速，美元处于强势周期。然而，光鲜的经济指标难掩美国产业空心化危机。自20世纪80年代起，由于金融业高速发展和制造业外迁，美国制造业开始发生趋势性萎缩，制造业产值占GDP比重不断下滑，就业人口不断流失（见图1–5）。产业空心化导致虚拟经济和实体经济发展逐渐失衡，社会结构走向两极化，贫富差距扩大，不利于美国教育投入和综合创新能力的提升，也不足以给经济增长带来持续而长久的支撑。

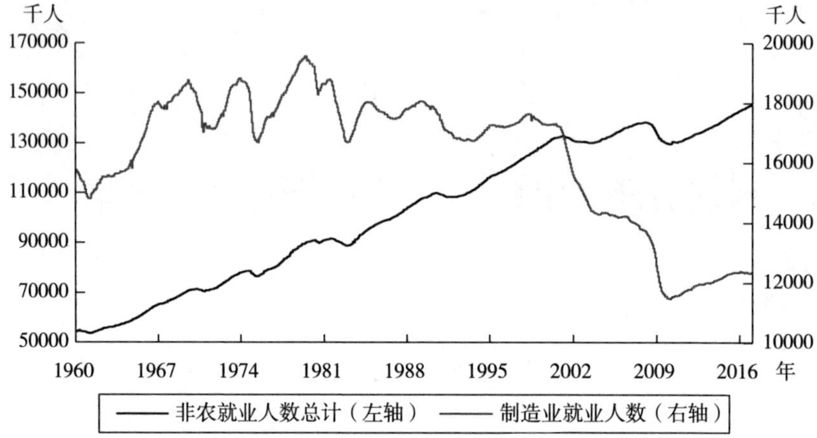

资料来源：Bloomberg，中国银行国际金融研究所。

图 1–5　美国制造业就业人数

在此背景下，特朗普走马上任，大刀阔斧地推出减税方案，希望重振美国制造业雄风。特朗普政府最早于2017年4月26日公布了1986年以来最大规模的减税方案，由于没有考虑减税后的财政缺口弥补问题，国会迟迟没有通过。经过沟通和妥协，参众两院在分别通过各自税改方案后，弥合歧见形成了最终版本，并于2017年底分别表决通过，最终版本的税改方案主要内容如下：

（一）企业税方面

企业税率大幅降低。从2018年1月起，将企业税率从35%下调至21%。废除替代性最低税，使企业在21%的税率基础上，还能享受各项抵扣优惠，比如研发抵扣、设备投资抵扣，能够使实际税负进一步降低。企业海外利润汇回税下降。对现金类资产征税15.5%，对固定资产征税由35%下调至8%。对位于美国阿拉斯加东北部的北极国家野生动物保护区（ANWR），部分解除油气开采禁令。

（二）个人所得税方面

个人所得税税率降低。仍保留七个等级，但税率调低，由之前的七个等级：10%、15%、25%、28%、33%、35%和39.6%；调整至：10%、12%、22%、24%、32%、35%和37%，最大降幅4%。标准抵扣额度翻倍。夫妇共同申报，从12700美元提高到 24000美元；对个人，从 6350美元提高到12000美元。遗产税保留，但免税额翻倍。这意味着个人继承1100万美元的资产免税，夫妇继承2200万美元的资产免税，主要受益者为最富有的人群。儿童税收抵免提高。年收入在40万美元以下的家庭，每位儿童可获2000美元的税收优惠。年收入未达到个人所得税起征点的家庭，每位儿童能够获得最高1400美元的退税。奥巴马医改法案规定个人必须购买的医疗保险废除，罚款取消。自2019年1月1日起，不再强制购买医疗保险。共和党可通过这一条款动摇奥巴马医改的根基，不再为约1300万人发放补助，筹集约3000亿美元资金，用于支持税改的其他措施。房屋抵押贷款利息抵扣上限下调。对于新购房屋贷款可抵扣利息的部分，上限从100万美元下调至75万美元。针对个人的各州和本地纳税抵扣设置额度。将收入税、财产税、消费税的抵扣上限控制在1万美元内。

二、历史上减税效果存疑

事实上，减税作为提振经济、扩大就业的手段在美国历史上曾多次使用（见表1–1）。

表 1–1　　美国历史上三次减税比较

	背景	减税法案	减税措施	效果
里根政府	20 世纪 80 年代末，高失业率高通胀的“滞胀”现象	《经济复苏和税收法案》（1981）	1. 按 15%、10%、5% 的比率三次降低个人所得税，同时将个人所得税的最高税率从 75% 降到 50%。 2. 降低资本利得税，最低税率从 28% 降到 20%，最高税率从 70% 降到 50%。 3. 增加了企业所得税的抵扣。 4. 降低公司所得税率，增加加速折旧率。	1. 美国经济强势复苏，顺利走出滞胀阶段，1984 年 GDP 同比增长一度达到 7.3%。 2. 失业率由 1982 年的 10% 左右下降至 1989 年的 5% 左右。

续表

	背景	减税法案	减税措施	效果
里根政府	20 世纪 80 年代末，高失业率高通胀的“滞胀”现象	《税收改革法案》（1986）	1. 降低和简化个人所得税，把 14 档累进税率改为 15%、25% 和 28% 的三档税率。 2. 将企业所得税从最高 46% 的 5 级累进税率变为最高 34% 的 4 级累进税率。 3. 资本利得税最低税率由 20% 降为 17%。	3. 里根第一任期内，联邦预算赤字之和，大大超过了战后历年净赤字之和。
小布什政府	21 世纪初，美国经济增长势头减弱，互联网泡沫破灭，“9·11”事件	《经济增长与减税协调法案》（2001）	1. 个人所得税增加一档最低税率 10%。 2. 增加子女税收抵扣额度。 3. 鼓励夫妇联合申报。 4. 提高遗产税免征额度，降低遗产税税率。	1. 美国经济短期增长，GDP 同比由 2001 年的 1% 上升为 2004 年的 3.8%。 2. 由于巨额的军费支出，财政赤字急剧扩大，由 2000 年的 2360 亿美元的财政盈余变为 2013 年的 3760 亿美元的财政赤字。 3. 减税政策更有利于富裕阶层，占人口 1% 的最富有阶层将从整个减税政策中获得 44% 的好处，而 60% 的最低收入阶层却只能获得 12.7% 的减税收益。
		《增加就业和援助雇工法案》（2002）	1. 对购买设备或者其他经营性资产的开支给予 30% 的折旧抵扣。 2. 延长亏损的追溯年限。 3. 延长了多项税收优惠的期限。	
		《就业与增长税收减免协调法案》（2003）	1. 个人所得税的最高税率从 39.6% 下降到 35%。 2. 资本利得税最高税率从 20% 降到 15%。 3. 取消股息税。	
奥巴马政府	2009 年前后国际金融危机	《减税法案》（2010）	1. 将遗产税免征额度由 350 万美元提高到 500 万美元，将最高税率由 45% 降到 35%。 2. 给予企业投资税收减免，将雇员工资税税率从 6.2% 降到 4.2%。	1. 经济提振效果不明显，GDP 同比勉强维持 2% 左右。 2. 就业岗位实现连续 75 个月增长，失业率降至充分就业水平。 3. 带来了严重的财政赤字，在奥巴马执政期间，联邦政府债务增长 88%，2016 年末美国政府债务总额达到了 19.97 万亿美元，逼近 20 万亿美元的债务上限。
		《美国纳税人减税法案》（2012）	1. 提高了富人阶级的税收额度，包括提高个人所得税、资本利得税和遗产税的最高边际税率。 2. 面向中低收入群体的多项减税措施永久化，如个人所得税的子女抵免、收养抵免。	

资料来源：中国银行国际金融研究所。

从里根政府、小布什政府和奥巴马政府减税周期看，减税在短期内均起到了提振经济的作用，其中里根政府刺激经济的效果最为成功也最为显著；小布什和奥巴马政府虽然减税规模巨大，但对经济的提振效果不及预期。在不同减税时期，由于经济基本面不同，具体政策不同，达到的效果也有差异，如里根时期采用减税增支配合紧缩的货币政策，有效刺激需求同时抑制了通胀，引导投资流入实体经济部门；小布什时期长期宽松的货币政策使得资本更多流入了金融市场而非实体经济，成为2008年国际金融危机的重要推手。

此外，减税的负面作用也不容忽视，"中性减税"的情况在前两次税收改革中没有出现，每次减税都伴随财政赤字的巨幅增长。里根政府执政期间联邦政府财政赤字占GDP比重年均值达4%，远超前任2.4%的赤字率。2001年小布什《经济增长与减税协调法案》公布当年，美国联邦政府财政尚有盈余，占GDP比重1.2%，但2002年随着财政收入大幅减少，财政收支迅速由盈余转为赤字，赤字率高达1.5%，并开启连续十五年的财政赤字之旅（见图1–6）。

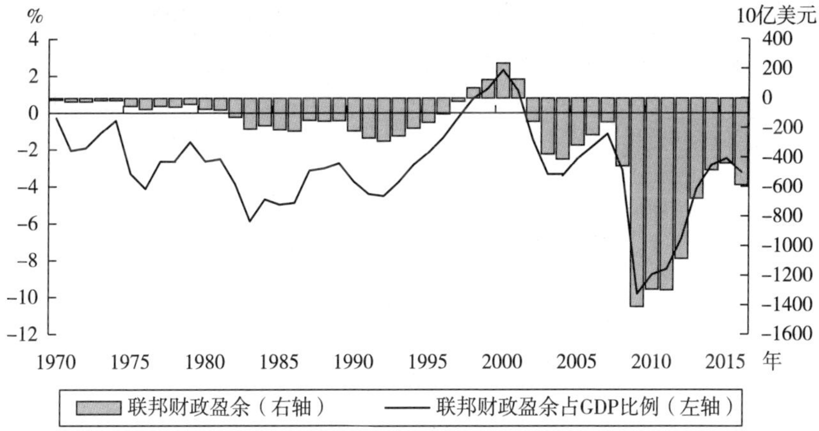

资料来源：Wind，中国银行国际金融研究所。

图 1–6　美国联邦政府财政收支变动情况

三、特朗普税改的正面效应

特朗普政府目前正在积极推行“减税增支+货币紧缩”的政策，与里根时期类似，具有明显的供给学派及拉弗曲线倾向，可能会对美国经济发展和跨境资本流入带来一定刺激作用。

第一，税改有望扩大美国就业，刺激投资和经济增长。据美国国家税收基金会（Tax Foundation）预测，特朗普税改会创造530万个左右的就业岗位。但需要引起关注的是，资本流入的行业分布将对美国就业产生重要影响。里根减税时期资本主要流向实体经济，因而导致失业率的快速下降和劳动参与率的显著上升（见图1–7）。然而，2001—2003年小布什减税时期，资本主要流向房地产，造成小布什任期内失业率上升，就业市场未能得到充分改善。

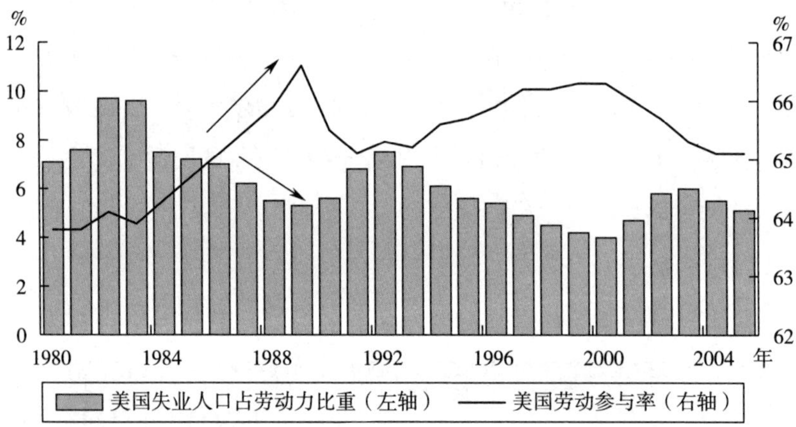

资料来源：Wind，中国银行国际金融研究所。

图 1–7　里根政府时期税改扩大就业

为了将减税对总产出的影响进一步量化，美国税收政策中心（Tax Policy Center，TPC）进行了相关预测。TPC认为，2018年税改法案将令美国经济额外增长0.8%，主要得益于税改对总需求的提振，但边际效应递减，到2027年刺激效应将降至0。TPC之前利用2017年9月税改计划做的预测，减税会在前几年拉动经济增长，但自2024年开始会出现负面影响（见图1–8）。原因可能在于总需求扩大会提升通胀水平，导致美联储继续提高利率，对私人部门投资产生挤出效应。因此，税改对产出的影响主要集中在短期，长期利好将逐渐消退，并有可能出现负面影响。

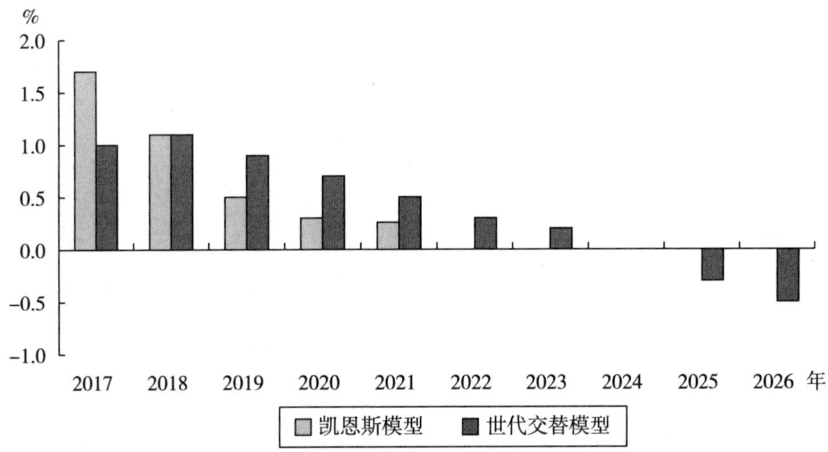

资料来源：Tax Policy Center，中国银行国际金融研究所。

图 1–8 税改对美国经济基准情况的影响

第二，减税可能会吸引部分美国海外资本回流。为了规避美国国内高昂税率，美国企业在海外囤积了大约2.6万亿美元利润，约占美国GDP的14%。通过对海外利润征收较低税率，部分美国企业海外利润可能回流，但回流资本将主要以热钱和短期投机资本为主，不会对新兴经济体产业资本产生实质影响。一方面，美国的环境、劳工等成本相比新兴经济体仍偏高，减税可能会更多地吸引欧洲、日本等发达国家和地区的资本回流，新兴经济体由于具有成本优势，产业资金链不会受到明显冲击。另一方面，该条款主要针对美国企业海外利润，该部分存量资本或已在海外进行投资，尚未投资且计划回流的资本占比不会很高。另外，根据以往经验，其他国家可能也会跟进推出减税措施，会削弱特朗普税改对美国海外企业的吸引力。

第三，减税对不同行业的影响各异。企业所得税照20%征收后，美国过去税率较高的行业获益将最大。根据Barclays研究，电信、消费零售、银行、媒体、交通等平均税率高的行业将受益，减税将降低企业费用，提高利润，这些行业也将吸引更多的跨境资本流入。而硬件和软件服务业、仪器设备、生命科学、制药等税率已经低于20%的行业受益将很小，对跨境资本流入不会有额外增加。

四、特朗普税改的负面效应

特朗普税改计划公布后，也引起了一些争议。

第一，减税利好富裕阶层，会加剧贫富分化。特朗普税改偏向富人，取消遗产税和“替代性最低限额税”等措施只涉及高收入人群税收减免，低收入人群的最低税率反而上浮2个百分点。美国税收政策中心预测了2027年税改引起的不同阶层收入变化，发现随着家庭收入等级提高，税改对收入提升效应更大，减税力度更高。以高收入和低收入群体为例，2027年税改将使高收入群体收入增加3%，负担税率下降2.2%，而低收入群体两项数字均为0.2%（见图1–9）。长期看，税改将使美国阶层分化进一步加剧，会侵蚀经济长期增长的基础。

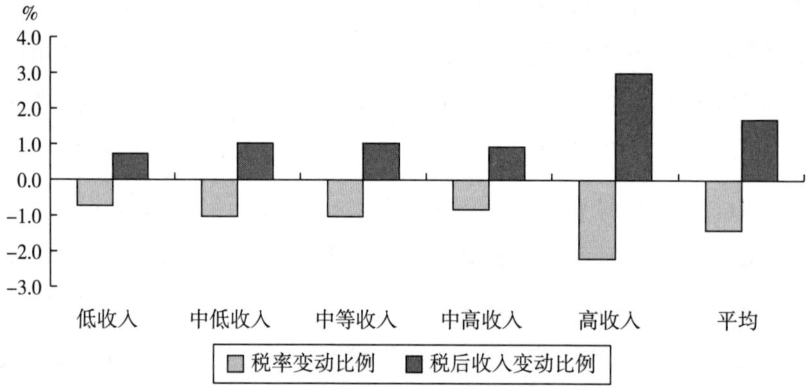

资料来源：Tax Policy Center，中国银行国际金融研究所。

图 1–9　税改引起的不同阶层税后收入变化

第二，特朗普税改恐引发全球竞争性减税。2001年小布什政府降低个人所得税边际税率，随后法国、意大利、西班牙等国个人所得税税率也相应下调（见图1–10）。当前，全球需求低迷，大国之间制造业成本竞争日益激烈，其他国家为了避免资本流失，不得不重新对税收政策加以审视，从而形成竞相减税的局面。实际上，有些国家已有所准备，如英国特蕾莎·梅政府拟降低企业所得税税率至17%；法国总统马克龙曾在竞选时承诺降低企业所得税，帮助中小企业发展；中国最近减税讨论相对热烈。可见美国税改计划给其他各国均带来不小压力，如果各国竞相减税，也会在一定程度上削弱特朗普税改的积极作用。

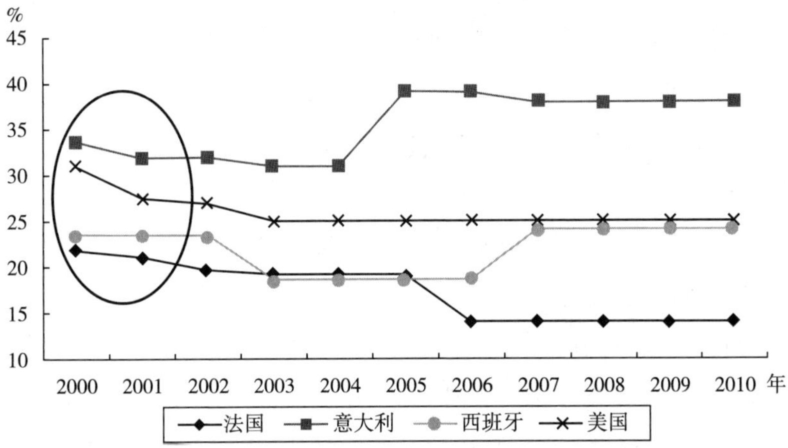

资料来源：OECD，中国银行国际金融研究所。

图 1-10 2000—2010 年各国第二等级个人所得税边际税率

第三，特朗普税改将增加政府财政负担。尽管刺激财政政策会促进经济增长，带动企业经营业绩改善，增加税基，但无法完全抵消税收减少影响。据测算，特朗普税改将使财政赤字在未来10年增加1.5万亿美元左右，使联邦负债占GDP比重额外增加5.5个百分点。因此，特朗普面临的首要问题是如何应对减税后政府开支触及债务上限的问题。一方面，美国国债总额已经接近20万亿美元，占GDP比例从2000年的55%上涨至2016年的108%，继续大规模发行空间有限。另一方面，美联储处于货币政策正常化周期，既增加了联邦政府存量债务的偿还负担，也增加了新增债务融资成本。因此，如果解决不了政府财政赤字增加、债务频繁触及上限的问题，最终的特朗普税改方案可能会大打折扣。

此外，减税可能会延长美国经济增长周期，增加美联储加息次数和可能性，对包括美国在内的全球金融市场产生巨大影响。

五、特朗普税改对中国的外溢影响

近几年中国在直接投资领域面临一定挑战，一方面外商对华直接投资增速放缓，另一方面中国对外直接投资大幅增加。如果特朗普税改付诸实施，可能会在一定程度上加剧内资外流、外资撤回等，伤害我国制造业国际竞争力。

第一，短期或面临一定资本外流压力。由于美国拥有庞大的消费市场、先进的科技和人才优势，近年逐渐成为中国企业对外直接投资重要目的地。据商务部统计，2014—2016年我国对美直接投资额分别为76亿美元、80.3亿美元和169.8亿美元，同比分别增长96.1%、5.7%和111.5%。截至2016年底，中国企业在美累计投资605.8亿美元。美国咨询公司荣鼎集团统计的中国企业对美投资数据更高，2014—2016年我国企业对美投资总额为725亿美元，比商务部数据多一倍以上；2016年中国所拥有的驻美国机构也由2015年的1900个上升到2016年的3200个。可见，近几年中国企业对美投资热情高涨。

美国税收改革付诸实施后，企业成本大幅降低，部分中国企业可能将加速在美投资，短期中国资本外流压力将加剧。根据美国荣鼎集团统计数据，2000年至2017年第二季度中国对美直接投资累计金额1348亿美元，流入的前五个行业分别是不动产和饭店、交通和基础设施、信息通信技术、能源以及娱乐业，占比超过70%（见图1–11）。如前文所述，交通、电信、银行等行业将在减税过程中明显受益，因此，中资企业可能进一步增加对这些行业的直接投资。尽管美国消费零售、媒体娱乐业也是减税重要利好行业，但考虑到国务院于2017年8月颁发了《关于进一步引导和规范境外投资方向的指导意见》，将房地产、酒店、影城、娱乐业、体育俱乐部等境外投资列入境外限制类投资，预计这类投资将大幅减少。此消彼长之下，预计中国企业对美投资总额不会急剧飙升，利好更多是在短期，表现在股权和债权等间接投资和热钱流动上，长期直接投资不会出现剧烈变化。

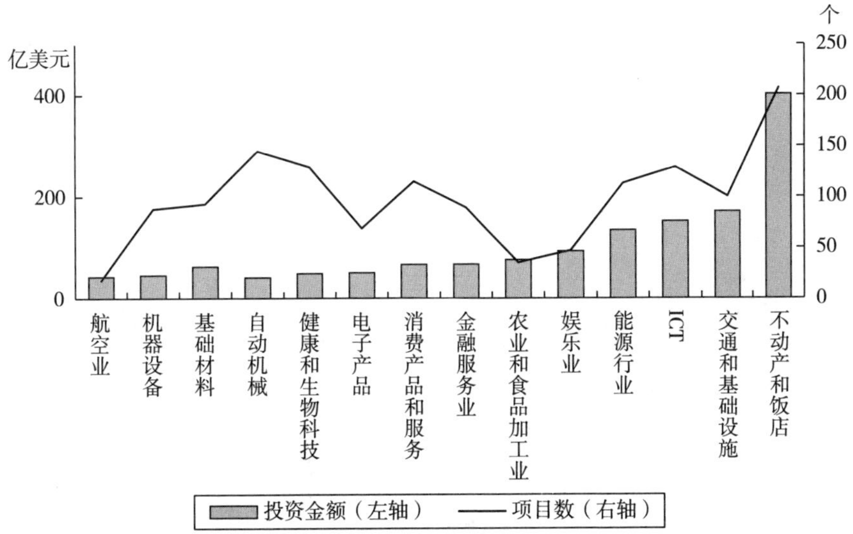

资料来源：荣鼎集团，中国银行国际金融研究所。

图 1-11 2000 年以来中国对美分行业直接投资累计情况

第二，人民币短期贬值压力增加。人民币汇率在短期更容易受市场预期和突发事件冲击，因此，在特朗普税改取得突破性进展和正式公布前后，市场会对税改效果寄予较高期望，投机性的跨境资本会先于长期产业资本行动，会对人民币汇率带来短期贬值压力。然而，减税后如果美国政府长期面临财政赤字，美元的货币信用会有所下降，美元可能会受到削弱。1986年里根和2001年小布什减税期间，巨额财政赤字造成美元指数大跌（见图1-12）。随着市场逐渐消化减税利好，国内跨境资本流动也会更加理智，同时，政府相关部门可能出台相应减税降负措施吸引资本留在境内。因此，中长期看，特朗普减税对人民币汇率的冲击将递减直至消退。

第三，中国税制将面临改革压力。从特朗普竞选期间宣称减税，再到税改每一次出现重大进展，我国媒体都出现密集报道，反映国内企业和居民对美国税改的关注。2016年底，福耀集团董事长曹德旺在一次采访中对中美经济进行了对比，加之其在美国投资10亿美元开办玻璃工厂，对国内产业资本外流的担忧将国内减税讨论引向高潮。背后原因在于我国现行税收制度还存在改进空间，宏观税负和企业税负较美国高，在特朗普减税背景下，可能会伤害我国企业国际竞争力（见表1–2）。因此，特朗普税改引发了国内广泛关注，将对中国下一步税制改革和制度设计产生一定的紧迫感和压力。

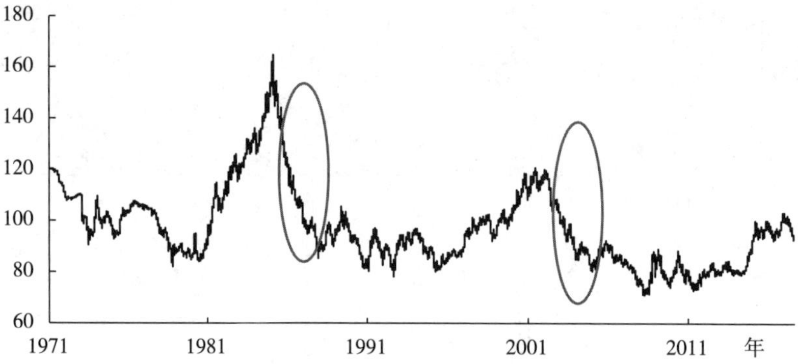

资料来源：Wind，中国银行国际金融研究所。

图 1–12　里根和小布什减税时期财政赤字导致美元指数下跌

表 1–2　中美税收制度对比

	中国	美国
税收管理体制	不彻底的分税制，以税务机关作为主管税收征管工作的主要部门	彻底的分税制，联邦、州、地方三套税收征管机构互相独立
主要税种	间接税为主	直接税为主
主要税负承担者	以向企业征税为主	以向个人征税为主
减税空间	地方政府债务过大	赤字率和债务率已达上限
宏观税负	32.9%（2015 年）	31.8%（2015 年）
企业税负	68%（2016 年）	44%（2016 年）
居民税负	1.4%（2016 年）	10.2%（2014 年）

资料来源：世界银行，中国银行国际金融研究所。

六、中国应对策略

特朗普税改无疑给中国带来了严峻挑战，我国唯有客观正视，积极应对，才能在新一轮全球减税浪潮和产业资本配置中把握主动权。

第一，加快推动税制改革，由间接税为主向直接税为主转变。我国企业税负比美国高，重要原因在于我国以间接税为主，征收对象主要是企业。党的十八届三中全会明确了我国税制改革基本方向是从以间接税为主向直接税为主转化。近年来，通过大力实施营改增，我国税制结构已有明显改善，间接税数量已从三个下降到两个，在全部税收收入中占比也由过去的65%左右下降到2016年的57%。未来，可通过继续降低间接税比重，逐步搭建直接税框架，为企业减负。对于已开征多年的个人所得税，应以强化征管为重点，推动其向"综合与分项结合"方向转变。对于房产税，应通过扩大试点，挑选成熟经验适时向全国推广。对于遗产税，应加强研究，逐渐积累社会共识，探索建立合适的制度框架。

第二，整合企业所得税优惠条款，降低名义税率。虽然世界银行测算我国企业总税率（68%）远高于美国（44%），但其中所得税部分（10.8%）明显低于美国（28.1%）。看上去矛盾的结果，是因为在对外开放、招商引资过程中，各级政府出台了形形色色的税收优惠政策，所得税优惠是其中重要一项。我国以间接税为主的税收结构，决定了企业可将其缴纳的大部分税收，通过价格、渠道等方式转嫁出去，企业真正承担的税负并没有直观感受那么重。我国应全面、深入梳理企业所得税的各类优惠政策，将此前适用某类行业、地区甚至产业园区的税收抵扣内容，以立法形式固定下来。这既可以缩小与其他国家之间的企业所得税税率差异，也可以收敛我国名义税率与实际税率之间缺口，优化税收结构。

第三，整顿和规范税外收费。我国收费体系庞大而复杂。按主体分，有行政事业性收费、中介组织收费、行业协会收费以及"准市场主体"收取的经营性收费。按名称分，包括费、基金、社保、国有资本经营收入等。各类收费种类繁多，缺乏透明度和总体控制，增加了企业实际税负成本。对此，应加大正税清费力度，渐进推进行政零收费。对已经存在的收费项目，要在全面清理的基础上，将确有必要保留的项目归并到相应税收之中。除此之外的收费项目，可以考虑借鉴广东、湖北等地经验，推广"行政零收费"。取消行政收费后形成的财政支出缺口，可以通过正常的预算安排予以解决，确保地方政府财源稳固。

第四，加强国际税收协调，避免恶性税收竞争。特朗普税改计划公布后，英法等发达国家已流露跟随减税迹象，全球范围减税大战一触即发。这样做不仅会使国际税收秩序陷入混乱，伤害出口导向型和外资依赖型发展中国家，更会使业已形成的《税基侵蚀和利润转移（BEPS）行动计划》等反国际税收恶性竞争成果缩水。我国政府应积极应对，跟随减税不是最优选择，国际税收竞争应该是合作中的竞争，而不应以邻为壑，恶性竞争。我国一方面应立足本国国情，继续完善税收体制，规范税外收费，降低企业税负；另一方面应加强与其他国家的国际税收协调，加强国际反避税合作，完善税收立法，加强反避税人才队伍建设，强化国际反避税信息共享。

美国经济去杠杆化的进程、效果、经验教训及对中国的启示

美国始于2008年的经济衰退是典型的资产负债表型衰退。衰退发生前各私有部门的债务高速增长导致了美国整体债务/GDP比大幅上升；此后私有部门开始全面大幅去杠杆化过程。经济去杠杆化是一项巨大复杂的社会系统性工程，其成效的关键是：在私有部门去杠杆化的同时将其对经济增长的负面影响降到最低，特别是在经济下行或衰退期间，帮助经济尽快走出衰退恢复增长。美国的去杠杆化过程虽并不完满，但其在发达市场中仍是最成功案例，留下了丰富的实践内容。本文拟评估美国经济2008年至2017年特朗普政府实施积极财政政策之前的去杠杆化进程及效果，总结经验教训，并探讨对中国的启示。

一、杠杆化的定义、衡量以及去杠杆化的效果评估

经济杠杆化指的是国民经济中债务增长过快、过高，超过了均衡、可持续水平，并且危及经济增长和金融稳定。这里的债务包括信贷、债务类证券、商业票据等。国民经济杠杆化可从宏观和部门两个层面衡量（见表1–3）。

表 1–3　　国民经济各部门杠杆率衡量公式

部门名称		衡量公式
宏观层面	一国整体债务 / 名义 GDP；整体债务 / 资产	
政府部门	总债务 / 名义 GDP	
私有部门	个人或家庭	总债务 / 年均可支配收入；月均债务服务支出 / 月均可支配收入；总债务 / 总资产；总债务 / 净资产
	企业	总债务 / 股权；总债务 / 年均收入
	金融机构	非股权类负债 / 核心资本；总资产 / 核心资本

注：月均债务服务支出 = 债务 + 利息支付；非股权类负债包括债务证券和信贷。

资料来源：根据有关材料整理。

一国及各部门杠杆率和债务可持续性的衡量标准包括两个方面：一是总量水平，通常采用历史趋势水平作基准；二是变化率，通常采用巴塞尔委员会建议的“信贷增长率/GDP增长率”偏离历史趋势水平的缺口作基准，在1个标准差以内则表明杠杆率增长正常。杠杆率和债务水平在特定时期的增长率持续大幅高于趋势水平，往往意味着杠杆率过高、可持续性下降，去杠杆化周期可能发生。

衡量宏/微观债务率的分母既可采用收入流量，也可采用资产存量。但收入流量及流动性资产更能准确衡量债务负担，因为只有它们才能直接用于偿付债务。相应地，预测债务负担变化趋势的也应是债务和收入增长速度的对比，及其在期限、币种上的匹配程度。作为分母的收入在构成上差异较大，不同的构成预示着未来不同的收入增长速度。而动态来看，未来收入状态又是基于债务所对应的资产种类。能够创造更多收入的资产在总资产中占比上升，预示未来收入增长，债务负担下降；反之则相反（见图1–13）。所以对资产的分析在宏观和企业、金融机构杠杆率变化预测中也具有重要意义。

由于私有部门是去杠杆化的主要对象，并且也是经济增长的主要支柱，所以对杠杆化周期分析判断的主线也是私有部门的杠杆化状态。评估去杠杆化整体效果的标准是：去杠杆化与经济增长及金融稳定保持平衡，这在经济下行和衰退期间尤为重要。而要达到这一效果不仅需要降低债务总量，而且要合理使用去杠杆化的途径、手段、方法，合理管理去杠杆化的过程，做到有序去杠杆化，其中的核心就是政府与私有部门之间关系的处理和配合。

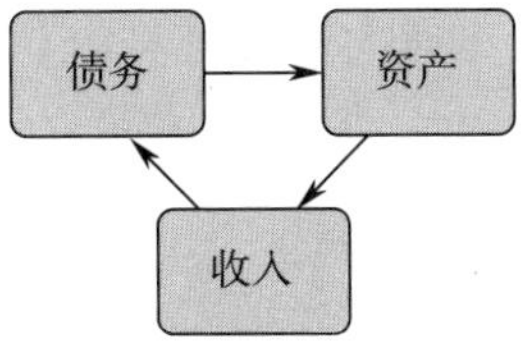

资料来源：根据有关资料整理。

图 1-13 负债—资产—收入—还债的循环关系

二、美国经济去杠杆化的过程及效果

在危机发生前，美国的整体杠杆率、私有部门的杠杆率及其增长率已大幅超过了可持续标准，预示着在一定条件下去杠杆阶段将会到来。2008年危机及衰退正是这个条件和转折点（见图1-13）。这次去杠杆化过程可大致划分为两个阶段：

（一）第一阶段（2008—2012年）：私有部门去杠杆化，政府部门大力加杠杆配合

危机前美国金融机构、家庭的杠杆率及债务负担最高，企业次之，而联邦、州/地方政府的杠杆率及债务负担相对较低（见图1-14）。危机发生后，去杠杆压力和幅度最大的也是家庭和金融机构，企业次之，政府则面对加杠杆的压力。

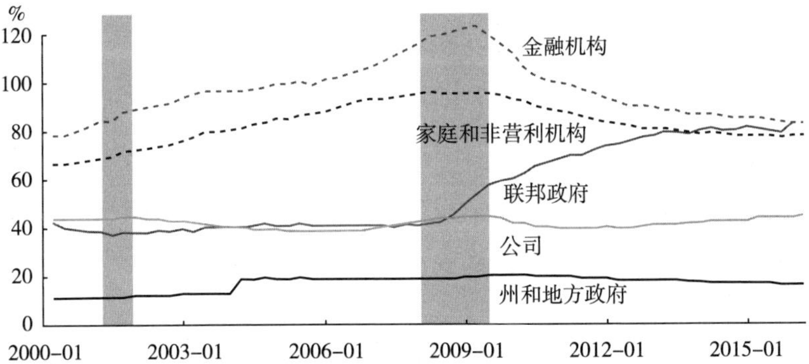

资料来源：美联储，世界银行。

图 1-14 2000—2015 年美国各部门债务占 GDP 比重变动情况

联邦政府在危机发生后迅速大力加杠杆，这是美国经历深刻教训后的结果。在20世纪30年代大萧条后期，美国政府和私有部门曾同时去杠杆，结果导致了再次衰退。随后美国政府很快调整对策，迅速提升杠杆率，帮助美国进入战时繁荣期。从此美国也开始了政府和私有部门杠杆率逆向互动的时期：在经济增长期，私有部门加杠杆，政府部门去杠杆（典型阶段是1993—2001年）；在经济下行或衰退期，私有部门去杠杆，政府部门加杠杆。

更直接的教训则是20世纪80年代日本经济泡沫破灭后，私有部门杠杆率很高却没有采取措施大力降杠杆，政府也未能采取措施帮助私有部门降杠杆，特别是未能迅速清理银行资产负债表，结果导致投资和消费支出受阻，股市迟迟无法复苏，银行坏账高企，金融功能受损。直到8年后政府才不得不增加杠杆来处理企业及银行坏账，但难度和成本加大。结果是政府杠杆大幅上升但私有部门杠杆下降有限，经济增长仍然迟缓。

在这次衰退中，美国政府为了避免重蹈覆辙，在危机之初果断采取赤字预算，大力加杠杆，弥补私有部门去杠杆留下的空白。2009年美国联邦赤字达到创纪录的1.42万亿美元，与GDP比值升至10.1%的历史高点。而在经济衰退、税收减少的情况下，政府资金主要靠发行债券筹集，联邦总债务占GDP比重也从危机之初的63%快速上升，在2012年达到100%，且至今维持这一水平（见图1–15和图1–16）。

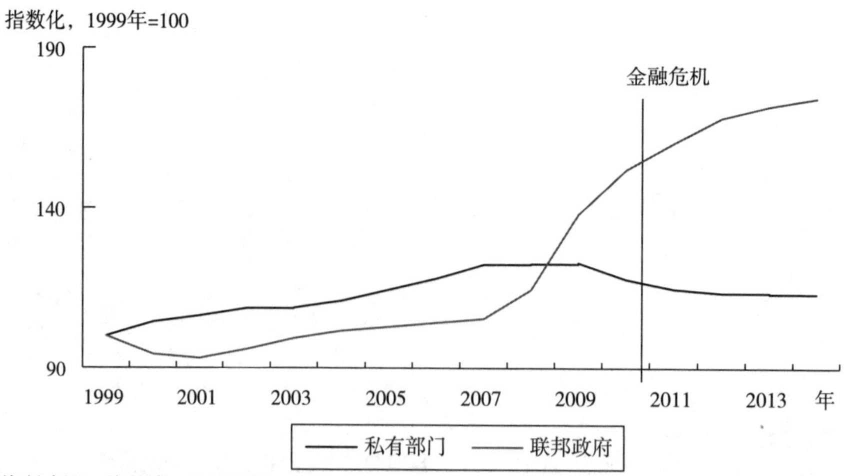

资料来源：美联储，世界银行。

图 1–15　美国私有部门和联邦政府债务占 GDP 比重变化情况

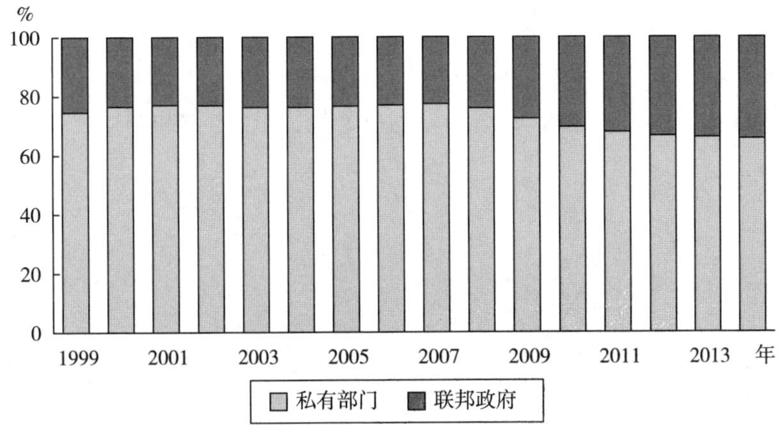

资料来源：美联储，世界银行。

图 1–16　美国私有部门和联邦政府债务在全部债务中占比

政府资金的主要用途包括：为金融机构提供流动性支持；充实金融机构和企业资本金；救助和重组金融机构，为银行注资；接管政府房贷机构，购买“两房”债券及抵押支持债券（MBS），让房贷及证券化市场继续运转，稳定住房市场；对企业减税；增加失业保险金等。美国政府还推出意在引进私人资本清理银行问题资产的“公共—私人投资项目PPP”，作为政府救助计划的补充。

这一阶段美国私有部门去杠杆化的重点是降低债务量，同时防止收入和净资产下滑，并促其回升。这些都取得了较好进展。2012年，美国的家庭债务与可支配收入比从危机之初的近130%下降到107%左右；债务服务支出占可支配收入的比重则从危机之初的历史高点13.2%下降到历史低点9.86%，也低于历史平均值11.3%；家庭资产负债表基本恢复危机前的健康状态。非金融类公司债务占股权市值比重在危机之初曾达74%，远高于20世纪90年代以来的平均值48.6%。危机发生后公司也迅速大幅降杠杆，在2010年初即降到了历史水平以下（见图1–17）。

不同于家庭和企业，金融机构特别是银行业去杠杆化的主要目标不是减少债务总量而是提高股权资本在负债中的占比。2008—2012年美国金融机构证券类负债从峰值17.97万亿美元下降到14.58万亿美元；同时存款机构核心资本大幅提升，从1万亿美元提升到1.26万亿美元，核心资本占总资产的比重从7.89%提升到9.15%，19家大银行在2009年基本弥补了资本缺口。综合来看，美国私有部门的去杠杆幅度大于其他发达国家（见图1–18和图1–19）。

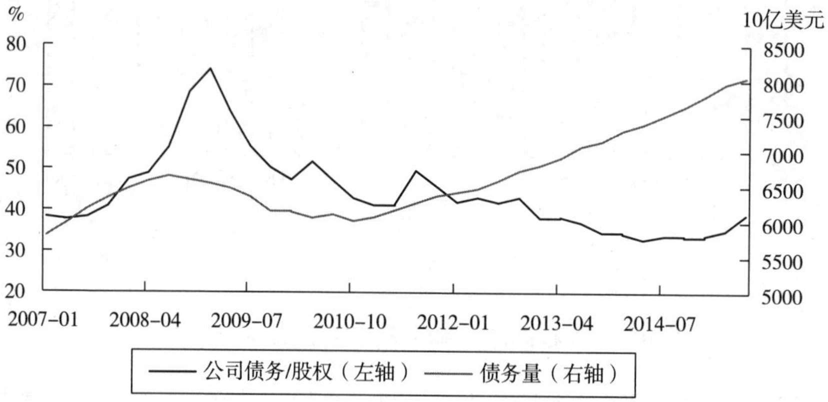

资料来源：美联储。

图 1–17　美国公司债务量及其与股权市值比

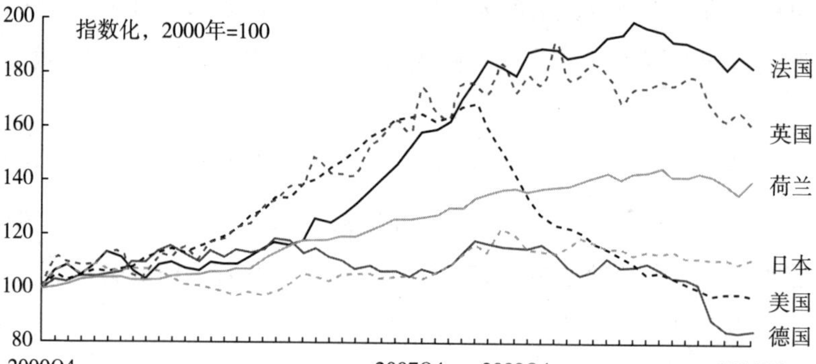

资料来源：麦肯锡。

图 1–18　主要发达国家的金融机构债务占 GDP 比重

政府加杠杆帮助私有部门减轻债务负担，修复资产负债表的直接结果是消费者支出领先其他领域回升；企业投资、利润及劳动生产率增长虽然乏力但仍持续增长；银行信贷在监管严格及需求减少的压力下增长较慢，但并未出现严重惜贷。美国经济在2008年深度衰退之后，在2009年年中即领先其他发达国家开始了复苏进程。

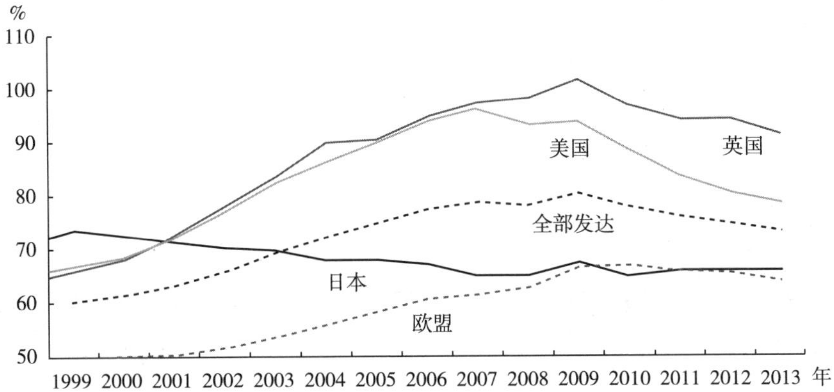

资料来源：Geneva Report on the World Economy，2015。

图 1–19　主要发达国家和区域的家庭债务占 GDP 比重

（二）第二阶段（2012—2017年）：私有部门再杠杆化，政府部门杠杆化减速增长

美国私有部门在2012年基本完成去杠杆及资产负债表修复之后，即开始了不同程度的再杠杆化过程。

非金融类公司从2011年率先再杠杆化，其全部债务量已从6万多亿美元在2017年底回升到近9万亿美元；净债务占EBITDA比重也从1.1回升到近1.5。

家庭从2013年初开始加杠杆，全部债务量从11.15万亿美元在2017年底回升到近13万亿美元，增加的部分主要是非房贷消费信贷，不过杠杆率仍相对平稳。从实际效果看，由于家庭房贷加杠杆平缓，故房价上升也较平缓，2014年中旬到2017年底CoreLogic的房价指数HPI月同比升幅平均值相对平缓，这为住房市场持续增长创造了条件。

金融机构虽然从2012年下半年开始也增加非股权类债务，但幅度很小，到2017年底仅从14.6万亿美元增加到15万亿美元，并且没有加速上升趋势，其和GDP比值反而下降。银行信贷及其条件虽然有逐渐放松趋势，但由于受到新的监管约束，其杠杆率不太可能周期性上升，甚至可能持续下降。

联邦政府总债务量及其与GDP比值虽无回落迹象，但随着私有部门支出和整体经济恢复增长，政府加杠杆幅度放缓，其与GDP比值从2012年的100%在2017年仅上升到105%。

不同于第一阶段，第二阶段的主要目标是在私有部门和政府加杠杆的同时，促进收入和资产加速增长。从这一角度看，该阶段的效果不如第一阶段。

政府和央行创造了低利率和充裕流动性环境，但由于企业投资意愿不足，导致以下不和谐情景：企业现金与资产比值从危机前的7.5%上升到10.5%以上，达到历史高位；同时债务也迅速回升，企业在2012—2017年债券发行量比危机前增加了一倍以上并达到历史高点，但这些资金很大部分用于回购股权、增发红利和并购；固定投资并未回升反而下降，固定资产平均更新周期从20世纪90年代的19年上升到21.7年，许多产业部门的投资尚未恢复到危机前水平；投资增长滞后又导致劳动生产率增长减速甚至负增长；同时单位劳动成本升幅却高于劳动生产率，并影响到利润增长，这又导致杠杆率被动回升：2010—2017年标普500非金融类企业的债务占EBITDA比从0.7上升到1.5。这些因素加上劳动人口、劳动参与率不足又导致社会总需求不足和复苏速度低于历史水平（见图1-20）。

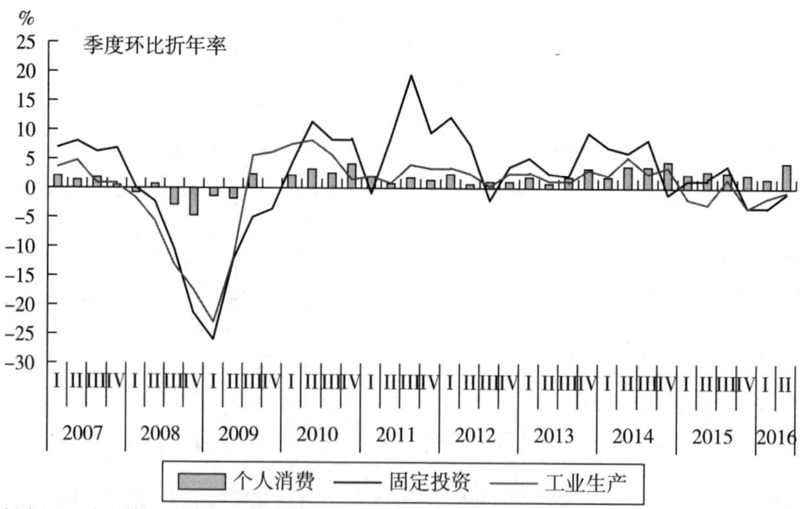

资料来源：美联储。

图 1-20　美国非居住类私人固定投资、工业生产和个人消费

三、美国经济去杠杆化的经验教训

前述分析表明，总体来看，第一阶段效果更好，经验多于教训；第二阶段则相反。若将整个阶段置于历史长河中评判，美国经济未来杠杆化方面的挑战上升，难度加大。

（一）主要经验

美国在经济衰退状态下相对成功地做到了私有部门债务软着陆，并且与经济复苏维持均衡，减轻了信贷紧缩的影响，其关键措施与经验是：

第一，正视高杠杆率及其严重性，果断采取措施，大幅降低私有部门特别是银行业的杠杆率。这一过程越快速彻底，越有利于经济复苏。国际金融危机发生后，美国在发达国家中最早开始大幅去杠杆，基本与衰退同步，并且几乎所有的私有部门都开始了去杠杆。而大部分高债务国拖延到2009年下半年才开始行动，有些国家的总债务占GDP比重在2008—2011年仍在上升。

第二，去杠杆和促增长互相促进，形成良性循环。美国政府帮助私有部门去杠杆的措施具有双重作用：一方面大幅降低企业、家庭和金融机构的债务和杠杆率，另一方面促进社会总需求和经济复苏，降低私有部门债务占GDP比重。政府部门加杠杆帮助私有部门去杠杆，稳定了金融市场，促进了经济复苏，增加了税收收入，反过来也改善了政府支出和债务环境，减轻了政府加杠杆的压力。

第三，采用宽松财政政策和货币政策，让私有部门被动去杠杆。私有部门个体去杠杆的渠道和手段通常有：降低分子，缩减债务或违约，降低债务成本；提高分母，增加收入和净资产。这些手段属于主动去杠杆。而美国则同时运用了被动去杠杆手段，采取宽松财政政策和货币政策，帮助私有部门整体降低债务负担和维持增长，主要渠道及手段有：

1. 央行降低短期利率，同时采取量化宽松政策（QE）降低中长期利率，使私有部门融资成本特别是长期融资成本维持在历史低点，减轻债务负担。

2. 采取宽松货币政策刺激股市提升企业股权市值，推高企业整体资产和资本价值，提升企业杠杆率的分母。例如美国企业整体托宾Q（Tobin’s Q）年均值在2008年曾大幅下降到0.957，但2009年即随股市大幅反弹，在2015年达到1.7左右，远高于过去100多年1.08的均值。美国非金融类企业债务占股权市值比重也随着股市上升从危机中74%的高点持续下降，在2014年初下降到33%，远低于55%的历史水平。据IMF估算，危机以来金融资产价值重估在美国杠杆率下降中的作用占了80%。股市强劲反弹又使企业有机会增加股权在融资中的占比，进一步降低了杠杆率。

3. 采用QE购买“两房”MBS，减缓住房价值下降幅度，并支持其回升，使家庭净资产升幅高于债务总量降幅，债务与净资产比值从危机中的25%持续下降到16%左右，接近历史水平15%。金融及住房市场率先复苏成为美国去杠杆的两大亮点。

第四，充分利用资本市场和影子银行系统，弥补银行惜贷留下的信贷缺口。美国需要去杠杆的主要是银行，而其他金融机构压力较小。危机发生后影子银行及资本市场在社会融资中发挥了更大作用，例如在银行信贷减少的同时公司债券发行持续上升（见图1-21）。

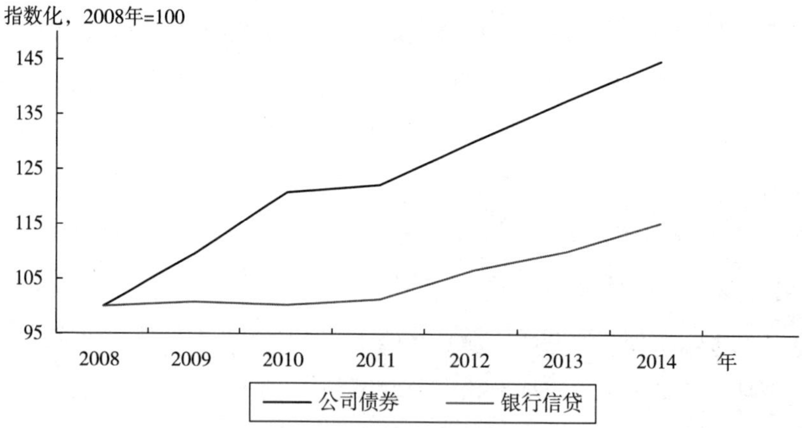

资料来源：美联储，美国证券及金融市场协会（SIFMA）。

图1-21　美国公司债券与银行信贷余额

第五，美国政府在银行业降杠杆中分工明确。财政支出主要用于银行增资；同时由联邦存款保险公司（FDIC）采用存款保险机制，对问题机构展开救助，对破产机构进行处理，帮助存款机构清理坏账。

第六，在采用宽松货币政策促进资本市场增长的同时，实施对金融机构的严监管及宏观审慎监管，控制信贷特别是房贷快速增长，防止新的信贷泡沫，延长扩张期。

总体来看，政府加杠杆既帮助了美国整体去杠杆化，也促进了复苏增长。据估算，在2009—2015年美国整体债务占GDP比重下降的贡献度中，违约贡献度为6%，债务偿还贡献度为15%，GDP增长贡献度为12%。

（二）主要教训及问题

去杠杆化过程暴露了美国经济政策的缺陷和不足。

第一，货币政策效果有限，副作用渐显。在衰退发生后采取宽松货币政策具有推高股市、降低企业杠杆率的作用。但长期过度使用则适得其反，难以解决结构性停滞问题，使高风险资产膨胀，影响企业投资意愿的提升，从而影响劳动生产率和利润增长。美国政府及美联储过于关注就业的数量目标，忽视其构成及劳动生产率增长等质量目标，使得美国出现了就业人数增长同时人均产出下降的恶性循环（见图1-22），这将影响长期经济增长潜力。此外，美联储为了实施QE提前对银行超额准备金付息，使银行资产大量投向准备金，结果银行杠杆率下降并未相应伴随信贷增长，反而加剧了银行惜贷。

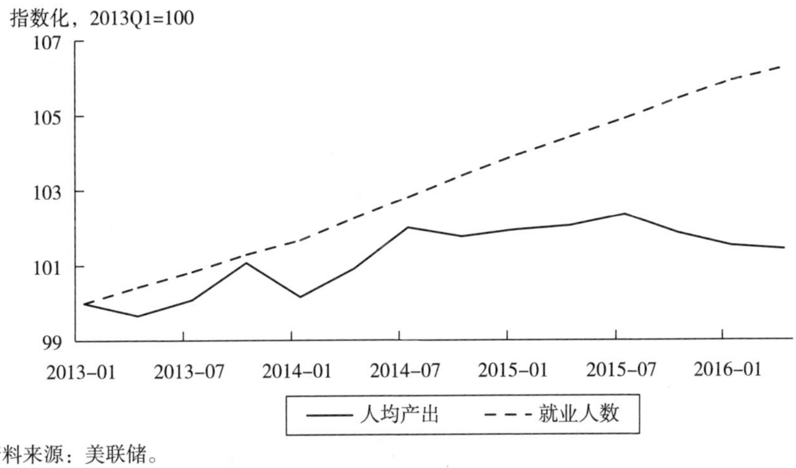

资料来源：美联储。

图1-22 美国非农就业人数及人均产出

第二，财政和其他经济政策配合不够。一是过早停止财政刺激，缩减赤字。美国政府曾扩大财政（特别是投资支出）以应对衰退，但在经济尚未充分复苏之前又过早地缩减投资支出，降低财政赤字（见图1–23），留下货币政策单打独斗。二是财政支出结构不合理。政府在衰退之初增加债务、扩大公共支出是为了在短期内促进需求、应对失业，但支出结构中福利占比较大，导致作用短暂有限。在美国经济停止恶化以后，特别是在货币政策对实体经济作用递减的条件下，并未采取后续行动改善政府支出结构和质量，福利占比仍然较大，而公共投资下降，例如基建投资在全部财政支出中占比近几年低于2.7%，只有历史水平的一半，并有下降趋势。在私有部门增长乏力、政府债务有增无减的条件下，若政府支出结构不合理、回报率低，难免导致同量债务的产出递减。联邦总债务占GDP比重从危机前的60%升至2012年的100%，此后一直维持该水平并有上升趋势；同期总债务增幅也高于GDP增幅，说明整体债务回报率下降（见图1–24）。

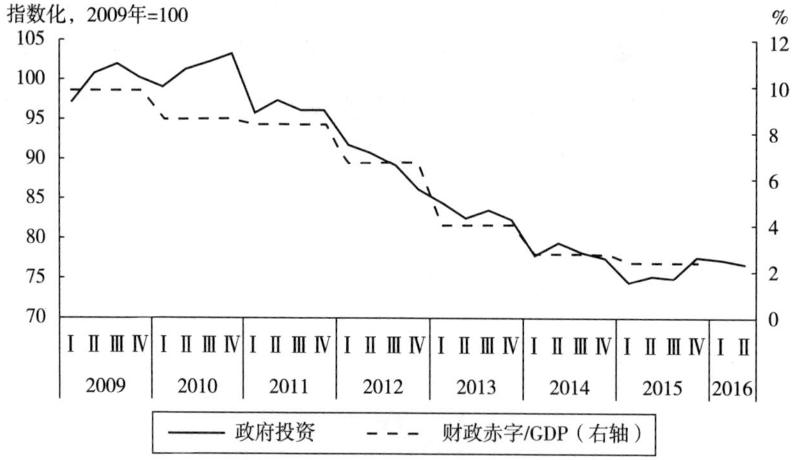

资料来源：美联储。

图 1–23　美国政府投资支出及财政赤字占 GDP 比重

第三，政策未能及时完善。在集中采用需求面、周期性政策应对衰退促进复苏的效果显现之后，美国没有很好地继之以结构性、供给面、相对长期的政策手段和改革来促进企业长期投资增长，使得最近的复苏周期成为20世纪50

年代以来投资增长最慢的一次。政府也缺乏可信的长期减债和财政稳健计划及结构性改革计划，而市场对政府债务下降的前景缺乏信心，又进一步影响了企业长期投资计划和生产率改善，阻碍杠杆率下降。

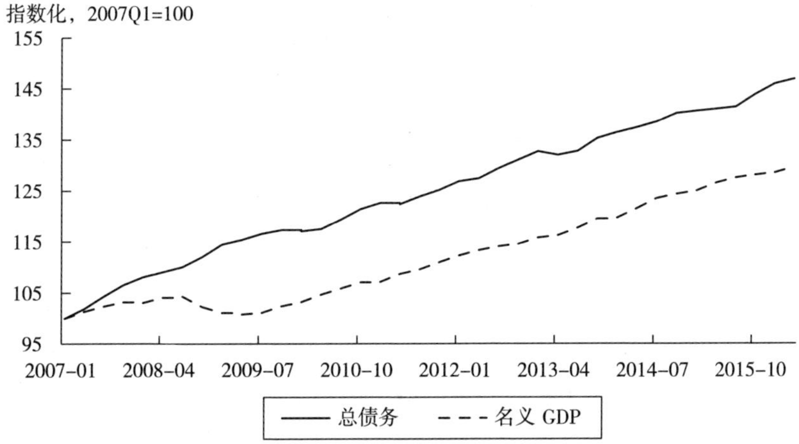

资料来源：美联储。

图 1-24　美国总债务与名义 GDP

（三）前景和对策

第一，对美国经济杠杆化状态的总体评估。一方面，从大趋势看，美国在危机后采取措施大力去杠杆虽然取得了优于其他国家的成绩，但后续效果不佳、可持续性不够，整体杠杆率特别是政府杠杆率仍继续上升，目前不仅高于危机前水平，而且在世界上也处于较高水平，缩减的趋势也不明显。

另一方面，债务效率方面，历史上看，1950—1980年美国总债务占GDP比重平均为150%，而名义GDP年均增长率为7.7%，并呈上升趋势；此后情况逆转，总债务占GDP比重持续大幅上升，从20世纪90年代初的220%一直上升到350%左右，而同期年均名义GDP增长率下降到4.4%，使得债务密度指数从1.5上升到3.5（意味着1美元产出所需债务量从1.5美元上升到3.5美元）。债务总量超过GDP，表明经济整体处于赤字状态。2017年美国经济赤字超过27万亿美元，并不断上升。美国经济杠杆率上升与增长减速之间形成了一种负反馈恶性循环。历史上各国伴随金融危机的去杠杆周期实践表明，主要靠增长完成去杠杆的案例非常有限，大部分主要靠紧缩债务。这意味着未来如何在降低整体债务和杠杆率的同时维持经济增长，打破恶性循环，仍是很大的挑战。

第二，未来的政策措施，关键在于政策手段的合理选择和组合。美国需要更多采取针对结构性因素和供给面的经济政策，以造就经济、就业和劳动生产率同时增长的良性循环。其关键是，采取积极的财政政策作为主要政策手段，替代宽松的货币政策，用于基本建设，同时减少对企业的税收和管制，并实施更多促进劳动生产率和提高就业质量的特殊政策。

超低利率环境有利于实施积极财政政策，也降低了政府负债成本，为增加财政支出创造了条件。鉴于美国联邦赤字占GDP比重目前仍低于3%，政府债务增长也较慢，美国政府采取更加积极财政政策的环境仍相对宽松。未来美国财政支出应配合结构性调整，减少用于福利和转移支付的部分，集中用于支持可持续增长领域，优先发展高质量投资，例如基建投资，并引入私人资本PPP，以提高投资回报率。政府可采取类似世界银行的举措，定向投入需要资金的实体部门。

实践证明市场自发形成的杠杆率具有顺周期性，会加剧经济周期波动。这需要央行建立判断合理杠杆率的标准，监测杠杆状态，在需要时采取宏观审慎手段从事逆周期操作，在私有部门普遍加杠杆时控制杠杆率上升，反之则促进杠杆率上升，以减缓周期波动。

从特朗普出任总统以后的情况看，新政府和美联储都越来越认同美国经济的结构性问题，认同货币政策的局限性，以及财政及其他经济政策的重要性。特朗普政府在减税的同时采取措施，扩大财政的投资性支出，筹集巨额资金改造美国基建设施。这意味着美国经济政策正在更多地向财政和结构性政策倾斜。同时美国也认识到预算程序可预见性的重要性，以及财政预算不确定性可能对美国及全球经济产生的影响，致力于在中期内实现财政可持续性。然而积极财政政策无疑意味着美国联邦的杠杆率和财政赤字将会持续并加速上升。而从周期角度看，美国目前处于私有部门杠杆率上升的阶段。由此就形成了政府和私有部门杠杆化的顺周期性。特朗普政府在经济扩张后期持续增加杠杆率和赤字率，其意在利用经济加速增长来弥补税收的减少和债务的增长。然而这可能导致未来出现经济下滑或衰退时，财政扩张能力受到限制，难以应对危机的困境。美国的政治周期和经济周期常常不匹配的状态难以改变，这也为政府合理调节杠杆周期留下了隐患。

四、对中国的启示

（一）中美状态评估

与美国危机前的经济杠杆化状态相比，中国目前的优劣势如下：

第一，劣势方面，总债务占GDP比重及其增速更高；企业债务占总债务比重更高；股权资本市场欠发达，2015年中国社会融资规模中，银行贷款占70%左右，债券融资占19.1%，股权融资仅占4.9%，很难采取美国提升分母的方法降低企业杠杆率；非银行金融市场及影子银行不似美国成熟规范，并且其在社会融资中占比已近100%，不可能像美国那样起到银行业去杠杆化的减震作用；债务状况复杂程度更高、透明度更低，特别是影子银行带来的债务及政府和企业债务边界模糊，对债务总量及结构的评估难度更大，相应地形成治理共识的难度也更大。

第二，优势方面，家庭储蓄率高，债务率相对较低；银行业杠杆率和财务状况较好，去杠杆压力有限；经济增长虽减速但未出现衰退，全球金融大环境也更好。

企业债务问题严重是中国债务问题中少有的共识点。从国际比较看，发达国家非金融企业债务占GDP比重均值为82.8%，OECD确定的阈值为90%。关于2015年中国非金融企业债务占GDP比重的估算从125%到170%，不仅超过其他金砖国家，也高于日本，并且增长较快（见图1–25）。中国企业债务占EBITDA比重在2010—2015年从2以下上升到接近4，并且高于世界平均水平，而同期ROE从近14%持续下降到8%以下，说明企业债务效率快速下降。令人欣喜的是，中国企业外币债务占比较低，并且近两年大幅下降。

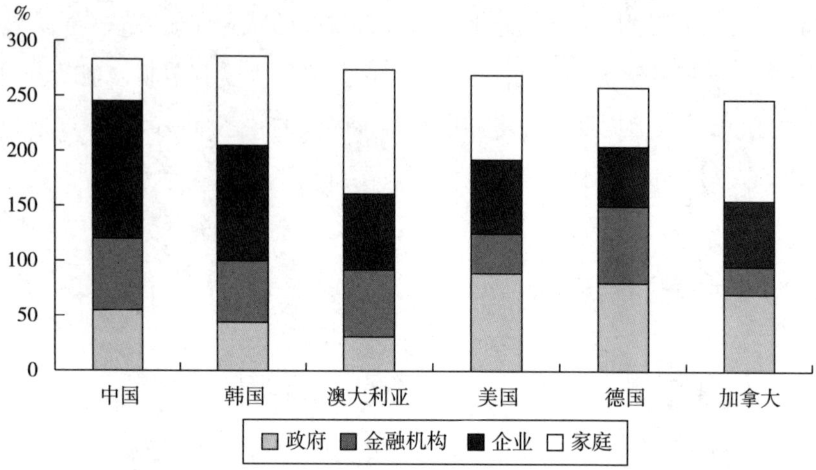

资料来源：麦肯锡。

图 1-25　2014 年第二季度主要国家各部门债务占 GDP 比重对比

值得注意的是，在评估中国杠杆率特别是企业杠杆率时，不宜过于强调中国高储蓄率在化解高杠杆率中的作用。高储蓄率主要说明居民债务状态较好，而不能说明企业及社会整体的状态。因为居民储蓄的主要形式是银行负债，银行将之借贷给企业则成为银行资产、企业负债。高储蓄率是中国企业以银行信贷作为主要融资来源、股权融资欠发达的原因，也是企业杠杆率明显高于美国及全球平均水平的原因，而非解决方案。

（二）对策建议

中国如何在经济下行期间做到去杠杆的同时又阻止经济继续下滑是很大的挑战。鉴于美国及其他国家的经验教训，中国可重点关注以下方面。

第一，适度采取政府和私有部门杠杆化的逆周期操作，在私有部门特别是企业去杠杆阶段，政府加杠杆配合。特别是鉴于银行信贷增长太快、资产质量下降，中国需要更多地向财政政策倾斜，增加财政支出，主要用于高质量的基建投资和补短板，建立社会福利和保障体系，并在政府项目中引入私有资本 PPP。

第二，对高杠杆企业根据债务状况分门别类加以治理。

1. 静态上，利用杠杆率、发展前景、资产负债状态、违约概率等指标对企业分类并采取不同对策，包括：将短期融资转换为长期融资；利用留存利润、权益融资、私募基金、股权转让等补充企业资本金；对违约风险较高但有发展前景的企业可采取债转股方法，规避违约的破坏性；合格银行可选择处于种子期、初创期、成长期的非上市新兴企业进行信贷和股权混合融资，一方面降低杠杆率增量，另一方面支持新兴产业增长和产业转型。其他方法还有借新还旧、债务重组、破产重组、倒闭等。

2. 动态上，根据经济周期、杠杆化周期以及各部门差异，制定合理的宏微观政策，在私有部门去杠杆的同时寻找新的发展机会，维持可持续增长。例如中国的创新型企业和国际化企业杠杆率较低，这些企业与中国经济结构调整和转型目标更一致，投资回报也更好，可对它们加杠杆，加速发展。

3. 优先发展消费信贷。中国居民储蓄率较高，债务占GDP比重仅40%左右，略高于新兴市场整体的32.3%，只有美国的一半，在全球较低。中国可在控制企业信贷的同时优先发展消费信贷，协助经济结构转型，扩大消费支出和服务业在经济中占比。引导消费资金流入房贷以外的领域，防止消费者成为信贷泡沫的来源和受害者。

4. 提高债务利用率。中国由高储蓄率造成的高杠杆率，以及企业债务占比更高的特征决定了中国更有可能也更需要提升债务利用率，通过增加分母降低杠杆率。然而目前中国每单位社会融资与新增GDP之比为4，远高于美国危机之初的2，说明债务效率在下降，经济赤字在扩大。对此需高度关注，避免其进一步恶化到难以逆转的程度。关键是抑制地方政府竞争性投资，激发民间资本市场活力，进而提高社会资金形成和配置效率，扭转固定资产投资中国有企业占比持续大幅上升、私有部门下降的局面。货币政策需更多采取定向宽松措施，同时与宏观审慎政策结合，防止资金过于集中流向金融、房地产及过剩产业。应流向真正有社会需求的实体经济，提升私有企业和家庭的收入增速，提升政府税收增长，提升杠杆率分母。在负债—资产—收入的循环中，中国不仅应关注资产质量，更应关注资产的收入创造功能。

美国页岩油的“天花板效应”及其影响

近年来，技术革命使得页岩油产量迅速增加，成为世界原油供给的重要组成部分，越来越深刻地影响着国际能源格局。随着更深层次技术进步的发展，页岩油或将进一步降低成本，扩大产量，在国际原油市场中更具有竞争力。生产商根据其对未来油价的判断，改变页岩油的开采数量，使页岩油供给具有较大的弹性，通过供给对国际原油价格造成影响，形成国际原油价格的“天花板效应”。页岩油未来的发展趋势如何？页岩油产量的“天花板效应”是否依旧明显？本文通过梳理页岩油的历史演进趋势，分析页岩油面临的潜在不确定因素，对以上问题进行探讨。

一、页岩油市场演进：2006年后进入快车道，增长是大趋势

20世纪70年代，美国能源部曾广泛推动页岩油生产相关技术。20世纪90年代中期，Mitchell能源公司曾开展过一些较为商业化的开采活动。但是在很长一段时间内，页岩油的产量和影响均微不足道，页岩油生产一直属于试验性质。2006年以后，页岩油行业获得长足的发展，正式登上国际能源市场的舞台。从产量波动情况来看，2006年之后的页岩油发展可以分为以下四个阶段：

第一阶段为页岩油产量爆发式增长的阶段（2006—2008年）。在这一阶段，国际经济过热，以石油为代表的大宗商品价格迅速上升。同时，页岩油行

业处于萌芽期，投资者刚刚建立对页岩油技术的信心。在外部有利环境和自身产业阶段的双重影响下，各大能源公司纷纷加大投资，寻找新的页岩油气资源。在这一阶段，页岩油生产初具规模，相关开采技术不断完善，产业高度分散。页岩油产量出现迅速增长，但总生产量依然较小。

第二阶段为金融危机阶段（2008—2010年）。2008年国际金融危机对页岩油行业的发展产生了重大的影响。一方面，由于金融系统的紊乱，页岩油企业在现金流方面受到很大制约。另一方面，金融危机严重影响了国际经济，大幅降低了大宗商品的需求，使得原油价格断崖式下跌。尽管页岩油生产商受到美国政府一定的资金支持，但是由于国际原油价格依然处于低位，页岩油生产商无利可图，产量依然处于萎缩之中。

第三阶段为复苏阶段（2010年至今）。2010年以后，油价从金融危机后的低点出现了一定程度的回升。同时，页岩油开采技术在这一阶段出现了长足的进步，开采成本大幅下降，虽然没有达到海湾国家水平，但其成本也具有足够的竞争力。在这一阶段，虽然页岩油产量也曾由于低油价而减少，但总体而言，页岩油产量呈现增加的趋势，并根据原油市场价格迅速调整。

二、美国页岩油产业的崛起

（一）美国页岩油可开采资源量位居世界第二

页岩油是以游离态、吸附态、溶解态、凝析态等多种形式存储于生烃页岩层系中，具有开采价值的液态烃类。目前所谓的页岩油其实是存在于页岩层中的致密油。页岩油广泛存在于世界各地，在各个大洲均有分布。根据美国能源信息署（EIA）的估计，世界上的页岩油可开采资源总量约为345亿桶，相当于全球原油储量的10%。页岩油技术可开采资源量最多的国家是俄罗斯；美国的页岩油技术可开采资源量位居世界第二，约占世界页岩油资源总量的16.8%；中国页岩油技术可开采资源量位居世界第三。

（二）美国页岩油成为世界原油供给的重要部分

尽管页岩油资源广泛存在于世界各地，但是由于自然环境、地质构造和技术水平等因素的限制，页岩油开采并没有在全世界大规模普及。目前，世界上只有美国和加拿大进行了大规模商业化的开采活动。其中，美国页岩油的生产占绝对的主导地位。美国页岩油在国际石油市场中也具有重要的地位，并且其影响力仍然在不断加强（见图1–26）。

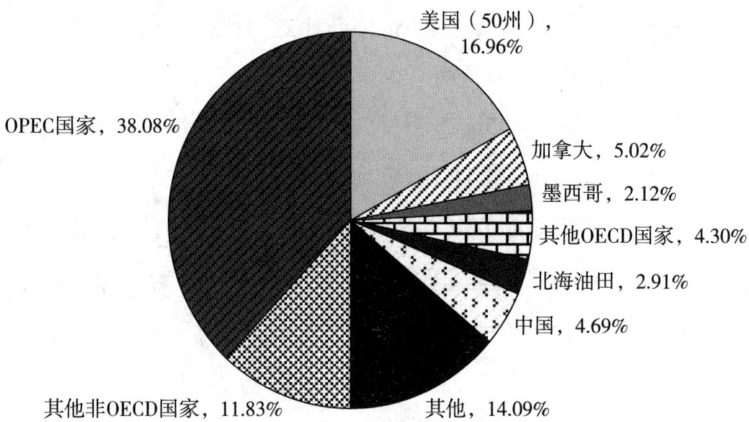

资料来源：EIA。

图 1–26　2018 年第二季度世界石油供给构成

美国页岩油资源主要集中在几个区域，分别为Permian页岩区、Bakken页岩区、Eagle Ford页岩区、Barnett页岩区、Niobrara页岩区和Utica页岩区。其中，Permian盆地页岩油产量最大。2017年12月，Permian地区产量约为285.8万桶/日；Bakken区块产量为118.4万桶/日；Eagle Ford地区产量约为131.8万桶/日。上述三个区块约占美国页岩油总产量的90%。图1–27显示了美国三大页岩油产区每月产油量的变化情况。

（三）技术变革发挥了重要作用

页岩油是一种非常规油气资源，其发展状况直接取决于相关油气资源采集技术的发展情况。页岩油的决定性技术有两种：水平钻井技术和水力压裂技术，其中，以水力压裂技术最具特色。这两种技术提高了效率，令石油生产商可以在丰度相对较低的页岩层进行商业化开采。水力压裂技术最早可以追溯到19世纪，不过当时只是试验性质。受惠于设备制造能力的提升，相关技术在20世纪50年代得到迅速发展。20世纪70年代中期，受到石油危机的严重冲击之后，美国能源部积极推动页岩油气的商业化生产。在这一阶段，相关技术得到迅速发展，并最终演变为现在的页岩油气开采技术。近年来，随着技术进步，页岩油的开采成本不断降低，市场竞争力才得以不断加强。

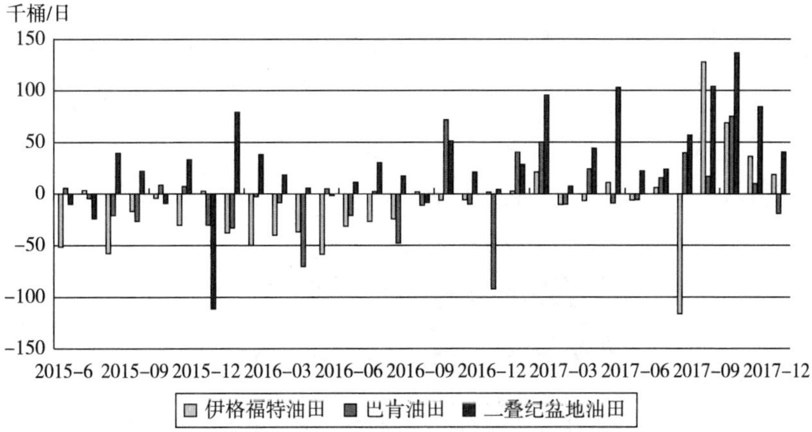

资料来源：Bloomberg。

图 1-27　美国页岩油主要产区位置和产量月度变化情况

三、页岩油成本是世界原油价格的“天花板”

和传统的石油生产相比，页岩油生产过程具有以下特点：

第一，固定投资较低。页岩油生产相对于传统石油生产而言，其生产流程较为简便，无须大规模勘探钻井，固定成本较低。

第二，生产决策较灵活，投资周期短。由于页岩油生产的简便性，生产商随时可以作出是否生产的决策，进入成本和退出成本都很低，产量决策易于实现。

这两点决定了页岩油产量具有很高的价格弹性。页岩油生产商会根据油价的历史走势或预测的未来价格水平决定生产数量。当国际油价上升，超过页岩油开采成本时，页岩油生产商可以迅速提高产量。从历史走势中我们可以看出，油价水平的变化确实会对页岩油的生产造成影响，该影响有4~6个月的滞后期。

值得注意的是，页岩油厂商对待油价的态度非常灵活。即使油价低迷，如果页岩油厂商相信未来油价会上涨，生产商也会大量投资，开发新的钻井以增加产量。

作为具有替代效应的非传统能源，页岩油的生产成本已经成为国际原油价格的上限，即“天花板效应”。当国际原油价格达到或高于页岩油的成本集中区，页岩油就会迅速增加产量，改变供需平衡，在较短的时间内就会令价格下降，使得油价长期内很难超过页岩油成本（见图1–28）。

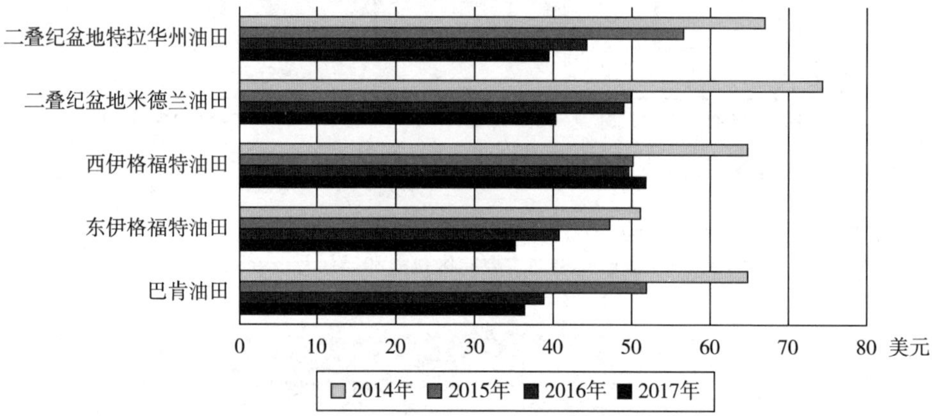

资料来源：Bloomberg。

图 1–28　美国页岩油各区块生产成本

页岩油的主要生产地在美国，因此页岩油的产量会很大程度上影响美国库存。近年来，页岩油的增产是支撑高企的美国原油库存的重要原因（见图1–29）。美国原油库存的高低对国际油价变化具有显著的影响。

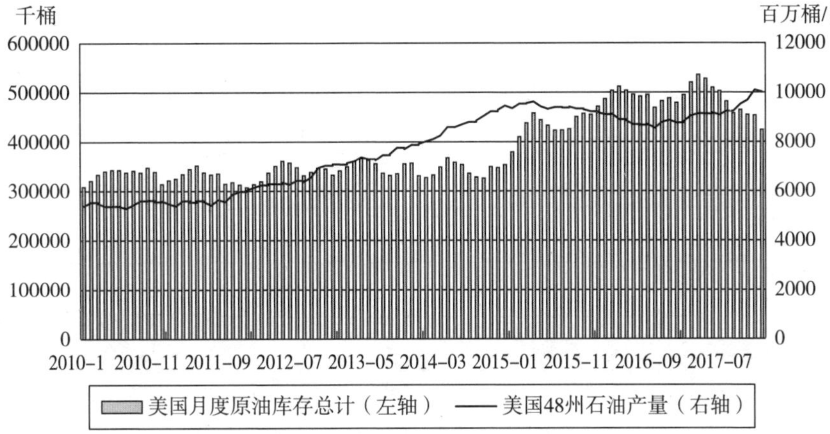

资料来源：Bloomberg。

图 1-29　页岩油产量和美国原油库存走势

页岩油属于轻质原油，北美页岩油的大量生产会影响美国轻质原油的进口量，从而改变国际市场轻重油供给结构，炼化厂也会根据轻重油的供给变化调整其混合配比。总的来说，页岩油产量会很大程度上影响轻油与重油的价差。

四、未来页岩油市场所面临的不确定因素

（一）全球经济复苏乏力，化石能源需求仍然疲软

世界各主要经济体已经踏上复苏之路，但各主要工业国家的经济复苏状况并不强劲。中国作为世界最大原油需求增长的来源，现在正在经历去产能、供给侧改革等结构性调整阶段，经济增速有所放缓。OECD国家基本完成工业化，正在向绿色低碳方向发展。世界经济温和复苏，但经济增长依然乏力，对能源的需求不会十分旺盛（见图1-30）。

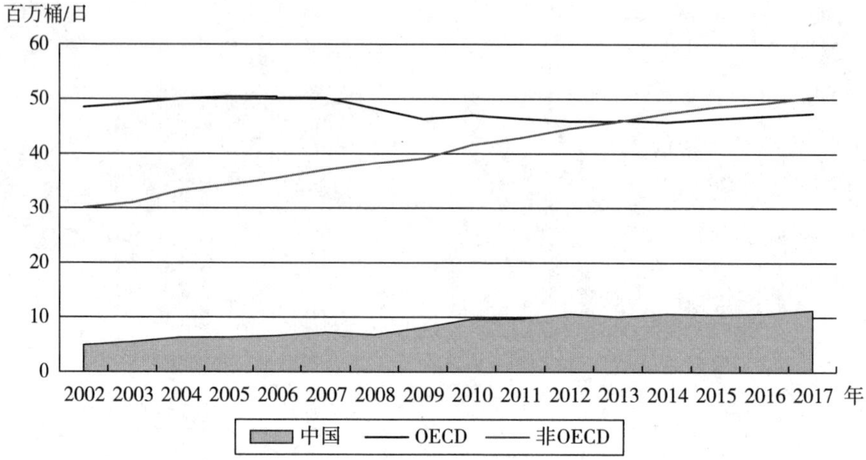

资料来源：Bloomberg。

图 1-30　全球原油需求变化

（二）世界非常规原油开发方兴未艾，竞争者不断出现

虽然目前美国页岩油产业在国际市场上具有绝对的领军地位，但其他国家也正在积极勘探开发，发展本国的页岩油产业。俄罗斯具有巨大的页岩油资源潜力，其石油公司正在积极和世界石油巨头合作，在包括Domanik页岩区在内的多块区域进行试验性开采活动；澳大利亚正在和英国北方石油公司合作勘探该国的数个盆地；阿根廷国家石油天然气公司已经在国内的Vaca Meurta页岩区开发了数十口钻井并准备继续追加投资。

尽管上述国家在开发过程中遇到了较多的问题，并且产量相对而言有限，但是从中长期来看，一旦问题得到解决，其丰富的储量将会对美国页岩油行业形成压力，是后者的有力竞争者。

另外，美国页岩油未来可能的竞争者是深海油。有报告指出深海原油的生产成本已经降至约50美元/桶。巴西、加拿大等非OPEC国家深海油出口不断增加。墨西哥湾的海上油井也已经显现出活力。如果趋势得以持续，北美市场原油供给将再次过剩，美国页岩油生产也将受到直接冲击。

（三）OPEC政策仍有变数，利好、利空因素均存在

2016年11月底，OPEC达成了减产协议，减产的目标是维持现有原油供需结构，保持油价稳定。然而，2017年6月OPEC原油产量上升，减产协议执行不力。6月OPEC原油日产量环比上升近1.4%，至3261万桶，主要是利比亚、尼日利亚、安哥拉、伊拉克和沙特阿拉伯产量增加。市场依旧怀疑OPEC的减产计划能否被忠实地执行。

利比亚和伊朗被认为是削弱OPEC减产计划的重要因素。作为OPEC减产协议中被特殊对待的国家，利比亚并不完全受到OPEC减产协议的限制。根据利比亚国家石油公司的声明，其日产量已经上升至82.7万桶。受利比亚增产的影响，2017年5月OPEC原油产量小幅度上升，为年内首次。伊朗是另一个不确定因素。OPEC并不能完全辖制伊朗，而伊朗也有意重新夺回其石油市场份额。伊朗积极和西班牙、日本等国家开展合作。伊朗正在全力推行输油管线等能源项目，未来有望继续扩大对国际市场的出口额。作为页岩油的最有力竞争者，OPEC减产协议的效果会严重影响页岩油生产商的决策。如果OPEC减产切实提升了原油价格，对原油市场的乐观前景会促使资金投入到页岩油行业中；反之，如果OPEC减产效果不明显，页岩油生产速度可能继续放缓。

另外一个不确定的因素是沙特阿拉伯的出口政策。由于美国原油库存数据会影响国际油价的变化，沙特阿拉伯可能考虑对美国减少原油出口，以削减美国原油库存。如果该项政策得以实施，那么页岩油在美国市场所面临的竞争压力就会减轻。美国的原油需求会促使页岩油产量的上升。

（四）国际油价是影响页岩油产量的重要因素，但对冲头寸也会引发意外波动

一般而言，页岩油产量会随原油价格变动而作出反应。然而页岩油厂商积极参与金融市场，往往会在合意的油价水平上运用各种金融工具对冲未来头寸，提前锁定价格。

目前，页岩油生产商增加对冲头寸，达到其未来产量的至少50%以上的水平。尽管国际原油价格波动剧烈，并且诸如OPEC会议等风险事件频发，不过由于对冲手段的存在，页岩油生产商依然继续生产。同时，油价对冲也锁定了页岩油生产商的现金流，使得后者可以从容地筹集资本，开发新的钻井（见图1-31）。

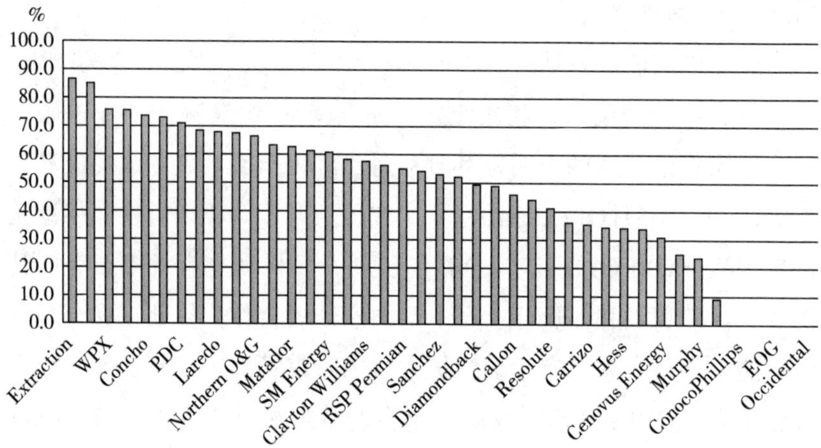

资料来源：Bloomberg。

图 1-31　2017 年部分页岩油生产商页岩油生产对冲比例

五、前景展望

页岩油作为一种非常规能源，其前景可期，未来将改变美国在国际能源市场中的地位，并对国际能源结构带来深远的影响。

第一，美国页岩油钻井数达到两年来的高位，未来增速将放缓。尽管油价出现剧烈震荡，页岩油生产商意愿依然高涨。截至2017年12月底，美国页岩油井架已经达到708座，为2015年5月以来的最高水平（见图1-32）。页岩油井数目迅速增多，和2016年的低迷形成了鲜明的对比。

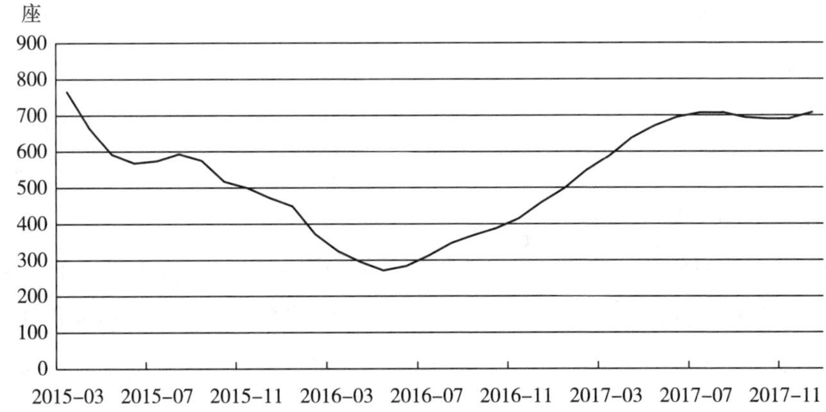

资料来源：Bloomberg。

图 1-32　美国已开工油井数

第二，美国页岩油井整体效率提高，未来竞争力有望继续上升。美国页岩油开采效率自2010年6月以来不断提高。新井每井架石油桶数从2010年6月的约89桶/日逐渐升高，2017年10月达到约780桶/日的水平（见图1-33）。更高效率的开采技术将使新井井架石油产出能力大幅度提高。未来原有的低效油井不断关停，而新的钻井将更加靠近页岩油资源丰度高的区域，这将成为新井架产油能力不断提高的主要原因。

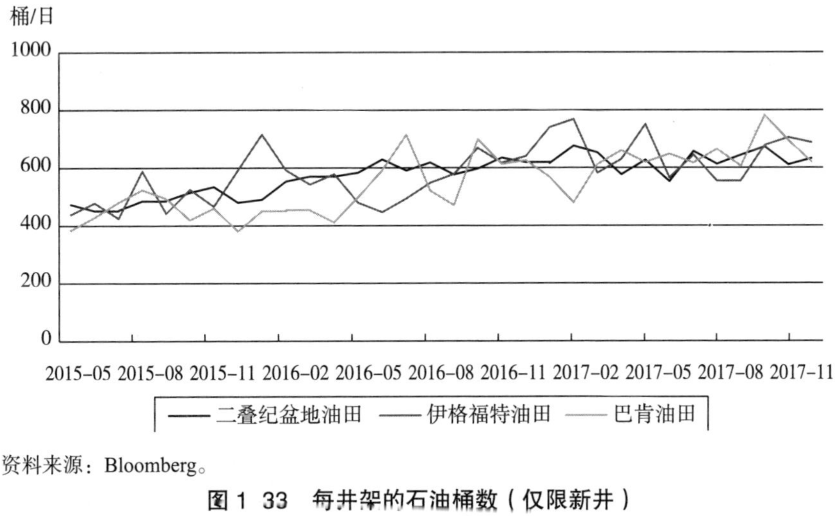

资料来源：Bloomberg。

图 1-33　每井架的石油桶数（仅限新井）

第三，美国页岩油产量将在2030年达到峰值。预计，2018年美国页岩油产量将创下新高，达到1000万桶/日的历史高位。页岩油的产量和已开工未完工油井数量有同向变动关系，一般而言滞后6~12个月。根据EIA的预测，2030年左右页岩油产量将会达到峰值。至2040年，美国轻质原油产量将会达到美国原油总产量的60%左右。

第四，页岩油将成为平衡国际原油市场的重要力量。页岩油正在国际原油市场上扮演着重要的角色。页岩油将充分发挥其原油价格天花板的作用，在长期内将抑制油价上涨。受限于页岩油产量的增长和国际需求的疲软，国际原油市场年内仍然将处于弱势平衡的局面。然而国际原油市场不确定事件依然较多，中东地区的地缘政治事件、我国原油储备速度、美国削减其石油库存的计划等都将影响原油市场。

第二节　欧洲经济

欧盟的未来：以改革促前行

欧盟是人类历史上一次独特的尝试，过去六十余年里各成员国利益紧密相连，实现“差异中统一”，取得了前所未有的进展。欧盟成为全球最大的单一市场、第一大贸易体和第二大国际货币所在地，世界影响力空前提高。然而，近年来欧洲政治与经济风险上升，外部环境复杂严峻、内部结构性失衡加剧，致使欧洲一体化进程明显遇阻。展望未来，欧盟将积极寻求改革，“多速欧洲”或成为发展方向。我国应在防范欧洲政经风险的同时，把握欧洲核心优势与发展机遇，进一步深化中欧经济金融合作，应对逆全球化浪潮。

一、欧盟发展面临诸多挑战

自1957年《罗马条约》签订，欧洲融合进程已六十余载。1967年欧洲共同体成立，1993年《马斯特里赫特条约》正式生效，标志着欧洲从经济合作向经济政治全面合作过渡，欧盟开启了欧洲一体化的新篇章。成员国间以谈判而非武力解决冲突，以法律约束替代军事威吓，重塑欧洲格局，实现较长时期的和平稳定。历经多轮扩张，欧盟成员国达28个，经济总量由1993年的近8万亿美元增长至2016年的16万亿美元，成为全球最大的单一市场、第一大贸易体和第二大国际货币所在地，世界影响力空前提高。然而，近年来欧盟面临的挑战日益增多。

在经济方面，欧盟正在从国际金融危机中复苏，但步伐仍不够平稳，力度不够强劲。2016年，欧盟实际GDP增速为1.9%，通胀率为0.3%，失业率为8.5%，仍逊于危机前水平（见图1–34、图1–35），经济复苏势头能否延续存在不确定性。财政政策空间有限，欧盟政府债务占GDP比重已超过80%，较危机前增长了40%，难以有效支撑公共消费与投资；过度依赖宽松的货币政策，且政策有效性降低，在极低利率、巨额量化宽松规模的情况下部分经济体仍处于通缩边缘；结构性改革尚未取得实质性进展，实体经济中的一些根本的结构性缺陷依然存在。此外，欧洲银行业危机重重，负利率环境进一步影响银行业经营，不良贷款高企、资本不足问题凸显。据IMF测算，受负利率影响，德国金融系统利润到2019年可能缩水25%。总体来看，欧盟复苏势头仍然脆弱，下行风险较大。

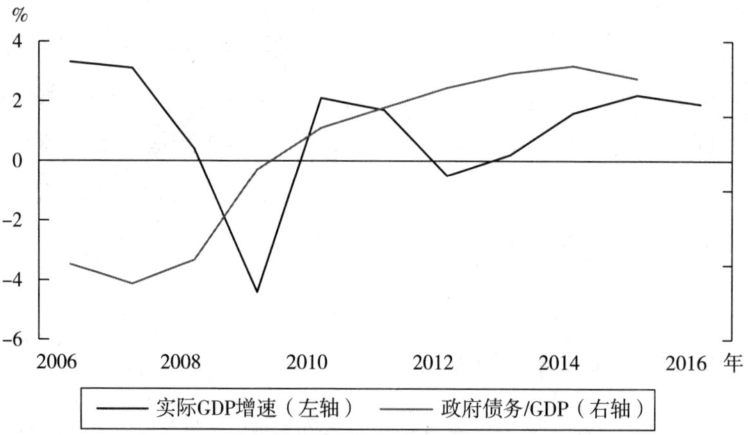

图 1–34　欧盟 28 国经济增速与政府债务水平

在政治与社会方面，民粹主义上升，英国脱欧、欧洲主要国家大选加剧欧盟前景不确定性。随着全球环境与经济情况发生深刻变化，欧盟民众的不安全感持续上升，对主流政治制度及政府当局产生强烈不满，为民粹主义提供了滋生空间。欧盟调查显示，民众对于欧盟的信任度较十年前下降了约30%。

快速老龄化、福利水平下降、恐怖袭击、难民危机，均对欧盟经济与社会稳定产生较大冲击。2017年3月，英国正式开启脱欧程序，与欧盟成员国未来的贸易金融关系仍然面临较大不确定性，经济上可能产生“两败俱伤”的结果，政治上加剧离心力与民族主义情绪。在德法大选中，极右翼势力顺势博取民众共鸣，加剧欧洲政局不确定性，可能扰乱甚至打断欧洲复苏步伐，一体化前景引发市场忧虑。此外，美国特朗普上台后，美国与欧盟及北约成员国之间的关系有所恶化，可能损及欧洲的安全形势，欧洲发展前景更添变局。

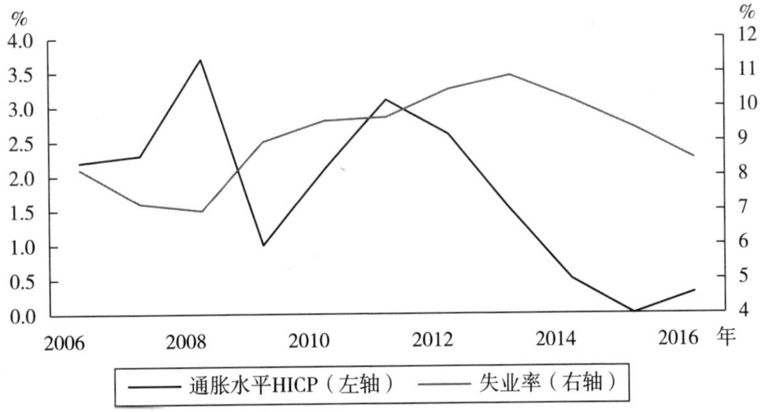

资料来源：欧盟委员会，中国银行国际金融研究所。

图 1-35 欧盟 28 国通胀与失业情况

二、欧盟一体化遇阻三大内在根源

欧洲一体化进程明显遇阻，政治经济风险大幅上升，其背后有深刻的根源。

第一，内部经济结构失衡。经济一体化理论与实践表明，一体化组织成员同质性越高，创造效应就越明显；成员国间异质性越高，则转移效应将超过创造效应，加剧内部经济差距，最终破坏一体化组织结构。尽管欧盟正在走向复苏，失业率降至历史新低，但在经济、社会各部门以及不同区域之间，复苏与发展的势头并不平稳均衡（见图1-36、图1-37）。

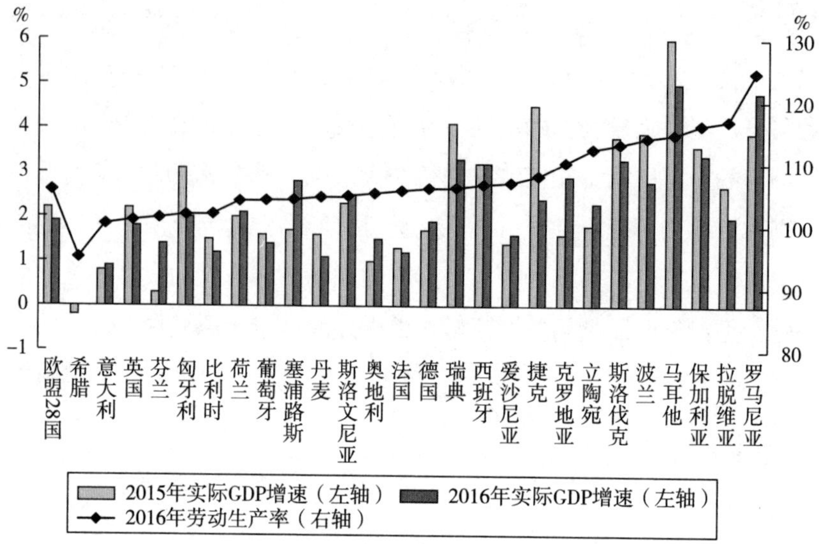

注：劳动生产率 2010 年 =100。

资料来源：欧盟委员会，中国银行国际金融研究所。

图 1–36　欧盟主要国家 GDP 增速与劳动生产率

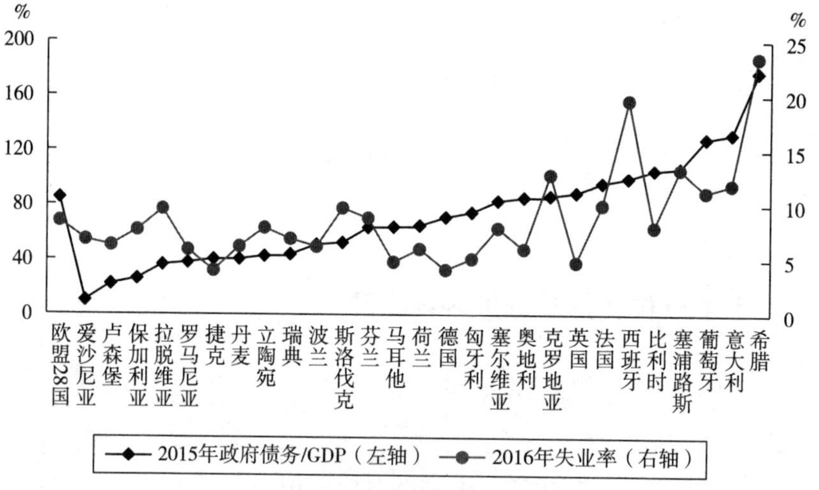

资料来源：欧盟委员会，中国银行国际金融研究所。

图 1–37　欧盟主要国家失业率与政府债务

自成立以来，欧盟历经六次扩张，28个成员国（包括英国）的发展水平存在明显差异，西欧国家相对发达，中东欧国家相对落后。在经济增速方面，近年来中东欧国家GDP增速显著回升，德国、法国等主要经济体稳步复苏，希腊、西班牙、意大利等南部经济体则面临困境（见图1–36）。在劳动与就业方面，南欧劳动生产率明显低于北部经济体，德国2016年失业率为4.1%，而希腊、西班牙、克罗地亚、意大利、葡萄牙等国失业率超过10%，致使民众对于欧盟及本国政府产生不满情绪，进一步加剧政治风险（见图1–37）。

第二，欧盟经济地位下降、安全与边境威胁上升。近年来，欧盟全球经济地位已显著动摇。欧盟经济实力面临相对减弱的现实挑战，GDP全球占比由20世纪80年代的30%左右降至22%，预计2030年这一比例将远低于20%。快速老龄化冲击欧洲，欧盟人口全球占比预计由20世纪90年代的25%左右降至2060年的5%。同时，欧元在国际外汇储备中的份额近十年来下降约5个百分点。

欧盟成员国发展速度减慢，内部差距有所增大。根据人类发展指数（Human Development Index，HDI）这一反映经济社会发展水平的综合指标，2010年至2015年欧盟成员HDI年增速平均为36.50%，低于2000年至2010年58.45%的水平；对于各成员国，HDI年均增速普遍减缓；欧盟内部发展水平各异，以德国与保加利亚为例，2015年两国HDI差距为0.13，反而较1990年的0.10有所上升（见图1–38）。未来，青年一代的福利水平将较上一代出现倒退，这在欧盟历史上前所未有。

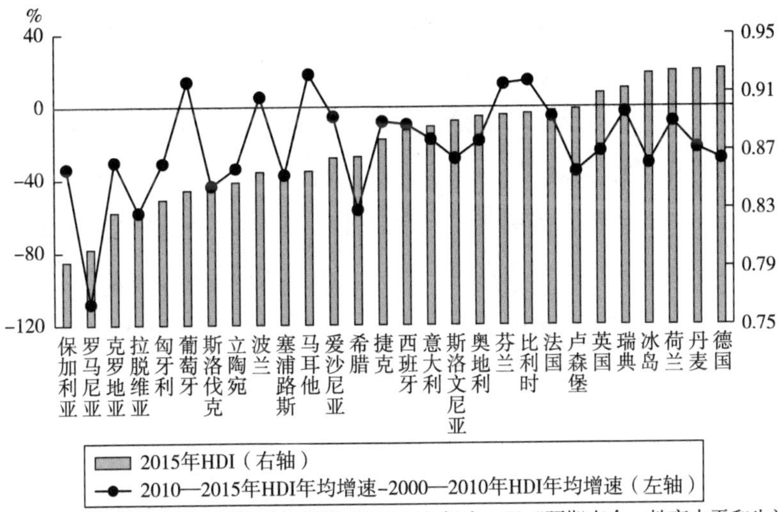

注：人类发展指数是由联合国开发计划署（UNDP）提出，以“预期寿命、教育水平和生活质量”三项基础变量，按照一定的计算方法得出的综合指标。

资料来源：联合国报告，中国银行国际金融研究所。

图1–38　欧盟主要国家人类发展指数（HDI）

同时，全球局势日益紧张，地缘政治风险大幅上升，中东、非洲区域恐怖活动肆虐，进一步加剧成员间内部矛盾。恐怖袭击冲击欧洲，移民压力倍增，难民危机达到第二次世界大战以来最大规模，不仅对医疗、教育等公共服务造成负担，也为欧盟成员的社会稳定及边境管理等带来巨大挑战。其中，德国、法国、瑞典接收难民较多，要求实行分摊“强制配额”；意大利、希腊处于难民冲击前线，经济面临困境，要求减轻相关负担；波兰、匈牙利等东欧国家则明确反对欧盟委员会难民安置计划，欧盟内部产生明显分歧。

第三，欧盟机制安排缺乏灵活性。28个成员捆绑为一体，正如三国赤壁之战的铁索连舟，胜势前行时如履平地，一旦遭遇较大冲击或某一环节出现问题，就会难以转向、分崩离析。欧盟结构较为复杂，成员需要遵从欧盟与自身双重标准和利益，在内政外交、调控工具等方面相互掣肘，受到一定限制。统一发声与行动，是成员让渡各自利益、相互妥协的结果，在繁荣发展时期易于达成共识，陷入困境时则冲突上升、政策效率与信任度下降，加剧危机形势。

欧元区表现尤为明显。根据《马斯特里赫特条约》规定，欧元区成员国预算赤字不能超过国内生产总值的3%，负债率应低于国内生产总值的60%。欧元区实行统一货币政策，欧央行长期以控制通胀为首要目标，难以与各成员国有效协调。面对外部冲击时，成员国不得不过度依赖扩张性财政政策，从而加剧财政状况恶化。然而，欧元区又对其成员国具有预算赤字、负债率约束，这就意味着要求处于经济困境的国家缩减财政支出、增加税收、控制负债，对消费与公共投资产生抑制作用，加剧经济失衡。欧债危机后，欧元区出台六项法则，限制成员国赤字，约束其经济刺激计划。从实际情况来看，希腊债务危机及僵持不下的援助谈判就源自这一矛盾。希腊深陷债务危机，又无法通过发行货币解决问题，欧元区援助的附加条款要求其采取紧缩措施，加剧失业与民众不满情绪。欧元区政府负债率已超过90%，多数成员国面临史无前例的债务水平，北欧在一定程度上为南欧填补赤字，这一情况难以持续。

欧盟奉行“集体主义”，对于部分成员国权责并不匹配，加剧内部分裂。这也是英国脱欧的重要原因。在经费与援助方面，欧盟资金来源以各成员国缴纳会费为主，约占国民收入的0.9%（见图1–39）。从绝对量与人均规模来看，欧盟收支基本是西欧、北欧为东欧、南欧填补缺口。其中，英国对于欧盟收支严重失衡，逆差达139.5亿欧元。在主权与司法方面，欧盟拥有较大权力，致使各成员国难以依据自身实际情况进行平衡。以英国为例，英国60%的法例由欧盟委员会制定，在贸易安排、移民等关键领域无权反抗欧盟整体裁决与政策。欧盟部分成员国面临成本、收益不匹配的现实，这也是英国脱欧的原因之一。

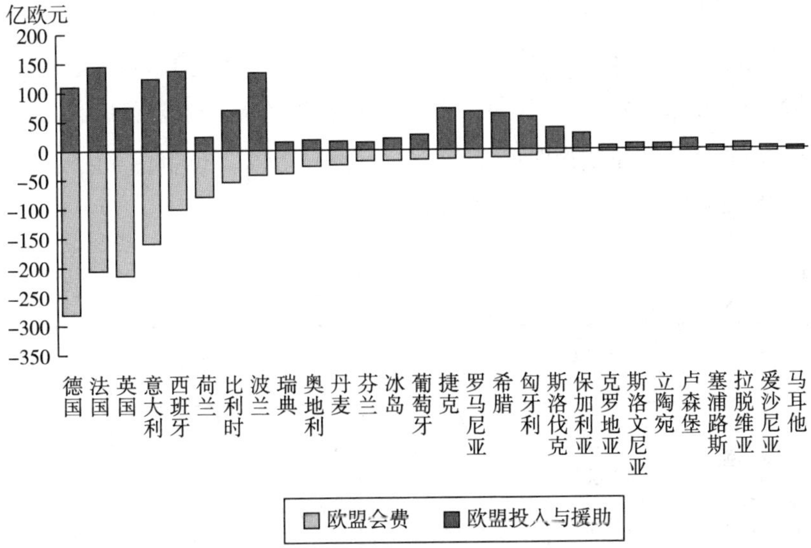

资料来源：欧盟委员会，中国银行国际金融研究所。

图 1-39　2015 年欧盟主要国家缴纳会费及获得援助

三、欧盟改革的路线设想及前景判断

根据欧盟委员会白皮书，未来欧盟27国（不包括英国）改革可能存在五种方案。每种方案在整体规模、发展重点、局部处理及决策程序等方面有差异也有重叠，欧盟成员可以根据实际情况协商决定，选取其中的要点因素进行重新整合，形成未来欧盟改革的统一蓝图。

（一）维持现有框架前行

欧盟27国坚持既有路线，遵循2014年委员会发布的欧洲新起点（New Start

for Europe）与2016年布拉迪斯拉发宣言，实行并完善现有改革方案（见表1–4）。未来，欧盟27国将继续专注于就业、增长和投资，强化单一市场，并在数字化、交通运输、能源设施等领域加强投资合作。循序渐进地推动统一货币机制，完善金融监管，保障财政的可持续性，发展资本市场服务实体经济。在援助与国防领域，欧盟将确保90%的救助力量掌握在成员国手中，依据成员国意愿共享反恐情报，在产业研究、联合采购等方面深化合作。欧盟对外统一发声，与全球其他国家和地区统一达成贸易安排。预计欧盟将与日本、澳大利亚、新西兰、拉美等经济体达成卓有成效的贸易协定，但批准程序仍较为冗长。边境管理由各成员国负责，但欧盟边界与海岸线管理则进一步强化合作。欧盟27国将在气候问题、金融稳定、可持续发展等领域领导、重塑全球化进程。

表 1–4　　　　现有框架政策概览

单一市场与贸易	经济与货币联盟	申根、移民与保障	外交与国防	欧盟预算	决策与行动
在能源、数字化等领域，继续强化单一市场；欧盟 27 国追求卓有成效的贸易协定	改善欧元区运行机制	逐渐完善边境管理合作；建立一般避难系统；改善安全事务协调机制	外交事务统一发声；实行紧密的防务合作	依据改革方案作出部分调整	积极的行动方案可能取得切实成效；决策制定仍然较为复杂

资料来源：欧盟委员会，中国银行国际金融研究所。

（二）仅作为单一市场存在

欧盟逐渐聚焦于深化单一市场这一关键领域，在诸如移民、安全等领域不再共同合作寻求解决方案，减少监管负担，取消双重法制标准（见表1–5）。单一市场成为欧盟存在的主要理由，欧盟将继续完善相关政策和标准，促进资本和商品自由流动。然而，随着欧盟对于其他领域的管理收缩，成员国间在消费、公共补助、环境标准、税收等方面的差距将增大，甚至可能带来恶性竞争风险。同时，这一新的框架规则也难以全面保障劳动力和服务的自由流通。欧元机制有利于贸易投资，但欧盟成员内部分歧增加、合作减少将加剧欧元波动，对单一货币体系及金融危机应对能力造成威胁。移民及部分外交政策可能转向双边合作，人权与援助事务由各成员国处理。在诸多国际场合，欧盟不再作为一个整体，在气候变化、打击逃税、推进全球化以及改善国际贸易规则等领域不再持有统一立场，这在一定程度上制约了欧盟开拓市场的经济机会与能力。欧盟成员国对于诸多问题需要双边解决，个体行为将代替集体行动。

表 1–5　　　　欧盟仅作为单一市场存在的政策概览

单一市场与贸易	经济与货币联盟	申根、移民与保障	外交与国防	欧盟预算	决策与行动
在商品与资本领域的单一市场得以强化；标准差异继续存在；劳动力与服务的自由流动难以全面保障	欧元区合作受到负面影响	没有统一的移民或救助政策；安全事务协调需要双边解决；区域内部实现更为系统的边界管理	部分外交事务由双边处理；防卫合作维持现状	改善预算机制，着力支持单一市场所需部分	决策制定更易于理解但集体行动能力受限；一些普遍关切问题需要双边解决

资料来源：欧盟委员会，中国银行国际金融研究所。

（三）有意愿者多做

欧盟按当前方式运行，但是允许某些成员国在某些特定政策领域形成一个或多个“自愿联盟”，在防卫、国内安全、税收或社会事务等方面深化合作，即所谓的“多速欧洲”（见表1–6）。正如申根区、欧元区，这些联盟区域需要建立在欧盟统一框架之下，其他成员国保持原有地位和资格，也可以申请加入这些联盟。一部分成员国将在国防军事领域加强合作，充分利用现有法规，推进联合研究、集中采购及军事准备等，有效应对海外联合任务；一部分成员国将在社会稳定方面深化合作，对抗有组织犯罪、恐怖活动，加强情报共享，联合开展反洗钱、贩毒等调查；欧元区及部分成员国可能在税收、社会事务方面推进合作，降低征税成本、打击逃税漏税，为商业活动制定一致的保障标准，改善工作与跨境经营条件，强化技术研发与产业合作，联合制定相关规则。在这一框架下，单一市场将得到进一步发展，欧盟代表所有成员国利益处理与第三方的贸易关系。

表 1–6　　有意愿者多做框架下的政策概览

单一市场与贸易	经济与货币联盟	申根、移民与保障	外交与国防	欧盟预算	决策与行动
与“维持现状”相同，单一市场得到强化；欧盟追求达成卓有成效的贸易协定	与“维持现状”相同，但部分国家会在税收、社会标准等领域深化合作	与“维持现状”相同，但部分国家会在安全、社会事务等方面深化合作	与“维持现状”相同，但部分国家将在军事协调等方面有所作为	与“维持现状”相同；但部分国家想要在特定领域做得更多，可能产生额外预算	与“维持现状”相同，积极的改革有利于欧盟；一些国家可能在某些特定领域获得成效；决策制定变得更为复杂

资料来源：欧盟委员会，中国银行国际金融研究所。

（四）管理更少但更有成效

欧盟27国达成共识，确定核心关注点与优先政策，欧盟专注于某些特定政策领域，在其他领域有所收缩（见表1–7）。在选定的优先领域，欧盟被赋予更强有力的工具，形成统一决策，行动更为迅速明确。欧盟可能在创新、贸易、安全、移民、边境管理、国防等领域深化合作，制定新规则和工具完善单一市场机制，快速协商并主导贸易谈判，积极推进新欧盟计划投资，支持脱碳技术、空间技术和数字化，建立区域能源中心。针对反恐，在治安与司法层面加强合作，提升欧洲反恐中心的系统性，增强联合防御能力。欧元区将继续采取行动深化合作，保证统一货币的稳定性。另外，欧盟可能在区域发展、公共健康、部分就业部门以及对于单一市场运行不产生直接影响的社会事务方面停止或减少政策干预，各成员国在上述领域也将获得更大的政策弹性与自主性。随着政策领域重置，欧盟在全球的地位将发生变化。然而，在初始阶段，明确优先政策领域、达成共识存在一定的难度。

表 1–7　　管理更少但更有成效框架下的政策概览

单一市场与贸易	经济与货币联盟	申根、移民与保障	外交与国防	欧盟预算	决策与行动
在欧盟层级上加强普遍标准设定；仅在欧盟层级上进行贸易安排	采取措施巩固欧元区，确保其稳定性；欧盟在部分就业与社会政策方面管理收缩	在边境管理、援助政策和反恐方面合作更为系统化	欧盟在所有外交政策上统一发声；建立欧洲防务联盟	根据欧盟新的政策重点重新修订	首要任务在于对进退领域达成共识；决策制定更易于理解；在优先领域，欧盟行动更为快捷，发挥作用更大

资料来源：欧盟委员会，中国银行国际金融研究所。

（五）全面加强合作

欧盟27国达成共识，即不论欧盟还是任何单一成员国均没有足够的能力应对当前挑战，欧盟成员国将在所有政策领域强化合作，共享权力、资源和决策制定（见表1–8）。欧盟在对外政策和国际事务上统一发声与行动，欧洲议会对于贸易协定具有最终发言权。国防与安全事务将置于优先位置，建立欧洲防务联盟，与北约形成互补。在气候问题、人道主义与发展援助方面，欧盟在全球继续发挥引领作用。在周边国家和区域，增加投资，创造经济机会，管理常规移民，追踪非常规渠道，加强移民联合管理。针对单一市场，欧盟将在能源、数字化、服务领域深化合作，通过联合创新与研发投资，促进风投、创业公司、大企业及研发中心集群形成欧洲硅谷。整合欧盟内部的资本市场，调动资源，积极支持中小企业和主要基建项目。欧元区成员则可以在财政政策、社会事务、税收机制、金融监管等方面继续加强合作。欧洲稳定机制将成为欧洲货币基金，服从欧洲议会管理，支持欧洲投资银行在第三代“容克计划”方面获得融资，促进欧盟投资繁荣增长。欧盟成员国全面加强合作，有助于欧盟的长远发展，欧元区也将随之强化，欧盟层面上政策制定与行动效率将大为提升。然而，这也存在一定风险，欧盟将从各成员国政府手中获得“过多”的权力，可能产生一定的合法性质疑与社会情绪。

表 1–8　全面加强合作框架下政策概览

单一市场与贸易	经济与货币联盟	申根、移民与保障	外交与国防	欧盟预算	决策与行动
增强标准协调与执行力度，强化单一市场；贸易安排仅由欧盟层级协定	建立经济、金融、财政联盟	与“管理更少但更有成效”相同，在边境管理、援助政策和反恐方面合作更为系统化	与“管理更少但更有成效”相同，欧盟在所有外交政策上统一发声；建立欧洲防务联盟	依据各成员国资源确定；开启欧元区财政稳定机制	决策制定更迅速，跨境执行力度更强；欧盟从成员国获得“过多”权力，可能引发质疑

资料来源：欧盟委员会，中国银行国际金融研究所。

总体来看，欧盟不会解体，“多速欧洲”或将成为改革方向。尽管英国开启脱欧进程为欧洲一体化投下阴影，但欧盟不会就此解体。超过三分之二的民众认为欧盟仍是不确定世界中的稳定之所；超过80%的民众支持欧盟四项自由原则；70%的欧元区民众支持统一货币，极右翼势力掌控欧洲的可能性较低。截至2017年底，德国、法国、意大利、西班牙、荷兰、卢森堡等国已表态支持“多速欧洲”方案。该方案兼具一体化与灵活性，允许欧盟成员国根据实际情况，协调发展步调。部分成员国可以在特定领域深化合作、更加团结，形成协力；其他国家也可以快速前进，迎头赶上，申请进入“小团体”。德国、法国等相对发达经济体可以在税收、金融架构、防卫等领域进一步深化合作，提高经济金融话语权；希腊、意大利等南欧国家可以在政府支持、产业保护、就业与保障等领域保持自己的回旋余地与缓冲空间；中东欧国家也可以在移民、边境管理等方面保证自身利益。事实上，欧盟内部已经形成了类似的多速团体，如欧元区、申根区等。然而，“多速欧洲”可能造成欧盟内部分裂与竞争，致使原有架构更为松散。此外，部分中东欧国家担忧自身被排除在外，明确表态拒绝这一方案，可能增加欧盟改革方案协商难度。

四、中欧合作建议

中欧经贸联系紧密且重要，欧盟是中国第一大贸易伙伴，中国则为欧盟第二大贸易伙伴；2016年，中国对欧盟直接投资规模达351亿欧元，实现76%的高速增长。在欧盟政经风险上升、全球格局变迁的背景下，中国在防范风险的同时依然应把握欧洲核心优势与发展机遇，深化中欧经济金融合作。

一是继续加快中欧双边投资协定谈判，扩大相互开放。这不仅有利于中国获取先进的技术与经验，推进经济转型升级，也有利于欧盟的经济与就业增长。处理好贸易投资摩擦问题，对接中国制造2025与德国工业4.0，深化制造业互补效应。

二是共持绿色、可持续发展理念，在绿色环保领域展开广泛合作。当前，欧盟企业部门掌握全球约40%的可再生能源技术，而中国则具有广阔的市场需求与丰厚的资金资源，双边合作可以寻求创新性方案，有效应对与日俱增的环境压力，推动智能城市与资源的有效利用，并以绿色金融模式为这一合作提供有效支撑。

三是在智能科技、基础设施、国际产能合作等领域加强中欧合作。联合创新与研发，在电子商务、人工智能、数字化等新领域强化合作，完善金融科技体系。我国应积极发挥基础设施建设优势，参与欧盟推出的欧洲投资计划，并在第三方合作上取得突破。中欧企业在发展中国家和中东欧地区开展产能合作项目，积极考虑建立中欧共同投资基金，充分发挥泛欧投资合作平台等金融安排的功能。

四是支持中小企业走进欧洲。中小企业在欧盟经济中占有重要的地位，其营业额占欧盟总量一半以上。鼓励中国中小企业走进欧洲，积极参与全球价值链，对于提升我国企业竞争力、促进欧洲经济增长与就业增加具有积极意义。完善中小企业“走出去”政策促进体系、服务保障体系和风险防控体系，搭建中欧中小企业跨境撮合平台。

五是共同开拓“一带一路”沿线。当前，保护主义上升，重返孤立主义致使人们对国际贸易、多边主义、全球化产生质疑与忧虑。中国与欧盟都是全球化的支持者，在金融稳定、可持续发展、国际货币体系改革、气候问题等重点领域可以加强合作，联合应对相关挑战。在“一带一路”框架下，特别是中东欧、中亚区域，中欧在交通、能源、技术设施等领域存在广阔合作空间。以亚投行为平台，支持各类发展项目，推进中国与欧盟物流通道建设，大力发展中国—中东欧国家经贸合作区。

六是联合开发非洲市场。非洲区域是欧盟的核心关切与利益所在，近年来中国也积极走入非洲，双方应进一步拓展利益交汇点，联合开拓非洲市场，在经济上共享发展机会，着力解决社会问题，扭转移民根源。

马克龙经济政策及对中法合作影响

2017年5月7日，马克龙在法国大选中击败极右翼候选人勒庞当选新一任总统。马克龙的当选增强了欧盟和欧元的稳定性，但是近50年来的最低投票率（74.62%）以及11.49%的无效票率（包括投白票和废票），反映出法国人对政治经济现状的强烈不满。马克龙计划部分延续卸任政府自2012年以来的改革政策，试图从刺激内需和结构改革继续推动法国经济。然而由于政治和社会存在多个不确定因素，法国经济恢复强劲仍然任重道远。对于中国而言，马克龙当选意义重大，有利于欧洲继续支持“一带一路”倡议，并依靠欧元来制衡美元从而实现人民币国际化。本文从马克龙经济改革计划入手，基于目前中法合作现状，分析了未来中法合作可能遇到的机遇和挑战。

一、法国经济问题和马克龙的经济药方

法国的基本经济问题在于经济增长乏力。短期而言，法国经济增长缓慢源自经济周期性和经济危机以来的需求不足。但是，数据显示自1990年以来法国经济增长一直表现疲软（见图1–40），其供给侧存在深层次缺陷，导致法国企业竞争力下降，贸易市场份额减少，经常账户赤字持续上升。

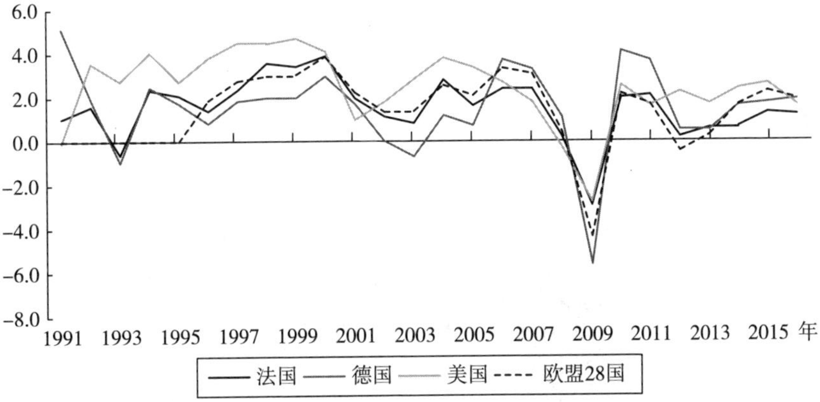

资料来源：OECD。

图 1-40　法国及其他国家 GDP 年增长率（1991—2015 年）

2012年以来，法国政府采取了一系列经济重振方针，加上欧洲央行推行量化宽松非常规货币政策，使欧元处于贬值周期，企业融资成本降低、石油价格下降等因素使得购买力有所增强，均有助于法国经济复苏。法国财政部2016年的报告指出，法国经济从2015年开始好转。

马克龙上台后，计划继续以增加内需和供给侧改革为主要手段解决法国的基本经济问题。

（一）增加内需

马克龙计划在任期内增加政府投资，减免企业与个人社会分摊，推行减税政策，从而增加内需，刺激经济增长。

一是通过政府投资来刺激经济。政府计划投资500亿欧元，其中150亿欧元用于年轻人和失业者培训，150亿欧元用于低碳经济转型和能源过渡（见图1-41、图1-42）。

二是通过减免雇主和雇员的社会分摊来刺激企业投资和居民消费。例如，免除雇主的加班时间社会分摊，减免雇员的失业和养老分摊。由此降低的雇主和雇员税负合计为200亿欧元，通过增加1.7%普通社会分摊金来承担。由于目前在法国需要缴付失业分摊金的人群为工资低于4倍最低工资的在职人员，而并非所有在职人员和退休人员（低收入退休人员除外），该举措将扩大税基，提高大部分在职人员的收入①（但高工资人群和退休人员收入则有所下降）。

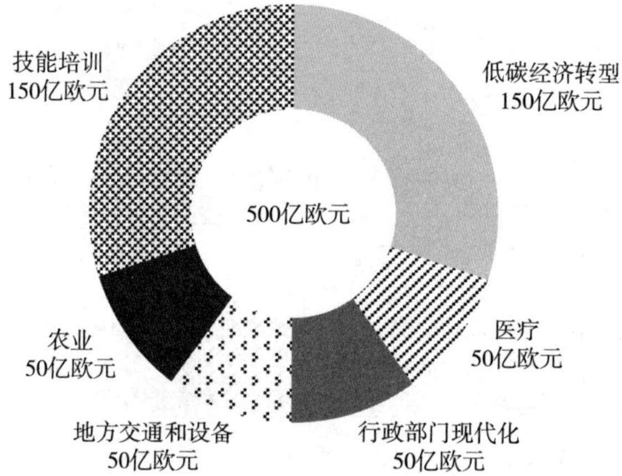

资料来源：https://en-marche.fr/。

图 1-41　马克龙计划政府投资构成

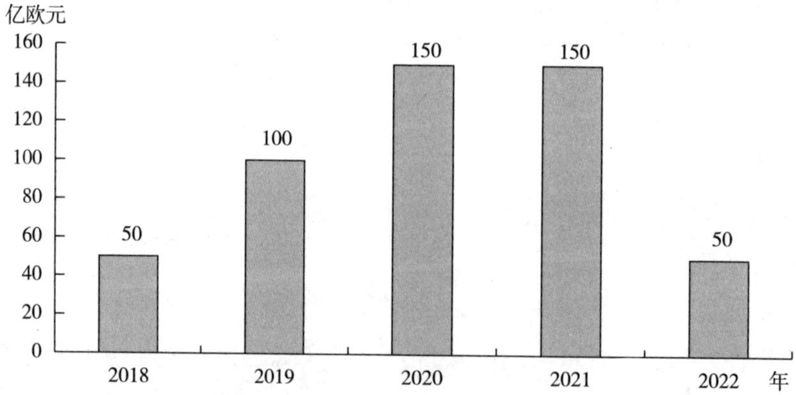

资料来源：https://en-marche.fr/。

图 1-42　马克龙计划政府投资时间表

① 目前，雇员的医疗分摊金为毛工资的 0.75%，失业分摊金为毛工资的 2.4%，这些分摊金的减免带来净工资上涨金额为毛工资的 3.15%。而普通社会分摊金在毛工资 98.25% 的基础上计算，增加 1.7% 意味着增加 1.67%，综合下来，工资实际上涨金额为毛工资的 1.48%

三是大规模减税。马克龙计划将竞争力和就业减税政策[①]转为减免企业长期负担，将企业税从33%降至25%。减免80%的居民住房税以提高个人消费。

（二）供给侧改革

马克龙的供给侧改革包括改革劳动力市场和产品市场，其中最重要的是劳动力市场改革。

一是通过简化雇佣程序、协商加班时间、鼓励招聘意愿、增强失业者工作意愿、提供培训等手段解决最重要的失业问题。2017年12月，法国失业率达9.2%，年轻人失业率高达21.4%。

法国失业率高企主要有四点原因：其一，雇主招聘意愿低。作为OECD税率最高的国家之一，法国的雇用成本高，最低工资高，员工合同法律保护的限制性极强，解雇制度及劳资纠纷漫长且复杂，导致雇主招聘意愿较低。其二，失业金制度缺乏激励机制，导致失业者寻求工作意愿低。其三，法国仅为非自愿失去工作的人提供失业保险和失业救助，已签订终身合同的人员不愿冒险辞职寻找更适合的工作。其四，法国高失业率冲击最大的人群为年轻人和缺乏专业技能的失业人员。

针对上述问题，马克龙提出五点计划：其一，继续推行自己作为法国经济部长时通过的“马克龙法案”和2016年已实施的库姆里“新劳动法”，免除雇主雇佣最低工资雇员的费用支出，简化解雇程序。其二，保持35小时工作制，但允许各公司根据雇主和雇员的协商结果，自行制定加班时间。其三，缩短失业金领取时间，例如对于任何一个连续两次拒绝与其能力相匹配的工作机会，或者没有作出足够努力寻求工作的人，取消其失业金领取资格。其四，为主动辞职（五年一次）和自由职业者提供失业金，使已签订终身合同的雇员愿意去寻求更有利于社会劳动资源有效分配的职业。其五，加强再就业培训和成人培训的有效性，提高劳动力就业能力。

① 该减税政策由让－马克·埃罗（2012—2014 年任法国总理）2012 年提出，2013 年正式实施，旨为通过降低劳动力成本，使得企业赢得空间，进行雇佣、投资、创新、开拓新市场或低碳转型，从而增加企业竞争力和就业。

二是改革产品市场。法国产品在国际市场上缺乏竞争力。一方面，以进口价格衡量，在同等单位劳动成本下，法国许多制造品比德国档次要低；另一方面，法国产品在非价格因素竞争力方面有诸多掣肘。部分行业存在异常复杂的标准和准入门槛（如出租，公证，建筑，医药等），产品市场的国家控制程度（见图1–43）、贸易投资限制（见图1–44）以及创业限制（见图1–45）在全球居于中等水平。自2012年以来，法国政府加强了融资便利，降低或取消交通业、零售业以及受管制行业的准入门槛。这些政策实施以来，法国商业经营环境得到一定的改善。2017年，法国营商环境在科尔尼外国直接投资信心指数国际投资吸引力排名中位居第8名，在世行经商条件排名中居于第27位，在达沃斯全球竞争力报告中排名第21位。

马克龙提出的免除雇主雇佣最低工资雇员的费用支出策略，不仅有利于增加就业，也降低了企业的劳动成本。但由于该方案只涉及最低工资雇员，成本下降程度将会有限。马克龙并未明确提出准入门槛等非价格因素竞争力的提高办法。此外，马克龙对UBER模式高度肯定，并提出了推进私人和公共部门数字化、现代化的相关设想。

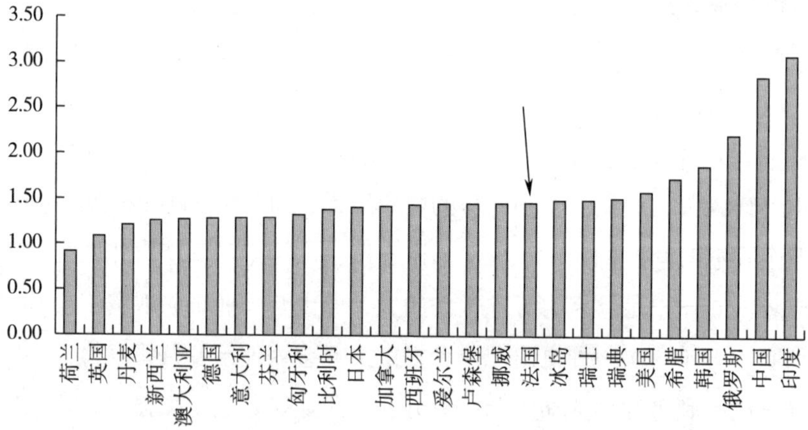

资料来源：OECD Economics Department Working Papers，No.1200。

图 1–43　法国及其他国家产品市场国家控制程度（2013 年）

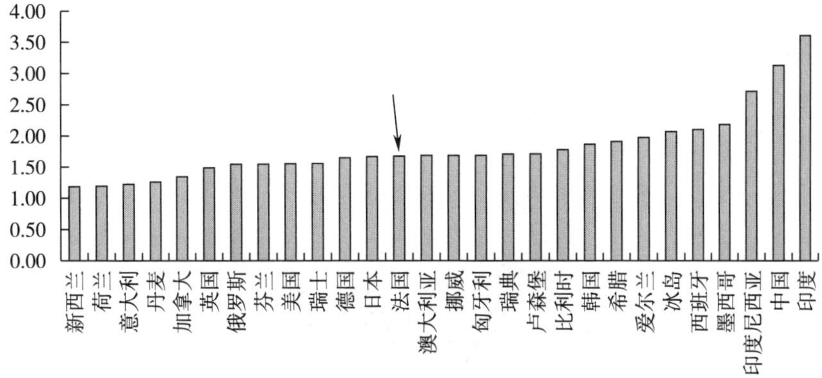

资料来源：OECD Economics Department Working Papers，No.1200。

图 1-44　法国及其他国家贸易投资限制（2013 年）

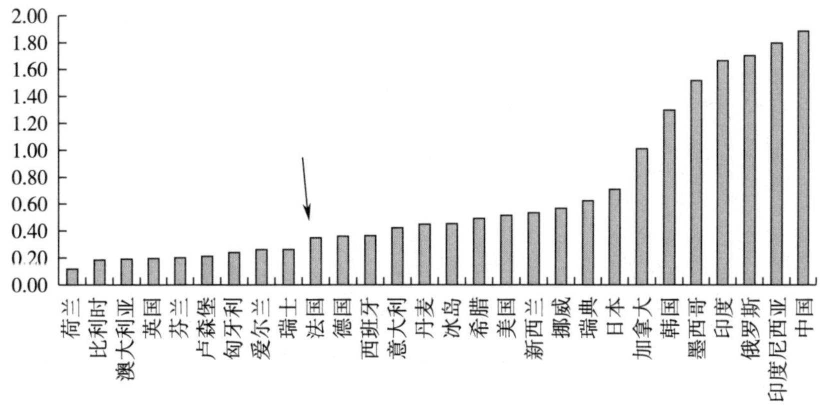

资料来源：OECD Economics Department Working Papers，No.1200。

图 1-45　法国及其他国家创业限制（2013 年）

（三）结构性调整：降低财政赤字

财政赤字的长期存在，不仅影响社会和经济运行效率，还会影响公众对政府能力的信心，使得投资者和消费者采取观望态度，进一步降低内需。法国的财政赤字主要源于社会保障和公共部门冗赘的财政支出。马克龙计划通过社会福利改革，节省支出250亿欧元，同时缩减100亿欧元地方政府开支。另外，通过全新的政府管理模式，节省250亿欧元（见图1-46）。

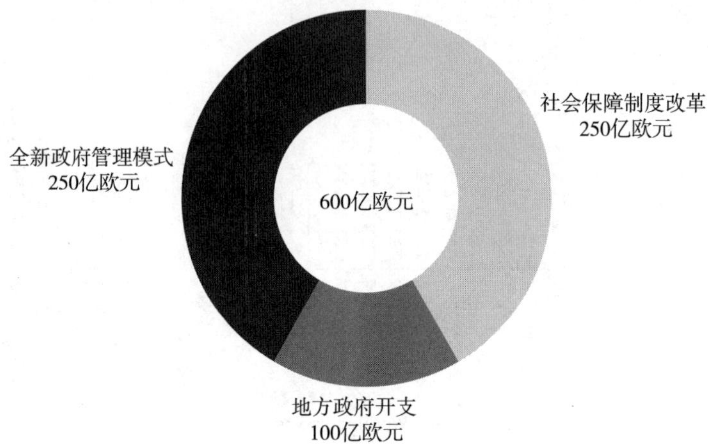

资料来源：https://en-marche.fr/。

图 1–46　马克龙计划政府支出缩减来源

1. 减少社会福利。法国在公共医疗和养老方面的社会支出为OECD国家之首。一是公共医疗支出占GDP的8%~9%。公民享受着较高质量的医疗服务，但支出成本却明显比例失调。例如，法国仅在医药方面的支出就高出OECD平均水平的1/3。二是法国养老支出占GDP的14%。法国养老体制繁杂，合计7种基本体制、6种补充体制、21种特殊体制。不仅一个体制内部计算规则复杂，一个人也可能缴纳多个体制下的保险金和领取养老金。不同体制计算原则的差别缺乏透明度，不仅使得人们无法了解自己的权益，也容易加深社会不平等。三是法国养老系统大部分采取现收现付制，在职员工不但要负担退休员工养老，代际转嫁负担很大，而且随着人口老龄化（见图1–47），支付危机迫在眉睫。1999年若斯潘政府曾引入退休储备基金，按资本累积原则为2020—2035年的人口老龄化问题做准备。然而，2010年沃埃尔法案却动用该基金的1500亿欧元支付当时年金。

针对上述问题，马克龙计划：一是除继续依靠国家医保开支上限控制医保开支上限外，将推广药品按粒销售，减少浪费。但同时，他不仅不会取消报销种类，还计划到2022年100%报销慢性病、高血压相关药品、眼镜、义齿和助听器费用。此外，他强调预防的重要性，将要求医学院学生去学校和企业进行三个月的卫生保健服务。二是整合所有的养老体系，建立一个统一的养老制度。三是推迟退休年龄。马克龙提出建立个人名义账户养老储备基金，但具体进行到何种程度尚不明确。

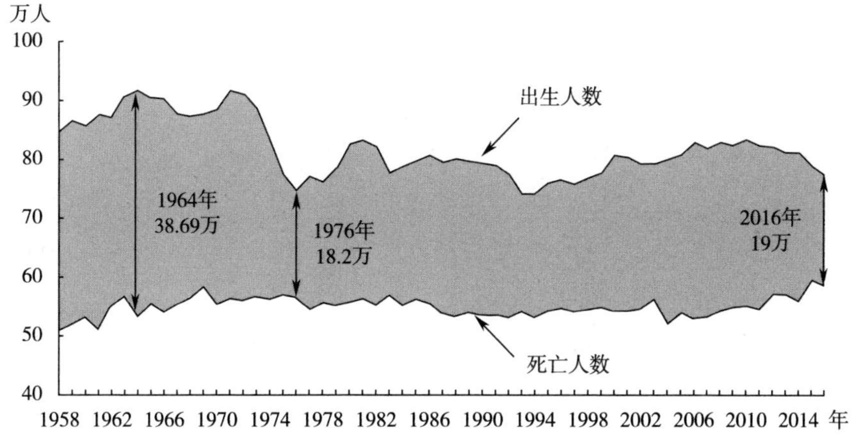

资料来源：法国统计局（L’INSEE）。

图 1–47 法国出生人数和死亡人数（1958—2016 年）

2. 裁减冗余公共部门。法国公共部门机构臃肿，效率低下。目前，法国（不含海外属地）有13个大区，96个省，322个区，36529个市镇。为了加强毗邻市镇合作，又产生了2604个市镇共同体。法国市镇数量占欧盟总数的41%，OECD国家的27%。而政府人员占全体就业人数的22%。过多的市镇和冗余的划分，不仅使行政部门的运营和人工成本极高，职责范围重叠，而且导致人员和区域的零星切割，国家政策难以执行，从而无法实现资源共享和规模效益。合并较小的市镇减少市镇数量，将权力移交给市镇共同体，重新分配和清晰定义共同体职能，集中购买和项目化管理，都会显著节约财政支出。

对此，马克龙计划裁减12万个公务员岗位，其中地方政府7万个，中央政府5万个。马克龙还将减少1/3的议员席位，禁止议员连任超过三届。

（四）与欧盟关系：加强合作

欧盟各国民众对欧盟的不满程度大幅提高。欧盟各国在经济发展程度、涉及税收与社会安全的法律规定等方面，存在着巨大的差异。欧盟各国的劳工报酬从每小时4欧元到40欧元不等。首先，欧盟各国在生产结构上存在巨大差异。例如，有些国家在资本和技术熟练工人方面更具优势，而有些国家的产品类型对技术要求较低（如葡萄牙、西班牙和希腊等国）；有些国家工业化程度较高，是出口大国，而有些国家则更依赖于服务、旅游和自然资源。欧洲各国文化和语言上存在的差异也限制了成员国的流动。其次，在欧元区统一的货币体系下，却没有建立相匹配的财政政策。欧债危机就是同一货币不同经济政策弊端的体现。最后，经济危机使得欧洲政治不确定因素上升。2015年爆发的叙利亚难民迁移，欧洲各国不同的态度使欧洲共同体的运行雪上加霜，使得欧盟各国人民对欧盟的怀疑、不满态度占比大幅提高。

马克龙在欧盟建设问题上的观点倾向于联邦主义。他提出单独建立预算，成立一个管理共同预算的机构，并由一位共同财长负责确立改革的优先次序，以及财政、社会、能源等政策的协调问题。在成立初期，该预算主要目的是支持欧洲稳定机制（ESM），实现经济稳定。该预算虽尚无明确的数字，但此举如能实现，无疑是欧盟历史上重要的一步，并对重新稳固欧盟关系有着重要意义。

恐怖袭击是法国乃至欧洲公共安全最大的威胁。马克龙计划增加1万名警察和宪兵，加强欧盟各国安全方面的合作。此外，增加1.5万个监狱位置，规定义务兵役至少1个月，并严格执行所有宣判刑罚。

二、马克龙计划实现的可能性

第一，马克龙的计划与卸任政府具有一定的连贯性，渐进性改革有针对性，也比较温和，因此有望达到目标。巴黎政治学院的法国经济观察研究所在报告中指出，如果保持现有政策，且无重大外部冲击的情况下，法国2022年失业率可降至7.7%，经济增长率约为1.6%，通货膨胀率2%，财政赤字会降低0.9%，政府债务将回落到GDP的89.4%。马克龙将2022年失业率目标定为7%，经济增长率目标为1.8%，同时计划降低财政赤字1%，与当前预测较接近。

第二，马克龙所在政党在2017年6月18日结束的议会选举中获得多数席位支持，总统、总理以及立法机关的政见基本一致是政策推行顺畅的理想条件。目前法国遵循的宪法为戴高乐1958年执政时制定，法国总统提出的政策纲领由政府推动，总理由总统任命。法国议会的权利是通过法律、监督政府行为和评估公共政策。总统计划的推动很大程度上是通过立法来实行的。马克龙所在政党直至其当选日才成立一年，上台一个月内以敢用政治新面孔、重用专业人士、提高女性部长的比例等方式，给法国政坛注入新鲜血液。与同盟党民主运动党在2017年6月18日结束的议会选举中赢得了577个总席位中的360个多数席位。这是法国政坛的一个奇迹，也反映出选民对党派政治的厌倦。议会选举的成功为马克龙推行政策创造了相对理想的条件。

第三，当前社会环境存在许多阻碍马克龙计划实现的因素。在当前失业高涨、民粹主义、欧元怀疑论情绪蔓延的社会环境下，触及部分利益群体的改革难度可以预见。马克龙计划中的灵活性可能是一把“双刃剑”。例如，保留每周35小时工作。另外根据大多数同意的规则由企业或行业确定加班时间的方案，恐怕最终在企业、工会、个人三方谈判僵持后难以实现。欧盟公共预算如果真正实行，加上反恐产生的公共安全开支，也会使得财政赤字下降难度加大。接下来如何让民众接受这些改革至关重要。

三、中法经济合作现状

自1964年以来，法国成为与中国建立正式外交关系的第一个西方大国，双方建立了全面战略合作伙伴关系，在气候变化、经济治理、世界金融与货币、地区危机等多领域开展对话，在航空航天、民用核能方面的合作得到长足发展。

（一）经常账户贸易项下，中法贸易总额达620亿欧元，中国对法国出口产品以低附加值消费产品为主

2016年中法贸易总额（不含港澳）达620亿欧元，中国是法国最大的贸易逆差国。法国对中国贸易逆差300亿欧元，但服务贸易保持顺差。其中旅游顺

差由于恐怖袭击而大幅下降，但运输服务、金融服务和其他商业服务和知识产权顺差较大。

法国在中国出口对象国中排名第22位。目前中国对法国出口产品中占比前三名分别为电子信息及光学类产品（30%）、服装皮革（22%）和家用电器（11%）。这表明中国对法出口仍以面向最终消费的低附加值产品为主，中高端产品占比较低。除了中国产业有待升级外，一个主要原因是法国政府限制进口的措施复杂。对试图进入法国的中国中高档产品，即使已符合国际消费需求和技术标准，但法国的进口配额制度、技术及质量标准、烦琐的海关手续、反倾销税等措施，种类繁多且涉及面广，导致出口成本相对高昂。

中国是法国第八大出口对象国。法国出口中国的产品行业排名分别为航空航天业（30%），机械设备、电力电子和信息设备（22%），农业和农副产品加工（13%），化工、香水及美容产品（10%）和医疗保健（6%）。其中农业和农副产品加工中的酒类出口2014年一度下降。但随着中国中产阶级增长，对食品安全和生活品质的追求，2016年出口量增加15%，肉类（增幅38%）和奶制品（增幅38%）也较2015年有较大程度提高。汽车零配件出口随着法国汽车制造商工厂向海外转移有所下降。

（二）法国在华直接投资10年间增长近10倍，创造就业机会占外资之首

截至2015年末，共有1600家法国企业在华落户，创造了800亿欧元的营业额和57万个就业岗位，位居外国在华雇佣量之首。其中最大的15家企业（如阿尔斯通、米其林、雪铁龙、拉法基等）创造就业量占64%。法国在华（含中国香港）投资额存量也从2005年的30亿欧元增长至2015年的290亿欧元。

地域上法国在中国的投资覆盖广泛，从京沪粤地区到成都武汉等内陆城市均有合作。从行业而言，最重要的是制造业（42%），其次是金融服务（21%）。特别是中国对外资保险公司开放车险市场以来，法国金融服务行业在华投资持续增长。另外还有化学医药（14%）、汽车（9%）、交通和运输设备等。

（三）中国在法国投资自2013年后增长迅猛，尤其是股权收购增长迅速

中国自2013年起加大在欧洲投资，在法国累计投资额从2005年的25亿欧元增加到2016年的115亿欧元（见图1-48）。其中2015年度投资36亿欧元，2016年度投资23亿欧元。中国在法国直接投资覆盖能源、工业和基建、酒店、奢侈品和房地产等行业。

中国在法国的直接投资形式主要有建立分支机构或办事处、收购或部分购买股权两种。前者如圣元、海尔、中兴、联想、华为等。2017年3月比亚迪宣布在法国博韦市投资1000万欧元建设电动大巴工厂。股权收购在近几年增长势头迅猛。例如，内蒙古福瑞股份收购艾克森、MEDIAN公司、Theraclion公司的股权投资；东风部分持股雪铁龙；山东如意收购法国轻奢品牌SMCP多数股权；复兴收购地中海俱乐部；锦江收购卢浮宫和雅高酒店集团；海航部分收购法国皮埃尔度假及中心公园集团。此外，农作物耕地也成为近期中国投资对象，如洛娃集团在法国中部安德尔省购买1700公顷土地。

单位：百万欧元

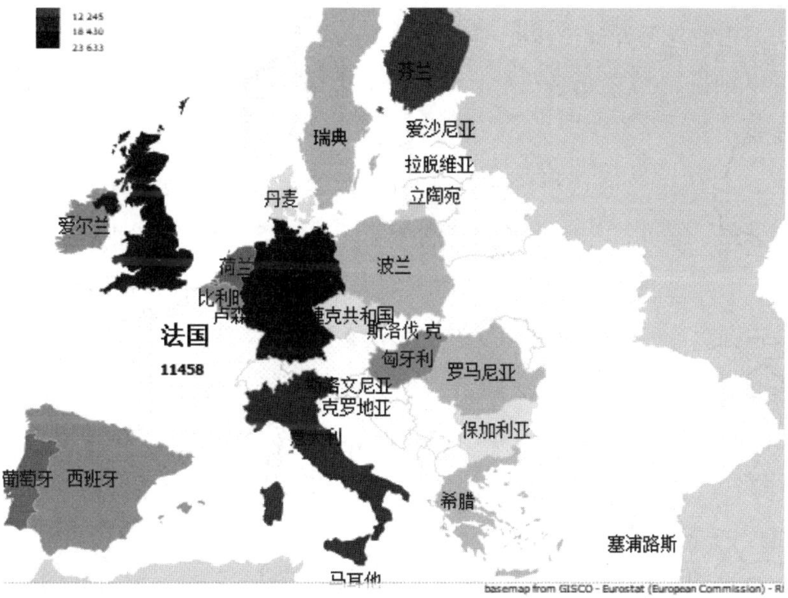

资料来源：Rhodium Group。

图1-48　2000—2016年中国在欧洲累计直接投资额

（四）中法在核能领域合作深入

二十多年来法国企业（阿海珐、阿尔斯通、法国电力等）在中国建设民用核电站中发挥了重要作用（如大亚湾和岭澳核电站）。台山两座EPR核反应堆的建设巩固了两国间的长期合作关系。2010年，两国元首决定实施覆盖核燃料循环各个产业链的全面合作，进一步加强了两国在此领域的合作伙伴关系。2016年，中广核集团和法国电力集团（EDF）共同投资兴建的英国欣克利角核电项目更是两国核能领域合作新的里程碑。

四、中法经济合作展望及启示

尽管马克龙计划与卸任政府具有一定的连贯性、渐进性和针对性，但当前法国财政赤字仍高于《马约》规定，失业率处于高水平，未来还可能面对议会中反对党的挑战，法国经济恢复强劲仍然任重道远。马克龙深知中国对世界和欧洲的重要性，2015年中国供给侧改革饱受关注的时候，马克龙就曾指出中国是近十年来对世界经济贡献最大的国家。

可以预见，马克龙当选后，未来中法经济合作空间巨大，但中国也面临一些挑战。

第一，马克龙当选增强了欧盟和欧元稳定性。这有利于欧洲继续支持“一带一路”倡议，并依靠欧元来制衡美元从而实现人民币国际化。

第二，马克龙重整经济和降低失业率的决心及其对全球化的认同，决定法国对中国企业来法国投资和发展持积极态度。

一是法国期待中国在法投资以创造更多就业机会。目前中国在法国创造了4万~5万个就业机会。2017年，圣元在布列坦尼投资1.14亿欧元，创造了200多个职位。永盛集团全资收购知名蕾丝花边制造商德赛耶（Desseilles Laces），拯救了60个就业岗位。

二是转型期的中国需要加强中法合作。近几年中国增大在欧洲投资是经济转型的必然结果。首先，随着经济增长放缓，中国需要在海外寻求新的契机，通过获取品牌可以迅速扩大知名度，开拓新市场。其次，中国的中产阶级以每年2000万人的增量增长，中国人民对生活品质和食品安全的要求日益增加。法国在能源工业、基础建设、奢侈品、食品、医疗保健和金融服务方面均有较高水平，其技术是中国从生产性大国转型为消费性大国所需，中国企业需要投资法国以迅速获取核心技术。法国市场开放程度高，法律体系健全，投资者合法权益有保障，近几年成为中国投资者的首选国家之一。

三是法国需要拓展中国市场以扩大出口。在中国消费升级及产业升级的背景下，法国不断增加以中国消费者为目标的投资。随着中国经济回暖和内需增长，中国市场准入，尤其是公共采购市场准入条件的降低，这一趋势将进一步扩大。

第三，中法将继续拓展在可持续发展、绿色金融和科技金融服务等新领域方面合作。在可持续发展方面，中法已一再申明将落实具有里程碑意义的《2030年可持续发展议程》和《气候变化巴黎协定》。马克龙五年计划中的低碳转型也是政府投资的最重要部分之一。法国在环保和可持续发展方面已作出巨大努力，并有经验可循。中国应抓住这一机遇，推进与法国的合作。此外，法国在科技金融和绿色金融方面近几年也作出巨大投资，中法在这一方面合作也将加强。

第四，法国政府在中法和中欧贸易谈判中仍可能保持强硬立场。马克龙作为欧盟的忠实拥护者，对中国的立场将会与欧盟保持一致。例如，2016年欧盟和美国不愿承认中国市场经济地位，对中国实施反倾销政策。而2016年初，马克龙也曾对中国钢铁工业实施反倾销。因此，我们需意识到在中法和中欧贸易的具体谈判中，法国可能继续保持强硬立场。我们需基于两国经济合作机会争取最有利条件。

第五，欧洲生产消费市场可能重新布局，中国需加快企业升级和技术创新。与中国劳动力成本和生产要素价格不断上升相比，中东欧各国的劳动力成本增幅有限。中国融资成本相较于其他国家较高，企业生产成本的增加使得中国企业的低成本优势逐渐丧失。此外，欧盟对于中国的“一带一路”倡议中16+1模式持部分怀疑态度，有可能会影响欧洲生产消费市场的重新布局。汽车工业生产向中东欧国家的转移即为一个例子。由于马克龙对欧盟的积极支持态度，可能会加快这一布局，中国企业需要加快升级和技术创新，以增强在国际市场的竞争力。

从英国“脱欧”到欧盟区内重塑金融版图看中法金融合作前景

2016年6月23日，英国公投“脱欧”产生的地缘政治影响将是深远的。英欧之间已展开的多轮“脱欧”谈判均把金融问题当作主要筹码。与这场激烈较量同时展开的，是一场欧盟区内主要国家打造各自金融竞争力的拉锯战。法国致力于巴黎金融市场的扩张，并采取务实的对华政策，为扩大中法经贸合作夯实了基础。未来两国在制造业、核能、航空、科技创新等领域的合作有望取得更多进展，有力推动中法金融合作。截至2017年底，中法两国已进行五次高级别经济财金对话，确立了金融市场和监管方面合作的基础，并将巴黎定位为重要的欧元区人民币中心和熊猫债市场。中国金融业需要重新考虑在欧洲大陆上进行更稳妥、更健康的布局，而提升巴黎在欧盟区内人民币清算中心的地位水到渠成。

一、英国“脱欧”对伦敦金融业的冲击

英国公投后，首相特雷莎·梅于2017年3月29日正式向欧盟提出启动“脱欧”谈判程序。这就意味着，英欧双方应于2019年3月30日之前就“分家”达成协议。从时间安排来看，双方谈判代表应在一年内就“分手费”金额、欧盟公民权利、北爱尔兰边界、关税贸易等四大问题商定原则，留下一年左右的时

间让双方的立法机构讨论表决。只有在此前提下，双方才能在“脱欧”之后开启新阶段的经贸关系。否则，“脱欧”的消极效应将越发加重。但目前，英国与欧盟的谈判陷入僵局，双方很难在关税贸易、北爱尔兰边界等核心问题上达成共识，在正式“脱欧”前，存在无法达成协议的风险。当前留给“脱欧”谈判的时间已非常紧张，如果英国不能在2019年3月底前与欧盟达成协议，则会面临难以预测的后果。

目前的形势不利于英国。一是英国方面主导谈判的梅政府相对弱势；二是英国经济开始显现出疲软，英镑汇率不停下滑；三是国际大型金融机构开始寻求迁离英国，在欧洲大陆重新布局；四是法德轴心重新发挥协调欧洲事务的作用，并为未来数年法德之间强化合作机制创造了良好的条件。总体上看，欧盟区内经济形势明显改观，各项指数趋于利好，企业投资信心稳步上升。这些因素使欧盟在与英国谈判“脱欧”时处于强势地位。目前，谈判结果尚难以预料，但英国想谈出一个对己有利结果的难度不断加大，伦敦金融城的翘首地位越来越受到威胁。

英国“脱欧”后，总部在英国的金融机构肯定会失去“欧洲通行证”，这是欧盟在谈判中的“撒手锏”。“欧洲通行证”是迄今为止许多国际金融机构落户伦敦的主要原因，借助伦敦良好的经营环境，这些机构可以将产品和业务无障碍地延伸到欧洲大陆各国。英国“脱欧”后，这种便利将荡然无存，造成对伦敦金融地位的冲击。目前，高盛、汇丰、瑞士联合银行、瑞穗等机构已先后表示将在欧洲大陆再建平台。

服务业占英国国内生产总值八成，金融服务业又是重中之重。凭借长期的经营和积累，加上健全的法律制度和优惠的税收政策，伦敦汇集了银行、证券、保险、黄金和期货等各种金融业态并聚集了大批金融专业人才。因此尽管英国没有成为欧元区的一部分，但绝大多数以欧元计价的债券发行、外汇和公司融资业务都在伦敦叙做。欧央行数年前曾试图禁止欧元区以外的清算所进行欧元结算交易，英国以此举违反单一市场原则打赢了官司。但是，在“脱欧”之后，英国将再难以抗衡欧央行的决定，欧元计价的交易迁出伦敦将成定局。

二、重塑欧盟区内金融版图的博弈

在英国“脱欧”的背景下，一批国际金融机构寻求在欧陆再建平台，欧盟区内几大城市——巴黎、法兰克福、阿姆斯特丹、卢森堡、都柏林都跃跃欲试，做好“接手”的准备。究竟未来的欧盟区内金融版图将是什么样子？

目前有关报道给人一种印象，未来将是一个“非你即我”的局面：上述城市中的某一个将胜出而取代伦敦成为欧洲大陆上的金融中心。笔者对此问题持两种看法：

——欧盟区内重塑金融版图将是一场拉锯战，将持续数年甚至更长。欧洲大陆上，要建立起新的能与伦敦媲美的金融中心是一项旷日持久的工程，无论届时建成一个或数个中心，也无论新的中心与伦敦金融城之间的关系是相互“辉映”或者是相互“叫板”，都将会是一段长久的路程。

——由于英国“脱欧”而被迫迁出伦敦的国际金融机构不会集中涌入上述某一个城市。总体上看，金融机构在伦敦以外再造平台会考虑三个层面的问题：管理、交易、运营。鉴于欧盟区内已形成单一市场，有关机构极有可能为此将平台拆成三部分。

管理。鉴于欧央行和欧洲银行统一监管机构设在法兰克福，迁出伦敦的国际金融机构可能会在该地设立附属机构，管理职能可以就近与欧央行和监管部门进行沟通、互动。

交易。金融机构的经营与企业一样，必须追逐客户和市场。在这方面，巴黎、阿姆斯特丹、卢森堡都有优势，但巴黎作为全球知名的大都会，客户更多且市场更具广度。迁出伦敦的国际金融机构将交易盘布局在这三个城市的可能性更大，而巴黎的业务机会更多。

运营。后台处理工作着眼于成本与效率，都柏林在这方面具有明显的优势，阿姆斯特丹也具备一定条件。事实上，都柏林多年来就一直担负着许多欧洲银行业务后台的处理工作，颇有基础和成效。

综上所述，许多金融机构未来在欧盟区内的布局重点可能会是法兰克福和巴黎，以完成管理和交易两大功能，其他城市或将继续发挥原有的优势，并进一步提升运营服务能力。因此，在英国“脱欧”后的一段时间内，欧盟区内或许不会出现某一金融中心独占鳌头的局面，几大城市将继续发挥各自优势，给予迁出伦敦的国际金融机构更多的选择。

目前伦敦银行业有62000个工作岗位，彭博2017年的报告中预测会有12670个工作岗位在短期内从伦敦转移到欧盟地区。近期的调查显示，未来将有三分之一的金融从业人员将随机构从伦敦迁移到巴黎。当然，转移的规模很大程度上取决于每个金融机构的具体情况，例如，纽约梅隆银行称，由于已在布鲁塞尔拥有分支机构，仅有二十多个岗位会转移。但已有多家国际金融机构宣布从伦敦金融城将部分业务和员工迁至欧洲大陆。

三、法国全力打造巴黎金融市场

法国是全球第五大经济体、欧盟区内第二大经济体，具备工农业发展并举、工业体系完备、科技创新能力突出等特点。法国的金融业十分发达，长期以来虽没有被扶植为支柱产业，但仍有力地支持了实体经济发展。因此，法国经济结构兼具平衡性和全面性。

随着经济全球化的深入以及金融科技的迅速发展，法国近年来大力推动服务业上新台阶，打造巴黎金融市场是其中一项重要内容。在英国“脱欧”背景下，法国加入了欧盟区内金融中心争夺战，力争将巴黎塑造成欧陆第一金融中心。

（一）巴黎金融市场的竞争优势

决定金融市场竞争力的主要因素包括人力资源、基础建设、潜在经济发展水平及企业经营环境。根据这些标准，巴黎拥有显著的优势。

1. 一流的金融教育体系。法国的综合性公立大学、工程师学校和商校每年培养8000名（其中包含900名金融工程师）适合前台部门工作和18000名适合中后台部门工作的毕业生。尤其在金融数学工程方面，法国比英国享有更高的国际声誉，2017年英国金融时报全球金融硕士排行榜前四名均为法国学校。为了吸引法国大学校毕业生，英国金融城开出了明显高于英国毕业生的薪酬，例如，2015年对700名英国金融城年从业人员的问卷调查显示，巴黎综合理工大学的毕业生薪酬比牛津大学和剑桥大学毕业生高38%。

2. 完整的金融生态系统。巴黎是除伦敦之外唯一拥有完整金融生态系统的欧洲城市。

首先，在欧盟区内按资产规模排名前15的银行中，5家来自巴黎，5家来自伦敦，而法兰克福和阿姆斯特丹仅各有1家，卢森堡和都柏林均无银行进入前15名。全球15家最大托管银行有3家来自法国，伦敦和法兰克福各有1家，阿姆斯特丹、都柏林和卢森堡则没有。在银行的利率衍生品和外汇产品的场外交易所占市场份额中，巴黎仅次于伦敦排名第二。此外，许多交易产品和数学模式出自法国金融工程师之手，使他们成为不少机构争揽的对象。

其次，位于巴黎的泛欧交易所市值排名为欧洲第三，位于伦敦和法兰克福之后。但应注意到2014年泛欧交易所首次公开发行时，法国政府和市场参与者注资约三分之一，充分说明法国对欧洲金融市场的重视。此外，位于巴黎的伦敦清算所法国公司是欧洲仅次于伦敦清算所和德国欧洲期货交易所清算股份公司的清算中心。

再次，法国的资产管理公司旗下管理资产规模居欧洲第二。欧洲保险公司前20名中有四家为法国保险公司，其中包括全球最大的安盛保险公司。法国国内保险市场发达，总保费2060亿欧元，仅次于英国（2540亿欧元）。尽管德国也有三家保险公司进入欧洲前20强，但这些公司总部分别在慕尼黑和汉诺威，反映出德国金融行业相对分散。

德勤在2017年全球金融科技中心评估报告中指出，法国已建立起完备的金融科技产业监管法规，并为寻求快速发展的金融科技公司提供了明确的支持。法国监管机构对于金融产品准确性和专业性的控制在欧盟区内首屈一指。近年来，法国监管对金融创新和金融科技的支持力度很大，与全球其他地区的监管机构签订了金融科技合作协议。一些法国银行积极投入金融科技领域，如法国兴业银行与初创公司有密切的合作，法国巴黎银行也成立了金融科技加速器。

最后，安永2018年面向50多名跨国企业领袖做的调查结果显示，巴黎以37%的得票率被选为欧洲最具竞争力城市，得票数首次超过伦敦。

3. 较大的经济发展潜能。福布斯500强中有29家公司总部位于巴黎，为欧洲之首，世界排名第三（仅次于东京和北京）。而这些企业是金融机构重要的服务对象。相较于跨国公司分布零散的德国，法国更有优势。此外，法国国内储蓄率较高，1991—2015年平均储蓄率为15.2%，2015年储蓄率为14.5%，均高于欧元区12.7%的平均水平。2015年，法国人均个人储蓄及理财产品金额为68800欧元，略高于德国。

4. 高质量的基础建设。普华永道最新的“机遇之都”调查对全球30个商业中心城市的经济和社会发展进行了全面考察，从交通和基础设施、宜商环境、人口结构特征和宜居性、技术成熟度与成本等10个维度衡量这些城市的表现，结果显示巴黎跻身前三。巴黎是“唯一”一个在十个维度中九项排名均位列前十的城市，就连综合排名居首的伦敦都不能与之比肩。其中，巴黎在人口结构和宜居性维度与纽约并列第一，在用以衡量大众认同的“美好的生活”的核心指标生活质量中排名第四。

交通运输方面，虽然目前巴黎戴高乐机场到达市区商务中心的便利程度在“机遇之都”调查中排第12位。但是2018年开始动工、2023年投入使用的戴高乐机场快车将从巴黎东站出发，不停站地行驶32公里，20分钟就可抵达戴高乐机场。此外，长达200公里的巴黎近郊的大巴黎快线，也将整合连接戴高乐机场和奥利机场，并将连接几个主要的未来经济中心，这将大大提高巴黎的交通便利性。

5. 商业房地产市场较强的容纳能力。巴黎的商业房地产房价和容纳面积具有一定优势。就房价而言，巴黎的商业房价平均每平方米为800欧元，而伦敦平均每平方米为1800欧元。尽管法兰克福在居住等方面是全欧洲最便宜的金融中心，但巴黎的可容纳商业面积为1950000平方米，约为法兰克福的4倍。因此，巴黎房地产业的竞争力在欧陆排名榜首。

6. 资质声誉皆佳的监管机构。法国金融审慎监管局（银监ACPR）和金融市场监管局（证监AMF）在金融危机期间表现出的有效应对能力得到业界的一致认可。其中法国金融审慎监管局自2010年改革以来，集中了对银行和保险的监管职能。相比之下，法兰克福的监管却仍存在着职能重叠的地方：理论上，德国联邦金融监管局对银行、保险和证券统一监管，然而，联邦州确认保留了一部分对股市的控制权，例如，黑森州就拥有对德交所的监管权，然而后者无论是专业上还是经验上，都无法与法国金融监管媲美。

（二）巴黎吸引外资金融机构的不足

迄今为止，巴黎对外资金融机构的吸引力较低。主要原因包括以下四个方面：

1. 高昂的雇佣成本。法国财政稽核总局2016年的报告指出，劳动力成本平均每上升10%就会使新公司选择落户的可能性降低13%~25%。法国雇主的雇佣劳动负担远远高于其竞争对手，这一点对于高层次人才而言尤为突出。以金融行业年薪为25万欧元雇员为例，法国公司所需承担各项支出为德国的9倍。

另外，法国金融行业解雇成本不确定性较高。法国对拥有长期劳动合同的劳工的保护程度在OECD国家中排名第14位。2010—2016年，法庭判决的111个金融行业的经济裁员的解雇赔偿金表现出离散型特征，约5%的解雇赔偿金高达200万欧元，因为金融行业具有强周期性，收入可变，解雇成本尤其敏感。此外，法国法律要求企业制订裁员计划时（50人或以上的公司决定在30天内解雇10名或以上员工）必须提交就业保护计划。相比之下德国的裁员程序更为灵活。

2. 税收法律缺乏稳定性。法国每年平均有20%涉及税收的法律条款会发生变动。例如，2015年马克龙法案中对红利股的相关税收制度放宽，而2017年这些条款又被部分取消。自2010年以来，法国银行业新增了四项税收和费用，包括进行衍生品交易的基金对当地政府的资助税、银行系统风险税，以及对法国金融审慎监管局和法国金融市场监管局的分摊。2015年法国又提高了其中的银行系统风险税税率。

3. 司法系统对于金融行业新变化的反应不够敏锐。以2011年欧盟正式公布用于约束各类基金管理人的法律条例（AIFMD）为例，该条例为增强欧盟基金管理的统一性和竞争性，赋予了欧盟另类投资基金管理公司向整个欧盟进行基金销售的欧洲护照，由各成员国具体实施。卢森堡和爱尔兰在将AIFMD转化为国家法律时便抓住这一机遇，加入更多税收特性和灵活性。最著名的例子莫过于卢森堡在2013年引进的有限合伙架构，以吸引熟悉该架构的英美和北欧基金管理人。这也就是为什么更多的欧盟基金管理人和非欧盟的基金管理人都热衷于将基金注册地设在这两个国家。而法国在2015年的马克龙法案中才引入类似的模式。

4. 法国落实欧盟金融银行业规则比其他成员国更为严格。例如欧盟委员会在2011年建议针对各国对股票和债券交易征收0.1%的交易税、对衍生品交易征收0.01%的交易税。法国政府在2017年1月将金融交易税由原来的0.2%上调至0.3%，且将金融交易税延伸至单日内高频交易，并于2018年1月1日起执行。而在其他欧洲国家，除了英国金融交易征收0.5%的印花税以外，德国、爱尔兰、荷兰、卢森堡均不征税。而对于如泛欧交易所这样的交易中心而言，它们的收入取决于交易量。研究表明，法国的交易税使其交易量下降了10%。而日间高频交易的税收会使交易量进一步下降54%。

（三）出台多项改革提高巴黎金融市场竞争力

自英国宣布“脱欧”后，法国政府快速行动，任命原法国央行行长克里斯蒂安·努瓦耶为负责打造巴黎欧洲金融中心的特使。法国资产管理协会也任命银行家洛朗负责推动国际资产管理公司落户巴黎。此外，政府层面针对简化手续、税收及劳工法改革宣布了一系列措施。

2016年秋，法国政府推出“选择巴黎计划”，包括提供投资便利的“单一窗口”服务并实现单一联络人制度，为企业提供包括选址、法律和税收咨询、员工长期居留、配偶工作及子女入学协助等全面高效的服务。

2016年9月，法国金融审慎监管局和法国金融市场监管局推出简化的机构注册流程，并接受英语版的法律文件。法国金融市场监管局推出可以让资产管理公司和金融科技公司提交材料后两周就获得预授权的流程。

2017年初，法国新颁布的财政法案对外籍雇员享受减税优惠的时间从5年增至8年，其所领取的奖金也将获得免税优惠。并计划将法国企业所得税基准税率从33.3%到2020年全面下降至28%。这一举措将使法国从OCDE国家中税率第二高降至第八，位于德国（30.18%）之后。

2017年7月7日，法国总理菲利普宣布：首先，法国政府决定取消针对银行等企业最高一档工资税，包括企业及金融机构中的主管、银行家等均不需再缴纳增值税，仅就每笔收入征税，进一步缩短法国与欧洲其他竞争对手在金融业劳动成本上的差距。其次，法国政府通过新政策确保劳工法庭在判决不公平解雇赔偿时不考虑银行雇员的奖金。再次，宣布政府决定取消将金融交易税延伸至单日内高频交易计划。最后，在市场希望对企业放宽约束的呼声下，法国政府承诺不会再在金融与银行业的欧盟标准上增加立法，未来也将逐步取消一些已经采取的措施。

法国还通过修改现行劳工法的法令，放松对解雇和裁员的要求，赋予企业较大的弹性和权利，使之可以根据行会协议与工会或当事人谈判解决劳资纠纷，包括安排工作时间和辞退人员支付补偿金等问题。法国金融市场管理局宣布将出台对法国首次代币发行进行监管和规范的法案，此举旨在推动法国成为欧洲区块链产业中心。

此外，法国大巴黎地区十分重视解决来法人员的子女教育问题，多处国际学校将“扩容”摆在首位。2018年7月，法国总理宣布将于2019年在拉德芳斯新区建立起一座从幼儿园到中学、能接收数百名学生的“欧洲学校”。

四、中法金融合作前景

中法两国关系的政治基础稳固，两国关系具有相似性、全面性和战略性的鲜明特点。两国一直都十分强调维护和平、建立多极世界的外交目标。中法在诸多领域开创了新中国外交的第一。随着两国战略上相互补充、相互需要的程度继续加深，新型的经贸伙伴关系不断深化，充分体现出合作的全面性。

中法两国经贸往来日益密切。当前，中法都处在深化改革，加快推进转型的关键时期。中国实施扩大内需，加大进口以及企业“走出去”战略。法国马克龙政府积极推动改革，打破战后以来固化的经济体制和高福利的社会保障模式。法国政府采取务实的对华政策，提出“外交为经济服务”“驻外使馆是企业之家”的“经济外交”战略，进一步夯实了中法经贸合作基础，为扩大双边贸易规模，促进双向投资，在深化传统领域合作的同时，拓展在城镇化、食品安全、可持续发展、环保等新领域的合作空间提供了广阔的前景。

中法两国经济金融合作持续深化。迄今为止，中法已进行了五次高级别经济财金对话，第五次对话于2017年12月初在北京举行。在这几次对话中，双方确立了金融市场和监管方面合作的基础，并将巴黎定位为重要的欧元区人民币中心和熊猫债市场。中方高度重视巴黎金融市场作用，将其视作欧元区主要投资入口。目前，两国央行已在支付系统方面开展了合作，两国监管机构在保障市场规范、审计监管方面合作，两国交易所在健全风险管理实践、流程和工具以及促进衍生品市场合作等，充分体现了对话框架的全面性。

传统上伦敦金融城地位突出，巴黎未能展现出潜力。但目前由于英国“脱欧”，中国金融业需要重新考虑在欧洲大陆上进行更稳妥、更健康的布局，而提升巴黎在欧盟区内人民币清算中心的地位水到渠成。当然，中法在金融领域的合作深化还有赖于双方在其他领域的往来，包括在制造业、核能、航空、科技创新等领域寻求新的增长点。如果中法之间双向投资能取得更快发展，有更多中国企业到法国投资，将有力地推动金融领域的合作。比如，中广核集团与法国电力公司在英国合作建核电站项目，为两国开展在第三国的合作提供了典范。

鉴于法国支持中国“一带一路”倡议，参与亚投行并寻求与“丝路基金”发展业务，与中方建立了中小企业投资基金和中法第三方投资基金等，双方在未来阶段可以积极开拓“一带一路”项目并探索共同融资渠道和方式。

此外，法国自20世纪80年代以来成功地实施一系列的金融改革，既建立起市场化的金融经济，又避免经济朝向金融化的方向蜕变，使金融支持实体经济发展，同时重视控制金融泡沫，防止出现金融风险。中国可以借鉴法方在这些方面的经验，从中得到启发以稳步地推进我国金融改革。

在英国“脱欧”的背景下，巴黎金融市场力争打造成欧洲大陆第一大金融中心。鉴于法国作为欧盟区内第二大经济体，工业、农业、服务业三大产业发展平衡，金融实力坚实，根植国内外市场和众多企业，巴黎金融市场未来发展具备广阔空间，尤其是承接欧元交易、债券市场交易、期货交易以及资产管理等方面有望取得更大和较快的发展。

从这个层面看，提升巴黎在欧盟区内人民币清算中心的地位的作用在于，届时可以使人民币参与巴黎金融市场的流通和交易，使人民币与欧元之间有更大的“黏性”。这对稳步推进人民币资本项目开放、促进离岸市场与在岸市场的互联互通、探索建立挂钩人民币的国际金融和货币体系都具有现实的意义，并有利于丰富人民币国际化的途径。

英国“脱欧”催生欧盟区内新的金融版图。由于中法关系的战略地位，两国近年来又不断扩大合作基础和领域，双边金融合作在新的历史时期理应具有十分广阔的发展前景。

脱欧对英国和欧盟金融监管体制的影响

英国脱欧是影响世界经济政治格局的重大事件，双方经贸关系的走向将对欧洲金融一体化进程产生较大影响。对英国来说，现有的“挪威模式”等五种经贸合作方式各有利弊，恐怕都不是最适合的模式。欧洲智库布鲁盖尔研究所（Bruegel）提出，双方应建立一种比欧盟成员国更松散、比自由贸易协定更紧密的关系，即洲际伙伴关系（Continental Partnership，CP）。未来结果如何，取决于双方的谈判和博弈。预计英国监管规则将保持基本稳定，即使丧失“通行权”，也不会大幅放松监管要求，欧盟也会继续推进金融监管改革步伐。对于中国金融业而言，既要充分利用英国拓展对外关系的机遇，建立更紧密的中英经济金融合作关系，也要关注欧洲外资政策、监管政策等方面的调整，及时调整业务布局。

一、欧盟和英国金融一体化的发展得益于欧盟“通行权”政策

作为欧洲单一市场（Single Market）建设的重要组成部分，金融一体化一直是欧盟长期坚持的目标，其目的是要避免欧盟金融业过度分散，推动区域内的资金成本下降，提升欧盟整体竞争力。欧盟监管机构通过赋予区内金融机构“通行权”（Passporting），实现了金融业商品、人员、服务和资本的自由流动。作为欧盟成员国的英国也借助“通行权”进一步巩固了伦敦国际金融中心地位，在欧盟内发挥了金融桥头堡的作用。

（一）“通行权”是欧盟金融一体化的基石

所谓“通行权”，指的是一个欧洲经济区（Euro Economic Area，EEA）[①]成员国企业被赋予的、在区内自由设立分支机构或提供跨境服务的权利。“通行权”只适用于EEA，非EEA成员国无法获得“通行权”。就金融业而言，“通行权”包括以下几个方面：（1）商品自由，适用于大宗商品结算、资产融资、项目融资、贸易融资等；（2）人员自由，包括公民或劳动力的自由流动，适用于员工的流动或专业化服务（法律/会计等）等方面；（3）服务自由，包括设立自由和提供/接受服务的自由，适用于银行、支付体系、投资服务、电子货币、洗钱等领域；（4）资本自由，包括资本自由流动和支付自由。

（二）“通行权”提升了伦敦国际金融中心地位

在欧盟成立之前，伦敦就已是全球最主要的国际金融中心之一，欧洲大量的金融交易在伦敦进行处理。加入欧盟后，“通行权”进一步巩固了伦敦的地位，使其成为欧盟的金融桥头堡。英国决定脱欧前，欧盟约35%的批发性金融服务由伦敦提供；伦敦股市有126家来自欧盟其他成员国的公司挂牌；欧盟前10大律师事务所总部均设在伦敦；英国伦敦处理着欧盟78%的外汇交易、74%的利率场外衍生产品交易、管理着85%的欧盟对冲基金资产、64%的私人股权基金资产和59%的国际保险金。

由于金融交易的复杂性，很难将“通行权”对英国的影响进行量化。前欧盟金融稳定、金融服务和资本市场联盟委员Jonathan Hill对此做了初步评估。他指出，“通行权”带给英国的好处包括：

第一，截至2016年8月末，英国的银行吸收了来自欧盟国家的1万亿欧元

① 1994年1月1日正式成立，由欧盟（EU）12国和欧洲自由贸易联盟（EFTA）中的5国共同组成了自由贸易区，即欧洲经济区（EEA）。随着欧盟扩容和EFTA成员国的多次变化，截至2016年6月底（英国脱欧前），EEA成员包括欧盟28个成员国和EFTA四国中的三国：挪威、冰岛和列支敦士登（瑞士除外）。

存款，也提供了同样规模的贷款。

第二，英国的基金管理公司可以按照欧盟可转让证券集合投资计划（Undertakings for the Collective Investment in Transferable Securities，UCITS）的标准进行基金的跨境销售，获取服务费和投资回报。截至2016年8月末，UCITS市场规模达8万亿欧元。

第三，英国的保险和再保险公司向欧盟国家提供跨境服务时无须进行“等效性评估”（equivalence assessment）。

第四，全球有一半的金融机构将其欧洲总部设在英国。借助于“通行权”，立足于英国的机构可以直接向欧盟的其他国家出售金融服务而不需要在当地设立分支机构。例如，美国的银行只需要在英国设立分行，就可以在整个欧盟范围内出售金融服务，而无须在欧盟的其他地方落户。在1999年推出欧元时，尽管英国不是欧元区成员，许多企业还是选择伦敦作为国际金融中心来开展以欧元计价的业务，主要原因就是英国可以凭借“通行权”在欧盟共同市场自由出入。

第五，在国际金融危机期间，英国的银行可享受欧洲央行的流动性支持，如英国多家银行曾在欧债危机期间通过欧洲央行的长期再融资计划获得资金。而脱欧后，这一收益将消失。

（三）“通行权”对欧洲金融一体化的促进作用

在“通行权”政策的推动下，欧盟金融业快速融合，金融一体化程度不断提高。相关研究显示，欧盟批发金融、货币、股票、债券等市场的一体化程度较高，尤其是欧元产生以后，欧元区货币和债券市场的融合是相当明显的（尽管2008年国际金融危机对欧盟金融一体化进程造成了一定冲击）。这突出表现在欧元区各国之间金融产品的价格或收益率日益收敛（见图1–49、图1–50）、金融机构跨境业务的占比以及投资者资产组合的地理分散程度日益提高（见图1–51、图1–52）。

图 1–49 欧元区 10 年期主权债收益率离散度

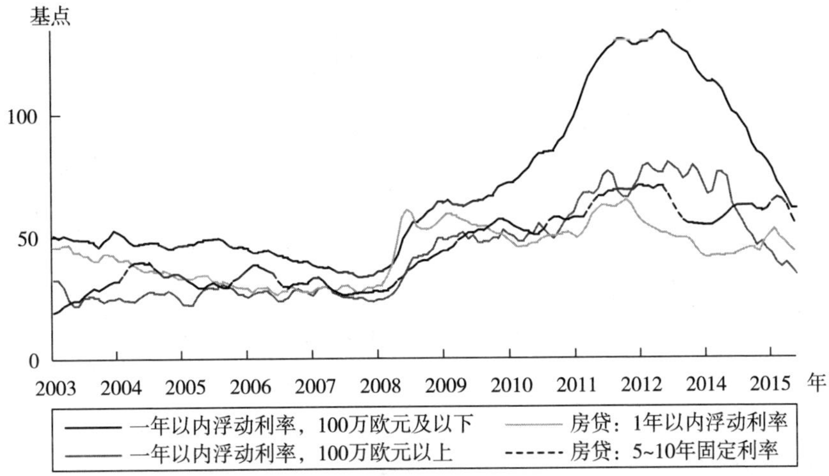

图 1–50 欧元区货币金融机构对非金融企业和家庭的贷款利率标准差

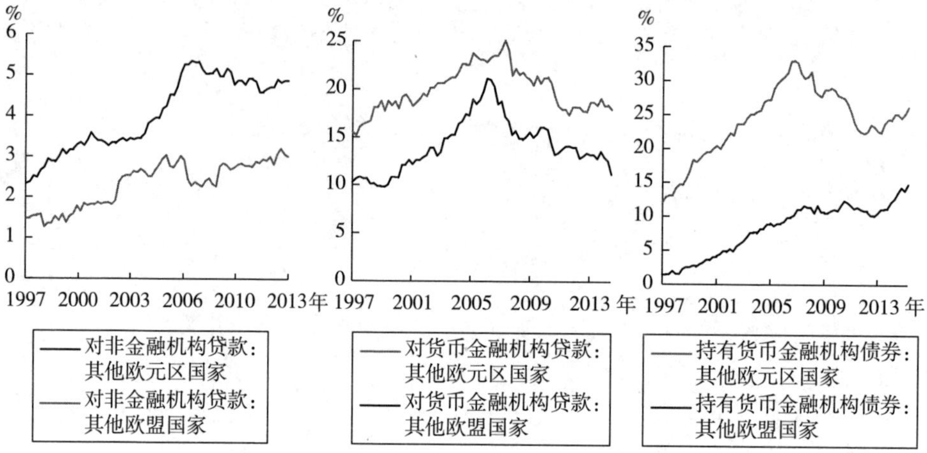

图 1–51　欧元区货币金融机构跨境业务的占比

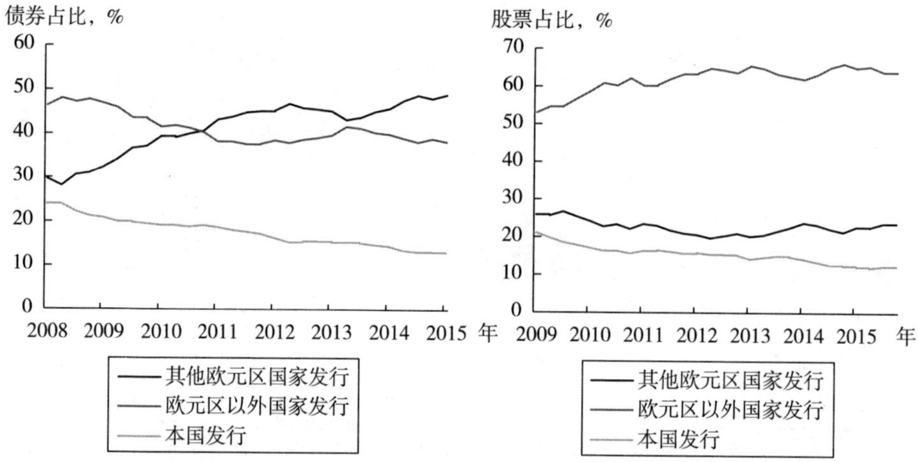

资料来源：欧洲央行（ECB）。

图 1–52　欧元区投资基金持有债券和股票占比

二、英国能否保留“通行权”取决于其与欧盟的关系

未来英国是否会失去在欧盟的“通行权”，取决于其与欧盟的经贸关系。目前有五种模式可供参考（见表1–9）。

表 1-9　　英国连接欧洲单一市场的五种模式

参考模式	挪威	瑞士	土耳其	加拿大	WTO
连接欧洲单一市场的方式	EFTA、EEA	EFTA、双边协议	关税同盟	FTA	WTO
是否保留“通行权”	是	否	否	否	否
对欧盟财政预算的贡献	为脱欧前水平的 80%~90%	约为脱欧前水平的 40%	无	无	无
人员流动	完全自由流动	部分流动	无	无	无
政治影响力	须遵守欧盟的金融法规和接受一定程度的管理，但无权参与立法，成为“规则接受者”	经过双边谈判，可有选择地接受欧盟规则，但无权参与欧盟立法	无	无	无

资料来源：根据有关资料整理。

（一）不同模式对英国金融业的影响

1. 挪威模式（或称EEA模式）。英国应先申请加入欧洲自由贸易联盟（Euro Free Trade Association，EFTA），然后以EFTA成员身份加入欧洲经济区（EEA）。英国可以保留在欧洲其他国家的通行权，仍须遵守欧盟的金融法规和接受一定程度的管理，但无权参与立法。同时，英国仍需为欧盟预算作出贡献（为脱欧前水平的80%~90%）和维持劳动力的自由流动。

2. 瑞士模式（或称双边模式）。在瑞士模式下，英国应先加入EFTA，并与欧盟开展多项双边协议的谈判。瑞士每年对欧盟的预算贡献仅为英国的40%。但瑞士与欧盟的双边协议中不包括服务协议，瑞士的银行并不能进入欧洲单一市场，而只能通过设立在伦敦的子公司经营它们在欧洲的投资银行业务。如果英国欲与欧盟达成金融服务方面的协议，可能需要付出比瑞士更高的代价。因为瑞士当时是在准备加入欧盟的情况下达成的双边协议，而英国则是在退出欧盟后再与其进行谈判，相比之下，欧盟可能不会释放出对瑞士那样的善意。

3. 土耳其模式（或称关税同盟模式）。在土耳其模式下，英国接受欧盟的对外关税，但不参与关税的制定过程，并以接受欧盟各种监管条例为条件，换取英国货物进入欧盟单一货物市场的权利。服务贸易方面，英国则需要与欧盟进行单独磋商。因此，英国金融业要进入欧盟，也需要经过双边谈判过程。

4. 加拿大模式（或称FTA模式）。英国脱欧后，可效仿加拿大，与欧盟进行全面的自由贸易协定（Free Trade Agreement，FTA）谈判，从而连接欧洲单一市场。FTA将免除大部分关税，但无须承担挪威或瑞士模式下的相关义务。但是因为FTA较多地关注货物而不是服务，所以这种方式并不能在金融服务的规则上达成一致。加拿大与欧盟的“全面经济和贸易协定”谈判历时7年，终于在2016年10月底正式签署，但金融行业不包括在内。

5. WTO模式。WTO的国际贸易规定适用于全部成员，不需要允许自由移民，不用上缴财政费用，也无须遵从欧盟法律。如果英国未能与欧盟达成协议，那么WTO的规则将自动生效。但WTO在服务贸易方面的规则十分有限，这将对英国金融业进入欧盟造成不利的影响。

（二）现有模式对英国均不完全适用，应考虑新的模式

上述五种模式均有利弊，“挪威模式”最大限度地保留了英国金融业在欧盟国家的“通行权”，但是丧失了规则制定权。同时，英国仍需接受劳动力的自由流动，而这一点正是英国脱离欧盟的关键诉求。后四种模式下，英国承担的义务虽然减少，但无法享受到连接欧盟单一市场的权利和在欧盟发挥其政治影响力，这也不符合英国核心利益。

2016年8月，欧洲智库布鲁盖尔研究所（Bruegel）对英国和欧盟关系提出了新的设想。该研究所指出，英国具有较强的经济实力和政治影响力，与欧盟在经济、政治、军事、外交等方面存在不可分割的联系，这决定了上述五种模式均不能完全适用于英国。英国和欧盟应建立一种比欧盟成员国更松散、比FTA更紧密的关系，即洲际伙伴关系（Continental Partnership，CP）。在这一模式下，双方可实现功能上（functional）的一体化，而非制度上（constitutional）的一体化，即英国仍然保留连接欧盟单一市场的“通行权”，仍对欧盟预算作出一定贡献，对欧盟立法有建议权，同时仅要求实现劳动力的短期自由流动（或在一定人数限额内的自由流动）。双方的关系是一

种政府间合作关系，在一系列政策上将保持紧密合作（如外交、安保甚至国防）。这种关系最大程度上确保了双方的共同利益，既满足了英国的政治经济诉求，又为欧盟拓展与其他邻国关系预设了参考模式。

（三）过渡期安排

英国已于2017年3月正式启动脱欧谈判，按照程序，英国和欧盟将在接下来的两年时间内达成退出协议。如果在此期间内无法达成一致的话，可通过双方同意进行延长。在谈判期间，英国仍将是欧盟成员，欧盟法律也将继续适用。在英国设立的机构在欧盟内进行活动时，将继续享受同样的合法权益、遵守同样的义务。

三、脱欧对英国和欧盟金融监管体制的影响

（一）现阶段英国监管规则将保持稳定

英国很多监管规则起源于欧盟，在正式退出欧盟之前，欧盟法律在英国仍然适用。未来英国监管如何变化，将取决于英国政府与欧盟的关系。若英国继续保有进入欧盟的“通行权”，那么英国现有金融监管规则无须作出重大改变；否则，英国就需制定一系列新法律来填补欧盟法律失效后留下的空白，同时与欧盟就金融业准入、监管等效性等问题展开谈判，谈判过程将耗时漫长。例如，仅就中央对手方（central counterparties，CCPs）的等效性协议这一项内容，欧盟与美国就谈判了4年。

（二）即使丧失“通行权”，英国也不会大幅放松监管要求

部分市场观点认为，脱欧后，英国金融监管机构很可能出于保护本国金融机构竞争力的需要而放松监管要求。英国脱欧阵营曾指出，英国工商界认为欧盟监管法规过于繁苛。而在脱欧前，英国金融监管机构曾多次拒绝欧盟监管要求（如金融交易税、短期卖空规则、另类投资基金经理指令等）。

但英国和欧盟的监管制度均来自金融稳定委员会（FSB）、巴塞尔委员会等国际组织的统一要求，就监管理念来说并没有实质性差异。根据诺顿·罗氏律师事务所（Norton Rose Fulbright）的报告（见表1-10），英国在可转让证券集合投资计划（UCITS）等方面与欧盟的监管立场相同，很多监管规则甚至比欧盟严格。例如，英国要求银行将其零售银行业务从商业银行中分隔开来（“围栏”改革），而欧盟并没有这类要求。英国的压力测试也比欧盟要严格得多。只有在另类投资基金经理指令（AIFMD）等少数规则方面，英国希望放松监管。

表 1-10　　英国与欧盟监管差异

英国比欧盟严格	外汇交易（FX），高级经理人制度（Senior Managers），存款保证计划指令（DGSD），审慎管理局第三国家监管（PRA 3rd country supervisions），第二支柱资本要求（Pillar 2 capital），恢复与处置计划（Recovery &resolution），偿付能力规定（Solvency 2），大额风险敞口（Large exposure），交易委员会（Dealing commission），消费信贷指令（CCA/CCD），保险中介指令（IMD/IDD），结构性改革/围栏（Structural reforms/Ring-fencing），最优执行（Best execution），资本要求指令（CRD Ⅳ），英格兰央行压力测试（BoE stress testing），平台规则（Platform rules），外包（Outsourcing），投资者补偿计划指令（ICSG），流动性覆盖率（LCR），基准（Benchmarks），支付服务指令（PSD2），修正重组（MMR）
英国与欧盟立场相同	可转让证券集合投资计划（UCITS Ⅴ），欧盟市场基础设施监管规则（EMIR），欧盟长期投资基金（ELTIFS）
英国比欧盟宽松	另类投资基金经理指令（AIFMD），卖空和信用违约互换监管规则（SSR），职业退休养老金制度指令（IORP2），净稳定资金比率（NSFR），奖金封顶（Bonus caps），抵押贷款指令（Elements of MCD），打包零售投资产品（Elements of PRIPS）

资料来源：Norton Rose Fulbright。

（三）伦敦国际金融中心的地位短期将受损，但长期仍有优势

无论英国是否会丧失“通行权”，英国脱欧进程的不确定性都会使得全球金融机构需重新考虑其在英国的战略和业务布局，部分企业可能将其业务、人员转移至欧盟内部。同时，英国还将面临来自德国、法国等国的竞争，导致伦敦国际金融中心地位受损。例如，德国联邦金融监管局（Bafin）曾表示，

英国脱欧后，不能将德意志交易所与伦敦证交所合并后的交易所总部设在伦敦，而且伦敦也不可再作为欧元的交易中心。此外，随着英国脱欧，部分来自欧盟的金融人才可能将回到欧盟。这些短期内都将对伦敦地位构成威胁。也可以说，这是英国为实现政治自由必须付出的代价。

但有研究显示，非欧盟国家的银行在伦敦设立分支机构的同时，有3/4的银行也在欧盟国家设立了分支机构。因此，即使未来有部分金融机构迁离伦敦，其影响将是可控的。

而且，伦敦国际金融中心地位的形成并非一朝一夕之功。在英国加入欧盟之前，伦敦就已经在时区、语言、法律、会计、基础设施、服务网络等方面具备较强的吸引力。此后，伦敦又凭借其丰富的金融产品、良好的人才储备、灵活的用工制度、优惠的税制安排等吸引了更多金融机构和人才聚集伦敦。这些优势在短期内很难被欧盟国家超越。从长远来看，即使丧失“通行权”，伦敦仍将成为繁荣的国际金融中心。

（四）欧盟金融监管改革步伐不会停止，欧洲央行地位将会提升

2009年以来，欧盟实施了一系列金融监管改革，形成了“三局一会”的金融监管框架（欧洲银行业管理局、欧洲保险与年金管理局、欧洲证券和市场管理局以及欧洲系统性风险委员会）。2012年，欧盟委员会提出了建设欧洲“银行业联盟”的计划，包括“三大支柱”，即单一监管机制、单一处置机制和统一的存款保险机制。其中，单一监管机制已于2014年11月4日正式运行，欧洲央行开始承担欧元区银行业的监管职能，对总资产超过300亿欧元或总资产超过母国GDP 20%以上的大型银行以及已获得救助资金的银行实施直接监管。其他欧元区小型银行虽然由所属国的监管部门负责，但要接受欧洲央行监督。

英国脱欧不会对上述框架造成重大影响，但欧洲央行的代表性将会得到提升。脱欧前欧洲银行业管理局（EBA）总部位于伦敦，脱欧以后，EBA将迁至法国巴黎。在过渡期内，EBA的监管职能可能由欧洲央行代为执行。此外，巴塞尔委员会等国际组织在制定监管规则时，欧洲央行可能代表欧盟银行业监

管机构参与规则的讨论，可以预见，其监管地位将在长期内得到提升。

欧盟金融监管改革步伐也不会因英国脱欧而停止（尽管短期内可能受到影响）。至2019年甚至更长时间内，欧盟的大部分时间和精力将花在有关英国退出条款及其与欧盟关系的博弈上，这有可能使各国推进欧盟金融监管一体化的动力减弱。2017年法国、德国均举行大选，领导人的更迭也会在一定程度上造成影响。但英国脱欧也为欧盟敲响了一次警钟，促使其对自身的国际地位、周边关系等加以反思，从而调整相关政策，以提升自身的吸引力和凝聚力，防止更多的成员国效仿英国。例如，在英国公投结果出炉后，欧盟余下的27个成员国第一时间表态：面对这一前所未有的局面，欧盟必须团结应对，欧盟将继续前进。这表明了欧盟继续推进一体化的决心。

事实上，欧盟本身就是危机的产物，正是一次次危机推动着欧洲一步步走向一体化。20世纪70年代，布雷顿森林体系解体，国际汇率剧烈波动，欧洲开始思考统一货币的可能性，于1979年产生了埃居（欧元的前身）；2008年国际金融危机、2010年欧债危机又促使欧盟着手建立统一的财政体系和金融监管体系。欧盟可借此机会加快区内金融改革，着力解决各国之间金融市场分割等问题，提升欧盟整体的金融竞争力，从而进一步推动欧盟金融一体化进程。

四、中国金融业的对策建议

英国脱欧是影响世界经济政治格局的重大事件。这既是金融危机以来世界经济复苏分化的一个映照，也是全球化共识下降、民粹主义上升的一个体现。但脱欧也是英国和欧盟重新为自身寻找定位的重要契机，这一过程对中国将是机遇与挑战并存。

对于中国金融业而言，有如下对策建议：

第一，建立更紧密的中英经济金融合作关系，在加强合作的同时防范政策变化引发的风险。目前，英国是中国企业海外投资的主要目的地之一，中国也是英国在欧洲以外的第二大贸易伙伴，双方已建立良好的经贸合作关系。脱欧以后，英国新任财政大臣菲利浦·哈蒙德表示，英国正着手与中国达成双边自由贸易协定，英国将继续在国际舞台上扮演重要角色，英国的商务、金融服务和投资领域将一如既往地呈现开放、竞争的态势，英国政府将会更加重视在金融服务领域与中国的合作。中国应充分利用这一机遇，在自贸协定谈判中最大限度地争取优惠条件，为中国金融业进入英国市场创造更好的环境。

当然，在此过程中，也应防止英国由于领导人变化等因素造成的政策风险。例如，2016年8月英国政府宣布要对欣克利角C核电项目进行重新评估，引发巨大争议。中国在该项目已经历经十年准备，如果项目搁浅，不仅对中国企业对英投资的积极性造成打击，也会给为项目提供金融支持的中国金融业带来风险。所幸2016年9月英国政府正式批准了该项目，项目得以正常推进。因此，在脱欧过程中，由于英国政治存在较大的不确定性，中国金融业要密切关注英国政府政策变化情况，切实防范相关风险。

第二，关注英国和欧盟金融监管环境的变化，及时调整业务布局。若英国丧失欧盟“通行权”，位于英国的金融机构如要在其他欧盟成员国设立机构、提供产品或服务，只能像普通外资企业一样向所在国监管机构申请授权。这会增加中国金融业进入欧盟市场的成本，同时也会对相关业务布局产生影响。例如，以欧元计价的金融业务可能需要转向欧元区内部进行，或在法兰克福、巴黎、卢森堡或都柏林等城市中选择一个作为欧元区的业务中心。此外，随着脱欧后欧洲央行作为银行业监管机构的作用更加凸显，中国金融业在欧元区内的分支机构应关注欧洲央行监管政策的变化，与监管主体保持密切的沟通。

第三，把握欧洲低利率环境下的业务发展机会，推动人民币国际化。当前，欧洲经济虽已复苏，但欧洲央行仍实行负利率政策，为中国企业发行债券、提供利率汇率风险管理产品创造了难得的机会。一方面，欧洲投资者需要中国这样的较高增速经济体提供各种固定收益类资产，丰富其投资渠道；另一方面，欧洲的低利率环境也使得国内发行人可以以很低的票面利率在欧洲发行债券。中国金融业应充分发挥伦敦、法兰克福、卢森堡等金融中心的作用，抓住市场机遇，扩大债券发行业务的规模。与此同时，英国脱欧会在一定程度上激发客户对利率、汇率风险管理的需求。中国银行业的海内外分行应加强合作沟通，及时了解客户需求，开发诸如离岸人民币期权及期权组合等新产品，为客户提供全面的汇率和利率风险保值方案。

第四，适应英国和欧盟法律的调整，更新相关金融协议文本。鉴于脱欧可能造成的法律变化，中国金融机构有必要对适用英国及欧盟法律的有关文件进行梳理，考虑脱欧对相关法律适用造成的影响，并在需要时修改制度，重签法律文件。例如，若英国失去欧盟“通行权”，可能使得包括国际掉期与衍生交易协会（ISDA）协议在内的相关外部协议文本进行调整。为防患于未然，需要对现有的英国和欧盟国家客户和交易对手与中国金融机构签署的ISDA协议及其他协议文本进行重检，如有需要，须提前做好准备，并及时更换协议。

第三节　新兴市场

金砖国家合作进展、挑战与政策建议

“金砖四国”一词由高盛公司前首席经济学家吉姆·奥尼尔首创，对此后10多年全球贸易与投资的走向产生了较大影响。当前，“金砖”概念正面临截然不同的发展方向：一方面，金融危机后部分金砖国家失去高增长动能，在发展中面临各种新挑战，“金砖”光芒不再耀眼。2015年10月，高盛公司关闭“金砖四国”投资基金，舆论认为这宣告了一个时代的结束。另一方面，“金砖四国”借国际声誉上升的契机开启国际合作，吸引南非加入，建立了“金砖国家”领导人峰会等合作机制，成立多边开发银行与应急外汇储备库。未来路在何方？本文对金砖国家合作的进展、当前面临的挑战和未来潜在的合作机遇等进行剖析，并提出政策建议。

一、金砖国家合作机制取得突出成效，初步实现了“早期收获”

金砖国家合作的动议始于2009年，其背景是国际金融危机爆发后，二十国集团（G20）跃升为全球经济治理的最重要平台。此后，金砖国家的合作领域不断扩展。归纳起来，促进金砖国家合作的原因有三点：一是提升话语权。

危机后新兴市场国家在全球经济中的重要性快速提升，但长期以来在全球治理体系中的话语权严重不足。主要的新兴大国联合起来，可以更有效地推动国际治理体系改革。二是应对危机和巩固金融稳定。新兴市场国家金融发展不成熟，脆弱性较高，特别是在发达国家超常规货币政策分化的背景下，受到的冲击尤为突出。金砖国家抱团取暖，可以代表新兴经济体为金融稳定作出更大的贡献。三是促进共同发展、减少摩擦。金砖国家差异性较多，地缘政治冲突有待弥合。以合作提升发展动能、促进良性竞争，以合作增强互信、消解冲突，这对金砖国家的长期可持续发展而言善莫大焉。

从2009年首次金砖四国领导人会晤开始，截至2017年末金砖国家共举办了九次领导人峰会，设立了外长会议、财长与央行行长会议、经贸部长会议、卫生部长会议等诸多合作框架，并取得了重要成果（见表1–11）。

表 1–11　　2009—2018 年金砖国家领导人峰会主要成果

时间地点	峰会主题	主要成果
2009.6 俄罗斯叶卡捷琳堡峰会	—	启动金砖国家合作机制；发表联合声明，呼吁建立更加多元化的国际货币体系，提升新兴市场和发展中国家的发言权和代表性。
2010.4 巴西巴西利亚峰会	—	发表联合声明，商定推动“金砖四国”合作与协调措施，金砖国家合作机制初步形成。
2011.4 中国三亚峰会	展望未来，共享繁荣	吸引南非加入，发表《三亚宣言》，对金砖国家的未来合作进行了详细规划，决定深化金融、智库、工商、科技、能源等领域合作。
2012.3 印度新德里峰会	致力于全球稳定、安全和繁荣的伙伴关系	探讨金砖国家成立开发银行的可能性，签署两项旨在促进金砖国家本币结算和贷款业务规模的协议，发表《新德里宣言》。
2013.3 南非德班峰会	金砖与非洲：致力于发展、一体化和工业化的伙伴关系	决定设立金砖国家开发银行和外汇储备库，宣布成立金砖国家工商理事会和智库理事会，在财金、经贸、科技等近 20 个领域形成新的合作行动计划，推动构建金砖国家与非洲国家的伙伴关系。
2014.7 巴西福塔莱萨峰会	实现包容性增长的可持续解决方案	讨论全球治理与地区危机、可持续发展和包容性增长，签署协议，成立金砖国家开发银行，建立金砖国家应急储备安排。

续表

时间地点	峰会主题	主要成果
2015.7 俄罗斯乌法峰会	金砖国家伙伴关系：全球发展的强有力因素	发表《乌法宣言及行动计划》，签署多个合作文件，金砖国家新开发银行正式开业，金砖国家应急外汇储备安排正式启动。
2016.10 印度果阿峰会	打造有效、包容、共同的解决方案	通过《果阿宣言》，五国决定加强务实合作，进一步推动保险和再保险市场合作等，并探讨设立金砖国家评级机构的可能性。
2017.9 中国厦门峰会	深化金砖伙伴关系，开辟更加光明未来	通过《厦门宣言》，深化务实合作，强调人文交流在金砖国家合作发展中的地位和作用，奠定更广泛的民意基础。

资料来源：根据有关资料整理。

归纳起来，目前金砖国家合作机制所取得的主要成果体现在以下三大方面：

（一）在国际舞台协同发声，推进了国际货币体系改革

在每次领导人峰会上，金砖国家领导人均会就国际金融改革关键议题协同发表意见。通过这种集体行动发出声音，对于推动国际货币基金组织（IMF）、世界银行的治理改革，加强国际金融监管与政策协调，提高发展中国家在国际经济舞台上的发言权等都起到了积极作用。2015年11月，IMF批准人民币纳入SDR货币篮子，权重为10.92%，居第三位，于2016年10月生效；2015年12月，美国国会最终批准了IMF份额改革方案，巴西、中国、印度和俄罗斯等四个最大的新兴市场国家份额获得提升，跃列前十位，其中中国的投票权比例从3.806%升至6.071%，排名升至第三位（见表1-12）。

表 1-12　IMF 份额改革方案实施前后前十大份额成员国排名 单位：位，%

	份额排名		份额比例		投票权比例	
	改革后	改革前	改革后	改革前	改革后	改革前
美国	1	1	17.407	17.670	16.479	16.727
日本	2	2	6.464	6.556	6.138	6.225
中国	3	6	6.394	3.996	6.071	3.806
德国	4	3	5.586	6.110	5.308	5.803
法国	5	5	4.227	4.505	4.024	4.286
英国	6	6	4.227	4.505	4.024	4.286

续表

	份额排名		份额比例		投票权比例	
	改革后	改革前	改革后	改革前	改革后	改革前
意大利	7	7	3.161	3.306	3.016	3.154
印度	8	11	2.751	2.442	2.629	2.337
俄罗斯	9	10	2.706	2.494	2.587	2.386
巴西	10	14	2.316	1.783	2.218	1.714

资料来源：IMF。

（二）成立金砖国家新开发银行和应急外汇储备安排，取得金融合作标志性突破

金砖国家开发银行和应急外汇储备安排最早于2012年达成共识；经过三年磋商和准备，2015年7月正式开业和生效。前者初始资本1000亿美元，五国平均出资，旨在资助金砖国家及发展中国家基础设施建设，其意义相当于发展中国家的“世界银行”；后者注册资本1000亿美元，成员国量力出资（见图1–53），成员国在面临外汇资金短缺时，作为国际金融组织的替代融资平台，其意义相当于金砖国家的“IMF”。这是金砖国家开展合作以来具有标志意义的成果，有助于进一步打破以发达国家为主导的国际金融机构在融资与救助条件、标准上的垄断，为新兴市场国家制定符合自身国情的金融标准开辟了新路。

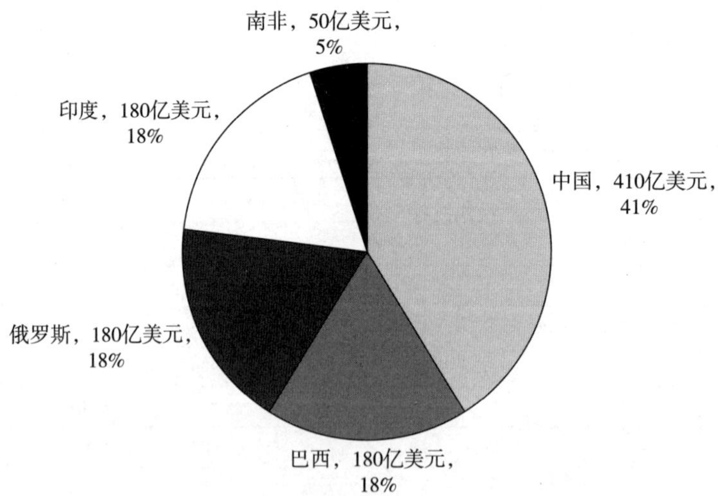

资料来源：根据官方发布。

图 1–53　金砖国家应急外汇储备库出资比例

（三）探索更广泛的合作领域，构建了全方位、立体式的合作框架

在金砖国家领导人峰会的带动下，金砖国家在各个专业领域的合作也在不断深化和拓展，建立了包括经贸部长会议、农业部长会议、财长和央行行长会议、安全事务高级代表会议、国家统计局长会议、地方政府论坛、工商论坛、智库论坛等近20个对话机制。全方位的对话与合作将在未来的合作中日益发挥重要的作用，进一步促进金砖国家之间的沟通与了解、市场的开放与发展、文化的交流与合作，为实现更高层级的跨地域、跨文化和跨组织合作奠定更坚实的民意基础，推动发展中国家在全球重大问题，包括气候变化、地区安全、反对贸易保护主义、减贫和环境保护等方面协调立场，建立一个更为公平、合理和平衡的国际政治与经济新秩序。

二、当前金砖国家合作机制面临空前挑战，应高度警惕

随着危机后国际政治与经济形势发展，金砖国家的合作日益面临内外部因素的挑战，这为国际舆论唱空金砖国家合作提供了口实。对此，我们应高度警惕，全面客观地把握，正面宣传引导，持续推进金砖国家合作，不被暂时的困难吓住，不为唱空的声音蒙蔽。这些挑战可概括为三个方面：

（一）外部环境上，以某些大国为首的发达国家阵营企图实施战略瓦解

基于维护国家利益的需要，国际社会的竞争不会停止。金砖国家开展合作以来，以美国为首的发达国家抓住一些机会对金砖国家的合作展开狙击，运筹新的区域合作计划，全力维护发达国家的竞争力与既得利益。

1. 分而治之的地缘政治战略。金砖国家之间的合作目前仍主要限制在经济与金融领域，在国际政治和地缘战略上较难同心协力，容易形成对外竞争软肋。美国与欧盟以乌克兰危机为由，制裁与打击俄罗斯；美国以朝鲜半岛危机、东海与南海争端为理由“重返亚太”，联合日本、菲律宾、越南等国家对中国形成战略遏制；金砖中的印度则是美国的地缘政治盟友。由于金砖国家在

这些问题上意见不一，凝聚力易被瓦解，这是无法回避的挑战。

2. 排他性的区域合作安排。金砖国家合作机制建立不久，2010年3月美国便加入并主导了跨太平洋战略经济伙伴关系协定（TPP）的谈判，2016年2月TPP协议签署；2013年6月，美国与欧盟启动跨大西洋贸易与投资伙伴协定（TTIP）谈判，并计划于2016年完成谈判。2011年由美欧主导、部分发展中国家参与的服务贸易协定谈判（TISA）也在持续推进中。TPP、TTIP和TISA构成的“3T战略”（见表1–13），正好将金砖国家排除在外；若要参与其中，需要满足环境、国有企业、劳工等有显著针对意味的高标准要求。这种排他性区域安排对金砖国家合作发展形成巨大的竞争威胁。从最新情况来看，虽然美国2017年退出TPP，但特朗普不断挑起全球贸易争端，拉拢欧盟和日本致力于建立发达国家集团的自由贸易区，对金砖国家形成更具有排他性和竞争性的区域合作安排。

表 1–13　　“3T 谈判”将金砖国家排除在外

	启动与结束时间	参与谈判的成员国
跨太平洋战略经济伙伴关系协定（TPP）	2010 年 3 月启动；2015 年 10 月完成谈判	美国、日本、澳大利亚、新西兰、加拿大、墨西哥、秘鲁、智利、文莱、马来西亚、新加坡、越南，共 12 国
服务贸易协定谈判（TISA）	2011 年底启动	美国、日本、澳大利亚、加拿大、智利、中国台湾、哥伦比亚、哥斯达黎加、欧盟、中国香港、冰岛、以色列、列支敦士登、新西兰、挪威、巴拿马、秘鲁、韩国、瑞士、土耳其、巴基斯坦、巴拉圭
跨大西洋贸易与投资伙伴关系协定（TTIP）	2013 年 6 月启动；2016 年完成谈判	美国（2017 年宣布退出 TPP）、日本、欧盟 28 国

资料来源：根据有关资料整理。

3. 宏观政策分化的负面冲击。2008年国际金融危机之后，美、欧、日央行实施零利率（甚至负利率）加上量化宽松的超常规货币政策，日益对全球流动性和新兴市场资本流动带来巨大影响。2014年以来，基于主要发达国家货币在全球市场的主导地位，其货币政策的调整与分化对新兴市场产生了多轮流动性冲击，令资本市场、外汇市场与银行业发展动荡不安，金砖国家都遭受了巨大的扰动。表面上，发达国家货币政策难以与政治谋略关联起来，但客观而言，宏观政策调整正日益成为发达国家掌控全球市场的一张牌。

（二）金砖各国自身经济金融发展显著分化，增大合作难度

自2014年以来，由于自身经济结构都在不同程度呈现失衡和不稳定状态，金砖各国的经济与金融发展普遍遭遇逆风，出现了显著的分化现象，主要体现为以下方面：

1. 经济增速下滑。以GDP规模加权计算，2009—2016年金砖国家整体GDP增速从2001—2008年的8.0%持续下滑到6.1%。未来仍然不容乐观，根据IMF的预测，2017—2023年金砖国家整体GDP年均增速仅为5.6%。其中，只有中国、印度能维持在6%以上的增速，巴西经济增长率在2.1%左右，俄罗斯和南非增长率均在2.0%以下（见图1–54）。

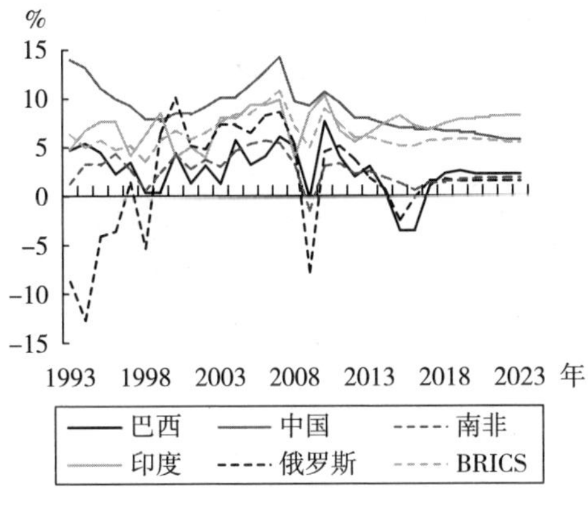

国家	GDP增长率（年均，%）		
	2001–2008年	2009–2016年	2017–2023年
巴西	3.7	1.2	2.1
俄罗斯	6.6	0.7	1.5
印度	7.1	7.5	7.7
中国	10.7	8.2	6.2
南非	4.2	1.6	1.7
BRICS	8.0	6.1	5.6

资料来源：IMF，2017—2023 年为预测数据。

图 1–54　1993—2023 年金砖五国经济增长率比较

2. 金融市场持续动荡。国际制裁、大宗商品价格疲软和国际资本流动大进大出，伴以国内改革、政治危机等综合因素的影响之下，金砖国家在过去几年都遭遇了汇率、股市和债市的大幅波动。其中，2014年7月至2015年末俄罗斯卢布汇率累计贬值幅度高达57.5%；2015年巴西雷亚尔贬值幅度高达45.7%。2015年下半年到2016年末，中国也遭遇了持续的资本外流和人民币汇

率贬值压力，2017年虽有所缓和，但在全球贸易摩擦升级的冲击下人民币贬值预期重新抬头。

国际金融协会（IIF）根据内部脆弱性、外部脆弱性和政策脆弱性三个层面构建的监测指标显示，2015年以来金砖国家的脆弱性指数明显上升，其中，中国的金融压力主要来自非金融部门债务过快上升（见图1–55）；印度面临财政赤字、通货膨胀和企业债务风险较大的挑战；俄罗斯的问题集中在政府治理的透明度、公共投资效率以及汇率贬值带来的通胀压力等；巴西陷入艰难的滞胀困境，政治危机之下政策脆弱性较高，经常账户和财政双赤字问题长期得不到解决；南非的外部脆弱性较高，突出体现为经常账户赤字、外资在国内投资占比较高。

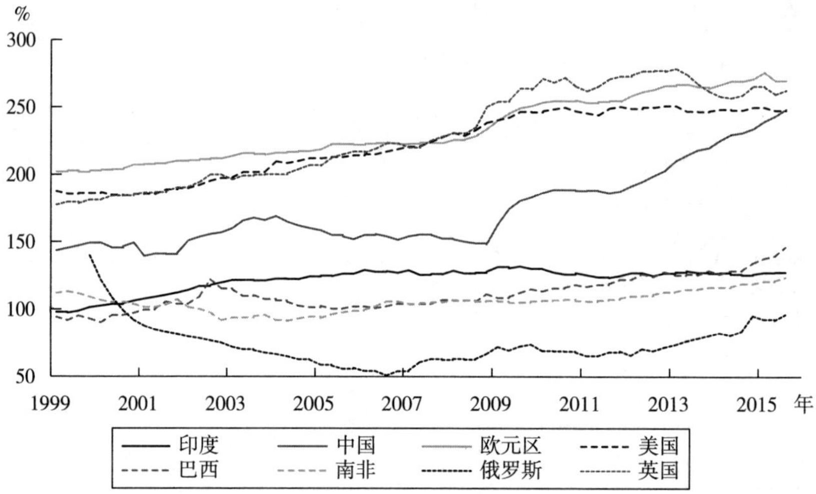

资料来源：BIS。

图 1–55　金砖国家非金融部门债务水平与主要国家的对比

3. 内部改革成效不一，各自面临新挑战。中国为应对“三期叠加”的挑战，聚焦于供给侧改革，去库存、去杠杆、去产能、降成本和补短板等方面改革压力较大。印度为实现更快经济增长，需要加大中央对地方的控制力，改革劳动力市场与准入壁垒，加大引进外资力度，解决基础设施不足、能源供应紧缺等瓶颈。俄罗斯经济结构单一，过度依赖能源出口，还应大力加强政府治理和私人财产保护，减少贸易壁垒，提高外商投资透明度，深化金融市场改革等。巴西国内产品供应严重不足，需要大力治理通胀；政府腐败丑闻影响了政策执行和投资者信心，加剧国际资本流出。南非则面临旱灾、政局动荡、基础设施落后和全球经济低迷的不利影响。

经济发展分化对金砖国家合作带来的主要负面影响有：一是影响投资者信心，放大国际舆论唱衰金砖国家合作的噪声，削弱金砖国家开展合作的动力。当前一些国际投资者将投资组合从金砖国家转向其他地区，就是一个值得关注的信号。二是在一定时期内影响部分金砖国家对开展合作的财政与金融支持能力，不利于一些重大合作项目的持续推进。三是考验金砖国家之间相互的信任度和凝聚力。显然，如果在困难时期都无法实现同舟共济，可能为未来的合作埋下裂痕。

（三）在新的开放合作战略架构下，金砖各国合作的定位面临新的挑战

当前，多边贸易框架日益受到挑战，区域合作面临激烈的国际竞争，金砖各国也置身于各类错综复杂的国际合作框架之中。金砖国家合作在坚持既有方向不动摇的前提下，如何找到独特的合作定位，这是一个不小的挑战。同时，需要强大的战略定力和清晰的合作思路，从各种合作框架中提升合作层次。

1. 中国发起的“一带一路”倡议、亚洲基础设施投资银行与金砖国家合作的关系。“一带一路”只覆盖中国、印度和俄罗斯三个金砖国家，而金砖五国皆为“亚投行”创始成员国。金砖国家在许多项目建设上不可避免地与“一带一路”建设存在合作与竞争，比如金砖国家新开发银行如何与世界银行、亚开行、亚投行等多边金融机构开展基础设施贷款、绿色发展项目和贸易金融等合作。有舆论甚至认为，因金砖国家合作机制不畅、不力，“亚投行”可能取代“新开发银行”。

2. 亚太自由贸易区（FTAAP）、区域全面经济伙伴关系协定（RCEP）与金砖国家合作机制之间的关系。在亚太地区，各种自由贸易谈判交叉、竞争较为激烈，金砖国家有的属于这一区域，有的远离该区域，这种纵横交错的局

面，无疑增大谈判的复杂性。FTAAP是一个较为长远的目标，其中含有中、俄、印三国，RCEP则只有中、印两国来自金砖国家（见图1–56）。金砖国家合作需要立足于进一步建立自贸区的长远目标，否则一旦这些区域自贸协定达成，将对金砖国家之间合作的独特性与必要性带来影响。

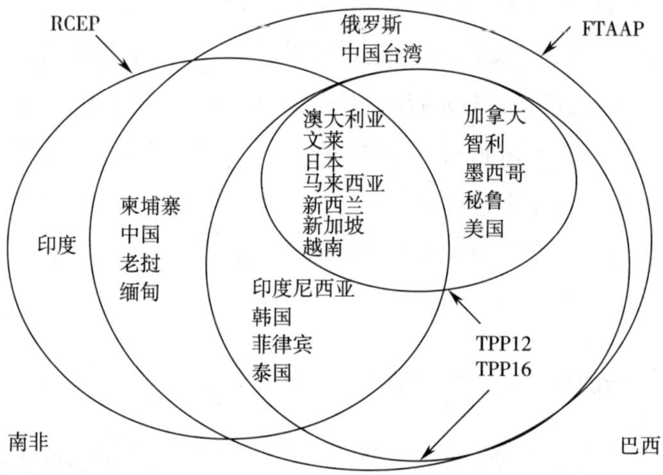

资料来源：根据有关资料整理。

图 1–56　金砖国家与 FTAAP、TPP 和 RCEP 成员的所属关系

3. 经贸合作与非经贸合作的关系。除经贸利益和气候、环境、国际经济秩序等重大利益之外，金砖国家在价值观、地缘政治、军事安全等方面存在差异，增加了各国深化合作的障碍。这主要聚焦于中、印、俄三个大国之间。例如，印度在许多非经贸合作方面是美国的重要盟友，与中俄之间存在一定隔阂；三国之间一定程度上也有领土、安全等方面战略互信上的疑虑。金砖国家之间的长远合作必然绕不开这些负面因素的影响。

三、金砖国家开展深入合作具有坚实基础和光明前景

无论如何，金砖国家开展合作是主流，前景光明，各国应坚信合作基石的稳固性，积极主动去探索和扩大共识，深化合作。在以下方面，金砖国家合作潜力非常巨大。

（一）金砖国家的经济结构互补性强，通过合作可以释放中长期较快增长的潜力，这一基石不因短期波动而改变

作为四大洲体量最大的新兴经济体，金砖国家经济结构具有强大的互补性，这可从供给、产出和需求三个角度看。

1.从供给能力看，各国自然资源、人力资源、资金与技术条件具备坚实的基础。自然资源条件毋庸置疑，在国土与耕地面积、能源与矿产储量、初级产品产量方面，五国合计实力遥遥领先于其他国家。例如，五国农作物种植面积合计5.1亿公顷，是美国的三倍；石油、天然气和煤炭三种能源储量合计遥遥领先于其他国家；铁矿石合计储量也超过澳大利亚储量20%以上。

人口条件同样优越。五国合计人口占全球的42%，处于持续增长之中；印度、南非人口结构年轻，正好弥补其他三国进入老龄化社会的现状；人口素质不断提升，劳动生产率增长速度持续高于其他国家。

从资金与技术条件看，中国日益占有比较优势，弥补了其他四国相对不足的条件。中国银行业已跻身全球前十大银行之列，中国正逐步转变为净资本输出国。尽管技术条件仍落后于发达国家，但目前中国的制造业、印度IT服务业和俄罗斯的军事工业等，在全球具有相当强的竞争力。

总体上看，金砖五国作为整体所具备的资源供给条件非常充足，这是支持各国通过合作实现经济持续较快发展的基础条件，并非短期经济冲击所能改变的。

2. 从产业结构看，金砖国家产业互补性特征非常强。金砖国家合作对投资者的一个强烈印象是："中国、巴西的农业+俄罗斯、巴西、南非的采矿业+中国的制造业+印度的服务业=完美的新兴经济体。"以2014年五国初级产品、工业品和服务业贸易余额占GDP的比例进行比较可以看到：俄罗斯的初级产品贸易顺差、中国工业制品贸易顺差占本国GDP的比例非常高，分别为8.9%和4.3%；印度体现为较大的初级产品逆差、五国唯一的服务贸易顺差，俄罗斯、巴西和南非均体现为突出的工业制品贸易逆差。若五国合并，则贸易顺差占GDP的2.6%，处于3%的国际公认失衡安全线之内；而且，服务贸易逆

差的状况也将得到很好的改善（见图1–57）。

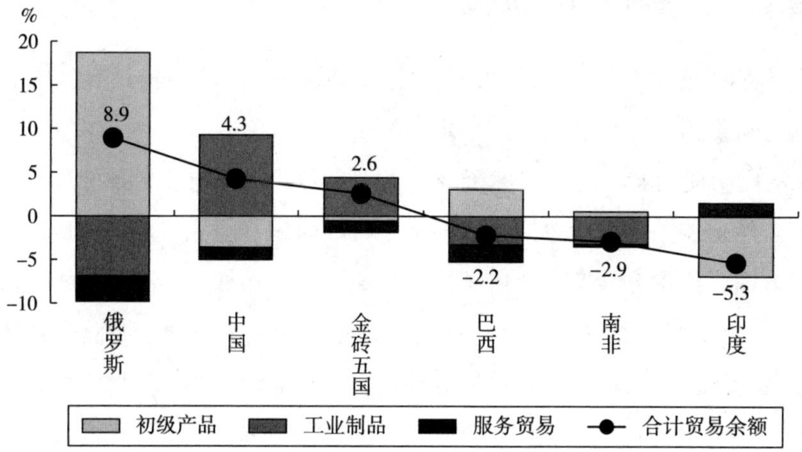

资料来源：Wind，根据有关资料整理。

图 1–57 金砖国家外贸余额结构互补性（占 GDP）

3. 从需求结构看，中国的投资率仍然较高，五国整合所构建的投资与消费大市场发展前景广阔。2016年，中国的资本形成率为44.2%，在金砖五国中最高；其他四国的最终消费率均在70%以上。中国的高储蓄、高投资状况，正好与其他国家相对较高的消费率形成互补。五国合并起来将成为更为合理、可持续发展的经济体。特别地，高储蓄率将为金砖国家投资发展提供较大的支撑；庞大的人口基础，使五国有潜力成为全球最大、增长最快的消费市场。2016年，金砖五国以美元计价的居民消费支出总规模约为10.2万亿美元，相当于美国13.4万亿美元居民消费支出规模的76.0%。

（二）国际格局转变中通过合作争取发展中国家的权益，实现更合理公平的国际金融秩序，这一意愿不会改变

从现实情况看，尽管五国在国际政治经济新秩序的构建中取得了突出的进展，但是发达国家依然在主要国际金融组织占有决定性的投票权，在全球贸易规则制定中居于主导地位，新兴市场与发展中国家争取实现符合自身地位的国际经济新秩序，依然任重道远。因此，金砖五国通过合作、共同发声，持续

争夺话语权的意志和意愿依然很强烈，并不会因暂时困难而动摇。

2015年7月的金砖五国领导人乌法峰会上，习近平主席高瞻远瞩地指出，越是在困难的时候，越要坚定信心，国际经济规则需要不断革故鼎新，以适应全球增长格局的变化，让责任和能力匹配。我们要共同致力于提高金砖国家在全球治理体系中的地位和作用，推动国际经济秩序顺应新兴市场国家和发展中国家力量上升的历史趋势。推动改革国际货币基金组织治理结构，增加新兴市场国家和发展中国家代表性和发言权。倡导建设开放型世界经济，支持多边贸易体系，推动多哈回合谈判维护新兴市场国家和发展中国家的正当权益，确保各国在国际经贸活动中机会平等、规则平等、权利平等。

（三）金砖国家合作机制搭建了更加广阔的沟通交流平台，有助于推动实现地区和平和长治久安。

金砖五国中，中国、俄罗斯和印度是领土相邻的大国，地处欧亚大陆中心，是国力竞争的热门之地。拉美和非洲作为资源集聚地，巴西和南非也成为大国博弈的战略选择。金砖国家在地缘政治上需要处理好分歧与争端、发展战略上兼顾彼此核心利益、外部联系上协调与欧美大国的政治平衡。金砖国家的合作将有利于促进各国民心的沟通、理解和互信，促进金砖国家与外部世界的对话与合作，为自身发展创造良好的发展环境。这种利益契合点是金砖国家抱团取暖的原动力，是化解争端的融雪剂。在事关地区和平与发展的长远大计之上，不能寄望于发达国家，金砖国家可以作为发展中国家合作的典范，以不同文明、不同价值观和不同治国方略的成功合作，推动发展中国家进一步找到适合自身国情的发展道路，而不是被西方国家的作为所蒙蔽。

四、坚定信心，实现金砖国家合作的新突破

在新的发展阶段、新的困难挑战下，合作的必要性更强、合作的空间更大。未来金砖国家的合作，应在“早期收获”之后大力落实相关行动计划，通过更加密切的经贸联系应对暂时困境，大力探索建设更高层次自由贸易区、市

场一体化和战略联盟的可能性。主要政策建议包括：

（一）大力落实“早期收获”，以合作实效凝聚和激励人心

国际社会唱衰金砖国家合作，一定程度上是担忧若在逆境之中都无法抱团跨越困难，那么最终结果是合作机制变成“清谈平台”，合作项目变为权宜之计、利益之争。因此，金砖国家应在既有的“早期收获”之下，大力推动落实，用看得见、摸得着的成果凝聚人气、激励人心。

1. 充分发挥在国际金融机构的投票权地位，协力促进全球治理机制的完善。金砖国家应认识到合作代表着新兴市场和发展中国家的利益，而不是世界经济中的“新贵俱乐部”或穷国利益集团。在发展战略上，应当彼此支持、携手推进，增强在国际货币基金组织、世界银行、世界贸易组织等机制内的协调和配合，着力提升发展中国家在国际治理秩序中的代表性和发言权。金砖五国在改革后的IMF投票权合计占比14.3%，仅次于美国的16.5%，同时均为G20成员。当金砖国家不断扩大在国际舞台上的利益共同点、更多地协同发声时，对国际经济秩序产生的影响力不可小觑。因此，在诸如面临危机救助、绿色贷款、金融监管和反洗钱等国际金融问题和标准制定时，金砖国家可联手行动，携手共进，使国际规则更加符合广大发展中国家的利益，更有利于全球经济金融的平衡、可持续发展。

2. 完善金砖国家新开发银行运行机制，落实一批重大项目，提升合作实效。金砖国家新开发银行运作是推进全球治理变革的一个重要抓手，彰显了中国走和平友好、互利共赢发展道路和探索国际金融治理新模式的坚定决心。在出资比例上，国家不论大小平等相待，责权利对称，1000亿美元的法定资本平均分配；在内部治理上，强调治理结构透明，各国在关键岗位轮流任职，避免现存国际组织中少数国家一家独大的霸权作风；在融资贷款方面，服务对象不限于金砖国家，也可对其他新兴市场与发展中国家提供融资。未来，金砖国家新开发银行可着眼于进一步完善治理与运行机制，落实一批重大项目，以高效务实的作风向世界展示金砖国家合作机制的优越性，推动国际金融治理的变革。

具体而言，很多方面可以实现治理与发展的新突破。

在内部治理方面，发挥民主与集中相结合的优势，兼顾效率与公平，在重大决策上充分民主协商，兼顾轮值主席国的领导作用，避免一家独大；发挥理事会的监督作用，实现真正的廉洁透明；必要时考虑吸纳新的成员国加入。

在外部融资方面，可以成员国份额为担保，面向市场融资，利用金融杠杆放大资产规模和可贷能力；充分调动金砖国家的储蓄资源，有效整合全球廉价资金，支持发展中国家特别是金砖国家的基础设施建设、产业开发和贸易发展；融资中可发行SDR债券、人民币债券或其他成员国货币计价债券等，支持国际货币体系的多元化。

在项目贷款上，贷款评估应充分考虑新兴市场与发展中国家的国情，贷款项目以贷款国家的切实需要与还款能力等作为评估条件，与民主、政治等非经济因素脱钩；大力开拓和落实基础设施建设、绿色能源、民生工程等促进可持续发展方面的项目贷款，促进世界经济平衡发展；加强与亚洲基础设施投资银行、世界银行及亚洲开发银行等多边金融机构的合作，提升贷款项目的灵活性。

在日常运作中，除成员国必要岗位的委派之外，应考虑从全球市场公开聘用有丰富经验的经营管理人员，提高专业水平；工作语言以英文为主，重要工作文件兼顾成员国工作人员的工作习惯。

3. 善用金砖国家应急外汇储备安排，在困难时刻切实发挥关键作用。与一般的双边外汇储备合作机制不同的是，金砖国家应急外汇储备安排具有较强的外溢效应，并可补充现有国际金融机构的稳定职能，可与国际货币基金组织、区域金融安全网等展开合作，或者吸纳新的成员国，拓展服务范围。

鉴于金砖国家应急储备安排缺乏自有的国别经济研究和监测能力，当前各国最大借款额度的30%与IMF贷款规划脱钩，剩余70%与IMF贷款规划挂钩。这一安排加强了IMF的贷款能力，使得在需要时IMF对应急储备安排成员国的贷款可以额外撬动一笔伴生的外汇储备；同时，也可以在没有相应IMF贷款规划的情况下迅速启动，为面临短期国际收支压力的成员国提供外汇储备融资，从而兼顾了安全性与灵活性。未来，与IMF贷款规划的脱钩比例还有提升空间，条件成熟时，应急储备安排可以逐步建立自有的研究和监测技术，补充现阶段国际经济治理结构中以IMF 和世界银行为主导的国别经济研究和监测的技术能力。

特别地，金砖国家应急外汇储备安排在当前成员国面临金融压力时应充分发挥稳定功能，建立自主的金融危机管理模式。随着美国经济复苏和逐步退出宽松货币政策，国际资本外流加大金砖国家货币贬值压力。应急储备安排的成立，可有效完善金砖国家的风险管理和危机处理机制。

（二）以金砖为平台推进更多社会、文化交流，推动大国互信

金砖国家合作的顺利推进，从一开始就建立在良好的战略互信基础上。对各国推进的不同发展规划，例如，俄罗斯的“后苏联”经济一体化、中国的“一带一路”和印度的“印度制造”等战略，应强化互信和战略对接，减少彼此之间的疑虑。未来，可以把金砖国家合作机制作为最重要的基础性平台，强化五国在国际安全、社会文化和可持续发展等多方面的交流与合作，进一步推动大国互信，奠定长远合作发展的重要基石。这一点虽非本文重点阐述的内容，但是很重要，与经济金融的合作相互促进、相互推动。

（三）相互借鉴，推动各自内部经济改革、外部经济一体化程度，加大产业与金融合作，增大市场发展潜力

1.内部结构性改革经验教训的相互借鉴。金砖国家在历史上都有很多改革发展方面的经验与教训，特别是在最近五十年的发展之中，在处理改革、稳定与发展三者的关系上，既有俄罗斯“休克疗法”的教训，也有中国“渐进式改革”的经验；既有处理政府与市场关系的“中国故事”，也有跨越“中等收入陷阱”的巴西教训。金砖国家可以加大历史研究与智库合作，充分调研和交流，相互借鉴和启发，找到发展中国家可持续发展的道路。

2.加大产业与金融合作。金砖国家之间既要充分发挥产能和资源的互补性，也要注重各自产业发展的协调性。当前在产业领域合作空间巨大，中国的

制造业升级发展，可以向其他金砖国家输出成熟产能；印度和南非等国基础设施与制造业亟待发展，可以相应吸纳和承接中国的直接投资和产能；俄罗斯和巴西的经济结构转型，也可从中印两国找到发展经验与项目支持，尽早摆脱依靠资源和能源产业的不平衡经济发展模式。金砖国家推进产业和金融合作可从以下方面入手：

一是提升产业合作层次。金砖国家的贸易规模都较大，但主要以初级商品贸易为主，在全球价值链上处于较低位置。各国应加强全球经济新常态下的合作，大力优化产业结构、提升制造业附加值、发展服务贸易，通过信息技术、智能技术改造，提升相互之间产业贸易合作的层次。同时，突破产业合作面临的一些制约，出台产能合作和资源开发方面的保障措施，成立相关跨国、跨部门的综合指导机构，建立信息研发与产业开发平台共享机制、人才交流机制等。

二是以中国自贸区金融开放试点为契机，推动资本市场合作。金砖国家金融机构可以通过集聚上海、孟买等国际金融中心，促进资金跨境流动，推进债券市场、股票市场及多双边金融监管的合作，促进投资货币、区域和资产的多元化。大力推动区域债券市场的发展，优化各国金融体系，使合作区域内的资金达到最有效的配置。

三是协同推进人民币国际化，便利经贸发展。当前，金砖国家只有人民币具备推动国际货币多元化的实力。各国应加强对人民币国际化的支持，特别是鼓励金融机构与企业采用人民币作为交易媒介，通过本币结算、货币互换、人民币贷款、发行金砖债券等手段推动“去美元化”进程，维护金砖国家整体利益。

3. 增强一体化程度，研究建立金砖国家自由贸易区，深化经贸合作。中国自贸区发展战略已经取得了诸多成效，2015年12月进一步发布了《关于加快实施自由贸易区战略的若干意见》，要加快构建周边自由贸易区，力争与所有毗邻国家和地区建立自由贸易区，不断深化经贸关系，构建合作共赢的周边大市场；积极推进“一带一路”沿线自由贸易区，结合周边自由贸易区建设和推进国际产能合作，积极同“一带一路”沿线国家商建自由贸易区，形成“一带一路”大市场；逐步形成全球自由贸易区网络，争取同大部分新兴经济体、发展中大国、主要区域经济集团和部分发达国家建立自由贸易区，构建金砖国家大市场、新兴经济体大市场和发展中国家大市场等。

当前，推动金砖国家自由贸易区面临一些挑战，包括部分成员国的经济增长状况不理想、分化较大；投资的市场准入、关税减让等问题存在一定争议，特别是印度发展水平仍相对较为落后，削减关税、降低贸易壁垒对其农业、制造业等冲击较大；此外，五国经济结构不平衡，其他四个国家对中国经济依赖度较高，但中国经济对其依赖度有限，五国间贸易规模相对较小。

总体来看，建立金砖国家自由贸易区应当成为未来金砖国家合作机制深化发展一个重要的战略选择，这也符合“先周边后全球”的路径。通过发展以自由贸易区为方向的合作，必将共同促进五国深层次、高水平和高质量合作，实现金砖国家共同发展、制定国际经贸标准和建立国际经济新秩序的远大目标。金砖国家应进一步适应全球贸易规则新变化，减少贸易投资壁垒。结合中国自贸区试点的创新模式，金砖国家可进一步在关税、市场准入和技术标准等方面降低壁垒，促进金砖国家之间更为紧密的经贸联系。特别是中印贸易巨大的市场潜力尚未开发，可进一步提高双方战略合作的层次，促进相互的市场开放和经贸大发展。

宏观审慎管理和资本管制在新兴市场中的应用

2015年，新兴市场国家出现了自1988年以来的首次资本净流出，造成这一现象的主要原因是中国的资本净流出的大幅增加。国际金融危机以来，跨境资本流动出现大起大落，由危机期间的资本流入突然中止变为危机之后的资本流入激增以及最近的资本大量流出，影响到新兴市场国家货币政策的独立性和金融市场的稳定，同时也对这些国家的资本流动管理特别是资本流出管理提出了挑战。本文分析了新兴市场国家管理资本流入和流出的主要政策，包括以交易币种为基础的歧视性宏观审慎管理工具和以交易者居住地为基础的资本管制措施，以及某些以限制跨境资本流动为目的的非歧视性宏观审慎管理政策。在此基础上，探讨了中国在实行资本账户自由化进程中面临的资本流动管理政策选择。

一、新兴市场跨境资本流动形势变化

根据国际金融协会（IIF）的统计，2015年新兴市场国家的非居民资本流入仅为3900亿美元，只相当于2014年的三分之一，甚至低于2008年水平；与此同时，居民私人资本流出（扣除官方外汇储备）却持续增加，达8160亿美元。这表明，新兴市场国家自1988年以来首次出现资本净流出的现象，其外汇储备、汇率和资产价格面临下行压力。

与2008年国际金融危机时期发生的资本流入突然中止相比，2015年新兴市场国家非居民资本流入大幅下降的原因明显不同。前者是来自外部的因素，反映了突发性的金融危机和发达国家的严重经济衰退对新兴市场国家产生的溢出效应；后者则是内外部因素的综合效应，即新兴市场经济增长的不断放缓，以及担心未来美联储升息对中国经济发展的影响及其对宏观经济政策造成的不确定性。

从非居民资本流入的构成来看，虽然证券投资流入的逆转造成新兴市场国家资本流入减少，但外国银行跨境贷款的大幅下降才是最重要因素，其原因主要是从事大量离岸借款的中国企业在人民币贬值的预期下为减少外汇风险而纷纷偿还外币债务。伴随着非居民资本流入减少，新兴市场国家居民资本流出大幅增加，后者主要是在经济下行和美元走强的作用下境外证券投资和银行存贷款增加所致。

跨境资本流动可以促进国际范围内资源的有效配置。对新兴市场国家而言，它可以减少生产性投资项目的财务约束、增加金融性投资的多样化选择，也可以促进国际贸易的增长和金融市场的发展。因此，资本市场开放是新兴市场国家在改革过程中必然面临的一项政策选择。然而2008年国际金融危机爆发以来，跨境资本流动出现大起大落，即由危机期间的流入突然中止转变为危机之后的流入激增以及目前的资本净流出，影响到新兴市场国家货币政策的独立性和金融市场的稳定，同时也给这些国家的资本流动管理带来严峻挑战。历史经验已经证明，即便在一些经济政策看似稳健的新兴市场国家，国际资本流动一旦出现大规模逆转，仍有可能引发金融危机。因此近年来，不仅一些国际金融组织（如IMF）提出了在必要的情况下新兴市场国家应该将资本流动管理（包括资本管制）作为推行资本账户自由化过程的一个组成部分，甚至包括中国在内的许多已在逐步开放资本账户的新兴市场国家也在实践中采用了各种宏观审慎政策和资本管制工具对跨境资本流动实施管理。

二、跨境资本流动的主要方式及资本流动管理的主要政策工具

发达国家和新兴市场国家之间的跨境资本流动可以区分为两种方式。一

种是以全球银行体系为中介。发达国家的资本通过短期批发融资的形式进入新兴市场国家的银行，导致后者的非核心负债大幅增长，银行贷款和资产负债规模迅速扩张，由此产生的汇率升值又进一步促进了资本流入。金融危机前新兴市场国家出现的资本流入激增基本上就是经由这种以银行为中介的方式，银行的非核心负债也随之增加；而金融危机期间资本流入由激增转为中止，银行非核心负债的积累也随之下降。因此，在金融市场开放的条件下，新兴市场国家的银行非核心负债尤其是外币负债的增长具有明显的顺周期特征，成为上述时期国际资本流入新兴市场国家的重要传递机制。由此带来的金融稳定风险以及金融周期和商业周期的不同步降低了新兴市场国家货币政策的有效性。

跨境资本流动的另一种方式是以债务市场为中介。在金融危机后资本流入激增过程中，它已逐步取代银行为中介的方式成为发达国家资本流入新兴市场国家的主要传递机制。自2010年美国等一些发达国家的央行开始实行量化宽松政策以来，国际债券投资者通过购买新兴市场国家本币债券及其在境外发行的外币债券进入新兴市场国家的债券市场，导致其信贷迅速扩张。这种由债务主导的跨境资本流动，一方面使新兴市场国家的本币债券收益率日益受到发达国家债券收益变动的影响；另一方面也使新兴市场国家的企业因在离岸市场发行外币债券而导致其资产负债表的货币错配。因此一旦发达国家的金融状况发生逆转，新兴市场国家的金融市场将出现大的波动。2013年5~8月发达国家和新兴市场国家之间出现的逆向跨境资本流动就是明证。当时美联储宣布逐步减少资产购买曾导致大量资本从新兴市场国家的本外币债券市场流出，造成这些国家的资本市场动荡和汇率下跌。

无论以非核心负债为中介，还是以债券市场为中介，跨境资本流入激增或逆转，都会对新兴市场国家宏观经济和金融状况产生重要影响，同时也表明这些国家的传统货币政策在应对金融风险方面具有局限性。新兴市场国家客观上需要具备一套包括宏观审慎政策和资本管制政策在内的资本流动管理工具作为其货币政策的补充。

IMF曾于2011年提出关于管理资本流动的政策框架建议，其中包括稳定汇率、积累外汇储备以及平衡货币和财政政策等诸多宏观经济政策和各种资本流动管理工具。鉴于当时的背景，该政策建议主要以限制资本流入为目的，其中包含一系列旨在影响资本跨境活动的行政手段、税收政策和某些宏观审慎政策工具。在IMF看来，由于资本流入管理既具有放缓汇率升值的宏观经济政策效果，也具有将资本流入引向其他国家的外部负效应，对资本流入国来说，在具体运用资本流入管理政策时，应该以宏观经济政策作为第一道防线。换句话说，在应对资本流入激增时，资本流动管理只是一国宏观经济政策的一种补充：只有当调整宏观经济政策的余地已十分有限、政策调整的步骤或政策效应的产生需要一定时间、跨境资本流入造成国内经济状况的不稳定或金融系统风险的增加时，才应考虑运用资本流动管理的手段。

根据IMF 建议，资本流动管理工具大致可分为两种类型：

第一，以参与跨境金融交易的有关方的居住地为基础的资本流动管理。这类工具也即传统意义上的资本管制，仅仅运用于居民和非居民之间的金融交易，如对非居民购买央行票据征收一定的费用、对银行的非居民存款实行无息准备金制度、对非居民的股票和债券投资课征一定的税收等。

第二，以交易的币种而非居住地为基础的资本流动管理。这类工具通常包括一系列歧视性宏观审慎政策，如对外币存款实行无息准备金制度以及对外币非存款负债征税等。

除了以上两类资本流动管理工具之外，某些非歧视性的宏观审慎政策也可用于管理跨境资本流动。这些政策既不以居住地为基础，通常也不以币种作为歧视对象，因而在一般情况下并不纳入资本流动管理的范畴。它们旨在增强国内金融机构的稳健性（如资本充足率、贷存比、贷款价值比、对未平仓外汇净敞口设限或限制外币抵押贷款等）或提高国内经济吸收境外资本的能力（如以发展本币债券市场为目的的政策措施）。对这类国内宏观审慎政策的鉴别，需要根据一国政策设计宗旨的具体情况作出适当的判断。如果某项宏观审慎政策是为了限制跨境资本流动以减少这种资本流动带来的金融不稳定，则可将它纳入资本流动管理工具的范围。例如一国监管机构对银行实行的贷存比对不同币种而有所区别，则将其视作以币种为基础的歧视性宏观审慎政策工具就更为妥当。韩国对银行的外币贷款和证券资产与外币存款的比率实行限制就是一例。

在管理跨境资本流动方面，上述某些非歧视性的宏观审慎政策和歧视性的宏观审慎政策具有类似的作用。一些传统的资本管制工具与歧视性的宏观审慎政策工具同样具有很多相似的属性。作为资本流动管理工具，传统的资本管制以金融交易方的居住地为基础，歧视性宏观审慎管理政策以交易的币种为基础，两者在许多方面只有细微差别。例如，对银行的外币非核心负债征税应该属于以币种为基础的歧视性宏观审慎管理工具的范畴。但在实际操作中，如果这类负债由于受本国批发融资市场的限制而大部分来自非居民，则这种政策实际上等同于以居住地为基础的传统资本管制。

三、宏观审慎政策框架下的跨境资本流入管理

IMF提出的资本流动管理框架，尤其是以币种为基础的宏观审慎管理政策，在控制以银行为中介的资本流入激增方面具有较为显著的效果。由于宏观审慎政策工具涉及银行的资本、资产和负债等各个方面，因而在限制银行的信贷增长、减少因银行资产和负债之间币种及期限错配而积累的金融风险方面发挥了积极作用。

从一些新兴市场国家的具体实践来看，宏观审慎政策框架下的跨境资本流入管理至少包括以下几个方面：

（一）利用杠杆率上限的规定，对银行持有的外币衍生产品合同的名义价值加以限制

杠杆率上限的规定增加了外币衍生产品的交易成本，降低了银行对短期外币负债的依赖，因而减少了金融部门因资本流入突然中止而发生的系统流动性风险的敞口。

在新兴市场国家中，韩国的成功经验值得借鉴。在韩国，出口商尤其是造船商对未来的外汇出口收入进行保值的需求较为强烈，因而愿意买入韩元同时售出美元远期。在金融危机之前，由于预期韩元升值，出口商希望从事超额保值，以便在息差收入之外从本币的升值中获利。作为出口商的对手方，在岸

银行（大部分为外国银行在境内的分行）通常买入美元远期并售出韩元远期。其做法是从离岸银行（包括外国银行母行）借入美元，然后在现货市场以美元换入韩元以对冲美元多头头寸，并将韩元投资于国内资产，同时以远期交割的方式将韩元提供给出口商。在岸银行的外汇风险通过这种外汇衍生产品的交易得以完全对冲。2010年6月，韩国金融当局颁布了一系列宏观审慎政策措施以防止外汇过度杠杆化，原因就在于银行和出口商之间的外汇衍生产品交易导致银行的短期外币负债过度增加，一旦离岸银行减少对韩国的信贷额度，在岸银行将面临资本流入突然中止甚至逆转的风险。这套宏观审慎政策措施除了进一步收紧对银行外币贷款的限制、提高国内银行的流动性比率以及规定银行与出口商的远期外汇合同上限不能超过出口收入的100%之外，还包括对外汇衍生产品合同（包括货币掉期和外汇远期）的名义价值实行杠杆率上限的规定。根据该规定，外国银行在韩国境内分行持有的外汇衍生产品合同的名义价值最高不能超过银行资本的2.5倍，本国银行的杠杆率上限则为其股本的50%。杠杆率上限措施在一定程度上限制了银行利用短期美元负债从事外币息差交易以对冲其远期美元头寸的做法。

以上宏观审慎政策措施虽然没有使银行外债重返危机前水平，但并未根本上改变资本流入的总量，部分原因是这类措施主要针对境内的银行和企业。在韩国实行资本账户开放的背景下，企业仍然可以通过离岸银行对其外汇头寸进行保值，离岸银行也可以通过投资境内的本币债券市场以对冲由外汇交割远期产生的韩国空头头寸。因此这类宏观审慎政策措施在效果上与传统的以居住地为基础的资本管制措施并没有实质区别，后者的作用也只是改变资本流动的构成而不是总量。韩国当局随后又对非居民购买政府和央行债券征收非歧视性的预提税和资本利得税（原先仅适用于居民），但由于担心仍会导致资本流动的不稳定，因而决定进一步采取其他措施，如对银行的短期外币负债征税以减少资本流入。

（二）对银行的非核心外币短期负债征税

与杠杆率上限的规定相类似，此种工具主要针对银行因利用短期外币负债为长期本币资产提供融资而造成的币种或期限错配。

银行核心负债和非核心负债的分界在很大程度上取决于一国金融系统的开放程度、金融市场的成熟性以及金融制度的发展程度。对美欧发达国家而言，核心负债和非核心负债的区别主要表现为银行存款和非存款资金来源。对于处在金融市场开放的初级阶段或金融系统对外基本不开放的发展中国家，两者的区别主要体现为家庭零售存款和企业的批发存款。而对于新兴市场国家来说，只要开放的金融系统允许银行从国外获得资金来源，银行非核心负债迅速增长就会通过外币负债增加的方式体现为跨境资本流入。在资本市场开放的新兴市场国家，银行非核心外币负债就可能成为金融不稳定的重要因素。韩国的情况就是如此。由于银行可以直接或者间接通过外国银行境内分行进入国际资本市场，银行负债总额中最具有顺周期特征的部分即是与批发融资有关的负债，尤其是外币负债。非核心负债还包括信用债券、回购协定以及其他非存款负债，如银行本票等。在亚洲金融危机和国际金融危机爆发前，银行非核心负债增长迅速，危机开始之后才出现明显下降。与之相比，反映家庭和公司存款的货币供应总量的增长在整个商业周期中的变动十分有限。

2010年12月，韩国金融当局宣布对本国银行和外国银行分行的外币负债课征“宏观审慎稳定税”，适用于本国银行1年期以内外币非存款负债的税率为205个基点，税率随期限的增加而递减，超过5年的外币负债税率降至5个基点。由于课征的税收可以充当官方的外汇储备，这种税收政策从一开始就作为金融稳定的一种工具，而不是出于财政需要。自颁布了杠杆率上限和对非核心外币负债征税等一系列宏观审慎政策措施之后，韩国银行的短期负债不断减少，代之以长期证券和贷款为形式的长期负债，不仅改变了资本流入的构成，同时也减少了资本流入的总量，大大降低了全球流动性变化对韩国资本流动的影响。

（三）对银行外币存款实行边际准备金规定

一些新兴市场国家的银行过分依赖短期负债（批发存款或外币存款）为其长期贷款（如外币抵押贷款）提供融资。为了防止因期限错配或资本流入突然中止给银行带来的风险，秘鲁（2008年）、哥伦比亚（2007年）、克罗地亚（2004—2007年）等国曾分别对国内银行的外币存款实行所谓的边际准备金规定。由于是针对国内银行，这种以币种为基础的歧视性宏观审慎政策又可视作以居住地为基础的资本管制措施。

以克罗地亚为例。自2000年以来，外国银行在该国银行系统中占据了统治地位，在跨境资本流入中扮演了关键角色。大量的资本流入，尤其是它在家庭消费贷款中所占的比重较大，导致当局担心过度的外币贷款会影响到宏观经济状况和金融稳定。2004年7月金融当局颁布规定，凡是外币负债超过2004年6月底水平的银行，必须在央行额外存放一笔无息准备金，且该边际准备金的比率逐年提高。到2008年为止，银行必须将外币负债增量中的72%存放于央行，或者用于银行的外币流动资产；剩余的28%才可以客户贷款的方式自行支配。尽管边际准备金比率如此之高，也尽管当局于2006年中又进一步提高了银行外币贷款的资本充足率，双管齐下的政策措施只是有限度地降低了银行贷款的增长速度，并只是在短期内减少了资本的流入。究其原因，主要是国内银行的信贷部分地被国外的直接贷款所取代，它改变了原有的资本流入结构，使得仅仅以国内银行为目标的宏观审慎政策措施或资本管制措施无法产生应有的效果。此外，克罗地亚实行浮动汇率制度，无法通过操纵汇率来减少资本的流入。因此，除非采取包括银行和企业在内的全方位资本管制，否则由资本流入激增而导致的国内信贷扩张很难得到遏制。

四、资本管制政策在管理跨境资本流入中的作用

国际金融危机之后，债券市场逐步取代银行成为新兴市场国家借款者进入全球资本市场的主要渠道。在本币债券市场对外国投资者开放的同时，新兴市场国家的银行和非银行实体又以在离岸市场发行债券的方式代替了原来从国外银行获取贷款。即便是对资本市场完全开放的新兴市场国家而言，资本流入无论是采取直接的债务形式还是以银行为中介，对于其维持宏观经济和金融稳定所作出的政策选择都将带来巨大挑战。以银行为中介的资本流入导致银行资

产负债规模扩大和结构改变，使银行面临的金融风险增加。而在以债务为主导的资本流入的场合，一方面，外国投资者在规模和流动性都十分有限的本币债券市场中所占份额迅速增加，使得这类债券市场对外国资本的流出较为敏感，国内金融系统作为本币债券的最大持有者，无疑将会受到影响；另一方面，由于企业及银行在离岸市场发行的债券大多以外币（主要是美元）计价，这类债券对美元利率以及汇率的波动十分敏感。

非金融企业以债务方式从国外直接借款所引起的流动性过剩有可能导致新兴市场国家的信贷扩张和资产价格的膨胀。由于这类借款绕过了国内银行系统，宏观经济政策和宏观审慎管理政策都无法加以控制，此时对非金融企业实行资本管制就成为必要。当然，如果某些新兴市场国家可以获得有关非金融企业在国外直接借款的相关信息，还可辅之以一些宏观审慎政策工具对这些非金融企业在国内的贷款加以限制，以约束其国外借款。例如对于向外债较大的企业提供贷款的银行，金融当局可以专门为其设定较高的准备金比率。此外，在资本流动自由化相关协定中承担国际义务的国家，在运用资本管制工具方面会受到一定的约束。

典型的资本管制工具包括以价格为手段对非居民的资本流入（如外国投资者购买央行票据、主权债券等）课税或征收强制性的无息准备金（Unremunerated Reserve Requirement），或者以数量为手段（行政措施）对这类资本流入直接加以限制或禁止。无息准备金要求外国投资者将资本流入的一部分按规定时限存入央行无息账户，因此在增加短期资本流入成本方面具有和税收相同的效果。但两者之间也存在差异。无息准备金会产生流动性成本，因为存放于央行的资金不能由投资者用作交易对手方的抵押品。由于涉及社会无谓损失，无息准备金在限制资本流入方面不如税收有效。而且准备金比率会随存款的机会成本，也即市场利率的变动而调整（当利率下降时，准备金比率将提高），这是无息准备金相比其他资本管制工具不利的地方。另外，作为外币存款的无息准备金不存在汇率风险，而税收通常以本币支付，涉及外币向本币的转换。而且和税收不同的是，无息准备金较易取消或设定为零，原因是这部分预算并不直接取决于财政收入。鉴于两者的异同点，政策选择通常由相关国家的制度安排来决定。一般来说，央行具有对外国投资者征收无息准备金的权利，但没有征税权。因而，大多数新兴市场国家均采用无息准备金作为资本管制的主要工具。

巴西的情况是一个例外。它采用的是税收形式，由财政部负责调整税率。哥伦比亚和巴西曾分别于2007年和2008年开始使用资本管制工具对以证券投资（包括债券和股票）形式流入的资本加以限制。哥伦比亚先于2007年对债券和股票投资规定了比率为40%、期限为6个月的无息准备金，后又于2008年5月将比率提高到50%。巴西则于2008年3月对债券资本的流入课以1.5%的税率（IOF）。金融危机爆发后曾一度取消，2009年10月再度实施，将税率提高到2%，并将课税范围延伸到股票资本的流入。2010年又分阶段地将债券资本流入的税率进一步提高至6%。在哥伦比亚和巴西，在岸和离岸市场衍生产品的充分发展为绕过资本管制提供了各种途径。但哥伦比亚实行了限制银行外币衍生产品头寸的宏观审慎政策，使上述策略受到约束。这也说明了宏观审慎管理工具在一定条件下可以成为资本管制的补充。

在资本流入管理中，对宏观审慎政策和资本管制政策的选择并不存在统一规则，相当程度上取决于资本流入国所处的具体环境，也即资本流入主要是以全球银行系统为中介还是通过国际资本市场作为传递机制。新兴市场国家在运用上述政策工具时，主要看是否能以最小的国内成本和多边国家成本（外部负效应）实现既定的资本流入管理目标。如果一项宏观审慎政策措施十分有效，资本流入无法绕过受监管的金融机构，并且在减少金融稳定风险的同时又不影响资本流入，这或许要比资本管制工具更为理想。但实际情况并非必然如此。例如，宏观审慎管理政策可以通过提高外币贷款的资本金比率，限制国内银行对没有外汇收入的企业或家庭借款者提供外币贷款；或者当国内银行以借入外币的方式向借款者提供本币贷款时，通过杠杆率上限的规定对银行自身的外币敞口头寸加以约束。这样，宏观审慎管理政策有可能在不影响资本流入总量的前提下减少银行的信贷风险或外汇风险。但是某些资本管制工具通过对证券资本流入征税以改变资本流入的期限结构，同样可以在不改变资本流入总量的前提下减少金融风险。特别地，当实施一项资本流动管理政策的意图是出于国内宏观经济的考虑，减少资本流入的总量而非构成时，资本管制工具的效果往往更为直接。此时对宏观审慎政策工具和资本管制政策工具的选择，主要取决于它们对国内经济所起的作用以及可能造成的扭曲程度，而无须考虑两者在外部溢出效应方面存在的差异。

一般认为，IMF关于资本流入管理的政策框架主要适用于资本账户完全开放或基本开放的国家。对许多实行资本市场开放的新兴市场国家来说，由于国内存款增长无法满足银行因贷款迅速增长带来的资金需求，以银行为中介的外国资本流入往往填补了这一缺口。这种以银行短期外币负债为形式的资本大量流入，导致银行非核心负债迅速增长，成为资本市场开放的新兴市场国家金融不稳定乃至金融危机的潜在根源。于是，以币种为基础的歧视性宏观审慎政策就成为减少金融风险的一种必要手段。与此对照，对于金融体系相对封闭的新兴市场国家来说，国内银行无法从全球银行系统获得必要的资金，在国内零售存款有限的情况下，往往通过非金融企业的批发存款得以弥补。在这类国家，公司存款就成为银行非核心负债的主要来源。以控制国内货币供应总量为目的的传统货币政策以及非歧视性的国内宏观审慎政策通常被认为足以维持国内宏观经济和金融稳定。但在资本市场尚未开放的国家，非金融企业融资的国际化往往先于银行的全球化，企业代替了银行成为事实上的金融中介。境外贷款和境外债券发行等形式的跨境资本流入会使这类国家非金融企业的公司存款迅速增加，进而推动国内货币供应总量的增长。由于这类境外借款绕过了国内银行系统，由此造成的银行信贷扩张和资产价格膨胀并不能通过传统的货币政策或非歧视性的国内宏观审慎政策加以控制。

五、跨境资本流出管理工具的运用及其效果

资本流出除了包括本国居民在国外的投资和转移支付，也包括非居民外币投资的转让和返回。在资本账户基本实现自由化的国家，资本流动出现波动是正常现象，反映了新兴市场国家银行系统和债券市场的开放性及其与全球金融市场之间的相互依赖性。只要资本流出的规模不直接对国内经济造成威胁，

通常都可以通过调整宏观经济政策和结构性政策得到纠正。即便要用到资本流动管理工具，也只是出于暂时需要，目的是为了腾出足够的时间调整国内宏观经济政策。然而2013年5~8月新兴市场国家发生的资本外流情况有所不同。当时美联储宣布逐步减少资产购买，加上预期美元加息，新兴市场国家一度出现金融动荡，资本大量流出。虽然这种资本流入激增之后出现的逆转在新兴市场国家历史上并非新现象，但是如果对金融危机前后资本流入的不同传递机制缺乏足够的认识，尤其是对新兴市场国家资本市场规模的日益扩大以及在跨境资本流入过程中扮演的重要角色缺乏充分的了解，我们很容易忽视标准的资本流动工具在限制资本大量流出方面所具有的局限性。

2013年年中当资本流入出现逆转时，虽然新兴市场国家面临汇率贬值、经济下滑、资产价格下跌和通货膨胀上升，但与金融危机时期发生的类似情况相比，其背景已有所不同。首先，促使资本大量流出的原因主要是美国等发达国家的风险减少，而不是新兴市场国家经济基本面发生了不利变化。在这种情况下，新兴市场国家很难依靠国内货币政策使经济恢复均衡。除非大幅提高利率，否则无法有效阻止资本流出。但这会使得经济衰退风险大增和公众信心降低，从而导致资本外流加剧和币值进一步下跌。其次，新兴市场国家的资本市场已经有了稳健的发展，单靠货币政策无法左右货币总量，政策的选择必须充分考虑到资本市场对不同经济实体的资产负债表所产生的影响。一方面，企业和其他非金融机构已经能够通过资本市场获得长期融资以避免期限错配；另一方面，政府也开始运用本币债券市场弥补预算缺口。由于这类债券大部分为银行业所持有，银行的资产负债状况就会受到这些金融资产价值的影响。资产价格的下跌固然有助于证券发行者以较低的成本获得更多的资金，但却因此降低了债券的持有价值，使银行的净收益受到侵蚀。因此，以提高利率来阻止资本外流将使新兴市场国家的银行面临破产风险。

大部分关于资本流动管理的研究都侧重于资本流入的管理，主要是通过实证分析方法，论证对资本流入实行的限制性措施可以减少新兴市场国家货币升值的压力、增加国内货币政策的独立性以及使资本流入的构成向更长期的投资倾斜。然而在资本流入发生逆转的情况下，新兴市场国家需要借助于一些管理资本流出的工具来减少资本的净流出，以便有足够的时间对国内宏观经济政策作出必要调整。

从新兴市场国家的具体实践来看，关于跨境资本流出管理的工具也可以分为两类。其中，以居住地为基础的资本管制工具包括：（1）与管理居民境外投资和转移支付有关的措施，如限制居民在境外从事证券投资；（2）与管理非居民外币投资的出售和返回有关的措施，如对非居民转移国内债券销售收入规定等待期，对非居民的国内债券购买设定最低持有期，或对非居民转移国内债券销售收入予以课税。另外，歧视性的宏观审慎政策工具则包括：禁止本币资产转换为外币资产或将本币资产转移至境外，对外币存款的提取实行限制，等等。这类工具一般不以居住地为基础。

IMF曾于2012年3月提出关于资本流出管理政策框架的建议，指出作为资本流出管理的政策选择，新兴市场国家一般应该遵循以下几个原则：第一，应该主要运用宏观经济政策和金融部门政策来管理跨境资本流出。第二，为了减轻可能出现的资本流入逆转的负面影响，运用包括歧视性宏观审慎政策和资本管制政策在内的资本流入管理工具作为应对资本流入激增的预防性措施。第三，运用结构性政策和非歧视性宏观审慎管理政策来增强金融部门、企业乃至家庭在抵御资本大量流出和汇率贬值方面的能力，以防止危机的发生。第四，只有当国内经济接近或已经处于危机时，或者需要为国内宏观经济政策的调整提供一定缓冲时间的情况下，才应考虑运用上述资本流出管理的工具。此时对资本流出的限制必须是全方位的，同时也是暂时性的。第五，资本流出管理工具的设计应该结合新兴市场国家在制度方面的具体情况来进行，如在行政管理和监管方面的能力，以及其资本市场的开放程度。就资本管制工具而言，课税或类似的限制性措施往往足以在减少非居民资本流出方面取得明显的效果。

涉及资本流出管理的实证分析十分有限，而且从已有的案例来看，这些管理措施并未对资本流出产生显著影响，或者发生作用的时间十分短暂。例如在乌克兰，该国央行在2008年国际金融危机高峰期实行了一系列试图阻止资本外流和维持汇率的资本管制措施，包括对非居民的外币兑换实行限制以及对非居民从投资交易获得的本币收入转换为外币规定5天的等待期等。尽管有些措施暂时减轻了汇率贬值的压力，但并未因此减少央行对外汇市场的干预，外汇储备在收紧本外币兑换限制之后的短短6个月内减少了30%。

在泰国，金融当局于1997年亚洲金融危机期间对外国投机商投资本币计价的基金颁布了各种限制性措施，包括对远期交易设定限额、从股票销售获得的本币收入按在岸汇率兑换成外币等。尽管这些措施主要针对非居民，但本国居民也受到影响。然而这些措施并未阻止汇率贬值，外汇储备在6个月内减少20%，当局于1998年1月全面取消上述限制。

马来西亚在亚洲金融危机期间对资本外流实行的管制措施是一个争议案例。当时由于投机商人为抬高本币的离岸汇率，离岸市场汇率大大超过了在岸汇率，导致资本的大量外流。金融当局在提高利率未能阻止资本流出之后，于1998年9月采取了一系列资本管制措施，以关闭本币离岸市场与在岸市场交易的所有合法渠道。其中包括限制离岸市场的外汇掉期交易；对大部分以本币结算的进出口贸易规定只能以外币结算；对本币兑换外币设限，如规定非居民从出售马来西亚债券获得的本币收入转换为外币必须执行12个月的等候期等。这些措施虽然和泰国一样，主要针对外国投机商，但本国居民也因此受到影响，而且居民的境外投资必须经过事先审批。上述措施后来被逐步废除，其中的等待期规定暂时被税收所替代，一年内也予以解除。对马来西亚的资本管制措施持肯定态度的人认为，这些措施为金融当局积累外汇储备以稳定汇率以及日后实行扩张性的利率政策以刺激经济增长争取了时间。

显然，从以上仅有的几个案例中我们无法得出关于资本流出管理政策效果的一般结论。IMF经济学家对37个新兴市场样本国家在1995—2010年期间实行的资本流出限制性措施的有效性进行了十分有意义的探讨。他们着重研究资本流出管理工具是否以及在什么条件下可以有效地用来减少跨境资本的净流出，以及在什么情况下可以促进新兴市场国家汇率和利率的稳定并使其金融当局的货币政策具有独立性。这种基于面板向量自回归模型（PVAR）的时间序列分析法的一个重要特点是将资本流出管理工具本身视作内生变量，以便分析这些工具变量与所有可能影响到有效性的结构性特征指标之间在统计上的相互关系。结构性特征指标可以分为三种类型：（1）涉及资本流动的指标，如资本净流入、资本总流入、资本总流出等在GDP中所占的百分比；（2）涉及宏观经济的基本指标，如GDP年增长率、年通货膨胀率以及经常项目盈余和财政盈余在GDP中所占的百分比；（3）涉及政府效率的指标，包括政府决策的执行效率、政策的连贯性、政治压力对公共服务造成的影响等17项由世界银行设定的衡量标准。

分析结果显示，一国实施或收紧对资本流出的限制在以下条件下可以达到预期效果：（1）一国宏观经济的基本面表现强劲，因为它体现了政策的稳健性以及在应对经济挑战方面的能力。在这种情况下，投资者认为该国仍将是吸引投资的理想场所。对37个新兴市场国家所进行的研究发现，在GDP增长、通货膨胀、经常项目和财政盈余等四项宏观经济指标均处于领先地位的国家，资本流出的限制性措施导致资本总流出大幅下降，资本总流入仅略有减少，从而使这些国家资本净流入的增加最高时曾占到GDP的4%，且持续时间达一年半之久。与此同时，实际汇率上升且利率下降，因而促进了经济活动的增长。（2）一国的制度环境较为有利。制度环境的质量以政府效率指标来衡量，高质量的制度环境不仅有助于改善一国宏观经济的基本面，而且代表了一国能够在保护私有财产和债权人权益的前提下使资本流出的限制性措施得到有效的执行。此外，高质量的制度环境还可以增加政策执行的透明度、减少监管上的不确定性，因而增强投资者的信心。分析结果显示，在政府效率指标处于领先地位的国家，资本流出的限制性措施尽管对利率和实际汇率没有产生显著影响，但却导致资本净流入在GDP中的占比增长了3个百分点，并在随后仍维持在2个百分点的增长水平。（3）一国在进一步收紧限制性措施之前已经对资本账户实行了较全面的管制。这是由于资本流入的中止或逆转往往属于一种突发事件，事先已存在的全面管制能够减缓资本的迅速外流。这样，进一步收紧资本流出的限制性措施将使资本总流出的下降在一定程度上超过资本总流入的减少，导致资本的净流入反而出现显著的增长。研究发现，凡是已经对资本账户实行严格管制的国家，进一步收紧对资本流出的限制使资本净流入在GDP中的占比增长约5%，并在随后的一年半时间里继续维持2.5%的增长率。利率的变化并不显著，而且与预期结果相反的是，汇率在收紧限制性措施后反而出现贬值。

需要指出的是，以上三个条件在IMF的实证分析中是相互独立的，意味着只要满足其中的任何一个条件都可使资本流出的限制性措施有效。反之，上述分析也同时证明，如果所有三个条件都不能在某个新兴市场国家得到满足，实施或收紧资本流出的限制性措施虽然在资本流入出现逆转的情况下一般也能减少资本的总流出，但是由于非居民投资者所造成的资本总流入减少在规模上超过了资本总流出减少，该国资本净流出仍然增加，限制性措施无效。

六、中国的资本流出入管理政策选择

尽管过去几年中国已逐步放松对资本账户的管制，但跨境资本的流动，无论涉及的是资本流入或流出、居民或非居民，仍受到相当程度的限制。自2004年年中开始，国内银行从外国银行借入短期贷款需受外汇局的额度限制，中期贷款需经发展改革委事先审批。多年来由于国内银行外币贷款的资金均能通过国内家庭和企业的外币存款得到满足，外币贷存比远低于100%。然而由于之后人民币兑美元汇率开始升值，国内银行的外币贷款大幅增长，外币贷存比也因此不时地超过100%。在此背景下，2007年3月外汇局又进一步收紧国内银行的短期贷款额度。资本管制减少了银行间的跨境资本流动，也使国内的外币利率超过了境外的利率，增加了外币贷款的成本。然而国际金融危机之后国内企业对外币贷款的强烈需求又进一步地使银行的外币贷存比提高，至2011年底已超过200%。因此在对国内银行短期外币贷款额度收紧的同时，外汇局又于2013年5月对外币贷存比超过75% 的国内银行实施处罚，以此减少国内银行的外币信贷供给，并促使其提高外币贷款的利率。上述对跨境银行间贷款实行的资本管制以及对国内银行外币贷存比实施的宏观审慎管理措施分别从数量和价格上对跨境资本流入进行管理，通过调整境内的外币借贷成本，使其与国内货币政策的既定目标保持一致，以达到控制外币贷款增长的目的。

虽然在上述资本管制下，中国的银行不能像其他实行资本市场开放的新兴市场国家那样直接进入国际资本市场融资，但由于非金融企业在跨境资本流动中扮演重要角色，中国的银行体系仍然受到全球金融状况变化的影响。非金融企业不仅可以直接从境外银行贷款，或间接通过国内银行获得外国银行贷款，而且还可以通过境外发行外币债券的方式进行融资。2008年国际金融危机以来，中国非金融企业的外币贷款迅速增长。虽然受境外贷款额度的限制，非金融企业的外币贷款大部分来自国内银行，但外国银行的占比显著增加。与此同时，从事对外贸易的非金融企业还可以通过国内银行出具担保和信用证，利用外国银行在中国香港的分支机构或批发资金市场获得短期外币贷款。自开展人民币跨境贸易结算业务以来，在中国香港的外国银行通过中国境内银行向中国非金融企业提供了大量低息外币贷款。如果将这部分通过国内银行担保从境外获得的外币贷款计算在内，非金融企业从外国银行借入的贷款将远远超过1万亿美元。与外国银行向非金融企业提供的直接贷款不同的是，国内银行在企业的境外贷款中扮演了中介角色，增加了银行间跨境资本流动的风险。

除了通过银行从事对外借款，中国的非金融企业还通过境外发行债券获得低成本融资。2010年以来中国非金融企业的离岸债券余额大幅增长。鉴于大部分离岸债券均以美元计价，非金融企业对美元利率和汇率的波动十分敏感，成为影响其金融脆弱性的重要因素。与通过国内银行获取的境外银行贷款一样，非金融企业以境外子公司发行外币债券的方式所承担的外币债务，并不能在以居住地为基础的国际收支账户中作为跨境资本流入，以非居民银行贷款和非居民债券投资的形式得到反映，因而掩盖了非金融企业真实的外币债务风险。非金融企业将其筹措的外币资金以人民币形式存放于国内银行作为抵押，导致国内货币供应总量迅速增长。这里，由于非金融企业将其从金融市场获取的借款贷给了国内银行，它们取代了银行成为实际上的金融中介。对银行来说，这部分公司存款相对于个人存款而言就成为非核心负债的组成部分。这种以公司外币债务为背景的非金融企业存款活动的扩张是造成国内信贷膨胀和经济增长的重要推动因素。

在资本账户尚未完全开放的中国，非金融企业的公司存款在银行非核心负债中扮演的角色和实行资本账户开放的新兴市场国家中银行的外币借款在其非核心负债中所扮演的角色其实是相同的，即银行非核心负债的迅速增长是构成国内信贷过度膨胀的重要原因。在这两种场合，标准的货币政策在限制信贷扩张方面已经不具效力。在资本账户开放的新兴市场国家，以银行为中介的跨境资本流入所导致的银行非核心负债的增加使金融周期与国内的商业周期不同步，意味着信贷扩张所引发的通货膨胀不能经由利率的提高得到有效控制。在资本账户尚未开放的国家，以非金融企业为中介的跨境资本流入使作为银行非核心负债的公司存款迅速增加，推动了国内货币供应总量的增长，由此造成的信贷膨胀同样也不能通过传统的紧缩性货币政策得以控制。因而在这两类国家，宏观审慎管理政策就成为货币政策的一种必要补充。

以韩国对银行外币非核心负债征税和中国对银行外币贷存比过高实施处罚的情况为例。尽管两国资本账户的开放程度存在很大差异，但在运用宏观审慎政策工具这一价格手段提高本国银行的外币信贷成本方面应该说都发挥了一定的作用。但是非金融跨国企业通过其境外子公司发行外币债券直接从境外借入资金，则在相当程度上削弱了上述政策在控制国内信贷扩张方面所应具有的效果。在这种情况下，仅仅凭借传统的货币政策和宏观审慎管理政策已无法对这种以债务市场为中介的资本流入加以有效控制。此时对非金融企业的境外直接借款实行资本管制就成为必要。客观地说，某些宏观审慎管理工具也许可以对外债较高的企业从国内银行获得贷款实行限制以达到约束其境外借款的目的，如提高国内银行对这类企业的贷款准备金比率。但是相比较而言，包括对非居民资本流入课税或对境外直接贷款实行额度控制等在内的资本管制措施在管理此类跨境资本流入方面要比宏观审慎政策工具更具效果，也更有效率。

自2014年第三季度跨境资本由净流入转为2015年的净流出以来，中国资本账户已连续几个季度出现净流出的格局。其中最显著的变化是基于对人民币贬值的预期，非金融企业加快对外偿债（所谓的“去外币杠杆化”）以及境内经济主体增加持有外币资产，包括家庭部门增持外币存款和银行部门增持境外贷款资产，从而在非居民资本流入大幅下降的同时，居民流出的增加更为显著。据IIF统计，2015年中国的资本净流出达4340亿美元。由于市场对人民币继续看贬，2016年居民资本流出的速度加快，由2015年的3300亿美元迅速增至6540亿美元。中国国家发展改革委曾宣布取消对期限一年以上的国内企业境外外币贷款和本外币债券发行的额度限制，以图通过鼓励非金融企业的境外融资来增加非居民的资本流入。但这种政策的障碍在于，企业担心人民币贬值将导致外币债务成本增加，可能更倾向于利用本币融资的方式。自2014年11月以来央行多次调降人民币的基准利率，使国内的借贷成本不断下降，更是推动了企业的这一倾向。2015年以来中国非金融企业的美元债券出售已减少了17%。

可以看出，上述政策旨在通过放宽资本管制来增加资本的流入，而非通过收紧资本管制以减少资本的流出。在资本流出增加超过资本流入减少的情况下，仅仅凭借资本流入管理政策很难改变资本净流出的现状。从新兴市场国家的资本流动管理实践来看，当国内宏观经济基本面出现问题且资本账户由净流入转为净流出时，解决资本流入逆转或资本大量流出的更有效办法，是实行或进一步收紧资本流出的限制性措施。以中国目前的情况看，资本净流出的大幅增加主要是对人民币贬值预期和发达国家货币政策收紧及全球投资风险偏好改变等内外因素的一种综合反映，并不是市场对金融系统信心的丧失。因此，管理资本流出的政策仍应以宏观审慎政策工具为主，如已于2015年9月实施的限制银行远期售汇业务的外汇风险准备金规定，并辅之以必要的资本管制工具，如已经实行的对居民的本外币兑换和外币存款流出实行额度限制等。如同IMF所指出的，采取资本管制是暂时性的，它只是为宏观经济政策的调整如降低汇率和提高政策利率争取一定的时间。一旦国内宏观经济和金融体系恢复到稳定状态，资本管制政策就必须及时地让位于常规的宏观经济政策和宏观审慎管理政策。

此外，要确保资本流出管理政策的有效性，除了在政策设计上需要充分考虑到工具本身的完整性——既要包括以币种为基础的歧视性宏观审慎政策，也要包括以居住地为基础的资本管制政策，还需要满足一定的先决条件。否则，这些政策虽然能够减少居民的资本总流出，但可能由于在更大程度上减少了非居民的资本总流入，资本净流出的状况并未实际改善。鉴于中国目前的宏观经济基本面仍存在不确定性，以政府效率指标衡量的制度环境还有待改善，资本流出管理的效果主要取决于这些限制资本流出的政策措施是否能覆盖到包括银行、企业和家庭等国内经济主体的各个层面。和其他资本账户开放的新兴市场国家不同，中国对跨境资本流动特别是资本流出一直实行相对严格的限制。从这个意义上说，资本流出管理，尤其是在出现资本大量外流时需要实施的全面资本管制政策，应该在中国更易得到有效的贯彻。

中国正在逐步推行资本账户的自由化。由于大部分国际资本流动都反映在国际收支平衡表的资本账户中，资本账户的自由化基本等同于资本流动的自由化。然而资本账户自由化是一个渐进和有序的过程，一国资本账户自由化的适当程度将取决于其特定的经济和金融环境。但在任何时候，它都不意味着将以资本账户的完全自由化作为终极目标，取消对跨境资本流动的所有限制，包括资本管制和宏观审慎管理政策。对中国来说，2015年以来出现的资本净流出现象表明，资本账户的逐步自由化不仅对资本流入也会对资本流出产生重要的影响。因此，中国应该将跨境资本的流出入管理作为推行资本账户自由化的整体过程的一个组成部分，通过积极的资本流动管理为资本账户的进一步自由化创造必要的条件。

第二章
全球经济金融政策

第一节　宏观经济政策

全球货币政策转向的评判标准、表现和外溢影响

2008年国际金融危机发生后，为应对经济衰退，主要发达经济体央行普遍采取了量化宽松的非常规货币政策操作。进入2017年，决定全球货币政策走向的经济基本面与金融稳定因素发生趋势性、转折性变化，包括美联储、欧洲央行、英国央行等在内的全球主要央行货币政策均存在转向举动和预期。经济复苏力度不同决定各国货币政策正常化节奏存在差异，但整体将继续趋于收紧。全球货币政策转向增加了全球流动性、汇率、利率等市场的波动性，给未来走势增加了不确定性，对发达经济体自身和全球经济金融市场都将带来外溢影响。

一、拐点来到：主要央行货币政策同频共振

分析货币政策是否处于拐点，首先要确定拐点到来的判断依据。从主要发达经济体货币政策实践看，货币政策正常化主要分三个步骤，依次是：退出量化宽松、加息和缩表。如果货币当局处于其中某一阶段或释放了将朝这个趋势发展的信号，即认为货币政策拐点到来。当然，三个步骤并不是完全割裂

的，可能依次进行，也可能同步推进。货币政策正常化不可能一蹴而就，拐点可能持续一段时间，标志是政策利率和市场利率变动的节奏和幅度。货币政策正常化进程主要取决于本国经济复苏情况和国内外经济金融环境，将按照渐进、可预测的原则进行，避免对本国经济和金融市场带来较大冲击。

按照三阶段划分标准，目前美联储货币政策正常化走得最快，处于第三阶段，即缩表阶段。美联储自2014年底开启货币政策正常化进程，先是退出大规模资产购买计划，然后自2015年底开始逐步加息。第一次加息时间为2015年12月，美联储将联邦基金利率目标区间提高25个基点至0.25%~0.50%。经过近两年的加息准备，美联储在2017年9月议息会议上宣布从10月开始正式启动缩表。据美联储提供的缩表路径图计算：2017年第四季度国债将缩减180亿美元，住房抵押贷款支持证券（MBS）将缩减120亿美元，共计300亿美元，2018年将合计缩减4200亿美元，之后每年缩减6000亿美元。目前缩表正按计划有序开展。

英国央行和加拿大央行处于第二阶段，即加息阶段。英国央行在2017年年初宣布基本结束购债，并在同年11月2日宣布加息，这是金融危机以来英国央行首次加息，标志英国货币政策开启正常化进程。加拿大央行在2017年7月和9月的议息会议上已经分别加息25个基点，将基准利率提升至1%，未来随着经济环境改善，将继续加息进程。

欧洲央行处于第一阶段，即缩减资产购买阶段。随着欧元区经济复苏力度逐渐增强，近期关于欧洲央行货币政策转向的讨论逐渐升温。欧洲央行在2017年10月召开的议息会议上决定维持主要再融资操作利率0、边际贷款便利利率0.25%、存款便利利率-0.4%不变，但将每月资产购买规模从600亿欧元降低至300亿欧元；自2018年1月起执行，至少延续至9月；如果需要，购债计划还会延长，直到通胀水平符合欧央行的目标。

日本处于拐点前的预期阶段。虽然日本大规模的量化宽松仍将持续，但近几个月日本央行购债步伐已明显放缓（见图2-1）。日本央行行长黑田东彦在2017年5月10日出席众议院财务金融委员会会议，就结束现行大规模货币宽松政策的“退出战略”表示，今后将会探讨公布蓝图。相比于之前对退出量化宽松策略较消极的回应，此次表态释放了朝货币政策正常化第一阶段发展的信号。2017年11月6日，日本央行行长黑田东彦称，对长期宽松政策的风险心里有数。几天之后，又提到“反转利率”概念，反转利率指当宽松货币政策产生的效果从促进增长转为抑制增长时的利率水平。他认为，反转利率不仅损害银行利益，也限制了借贷，实际上是对经济的伤害，而非帮助，暗示日本央行可能或早于预期退出宽松政策。

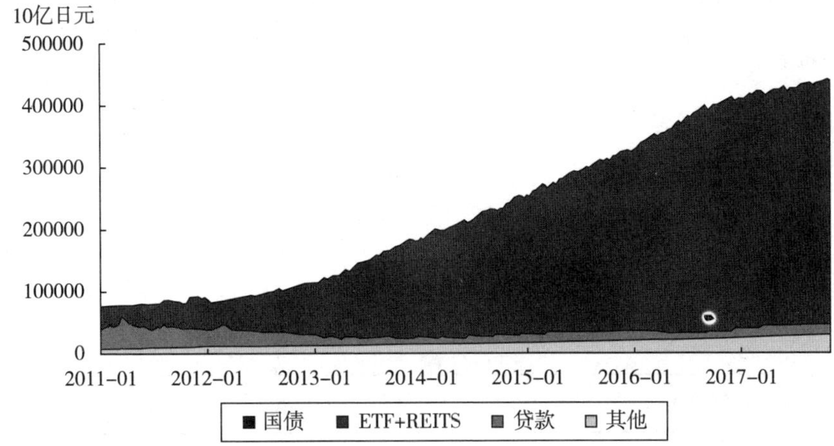

资料来源：Wind，中国银行国际金融研究所。

图 2-1　日本央行资产负债表资产端变化情况

二、经济复苏力度不同决定各国货币政策正常化节奏存在差异

拐点到来时机主要与本国经济金融形势有关，影响因素主要包括经济增长、通胀、就业、金融稳定等情况。全球经济形势整体回暖，为货币政策转向提供支持。从2016年下半年起，决定全球货币政策走向的经济基本面与金融稳定因素发生趋势性、转折性变化。美国大选不确定因素消除，欧洲政局逐步稳定，全球金融市场走势平稳。2017年工业生产、国际投资、贸易等实体经济指标都呈现翘尾回升态势，实体经济在全球制造业的带动下逐步复苏（见图2-2）。2017年全球货物贸易同比增长率达4.7%，工业生产同比增速达3.1%，

均为2011年以来最快。同期PMI指数、OECD消费者信心指数等指标呈现向上态势，市场信心增强。同时以金融市场波动性指数、金融风险地图等衡量的全球金融压力明显缓解。2017年世界经济增速达到3.2%左右，为六年来最快。全球物价指数稳步回升，2017年发达经济体CPI指数同比增速将达到1.7%，较上年提高0.9个百分点。全球经济加快复苏，通缩风险解除，将驱动全球货币政策向正常状态转变。但各国情况略有不同，将影响未来各国货币政策紧缩的具体时点和路径。

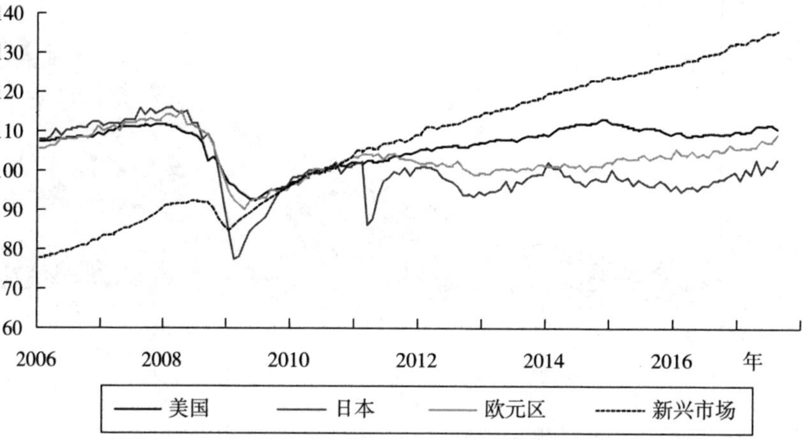

资料来源：Wind，中国银行国际金融研究所。

图 2–2　主要经济体工业生产指数对比（2010 年 =100）

美国复苏相对稳固，货币政策正常化将继续。国际金融危机以来，美国经济已实现连续八年正增长，经济复苏相对稳固。虽然2017年第一季度经济增速有所放缓，核心PCE数据也处于2%以下，但第二季度以来经济活动逐步回暖，就业增长自2017年初以来保持稳定，失业率稳步下降，家庭支出和企业固定投资增加，2017年后三个季度经济增速平均达到3%，良好的经济复苏情况为资产负债表退出和再次加息提供支撑。新任美联储主席鲍威尔，也支持在现有经济发展态势下继续加息、缩表。过高的通胀率是2017年11月英国央行加息的主要原因。2017年11月英国通货膨胀率达到3.1%，创5年来新高，远高于央行设立的2%目标。随着金融市场逐渐消化脱欧影响，英国经济韧性逐渐显现，连续20个季度实现经济正增长。随着英国经济逐渐复苏，英镑兑美元将逐渐企稳回升，未来三年有望升至2016年初的1.5左右水平。不过，对比超预期的通胀率，英国经济增速略显平淡。英国国家统计局数据显示，2017年英国GDP增速初步统计为1.8%，与前一年持平，是2012年以来增长最慢的一年（见图2-3）。受制于脱欧带来的不确定性影响，全球经济增长加速并未对英国经济带来明显提升，英国表现逊于其他发达经济体。工资增速依然低于国际金融危机前平均水平，未来通胀可能会逐步回落。英国还面临着脱欧第二阶段谈判和经济再次下滑等风险。因此，偏“滞胀”格局使得英国央行对连续加息较为慎重，未来三年英国央行加息幅度不会很大，最多每年加息1次，很难持续收紧。

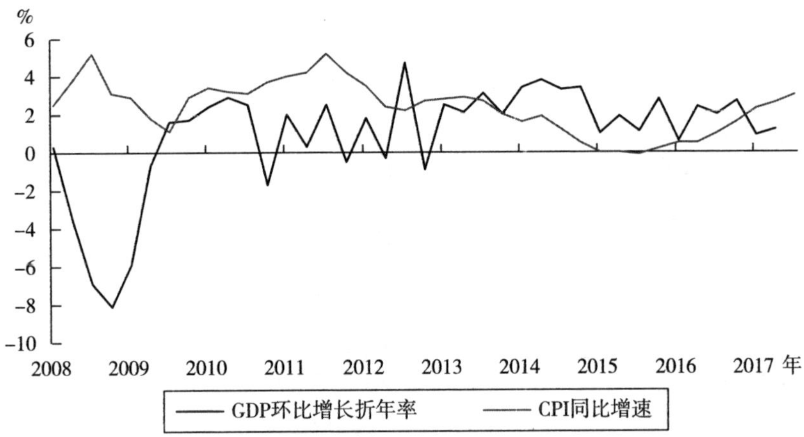

资料来源：Wind，中国银行国际金融研究所。

图 2-3　英国实际 GDP 和 CPI 指数变化情况

欧元区经济全面复苏，货币政策正常化将逐步推进。伴随全球经济回暖，欧元区逐步摆脱颓势，私人消费表现强劲，贸易、投资显著增长，政府赤字与债务水平有所改善。失业率持续下降至国际金融危机以来最低点，进一步与收入、消费形成良性互动。2017年欧元区GDP增长2.5%，为近十年最快，未来3年，将继续良好表现。欧元区有望在2018年底彻底退出资产购买计划，2019年正式开启加息进程，逐步退出负利率政策，2020年将隔夜存款利率调整到零以上。受此影响，欧元将保持强势，至2020年欧元兑美元汇率有望达到1.4左右。

日本通胀依然乏力，暂不会退出量化质化宽松货币政策。得益于世界经济的良好表现，日本外需形势好转，国内失业率持续下降。2017年日本经济增速达到1.7%，较前一年提高0.8个百分点（见图2–4）。但通胀指数表现并不好，核心CPI同比增速远低于2%目标。因此，日本央行暂不会退出量化质化宽松货币政策，依旧会保持负利率政策，但购债步伐已明显放缓。预计日本央行可能会在2018年将国债年度净购买规模降至50万亿日元，并在2019年将净购买规模降至零，2020年启动加息将政策利率由–0.1%提高到0.1%。随着货币政策正常化的加速推进，美元兑日元可能将由目前的107左右降至100附近。

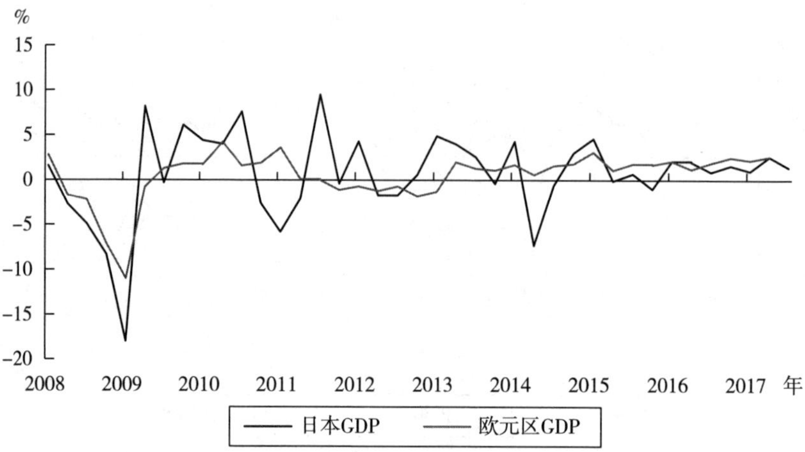

资料来源：Wind，中国银行国际金融研究所。

图 2–4　欧元区和日本实际 GDP 环比增长折年率变化情况

三、全球货币政策转向的外溢影响

（一）对发达经济体自身影响利弊皆有

2008年国际金融危机爆发之后，主要发达经济体央行为使本国经济走出金融危机泥潭，普遍采取了大规模资产购买和低利率甚至于负利率的量化宽松货币政策，对于刺激经济复苏起到不错的效果。然而，随着全球经济复苏，再保持大规模的资产负债表和接近于零的低利率，对经济伤害很大，同时宽松货币政策时期积累的大量金融风险也不容小觑，适时地实施货币正常化政策有利于降低系统性风险。大规模资产负债表也限制了各国央行今后应对经济衰退的空间，各国通过紧缩货币政策，可以给未来货币政策提供一定操作空间。

但货币政策转向也会伴随一些不利影响。随着紧缩货币政策的逐步推进，居民消费意愿可能会下降，这对于低通胀国家来说达到2%通胀目标会难上加难。同时，各国企业投资和银行信贷也会被限制，经济增长空间减小，失业率可能上升，居民薪资水平和生活条件将大受影响，可能会进一步对经济形成负反馈效应。

（二）对全球外溢影响有限

第一，大宗商品价格更多受经济基本面影响，计价因素影响弱化。全球实体经济回暖、基建投资增加带动了大宗商品需求，供需不平衡状况有所改善；欧佩克的减产协议和沙特阿拉伯反腐将使原油价格稳定回升，大宗商品价格受经济基本面影响增加。主要央行货币政策紧缩将在一定程度上给原油价格上行带来压力，但不是决定性因素。

第二，短期发达经济体货币紧缩会导致资本回流发达经济体，但长期影响将逐渐收敛。跨境资本流动规模和方向主要与经济增长、汇率、利率和预期等因素有关。不可否认，发达经济体金融状况和货币政策走向变化，将对新兴经济体造成冲击。不过这种影响集中在短期，主要通过预期实现。由于此次各国货币紧缩政策实施进程相对谨慎保守，实施前也积极与市场沟通，预期在短期消化后将逐渐归于平静。从中长期看，新兴经济体经济保持高速增长，结构性改革使内部结构优化，市场利率跟随走高，新兴产业和创新产业兴起，较高的资产回报率将吸引外资继续留在新兴经济体。

美联储缩表的可能路径及外溢影响

2008年国际金融危机爆发后，美联储降息和三轮宽松举措，致使美联储资产负债表急剧扩张，从危机前的0.9万亿美元上升到4.5万亿美元。随着美国经济复苏基本完成，继续宽松将推升资产泡沫，此时逐步缩表可为未来货币政策操作预留空间，也可刺激银行信贷，将资金由超额储备金转向实体经济领域。2017年9月20日，美联储召开议息会议正式决定启动缩表。作为全球央行的“领头羊”，美联储的一举一动都对全球金融市场产生重要影响。美联储为何要缩表？缩表的方式、规模和进度会如何？本文试图对此进行解答。

一、美联储缩表的背景和原因

（一）美联储资产负债表扩张情况

2008年国际金融危机和经济衰退发生后，为刺激经济，美联储将联邦基金利率目标区间下限下调到零。政策利率触及零下限意味着该工具已无继续作用空间。为了进一步采取宽松货币政策，美联储选择了前瞻性指导和大额资产购买，即所谓量化宽松（QE）手段。QE导致美联储资产负债表急剧扩张。从2008年底到2014年10月，美联储共实施三轮QE，购买政府债券和政府代理机构住房抵押贷款支持证券（MBS）。2014年10月美联储结束资产购买计划，但仍继续对到期资产再投资，继续维持资产规模。

从总量上看，截至2017年底，美联储总资产从危机前的0.9万亿美元左右上升到4.5万亿美元，飙升5倍；总资产占GDP比重从6%上升到24%（见图2-5）。

从资产结构上看，证券占绝对主导。目前美联储所持有的证券（国债、MBS和联邦机构债券）总规模为4.25万亿美元，占全部资产95%左右。其中，国债规模为2.47万亿美元，占比约为60%；MBS规模为1.78万亿美元，占比约为40%。这部分正是美联储三轮QE累积起来的资产，也是未来“缩表”的主要对象。

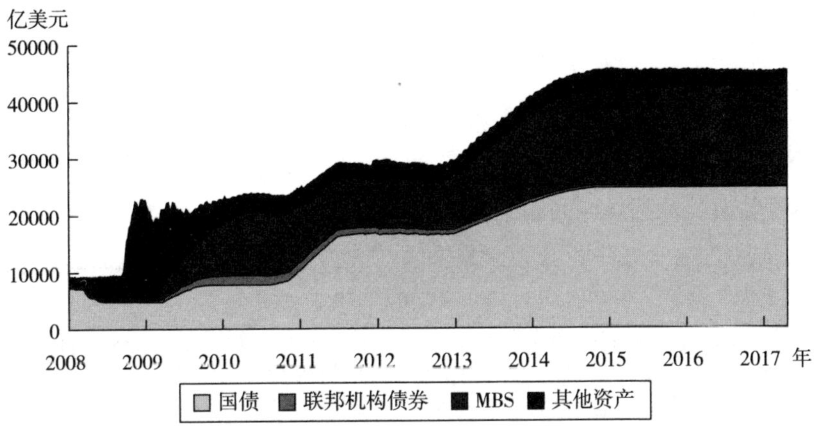

资料来源：Wind，中国银行国际金融研究所。

图 2-5　美联储资产负债表资产端变化情况

在期限分布上，以中长期债券为主。其中，中长期国债为2.34万亿美元，占全部资产的51.7%，占国债总规模的94.9%；MBS几乎全是10年期以上，占全部资产的39.1%。

在“控盘”比例上，截至2016年底，美联储持有的MBS约占整个市场规模（8.5万亿美元）的20%；国债持有比例相对低一些，持有规模相当于整个国债市场规模的15.4%。

（二）美联储缩减资产负债表的原因

第一，美国经济复苏基本完成，继续宽松将推升资产泡沫。美联储通过

QE扩张资产的目的是降低中长期利率，增加金融体系流动性，通过资产组合再平衡效应提升投资者风险偏好，增加高风险资产投资，帮助经济复苏增长。美国经济复苏基本完成，且美联储开始从特殊形态下的超宽松货币政策向正常货币政策回归，继续维持以应对危机和衰退为目标的、高于历史水平的资产规模已不再具有合理性。而且值得警惕的是，美国股票市场领先经济增长，三大股指均已超过危机前水平（见图2–6），投资者风险偏好早已恢复，对高收益的追逐导致金融风险上升。

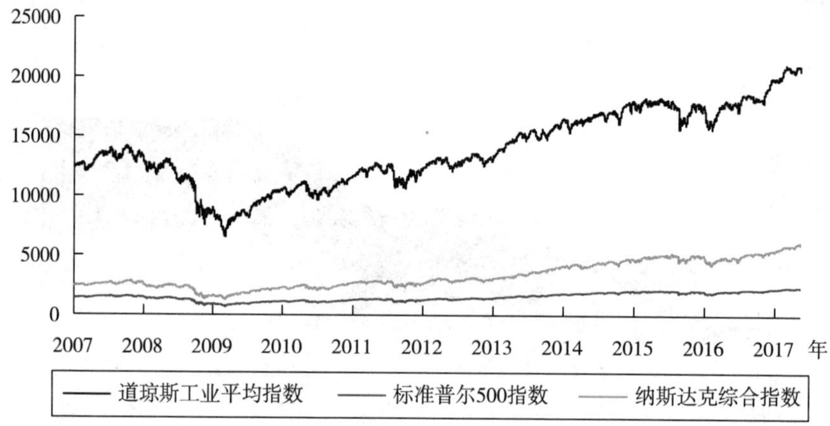

资料来源：Wind，中国银行国际金融研究所。

图 2–6　美国三大股指走势

第二，货币政策应为预防下一次衰退留余地。货币政策制定需要与经济周期匹配，在经济与通胀上行时，货币政策需调整到为经济下行和衰退预留空间，而目前的货币政策状态不利于应对新的衰退。美国经济扩张周期已远超历史水平，美联储需要将利率提升到远离零下限，同时也需要让资产负债表远离应对衰退的状态，为未来扩张性货币政策作准备。

第三，希望刺激银行信贷增长。QE政策下银行流动性充足，但信贷并未大幅增长，从2008年初至2017年6月仅增长1.4倍，并且最近增速大幅放缓。流动性更多滞留在现金、超额储备金、国库券等资产上（见图2–7）。美联储缩表会对银行信贷产生正反两方面的影响：从不利的角度看，美联储减少债券持有后，美国政府为了筹集到期应付本息和大规模基建资金，将继续增发国债，通过“借新还旧”等方式维系政府运转。这一阶段，伴随着国债收益率的上涨，商业银行可能会增加国债持有规模，这将在一定程度上挤压信贷资源。不过考虑到国债价格处于下行周期，商业银行持有过多的国债将面临估值损失和账面浮亏，影响财务表现，因此，预计不会完全接盘。从有利的方面看，缩表后市场流动性减少，市场利率和风险升水走高，这将刺激商业银行将资金从无风险的超额储备金转向实体经济贷款环节，以赚取更多利润。考虑到美联储缩表的一个重要意图，是希望将资金引入实体经济领域，而不是在金融体系内空转套利，因此，预计缩表不会减弱商业银行对实体经济的支持。

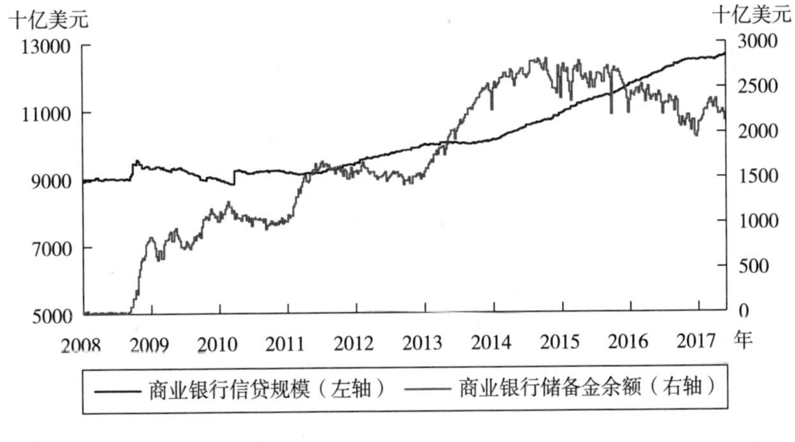

资料来源：Wind，中国银行国际金融研究所。

图 2-7　美国商业银行信贷和储备金余额变动情况

第四，避免收益率曲线继续趋于平坦。特朗普总统上台后，截至2017年底，美联储累计加息五次，在2018年底之前预计将继续稳步加息，缩表计划也开始按部就班的进行。然而，债券市场却给予了完全相反的走势（见图2-8）。2017年6月15日美联储利率决议当天，美国10年期国债收益率定格在2.16%，而在特朗普当选之后的一个星期，美国10年期国债收益率从不到1.8%的水平迅速攀升至2.23%。不过，Libor美元短期利率和1个月期美国国债收益率却还在上升，利率曲线逐渐扁平化。美联储若继续加息，可能导致收益率曲线更加平缓。考虑到缩表对抬升长端利率更有作用，在加息的同时缩表，可以使收益率曲线变得陡峭，在货币政策正常化的同时缓解金融机构盈利压力。这一因素或许是美联储提前实施缩表计划的重要考量。

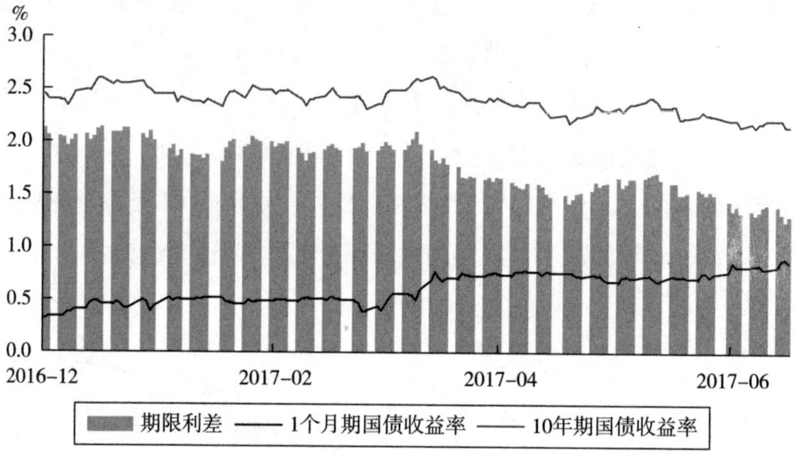

资料来源：Wind，中国银行国际金融研究所。

图 2-8　美国长短端国债收益率变化情况

第五，降低美联储资产风险。截至目前，美联储持有的债券资产为央行和联邦政府带来了巨大利润。但由于美联储支付的储备金利率处于联邦基金利率区间顶端，并且会随加息节节上升，增幅可能超过资产收益，使美联储面临利率风险。这也许是美联储改变主意，从暂不考虑缩表到公开表示准备缩表的动因。

第六，为特朗普新政的开展创造一个良好环境。特朗普新政组合是“松财政、紧货币、松监管”，大量的财政刺激措施可能导致通胀加速上升，需要收紧利率和流动性；而松监管需要在相对低的系统性风险环境中实施，需要控制资产价格过快增长。因此，从新政正常实施角度看，需要美联储率先缩减资产负债表。

二、美联储缩表的可能路径

（一）关于缩表规模和构成的猜想

最不确定、争议最大的方面是美联储未来计划维持的资产量。这是缩表计划中最关键的要素，因为其直接制约缩表的规模、幅度和方法。美联储资产合理水平取决于诸多因素，也受市场要素变化影响。总的看不可能缩减到金融危机以前规模；目前来看，各方更倾向于维持相对大的规模。主要有以下依据：

1. 从美联储资产占GDP比重看。衡量美联储资产合理性的不仅有绝对量，还有相对比值。哈佛大学教授弗格森对12家发达经济体央行资产负债表规模研究发现：这些央行资产占GDP比重通常在10%~20%，而美联储历史上发生过的缩表相对规模一般是回落并稳定在6%左右。目前美联储资产占GDP比重约为25%，高于大萧条和第二次世界大战时的22%。因此预计本次缩表计划目标是将该比值降到10%以下。按此推算至少需缩减2.7万亿美元资产，包括全部的1.77万亿美元MBS和近1万亿美元国债。

2. 从美联储负债规模看。美联储负债以票据（主要指美元等流通货币）、存款（主要指银行在美联储的储备金）和逆向回购协议等为主，其中票据的变化相对确定，因此决定资产负债表规模的主要不确定变量是银行储备金水平。金融危机前，美联储资产负债表9000亿美元，主要负债是通货。通货已从危机前8000亿美元升至约1.5万亿美元；银行储备金则由于美联储付息政策在危机后大幅上升，从2007年不足100亿美元飙升至2017年5月的2.2万亿美元（见图2–9）。这两个项目在未来不可能缩减到危机前。未来10年随着名义GDP上升以及全球美元需求上升，通货规模可能在未来十年间升至2.5万亿美元以上。在美联储持续对储备金付息情况下，银行储备金不可能大幅减少。此外，银行储备金在一定程度上也受监管政策影响，如银行必须维持一定比例流动性资产。从美联储未来的货币政策执行手段看，虽然仍然以联邦基金利率目标作为基础手段，但在必要时，也会恢复资产购买工具，因此，需要保留较大规模的储备金规模。

从利率政策执行机制看，金融危机后随着储备金大幅上升，联邦基金市场萎缩，美联储的利率政策执行机制也相应地从公开市场操作转向综合利率框架，其中储备金利率成为联邦基金利率区间上端。美联储若打算完全回归公开市场模式，则在缩表完成后，超额储备金要大幅下降；美联储若继续采用现有机制，并且进一步向常规利率走廊模式过渡，则必须维持足够量的超额储备金和资产规模。纽约联储行长杜德利2017年4月表示，更希望银行系统保有一定水平的超额储备金，例如0.5万亿~1万亿美元。美联储前主席伯南克估计，如果美联储继续采用现有机制，储备金余额将超过1万亿美元。这两种模式都被实践证明合理有效，但耶伦似乎更倾向于前者（公开市场操作）。

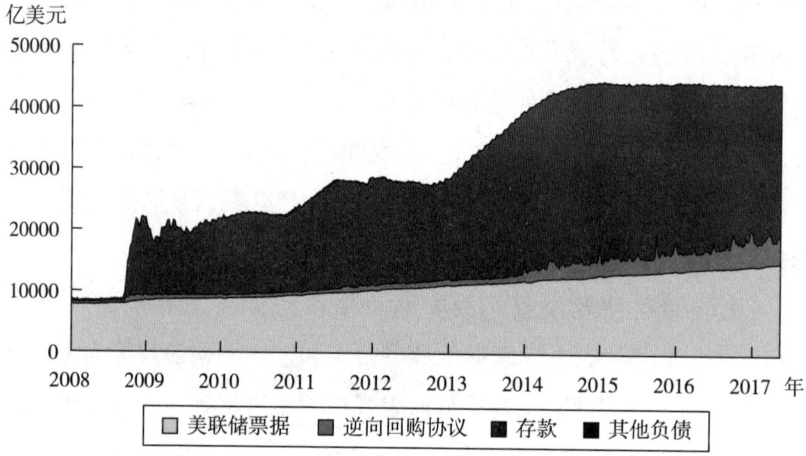

资料来源：Wind，中国银行国际金融研究所。

图 2-9　美联储资产负债表负债端变化情况

从资产购买工具看，美联储未来在必要时若打算继续采用资产购买手段，则需要维持相当规模的储备金。据此判断，美联储需要维持高于危机前的、至少1万亿美元的储备金。

3.从美联储维持金融稳定看。维持相对大的资产负债表或许有助于维持金融稳定。

其一，应对危机的实践显示，美联储维持足够多的资产有助于维护金融市场特别是货币市场稳定。资产负债表在未来衰退期很可能还要频繁地被作为货币政策工具使用，美联储需要维持一定量资产。

其二，除了资产负债表规模外，久期管理也逐渐成为美联储货币政策重要工具。美联储在应对危机实践中尝试通过对各种期限资产的买卖来直接干预中长期利率，从而达到调整收益率曲线形态的目的，并且取得成效。即使在利率正常化之后，美联储也可能将资产买卖作为常规化政策工具，而这些需要美联储维持相对大的各种期限结构的债券资产。

关于合理资产规模的分歧较大。伯南克认为合理水平应该为2.5万亿美元，未来10年可能更多。耶伦则主张回归危机前水平，即1万亿美元左右。根据路透调查，15家一级经纪商预测的中值为2.75万亿美元。

资产构成则相对明确。美联储的2014年原则与计划指出，未来债券持有以国债为主，MBS将逐渐退出历史舞台。

（二）缩表与加息的互动

从加息和缩表之间的关系看，二者都是紧缩货币政策的一部分，具有替代性；但由于二者的实际功能有别，又具有补充性。根据堪萨斯联储的研究，缩减6750亿美元相当于将联邦基金利率上调25个基点，具有替代作用。但从影响看，加息对控制通胀上升的作用更大，缩表对减少流动性的作用更大。美联储在实际操作中会权衡这两个因素。从目前的状况看，通胀上升滞后于部分资产价格的上升，可能是美联储考虑提前缩表的动因。在开始实施缩表计划后，美联储会同时使用加息与缩表政策。

三、美联储缩表的外溢影响

美联储作为全球最大的央行，缩表将对美国、全球和中国经济金融形势带来较大的外溢影响。具体来看：

（一）对美国影响有利有弊

第一，将推升中长期利率，影响固定投资和经济增长。据美联储经济学家估算：由于QE实施，美国10年期国债利率较无QE情况降低了100个基点，这也意味着其期限溢价为负100个基点。随着缩表开展及久期缩短，期限溢价和长期利率会逐渐回升。到2017年底期限溢价可能回升到负85个基点；到2023年第一季度当缩表基本完成之际，该溢价估计仅有负21个基点（Brian Bonis，

2017）。这将限制企业投资支出，制约经济增长空间。

第二，将对金融稳定造成威胁。一方面，长期利率提升将增加企业债务负担。据IMF估算，总计拥有近4万亿美元资产（约占美国公司总资产22%）的美国公司，在借款成本大幅上升、流动性紧张的背景下，资产负债表将变得脆弱。其中22%的公司付息能力处于2008年国际金融危机以来最弱水平，10%的公司可能无力用盈利覆盖利息支出。另一方面，利率走高可能引发债市动荡。2013年时任美联储主席伯南克仅仅提出可能在下半年降低资产购买，即引发了市场动荡，10年期国债收益率暴涨100个基点。当时只是放慢QE步伐，而本次缩表是QE的逆向操作，如果退出速度过快、与市场沟通不畅，有可能再次引发市场动荡。不过考虑到美联储已向市场充分释放缩表信息，并且给出较长调整反应期，预计对市场冲击有限。

第三，有利于美联储完善和丰富货币政策操作方式。金融危机以来美联储采取QE与利率政策互动应对经济衰退，采用利率政策调节短期利率，同时通过资产总量和结构调整来影响中长期利率及收益率曲线形状，积累了丰富的经验教训。有鉴于自然利率长期低下，以后美联储很可能在继续采用利率工具的同时，更多采用资产负债表作为政策工具，对资产负债表做扩张或收缩的周期性操作。而本次缩表过程可为美联储资产负债表操作及其与利率的互动，建立一个完整的、可重复的模式。

（二）全球流动性和资产价格承压

第一，缩表将使全球流动性紧张。由于美国资产回报率长期维持在低位，泛滥的美元流动性通过跨境借贷、直接投资、国际债券购买等方式流到其他新兴经济体。新兴经济体为维持本国汇率稳定，利用本币购买美元对冲资本流入冲击，造成本国流动性跟随美元同步增加。反之，随着美联储开启缩表进程，叠加特朗普的减税措施，全球美元流动性将大幅度减少，新兴市场经济体也将卖出美元回收本币流动性，全球将普遍迎来资金紧张局面。

第二，全球流动性紧缩将对各类资产价格造成冲击。鉴于美国经济和美元在国际货币体系中的重要地位，美联储货币政策的一举一动都会对国际金融市场带来巨大影响。美国货币政策方向与经济走势密切相关，正常化速度加快说明美国经济走势向好，因此，美元流动性减少和购买力提高，将对美元指数带来支撑，美元走强将拖累其他国家汇率价格和全球大宗商品价格走势。此外，美联储无论是主动还是被动减少国债持有规模，均会造成美国债券市场长端利率走高，并将通过跨境资本流动和投资者资产组合篮子调整影响全球债市。为留住国际资本，其他国家债券收益率和固定收益市场回报率将随之走高。

不过，缩表对全球股市的影响预计将弱于债市、汇市和大宗商品市场。缩表初期可能会因恐慌情绪蔓延遭受一定冲击，但随着缩表进程的持续，影响幅度将趋于减弱，内部也将出现分化。以2013年12月至2014年10月美联储QE减量期间的股市表现为例，MSCI发达市场上涨12%，而MSCI新兴市场下跌3%，美国三大股指平均增幅高达9%，印度（36%）、中国（5%）和俄罗斯（5%）等国股市也拥有不错的收益，但中国香港恒生国企股（–3%）和巴西（–3%）股市表现较差。

第三，美元融资成本提高，企业债务负担加重。美联储缩表后，美元流动性收缩，通过组合再平衡效应和预期效应，长短端利率均会上升，收益率曲线会更加陡峭，这将提高国际市场美元融资成本。当前，新兴经济体外债主要以美元为主，金融危机后，企业资产负债表大肆扩张，债务负担从2004年的4万亿美元增至2014年的18万亿美元。如果美联储启动缩表，叠加加息，将对新兴经济体债务偿还和“借新还旧”能力带来挑战。

（三）对中国影响偏负面

第一，跨境资本将持续外流，国内流动性面临压力。无论是量的减少还是价的提高，美联储任何举动都将引起国内金融市场反应。之前在加息阶段，国内市场主体已纷纷抓紧海外资产配置，对美直接投资激增，企业通过提前偿还美元贷款、增加进口预付款比例等手段调整资产负债结构。自2014年下半年以来，中国连续三年出现资本净流出，外汇储备余额也从4万亿美元高点降至3万亿美元出头，外汇占款余额也大幅下降，从27.3万亿元人民币高点回落至21.6万亿元人民币，对国内流动性带来一定压力（见图2-10）。尤其是进入2017年，中国银监会出台多项监管措施，市场流动性逐步收紧，此时叠加外部流动性收紧预期，国内市场流动性紧张状况将持续。

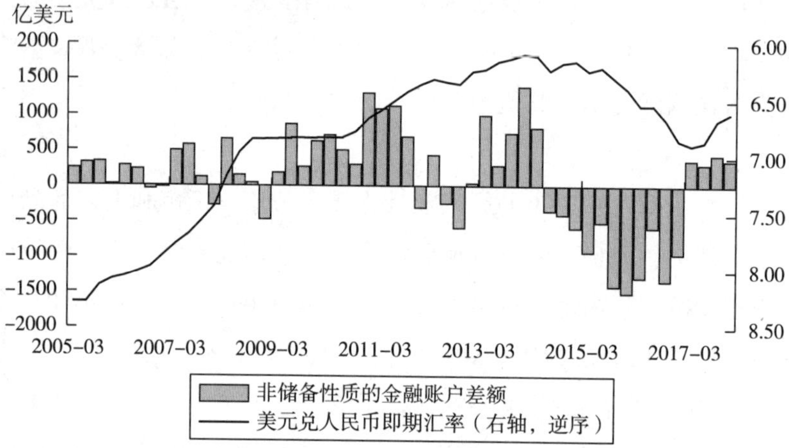

资料来源：Wind，中国银行国际金融研究所。

图 2-10　非储备性质的金融账户顺逆差情况

第二，人民币贬值压力犹存。2017年初人民币在经历短暂的贬值阶段后，在央行严格外汇管制措施、美元阶段性回调、离岸市场人民币流动性收紧和第一季度国内经济数据优于预期等利好因素作用下，人民币汇率逐渐趋稳，境内外汇差一度倒挂，市场贬值预期极大缓解。但这并不意味着人民币汇率就可高枕无忧，2018年将面临更大压力。一方面，美联储将进一步加息，缩表预期也将愈演愈烈，美元指数将继续走高；另一方面，中国经济整体走势前高后低，下半年GDP增速略微放缓，对人民币汇率的支撑作用减弱。因此，人民币汇率尚未到安全期。

第三，中性货币政策或将难以维系，系统性金融风险上升。根据央行发布的2017年第一季度货币政策执行报告看，未来一段时间货币政策仍将维持稳健中性的基调，既有意控制信贷投放和调节好流动性阀门，又配合金融监管政策的密集出台进行适度对冲。当然，目标的实现需要中国央行保持较高的货币政策自主性，可视情况相机抉择。然而，一旦美联储开启缩表，中国央行可能将被动缩表（如外汇占款下降）或紧缩货币政策，以避免中美利差扩大，减轻资本流出和人民币贬值压力。考虑到当前存在监管超调和监管叠加的风险，在市场利率跟随走高的背景下，未来央行利用公开市场操作稳定市场流动性的做法可能受限，市场波动将加大，发生系统性金融风险的概率提升。

第四，国内债券市场将面临调整。美联储缩表后，美国长端利率将明显走高，受稳定市场流动性和防范金融风险考虑，联邦基金目标利率不会大幅度提高，美国短端利率提升幅度有限，收益率曲线将更加陡峭。由于跨境资本频繁流动和全球债券市场高度联通，美债收益率提升也必将带动中国债券市场收益率提升，尤其是长期债券价格将大幅度下挫，中国债券市场或将面临调整（见图2-11），内资银行、券商、养老基金等投资者将面临估值损失。然而，考虑到中国仍然存在较为严格的资本流动管制，中国央行也有一定的货币政策自主权，因此预计中国债券市场所受冲击将小于美债市场。

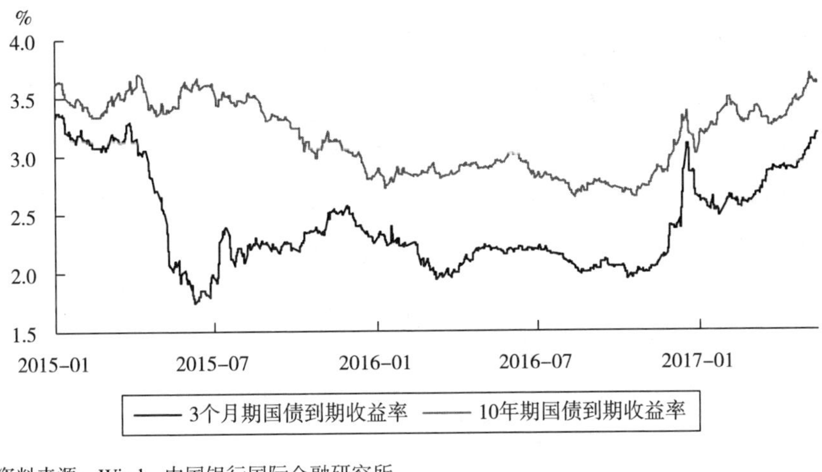

资料来源：Wind，中国银行国际金融研究所。

图 2-11　中国长短端国债收益率走高

第五，中国外汇储备面临估值损失，变现能力减弱。美国财政部数据显示，截至2017年底，中国持有1.19万亿美元国债，是美国第一大债权国，占全部美债市场规模的7%左右，占中国外汇储备余额的35%左右。美联储持有美国国债规模比中国多一倍，因此，美联储无论是减少美债投资规模还是直接抛售美债，都会使美债价格大幅下跌，给中国外汇储备投资带来估值损失。此外，美联储作为世界上最大的美债持有方，如果其减少美债持有，对美债的国际需求和流动性也会带来一定影响，将降低中国外储的变现能力。

四、中国应对措施

对于此次美联储缩表，既要充分认识其风险，但也无须风声鹤唳，草木皆兵。美联储缩表虽然会在一定程度上影响国内流动性，冲击金融稳定，但考虑到目前我国央行货币政策操作手法和节奏愈加娴熟，货币政策工具愈加丰富，对市场走势和风险判断愈加精准，央行应能很好地应对此次挑战。同时，考虑到美联储缩表节奏是相对有序和可预测的，会与市场做充分沟通，给市场足够的调整和反应时间，因此，也会进一步降低缩表对全球经济和金融市场的影响。但不可忽视的是，缩表确会产生较强的外溢效应，在不夸大其影响的同时，还要密切关注其可能带来的冲击。具体应对措施如下：

第一，货币政策制定要更加关注金融稳定功能。在过去一段时间，央行货币政策面临两难困局，一方面，经济增速放缓需要宽松货币政策支持，但这会导致国内物价走高、资产泡沫加剧、境内外利差缩窄，致使资本外流，人民币汇率持续贬值。另一方面，在美联储加息背景下，为改善资本外流局面，央行需要收紧货币政策，提高市场利率，但这又会对经济发展和企业融资带来困扰，房地产泡沫也有破裂的风险。未来，这一两难局面仍将持续，在复杂的国内外形势下，央行货币政策制定要更加讲究平衡和适度，以维护金融稳定为第一要务，既要实现去杠杆、去产能目标，又要防止经济过度下行，滋生金融风险。在市场利率逐渐走高背景下，央行可考虑在美联储大规模缩表前降准，对冲外汇占款下降的影响，同时结合MLF、SLO、SLF等创新货币政策工具的使用，提高流动性调控的稳定性和灵活性。

第二，完善跨境资本流动的宏观审慎管理和微观市场监管体系。建立涉及多部门、多币种的立体化跨境资本监测系统，将人民币跨境支付系统（CIPS）、中国现代化支付系统（CNAPS）和央行反洗钱信息系统有效对接，实现信息共享，提高预警水平和监测效率。加强对货币市场、资本市场、外汇市场和保险市场跨境资本流动和跨境交易的统一监控，制定有效措施加强对跨市场、跨机构和跨产品资本流动的监管。在数据收集方面，实现对跨境资本流动逐笔24小时实时监测。同时，加强外汇市场监管，在现行法律法规和外汇管理政策框架下，严格市场监管和市场执法，严厉打击外汇市场的违法违规行为，打击非法跨境资本流动。

第三，动态调整外币融资币种和期限结构，降低企业融资成本。当前我国美元外债占比过高，在美联储加息和缩表背景下，企业融资成本提高，可采取如下措施解决：一是增加欧元、日元等非美元债券发行。一方面发行成本低于美元债券，另一方面随着人民币汇率企稳回升，也可享受汇兑收益。二是增加人民币债券发行。企业通过增加本币负债，既可以减少汇率波动风险，又可以降低偿债负担。三是海外发债应以中长期为主，计息方式采用固定利率，这样可以最大限度地节约财务成本。在可预见的未来，境外融资成本将随美联储货币政策操作水涨船高，此时采用固定利率，可锁定未来资金成本。

第四，动态调整外汇储备币种和资产结构。目前美联储正处于加息周期，又即将启动缩表，美元指数在未来几年内都将保持强势。因此，应积极调整外汇储备币种配置，加大美元资产持有比例，提高汇兑收益。不过，鉴于缩表会使美国长期国债收益率走高，价格下跌，给外汇储备带来估值损失，因此，应适当减持中长期美国国债和其他长期债券，增持短期债券和其他非债券美元资产，确保外汇储备保值升值。

Libor替代之路全面推进
——基于美元替代利率改革的视角

伦敦银行间同业拆借利率[①]（London Interbank Offered Rate，Libor）在金融市场交易和资产定价中扮演着重要角色，然而由于报价参与者的集中和监管不足，金融危机后Libor操纵丑闻爆发，充分揭示了Libor运行体系中的利益冲突；同时，短期无担保借款交易量的持续减少使得Libor缺乏交易量和流动性的支撑，进一步影响了Libor的可信度，引发市场的持续担忧。

一、五大货币Libor替代利率改革揭开帷幕

二十国集团要求金融稳定委员会（Financial Stability Board，FSB）对全球市场基准利率和相关监管改革计划的情况进行梳理，促进各国之间相互协调。因此，金融稳定委员会成立市场参与者组织（Market Participant Group，MPG），并提出改革措施：一方面，加强现有基准参考利率的监管，最大限度地使基准利率根植于实际交易数据，降低基准参考利率被操控的可能性；另一方面，识别或发展替代Libor、近似无风险、适用于衍生品市场的新参考

① Libor 为伦敦银行内部交易市场上进行短期无担保借款的成本利率，涵括多种货币、不同期限的利率报价。早期包含 10 种货币、15 种期限结构，共计 150 种报价利率。自 2013 年改革整顿后，Libor 报价缩减为 5 种货币（欧元、英镑、瑞士法郎、美元、日元）、7 种不同期限，共 35 种利率报价。Euribor 仅包含欧元不同到期日的利率报价。

利率。

作为对金融稳定委员会及市场参与者组织的响应，美英日瑞士四国及欧盟相继成立工作组，寻找可替代各国货币Libor且适用于相应衍生品及金融合约的参考利率，Libor替代利率改革势在必行。

其一，美元。2017年6月22日，美国替代参考利率委员会（Alternative Reference Rates Committee，ARRC）[①]宣布，将采用以国债为抵押的广义隔夜担保融资利率（Broad Treasury Financing Rate）替代美元Libor作为美元衍生品等金融市场的参考利率。

其二，英镑。2017年5月，英国的英镑无风险参考利率工作组（Working Group on Sterling Risk-Free Reference Rates）建议，使用英镑隔夜指数均值（Sterling Overnight Index Average，SONIA）来替代英镑Libor。目前，英格兰银行负责SONIA进一步的改革工作。2017年7月27日，英国金融行为监管局（Financial Conduct Authority，FCA）局长Andrew Bailey表示，Libor将在2021年底之前逐步退出。

其三，日元。2016年12月，日本无风险利率研究小组（The Japanese Study Group on Risk Free Rates）确认选择东京隔夜平均汇率（Tokyo Overnight Average Rate，TONAR）作为日元Libor的替代利率。

其四，瑞士法郎。2017年2月，瑞士国家工作组（The Swiss National Working Group）宣布，选定瑞士隔夜平均利率（Swiss Average Rate Overnight，SARSON）作为替代方案。

其五，欧元。欧洲央行表示，准备整改欧洲银行间同业拆借利率（Euribor）。此前，欧洲货币市场研究所（European Money Markets Institute）建议，用平均欧元隔夜指数（Euro OverNight Index Average，EONIA）辅助欧元Libor的使用。

---

① 2014年11月17日，美联储成立了替代参考利率委员会，其主要工作内容包括寻找合适的替代利率、设计稳健的交易规则、制定替换步骤、制定包括判断是否替换成功的量化指标和时间表等具体执行方案。

二、美元Libor替代改革出现新进展

美国替代参考利率委员会中期报告以来，美国替代利率改革的进展主要体现为：

第一步，初步锁定隔夜银行融资利率和一般担保隔夜回购利率。

1. 确定两个备选方案。2016年5月，替代参考利率委员会根据五个替代利率选择标准，挑选出两大类替代利率备选方案。

方案一：隔夜银行融资利率（Overnight Bank Funding Rate）。该利率是联邦基金和欧洲美元两个市场隔夜拆借价格按交易量加权的中位数，两个市场合计日均交易额约为3000亿美元，具有广泛的市场基础。

方案二：一般担保隔夜回购利率（Overnight Secured Treasury General Collateral Repurchase）。该利率是以美国国债为质押的隔夜回购利率，目前已形成规模较大、稳健性较强的一般担保隔夜回购市场，是金融市场参与者主要的融资方式。

尽管隔夜银行融资利率与一般担保隔夜回购利率成为Libor的候选替代利率，但后者的计算方法一直迟迟未能确定。而一般担保隔夜回购利率计算方法的确定将影响替代利率的最终选择。

2. 基于隔夜三方回购市场得出三种一般担保隔夜回购利率指标。美国一般担保隔夜回购市场分为双边回购和三方回购两个子市场。三方回购市场可以进一步分为：狭义三方回购市场①（Tri–party ex–GCF/Fed market）、一般担保金融回购市场（General Collateral Finance Repo Market，GCF Repo market）及以美联储为对手方的回购市场（Tri–party activity with the Federal Reserve）（见图2–12）。

为支持替代参考利率委员会的后续工作，解决一般担保隔夜回购利率的计算问题，2016年12月，纽约联邦储备银行与美国财政部金融研究办公室宣

① 狭义三方回购市场（Tri–party ex–GCF/Fed market），是指剔除一般担保金融回购市场（General Collateral Finance Repo Market，GCF Repo market）及以美联储为对手方的回购市场（Tri–party activity with the Federal Reserve）的三方回购市场。

布，将采用与隔夜银行融资利率相同的交易量加权中位数计算方法，共同测算并发布一般担保隔夜回购利率。此计算基于隔夜三方回购市场非关联交易数据，得出三种利率：

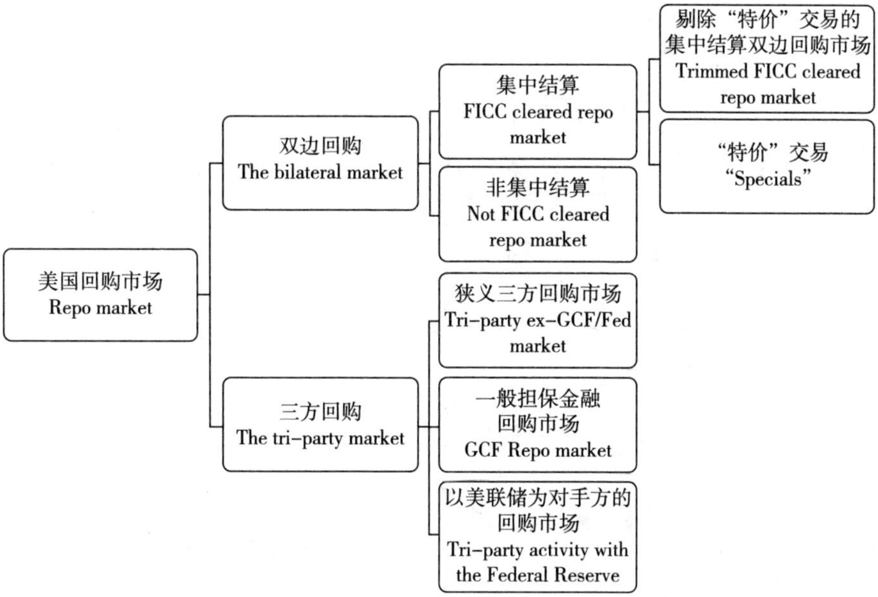

资料来源：根据公开资料整理。

图 2-12　美国回购市场结构

一是Tri-party ex-GCF/Fed rate，即狭义三方回购利率。该利率基于狭义三方回购市场，主要参与者包括货币基金等现金投资者和做市商，其普遍拥有完善的风险管理制度和广阔的融资渠道，因而能够营造出更具流动性和稳健性的市场环境，对市场利率的形成和传导产生关键影响。

二是Tri-party including GCF rate，即包含狭义三方回购市场和一般担保金融回购市场的回购利率。该利率将统计口径扩大至除以美联储为对手方的回购市场外的整个隔夜回购市场，更具代表性。

三是Tri-party including GCF/Fed rate，即涵盖整个三方回购市场的回购利率。由于该利率包含美联储隔夜逆回购等公开市场操作因素，因此，美国的货币政策操作更加容易影响该利率。

三种利率分别反映了不同细分市场主体的资金供求，因此究竟以哪一种利率代表一般担保隔夜回购利率，将直接影响替代参考利率委员会的取舍，相关评估事宜也成为当前改革工作的重点（见图2-13）。

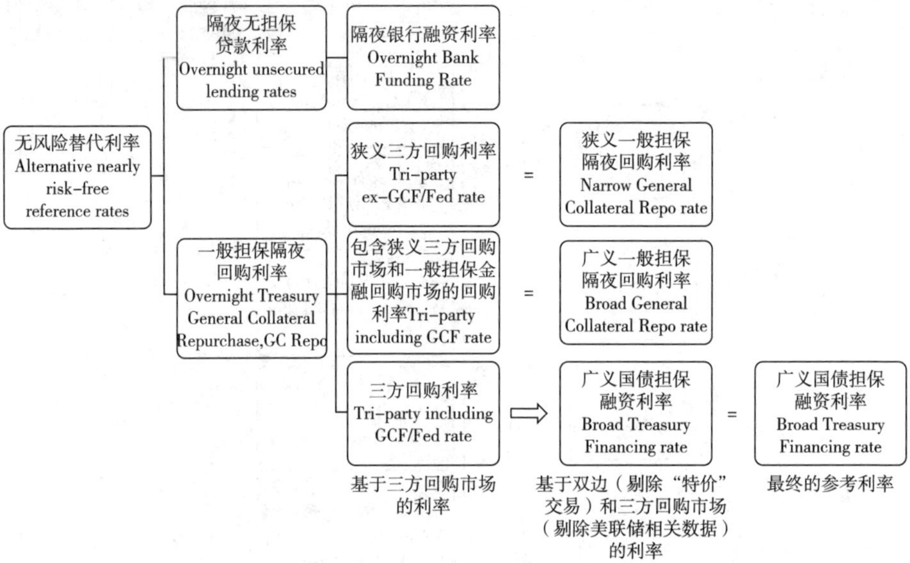

资料来源：根据公开资料整理。

图 2-13　替代参考利率委员会替代利率备选项

第二步，修正一般担保隔夜回购利率。

1. 加入双边回购市场数据，剔除美联储公开市场操作数据。2017年2月，美国替代参考利率委员会提出，为了提高基准利率市场的交易量，在构建一般担保隔夜回购利率时，需要将集中结算双边回购市场①的情况考虑在内。此外，2017年5月，纽约联邦储备银行指出，根据回馈意见，三方回购市场中美联储公开市场操作数据将不会用于计算新的一般担保隔夜回购利率。

此后，委员会成员使用美国存管信托和结算公司（Depository Trust

① 根据是否经由固定收益结算公司货款交付系统（FICC Delivery Vs Payment，FICC DVP）集中清算，美国双边回购市场分为集中结算双边回购市场（FICC cleared repo market）和非集中结算双边回购市场（Not FICC cleared repo market）（见图 2-12）。

and Clearing Corporation，DTCC）旗下的固定收益结算公司（Fixed income Clearing Corporation，FICC）提供的2014年8月至2016年10月的匿名双边回购数据进行初步计算，分析双边回购市场数据对以上三种一般担保隔夜回购利率可能产生的影响。

2. 剔除双边回购中的“特价”交易。实际上，双边回购交易更多的是用来满足买方对某特定债券的需求，此类交易利率（报酬率）常常低于通常回购利率，甚至低于美联储公布的隔夜逆回购计划利率，因此这类双边回购交易被称为“特价”交易（“Special”）。“特价”交易不能准确反映市场回购利率，在构建替代利率指标时，应该予以剔除。因此，从集中结算双边回购市场中剔除“特价”交易之后的双边回购市场称为剔除“特价”交易后的集中结算双边回购市场（Trimmed FICC Cleared Repo Market）。

纽约联邦储备银行提出两种剔除双边回购交易中“特价”交易的方法：

其一，剔除近期发行的以活跃国债为担保品的交易。

其二，鉴于“特价”交易的回购利率通常比较低，因此剔除低于一定利率临界值的交易。

经过后续分析比较，纽约联邦储备银行决定采用第二种方法，并确定将低于以交易量加权的25%分位数回购利率（25th Volume-weighted Percentile Rate）的交易全部剔除，以此作为计算新参考利率的基础。

3. 更新三种一般担保隔夜回购利率。2017年6月16日，美国替代参考利率委员会基于双边和三方回购市场更新三种一般担保隔夜回购利率（见图2-13），分别为：

第一种，狭义一般担保隔夜回购利率（Narrow General Collateral Repo rate），即之前的tri-party ex-GCF/Fed rate。

第二种，广义一般担保隔夜回购利率（Broad General Collateral Repo rate），即之前的tri-party including GCF rate。

第三种，广义国债担保融资利率（Broad Treasury Financing Rate，BTFR）。该利率是根据狭义三方回购市场、一般担保金融回购市场及剔除

"特价"交易的集中结算双边回购市场共三个市场数据重新计算得来，[①]市场日均交易额约为8000亿美元。

第三步，确认广义国债担保融资利率为最终参考利率。

2017年6月22日，替代参考利率委员会宣布，综合考虑市场规模、稳健性、对最终用户的有效性及《金融基准准则》等各项因素，决定采用广义国债担保融资利率作为美元衍生品等金融市场的替代利率（见图2-13）。总体而言，广义国债担保融资利率比其他两个一般担保隔夜回购利率更具有波动性。

与Libor相比，广义国债担保融资利率是基于每日交易数据形成的，而非银行假设估计而来，更能直接真实衡量借贷成本，降低被轻易操控的可能性，而且广义国债担保融资利率作为一般担保隔夜回购利率，接近无风险利率，是一般融资形式的普遍反映。

三、美元Libor替代之路任重道远

可见，替代参考利率委员会此次确定广义国债担保融资利率作为替代利率是美元替代利率改革的一大进展，但是此后的改革也并非一路坦途，主要体现为：

第一，Libor波动或将引致市场动荡。自2012年Libor操纵丑闻以来，多家机构正逐步采取措施减少Libor的使用，但历史积累的大量金融产品仍以Libor为主要参考利率，利率类衍生品市场更是如此。因此，当替代利率的推行具体到实施层面，市场参与者对此的不同反应导致Libor产生波动，以Libor为参考利率的现存金融产品将受到冲击，或将引发市场动荡。

Libor流动性的萎缩是替代Libor的初衷之一，但是在没有建立完善的过渡机制情况下，使用广义国债担保融资利率替代Libor，Libor的流动性或将进一步降低，这可能引发系统性风险。所有这些考量都迫使美元利率改革必须小心

① 狭义三方回购市场数据源自纽约梅隆银行，一般担保金融回购市场及剔除"特价"交易的集中结算双边回购市场数据源自DTCC。

翼翼地缓慢前行。不论广义国债担保融资利率的接受程度如何，转换期间的阵痛都将难以避免。因此，制订平稳的过渡方案，维护金融市场稳定性是接下来改革的首要任务。替代参考利率委员会宣称，将协同咨询委员会（Advisory Group）细化利率转型的具体举措，并在2017年底前公布最终方案。

第二，细化推广方案的制订困难重重。此次美国替代参考利率委员会并没有进一步明确具体的利率替代方案，此前公布的中期报告中的预方案是从保证金利率及中央结算折现率入手，在终端用户自愿的原则下逐渐将替代利率普及至利率期货等衍生品市场。但是该方案没有对具体操作作出说明，也未拟订方案推进时间表，而且该方案着重于利率衍生品市场的转换，没有涉及贷款、债券、证券化产品的利率替代问题。尽管以Libor为参考利率的主要产品为利率衍生品，但是其他金融产品规模也达万亿美元，因此转换过程中的风险值得进一步关注。

第三，新参考利率短期流动性的建立面临严峻考验。由于终端用户不可能向流动性不足的新参考利率过渡，这将恶化新参考利率的流动性；对于各大参与机构而言，转型可能带来巨额的成本和不确定性，并使他们丧失由Libor定价权中获得的既有利益，因此，各大参与机构几乎没有大的动力去推行新利率的快速落地，这将进一步延缓终端用户向新替代利率的过渡。

第四，隔夜利率转换为较长期限的借款利率将是难题。如果利率实现平稳过渡，替代利率仍需要足够长的交易时间来积累历史数据，为日后的定价提供基础。这意味着，Libor和广义国债担保融资利率共存的局面在所难免，在短期内可能无法实现Libor的完全替代。而且，机构及终端用户主要使用Libor锁定定期借贷和投资利率，而广义国债担保融资利率为一般担保隔夜回购利率，如何将隔夜利率转换为较长期限的借款利率是另一个主要问题。

在转换方案出台之前，采用新利率配置资产组合的市场参与者或被迫配置远期利率协定（Forward Rate Agreement，FRA），或用期货来锁定远期利率。在转换方案出台后，市场参与者也必须跟进策略，调整持有的资产组合、业务流程等，这些都会提高中央结算机构的运营成本和市场交易复杂程度，不利于新利率的推广。

Libor改革势在必行，但Libor作为近350万亿美元衍生品等金融市场的基准利率（见表2–1），新利率替代Libor的过程注定坎坷。过渡期间可能会引发更多问题，推广策略的执行只能根据推进情况相机抉择。这场Libor与广义国债担保融资利率之间的替代战役将随时可能进入漫长的加时赛，推广方案的最终制订和推行、市场参与者的参与度、接受度及市场反应都将决定这场替代赛的最终结局。

表 2–1　　以 Libor 为参考利率的相关金融产品交易量及占比

分类		交易量（十亿美元）	Libor 相关占比
贷款	辛迪加贷款	约 3400	97%
	商业贷款	1650	30%~50%
	非商业贷款	1252	30%~50%
	商业抵押贷款	3583	30%~50%
	零售贷款	9608	15%
	信用卡	846	低
	汽车贷款	810	低
	消费贷款	139	低
	学生贷款	1131	7%
债券	浮动利率票据	1470	84%
证券化产品	居民抵押贷款支持证券	约 7500	24%
	商业抵押贷款支持证券	约 636	4%
	资产支持证券	约 1400	37%
	担保债务凭证	约 300	71%
场外衍生品	利率互换	106681	65%
	远期协议	29044	65%
	利率期权	12950	65%
	交叉货币互换	22471	65%
场内衍生品	利率期权	20600	98%
	利率期货	12297	82%

资料来源：Market Participants Group（2013），截至 2012 年末；ARRC Interim Report and Consultation。

“负利率”的影响、传导机制与启示

利率反映了资金供求关系，度量了资金的价格。自4000多年前首次出现利率文字的记载以来，全球利率水平整体呈现下降趋势。尽管如此，在21世纪以前，世界上还从未有国家将利率水平调整至零以下。但是2008年国际金融危机后，美国、欧元区等发达经济体相继将政策利率调整至历史低位[①]，各国利率水平相继触碰“零利率下限”（Zero Lower Bound）。2012年以来，丹麦、欧元区等国家和地区纷纷将政策利率调整至负值区间，即实施“负利率”政策。截至2016年末，“负利率”地区的经济总量已超过全球经济的30%，“负利率”政策已成为全球货币政策操作的“新常态”。评估“负利率”政策对宏观经济的影响效果，探究“负利率”政策实施的理论基础，厘清“负利率”政策发挥效力的传导机制，一方面有助于拓展宏观经济学、货币银行学以及金融中介理论等领域的研究；另一方面也有助于决策者更好地把握全球经济金融形势，灵活高效地使用货币政策工具，防控经济金融风险。

一、“负利率”政策传导的宏观效果

“负利率”政策的最终目标是稳定汇率、刺激通胀、促进经济增长。现

① 美联储将联邦基金利率的目标调低至 0~0.25%，日本央行将政策利率调低至 0.1%，英格兰银行将基准利率调低至 0.5%，这些利率水平都已触碰“零利率”下限。

有研究表明，“负利率”政策并不能取得预期的宏观调控效果，具体体现在：

一是“负利率”政策没有达到刺激通货膨胀的目标。实施“负利率”国家和地区的通胀水平在政策推出后并没有呈现出快速上升的态势，反而一致性地出现下降，GDP平减指数由推出前的平均0.31%降至推出后的平均–0.29%。“负利率”政策未达到通胀目标，一方面，与国际原油和大宗商品价格持续下跌造成输入型通货紧缩有关；另一方面，市场主体对央行在“负利率”区间维持通胀水平的能力产生质疑，从而形成通缩预期。

二是“负利率”政策对金融稳定产生了负面影响。这主要通过压缩金融机构盈利水平和提高它们的风险承担行为来实现。“负利率”环境下，银行体系盈利能力受到了较大冲击。寿险、养老金等期限错配较为严重的机构同样面临较大的经营压力。为应对盈利收窄带来的不利影响，金融机构提升风险承担水平，加大高风险资产配置力度，这都会催生资产泡沫，对金融稳定产生负面影响。“负利率”政策推出以来，一系列外部信号表明，“负利率”地区金融体系的脆弱性不断提高，发生系统性金融风险的概率不断增加。

三是“负利率”政策对新兴经济体产生外溢效应。“负利率”政策会对新兴市场和发展中国家产生明显的外溢效应。“负利率”政策造成了储备货币国之间政策立场的分化，客观上加大了美元升值压力，增加了新兴市场和发展中国家的美元债务压力。此外，“负利率”政策刺激新兴市场和发展中国家在“负利率”地区融资，而“负利率”当地机构则选择在海外高收益地区进行投资，这加剧了资本的跨境流动。

四是“负利率”政策对抑制本币升值发挥了有限的积极作用。除日元和瑞士法郎外，实施“负利率”政策的国家和地区货币在政策出台后都经历了不同程度的贬值，平均达7%。贬值的主要原因是跨境资本的流动方向发生了改变。

总的来看，“负利率”政策的宏观效果是不及预期的。更为重要的是，“负利率”政策造成了资金配置方式的扭曲，虽然短期来看其对资本市场和房地产市场的影响并不明显，但长期实施“负利率”政策将不利于金融体系稳定和实体经济的健康发展。

二、“负利率”政策的理论基础

“负利率”政策打破了理论界关于“名义利率应具有‘零下限约束’”的共识，引发了广泛争论。围绕“负利率”政策是否合理、“负利率”政策如何操作以及“负利率”政策是否具有理论下限等问题，学术界主要形成了以下观点。

（一）名义利率能否小于零

支持“名义利率应具有‘零下限约束’”的学者认为，政策利率应存在一个下限，且该下限水平应不小于零。他们认为，当政策利率降到足够低时，其他资产的收益将与现金的收益（为零）趋同。由于现金具有最强的流动性，经济主体会放弃其他资产而持有现金。此时，降低政策利率只能使经济主体提高现金的持有量，并不能刺激投资和消费的增长，利率操作会陷入“流动性陷阱”。支持“名义利率应具有‘零下限约束’”的学者相信，持有现金是没有成本的，这是利率触碰“零下限”时实体经济陷入“流动性陷阱”的充分条件。

然而，随着理论的发展，部分学者开始质疑持有现金没有成本的假设。相应地，他们对“名义利率应具有‘零下限约束’”的共识发出挑战。这些学者认为，持有现金会产生一系列成本，如储存、运输和保管成本。当政策利率触碰“零下限”时，其他资产的收益仍将大于现金，现金需求不会趋于无穷大，经济不会完全陷入“流动性陷阱”。政策利率在“负利率”区间的调整仍能起到刺激经济的作用。换言之，政策利率能否打破“零下限约束”的关键在于经济主体的现金需求在利率水平趋近于零时是否会趋于无穷大。如果是，经济就会陷入“流动性陷阱”，反之调整利率的政策就是有效或部分有效的。

从各国实际情况看，“负利率”政策呈现出陷入“流动性陷阱”的迹象，多数实施“负利率”政策的金融机构并没有将超额准备金全部转化为信贷，而是转化成了现金资产，而银行现金资产的增多对于刺激经济显然是没有益处的，这一点在日本银行业体现得较为突出。尽管有陷入“流动性陷阱”的征兆，但目前各国所面临真实环境与“流动性陷阱”刻画的经济运行状态仍存在一定的差别。“流动性陷阱”理论强调现金资产与其他所有资产具有完全的可替代性，且所有资产的收益率对于政策利率的下调都是敏感的。然而，事实上许多资产与现金之间并不存在完全替代的关系，如个人储蓄存款，这类资产对利率下调具有较强的黏性，即使政策利率陷入“负利率”区间，这类资产仍将保持正收益，经济主体不会将资产全部配置成现金，经济不会完全陷入“流动性陷阱”。

（二）“负利率”政策如何操作

基础货币是央行最容易控制的高能货币，也是货币操作的重要变量之一。对基础货币实施“负利率”符合货币政策操作的可测性和可控性原则。基础货币包括流通中现金和商业银行存放在中央银行的准备金。“负利率”政策操作应针对现金还是准备金呢？就这一问题，理论界形成了三类观点：

第一类观点认为，“负利率”政策应针对流通中的现金实施。对现金征收“携带税”可有效避免现金贮藏行为，起到刺激通胀和总需求的目的。然而，对现金征收“携带税”存在较多困难。作为一种无记名零息债券，现金的产权关系并没有明确，无法确定缴税主体。另外，现金具有容易隐藏、透明度较差的特点，对其实施“携带税”可能会滋生洗钱等一系列违法行为，不利于货币体系的稳定。

第二类观点认为，应对准备金实施“负利率”，这也是现实中实施“负利率”政策的主流形式。对准备金实施“负利率”政策，本质上是将具有交易和记账功能的基础货币进行分离，只对具有记账功能的货币实施“负利率”。（超额）准备金是重要的货币政策变量，与流通中的现金主要发挥交易功能不同，准备金主要发挥记账功能，其必须依托银行账户，具有产权清晰、透明度高、监控难度较低等特点。更重要的是，在信用货币时代，准备金制度是银行体系资产负债扩张的重要依托，针对准备金实施“负利率”政策，能够更充分地发挥货币调控的效果。

第三类观点认为，应把具有记账功能的电子货币作为唯一货币，对其实施"负利率"政策。使用电子货币的优点主要包括透明性高、可追踪性强和成本低等。使用电子货币可提高货币体系的运转效率，同时增强"负利率"政策的调控效果。

对现金使用"携带税"是理想状态下的学术探讨，现实中将其付诸实践面临诸多困难。对于具有记账功能的准备金实施"负利率"政策，符合全球90%实施准备金制度国家的客观现实，具有较强的可操作性，这也是目前"负利率"国家和地区采用的主要调控方式。数字货币的提案则具有较强的前瞻性，是未来货币体系改革和发展的方向，从理论上看，针对数字货币实施"负利率"的效率最高。目前，部分国家和地区的央行正尝试引入数字货币，但相关技术和制度尚不健全，并不具备将其作为"负利率"政策操作对象的条件和基础。

（三）"负利率"政策是否具有理论下限

既然从理论上分析"负利率"政策是可行的，那么其操作是否存在下限？研究认为，"负利率"政策存在理论下限，根据测度方式的不同，"负利率"政策的理论下限可分为"物理下限"和"经济下限"。

"物理下限"由持有现金的成本决定，主要包括现金的储存、便利和安全成本。现金的储存成本可使用具有储存价值的物品衡量，如黄金的储存成本大约是0.2%，据此推算现金储存成本在0.2%~1%，且随着规模的增大，成本呈边际递增趋势。便利成本是指相对于持有记账货币，持有现金带来的成本。该成本可通过信用卡或借记卡交易手续费衡量，欧元区该成本为交易量的0.3%。如果以现金的持有成本计算，"负利率"政策的"物理下限"在2%左右。

"经济下限"是以利率调控是否陷入"流动性陷阱"作为依据。如果降低利率不能再继续刺激总需求，该利率被称为"逆转利率"，即"负利率"政策的"经济下限"。在实际操作中，"逆转利率"的判断取决于在该利率水平下，银行的信贷行为对利率变动是否依然敏感，如果利率下调不能继续刺激银行贷款的发放，此时的利率水平就是"逆转利率"。由于不同国家的情况存在较大的差别，“负利率”政策的“经济下限”也并不相同。

截至2016年末，“负利率”国家和地区的政策利率平均水平为-0.4%，最低水平为-0.75%（见图2-14），如果以-2%的“物理下限”作为参考，实施“负利率”政策的国家和地区利率水平仍有一定的下调空间。

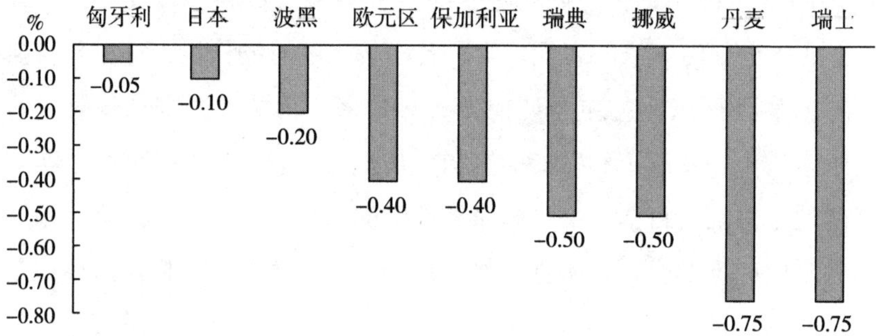

资料来源：各国或各地区央行网站。

图 2-14　2016 年末“负利率”政策利率水平

但如果从“经济下限”，特别是银行资产配置情况来看，部分国家和地区的“负利率”政策可能已接近“经济下限”。如实施“负利率”政策后，日本大型银行的现金资产占比明显提升，平均升幅在5个百分点，降低利率对信贷的刺激作用相当有限，尽管日本的政策利率水平仅为-0.1%，且其覆盖的超额准备金比率也相当有限（不足20%），但可以判断的是，继续下调政策利率产生的积极影响是非常有限的。相比较而言，“负利率”政策在欧洲的实施效果要好于日本，欧元区银行体系的信贷增速在“负利率”政策推出后呈温和增长态势，银行体系并未呈现囤积大量现金的特征，政策利率调整依然能够带来一定的刺激效果，但其边际效应递减的趋势是十分明显的。

三、“负利率”政策传导的关键点

“负利率”政策的传导机理是：货币当局降低存款便利利率，使其处于负值区间，以商业银行为代表的金融机构将央行的定价行为传导至货币、债券以及贷款市场，引导市场利率中枢下移，经济主体的投资和消费行为增加，最终实现刺激通胀以及促进经济增长的目的。"负利率"政策主要通过利率渠道、信贷渠道、资产组合渠道以及汇率渠道四个机制对实体经济产生影响。

在"负利率"政策的传导过程中，有三个问题是至关重要的：一是操作工具选择及配套措施的实施；二是以银行为代表金融机构的行为决策；三是"负利率"环境下短期利率下降能否引导长期利率下行。

（一）操作工具选择及配套补偿措施

"负利率"政策的操作工具选择至关重要。"利率走廊"[①]下限利率是"负利率"操作的首选政策利率。与之相配套的是，实施"负利率"政策的国家和地区大多采用了分层（Tiered）准备金制度，且为弥补"负利率"政策给商业银行等金融机构带来的损失，出台了针对金融机构的补偿措施。

"利率走廊"下限利率是主要的操作利率。目前，除瑞典和丹麦略有不同外，实施"负利率"政策的中央银行都采用"利率走廊"下限——存款便利利率作为主要的操作工具。"利率走廊"下限是重要的货币政策工具，其对于引导市场利率中枢变动具有重要作用。准备金补偿利率实际上反映了中央银行的信用溢价。一般情况下，央行在市场中具有最高的信用等级，相应地，准备金补偿利率应是所有利率中最低的，可作为市场利率的下限。选择"利率走廊"下限利率作为操作工具与宽松的货币环境密不可分。在宽松的货币环境下，商业银行的资金需求较低，其对央行贷款便利的需求相应也会下降，此时调整"利率走廊"上限——贷款便利利率对商业银行的影响较弱；相反，在资金相对充裕的背景下，商业银行对"利率走廊"下限——存款便利利率的调整具有较强的敏感性，因为许多商业银行选择将剩余流动性存入央行，以赚取微薄的收益。这解释了实施"负利率"政策的中央银行为什么要通过降低"利率走廊"下限而非上限实施"负利率"政策。

"负利率"政策操作依托于分层准备金制度。执行"负利率"政策的国

① "利率走廊"是指中央银行通过向商业银行提供一个贷款便利工具和存款便利工具，将货币市场的利率控制在目标利率附近。这样，以央行目标利率为中心，在两个短期融资工具之间形成了"走廊"，存贷款便利利率分别构成"走廊"的下限与上限。

家和地区无一例外地执行了准备金制度，且绝大多数采用了分层准备金制度。分层准备金制度将准备金划分成不同层级，对各层级实施差异化的补偿利率，该制度为“负利率”政策的实施创造了有利条件。与针对全部准备金实施“负利率”政策相比，对部分准备金（一般为超额准备金）实施“负利率”可达到以下效果：

1. 可降低实施“负利率”政策的财务成本。在实施“负利率”政策的国家和地区中，超额准备金在准备金中的平均占比在50%左右。针对超额准备金实施“负利率”政策，能够在引导市场利率中枢下移的同时，节约金融机构的财务成本，如果按照50%计算，可节省一半财务费用。

2. 使“负利率”政策具有“边际”调控的效果。针对超额准备金实施“负利率”政策，可避免存量准备金规模过大造成的财务成本，使“负利率”政策具有边际调控效果。例如，日本央行规定，“负利率”政策只针对2016年某时点为基数水平以上的超额准备金实施。在这样的制度安排下，商业银行只需关注如何控制新增、需缴纳“负利率”的准备金规模即可。

部分央行围绕“负利率”政策出台配套措施。“负利率”政策的实施对银行的盈利产生了不利影响。其本质是以让渡金融机构利润的方式刺激实体经济发展。对于实施“负利率”政策的金融机构，各国央行采取了一些配套措施，以对它们的收益进行补偿。如欧洲央行针对部分银行施行了低成本的TLTRO操作，日本央行为了能够维护银行的息差水平，进行了利率的“扭曲”操作，增加了长期债券的购买，提高了市场的期限溢价。除欧洲和日本央行外，瑞典、丹麦和瑞士央行等也各自采取了针对商业银行等金融机构的补偿措施。

（二）“负利率”环境下的银行行为选择

在金融稳定委员会（FSB）2016年公布的30家全球系统重要性银行中（以下简称G-SIBs），有14家银行的总部位于“负利率”地区，如果加上总部位于利率水平处于历史低位的美国和英国大型银行，全球处于“负利率”或低利率环境下的G-SIBs多达26家，占比达86.7%。实施“负利率”政策的国家和地区都拥有银行主导的金融体系，作为政策传导的中枢，商业银行在"负利率"环境下的经营面临较大挑战，主要体现为：盈利水平下降、风险偏好上升和资产配置行为发生扭曲。

1. 盈利水平下降。"负利率"政策推出以来，商业银行的盈利水平出现明显下滑。其中，中小银行的盈利水平所受冲击更为明显。"负利率"政策对银行盈利的冲击主要源于对净利息收入的负面影响。在"负利率"环境下，随着利率中枢的下移，收益率曲线逐渐呈现"扁平化"的特征，净息差大幅收窄。净息差收窄的原因主要包括：

资产收益和负债成本非对称下降。期限转换是银行的主要功能。通过借入短期负债、配置长期资产，银行可赚取期限溢价，而期限溢价正是利息收入的重要来源。"负利率"政策实施后，各国收益率曲线不断下移，同时更趋扁平化。这使银行资产收益的下降幅度大于负债成本的减小程度，于是净息差呈收窄态势。

资产和负债的计息方式存在差别。资产端浮动利率贷款占比较高是净息差收窄的重要因素，这一点在北欧大型银行中尤为突出。另外，负债端零售存款较多也是净息差收窄的原因，因为与其他类型的负债相比，零售存款利率对政策利率下调具有较强的"黏性"，特别是在政策利率处于较低水平时。相较于机构客户，零售客户持有现金的成本低，如果利率跌入负值区间，他们会将存款取出，持有现金。为挽留这部分存款，银行不得不选择支付较高利率。

资产和负债的地理区域错配。银行国际化水平的提高会通过扩大资产和负债的配置范围改善净息差，并减少政策冲击对净息差产生的不利影响。如果银行在"负利率"地区配置较多资产，而在"负利率"以外的地区配置较多负债，那么其净息差将面临较大的下行压力。对总部位于"负利率"地区的23家国际大型银行研究表明，资产和负债的区域配置会显著影响银行的净息差水平，通过在"负利率"以外地区（当地）配置较大规模资产（负债），可在一定程度上规避"负利率"政策对息差产生的负面冲击，这些银行在"负利率"政策推出后的净息差表现较好，如德意志银行、桑坦德银行等。

2. 风险偏好提高。在"负利率"环境下，金融体系的风险溢价不断下降：一方面，收益率曲线呈扁平化特征，期限溢价持续收窄；另一方面，不同评级资产回报率点差收窄、信用风险管理工具的价格下降（如信用违约互换点差），信用价差持续降低。随着短期利率下降，银行风险承担水平显著上升。除商业银行外，非银机构风险偏好上升的趋势也十分明显。如在低利率环境下，美国保险养老金公司大规模扩张影子银行业务，风险偏好显著提升，欧洲的养老金和保险公司也呈现出了相同趋势，因为这些机构受“负利率”政策的冲击往往比银行还要严重。

3. 资产负债配置行为扭曲。银行资产配置行为也发生了扭曲。首先，现金持有比例提升。由于超额准备金被征缴“负利率”，而实体经济又缺乏收益较高、风险较低的金融资产，部分“负利率”地区的银行加大了现金的持有比例。其次，商业银行同业负债占比显著提升，一般而言，存款是立行之本。然而在“负利率”环境下，商业银行对同业资金的偏好明显大于存款。这是因为在货币政策立场变动的情况下，同业资金对市场利率变动的敏感性最高，提高同业资金占比能最大限度地享受利率下调给银行带来成本减小的好处。

银行资产配置行为的扭曲，一方面会使“负利率”政策陷入“流动性陷阱”，政策效果大打折扣；另一方面也会加大虚拟经济杠杆，导致金融资源出现“脱实向虚”的特征，资产泡沫会因此膨胀。

（三）政策利率对其他利率的传导

无论是“负利率”政策抑或是正常市场环境下政策利率的调整，短期利率对长期利率的有效引导都是决定货币政策传导效果的关键一环。“负利率”政策与一般市场环境下基准利率下调的最大不同在于政策利率处于较低水平，甚至突破“零下限约束”。传统理论认为，在具有“零下限约束”市场预期的环境下，当政策利率达到较低水平时，市场会形成政策利率远期升水的预期。此时，长期利率对短期利率下降的敏感度将显著降低。这一规律在美国、英国等货币政策操作具有“零下限约束”的国家中体现得较为明显。

市场预期是“负利率”环境下影响利率传导效果的重要因素。“负利率”政策改变了市场对政策利率具有“零下限约束”的预期，抑制了远期利率升水预期，增强了短期利率向长期利率的传导效果。在实施“负利率”政策的国家和地区中，政策利率对长期利率的传导效果较好。瑞士实施“负利率”政策的经验表明，“负利率”政策实施后，短期利率对长期利率的传导效果较为明显，且其对长期利率的影响存在明显的非对称性，即短期利率上升对长期利率的影响效果要显著大于短期利率下降的效果。

四、启示

实施几年以来，“负利率”政策在引发理论界和实务界广泛探讨的同时，也为各国货币当局更好地进行宏观经济调控提供了有益的经验与启示。

一是“负利率”政策并非医治经济衰退的“良药”。自实施以来，虽然发挥了一定的效果，但随着利率水平下降，“负利率”政策的边际效应呈现递减状态。对部分国家和地区而言，“负利率”政策已呈现出接近理论下限的迹象，政策效果大打折扣。从长远看，推行“负利率”政策将使金融机构的行为发生扭曲，使金融资源“脱实向虚”，不利于金融体系稳定和实体经济的健康复苏。“负利率”政策是全球经济增长停滞和长期通货紧缩压力下的产物，其背后反映出的是结构性问题导致的实体经济投资回报率下降。单纯依靠以“负利率”为代表的刺激政策很难达到预期效果，并且还会产生明显的负面影响。“负利率”政策的使用应“有度”，同时还应配合财政政策、监管政策和其他货币操作，才能最大限度地发挥政策效果。

二是关注“负利率”环境下政策立场逆转造成的“超预期”影响，防范系统性风险。在“负利率”或低利率环境下，如果政策利率的调控方向发生逆转，即采取加息政策，该政策产生的影响值得高度关注。研究表明，“负利率”环境下上调政策利率带来的影响要显著大于下调政策利率，且上调利率的影响往往是超预期的。从历史经验看，长期低利率政策会滋生资产泡沫，当政策立场转向时，资产泡沫破裂的可能性加大，发生系统性金融风险的概率明显提高，美国次贷危机就是最好的例子。对“负利率”国家和地区的中央银行或货币当局而言，在进行反向（如加息）操作决策时，应对其产生的超预期和外溢效应进行审慎评估。如果该政策可能产生较大的外溢效应，应与其他国家和地区的央行或货币当局进行必要的沟通和协调。

三是重视政策调控方式的选择，加强预期管理。“利率走廊”调控工具的选择应与市场流动性充裕程度相契合，在市场流动性较为充裕的环境下，调整“利率走廊”下限产生的效果往往较好；而在市场流动性较为紧张的背景下，金融机构对于贷款便利调整行为较为敏感，调整“利率走廊”上限对利率中枢的引导效果较好。“负利率”政策效力的发挥，很大程度上取决于其对“零下限约束”预期的打破。市场参与者对“负利率”政策的持续时间及利率水平变动的预期对政策效果的发挥将产生十分重要的影响。货币当局在实施“负利率”政策以及其他货币政策的过程中，应加强事前的沟通与协调，重视对市场预期的引导。

四是不断完善货币金融基础设施。货币政策调控效果的发挥，需要完善的金融基础设施作保障。以“负利率”政策的操作为例，首先，它需要分层准备金制度作保障，不断优化存款准备金制度，形成合理的超额准备金和法定准备金比例（法定存款准备金的比例不能太高），以及准备金补偿利率机制（超额准备金补偿利率应具有政策调控的性质）；其次，货币市场和债券市场应具有足够的广度和深度，保证合格抵押品的可得性、规模性和便利性；维持“利率走廊”的合理宽度，保障对“利率走廊”上下限调控的可控性和灵活性；最后，不断推进数字货币的使用，提高货币体系的运转效率，为货币政策调控提供更有效率的运作环境。

五是采取补偿和激励措施，引导金融机构的行为。“负利率”政策通过利率调节方式将金融机构盈利让渡给实体经济，从而降低实体经济的资金成本。以商业银行为代表的金融机构在“负利率”政策的实施过程中发挥了承上启下的作用。它们的行为对政策传导发挥着十分重要的作用，如果它们的行为发生扭曲就会使政策效果大打折扣，还会使资金产生“脱实向虚”的效果。中央银行应对践行“负利率”政策较好的金融机构进行补偿和激励机制。同时，还应对宽松政策环境下可能产生的高杠杆和资产泡沫问题进行监管与治理。

六是金融机构要采取必要的应对措施。以商业银行为代表的金融机构应通过增加“负利率”地区负债规模，减少该地区资产规模；加大资产和负债端期限错配的力度；平衡资产负债两端产品的利息计算方式；提升高收益资产，压降高成本负债等方式应对“负利率”政策带来的不利影响。

第二节　金融监管

行为监管的国别实践在路上

2008年国际金融危机使各国金融监管当局意识到市场公平缺失和对金融消费者保护的不足是导致危机的重要原因，促使行为监管成为危机后金融监管改革的着力点。2017年，我国第五次全国金融工作会议将防控金融风险、加强金融监管摆在重要位置，并强调“更加重视行为监管”。本文拟聚焦澳大利亚、英国、美国等发达经济体及南非等新兴经济体，梳理行为监管的实践经验，以期为我国优化行为监管框架、创新行为监管手段提供经验借鉴与政策储备。

一、澳大利亚：行为监管的先行者，监管效果历经危机检验

澳大利亚的行为监管是在经典双峰监管模式下推行的。英国经济学家泰勒早在1995年首次提出金融监管的“双峰理论”（Twin Peaks），即审慎监管与行为监管平行并重。虽然双峰监管模式起源于英国，但澳大利亚自1998年便开始实行双峰监管，机构设置与权力配置模式完全契合双峰理论的要求，且监管效果经过危机检验。2008年国际金融危机后，澳大利亚开展金融赔偿计划，监管框架保持不变（见图2–15）。金融监管委员会协调联邦储备银行、财政部以及金融监管部门，其中，审慎监管局（Australian Prudential Regulatory

Authority，APRA）和证券投资委员会（Australian Securities and Investments Commission，ASIC）分别执行审慎监管和行为监管职能。

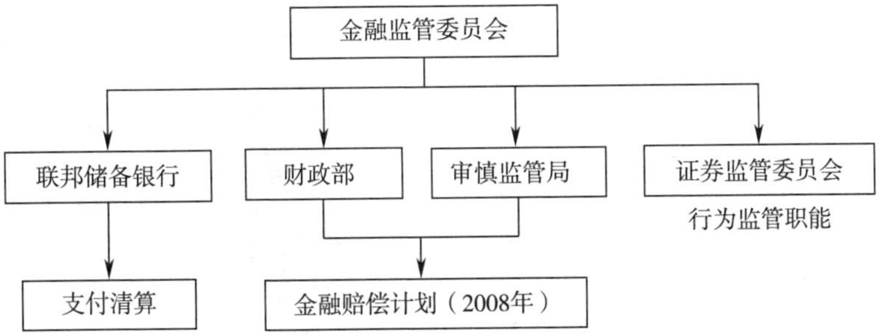

图 2–15　澳大利亚金融监管框架

澳大利亚证券投资委员会的前身是澳大利亚竞争与消费者委员会和澳大利亚证券委员会，改革后监管重点是金融市场的产品和服务，目标是促进投资者和消费者对市场的信任和信心，保护消费者权益，确保市场公平有效以及提供高效的注册服务。澳大利亚证券投资委员会执行监管的主要依据为三大法案，分别是《2001年公司法》《2001年澳大利亚证券和投资委员会法》《2009年国家消费信贷保护法》。具体监管流程和处理方法如图2–16所示。

二、英国：拆解重组监管机构，实现行为监管的再创造

英国银行业在2008年国际金融危机中损失惨重，财政部在危机后主导金融监管框架改革。危机前，执掌监管的金融服务管理局被拆解，一部分对金融机构审慎监管的职能被移交至英格兰银行下设的审慎监管局（Prudential Regulatory Authority，PRA）；另一部分保护金融消费者权益、对金融市场行为进行监管等相关职能保留，并重组更名为金融行为监管局（Financial Conduct Authority，FCA）。这两大监管机构原则上为并列关系，在监管过程中需协调配合。虽然金融行为监管局由英国财政部和议会直接任命，但是审慎监管局对其具有否决权（见图2–17）。

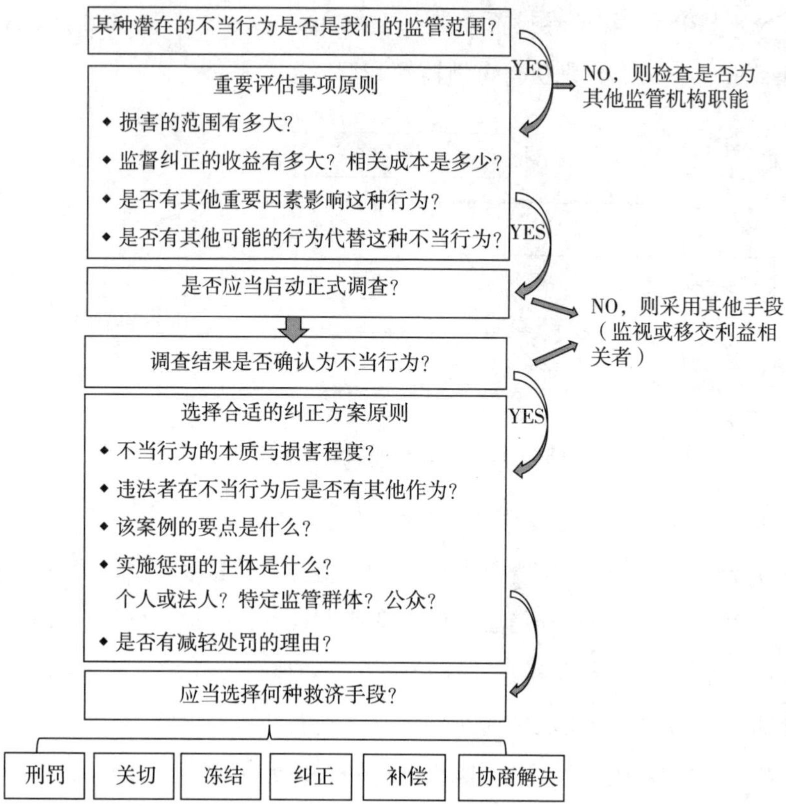

资料来源：*ASIC'Approach to Enforcement*，2013 年 9 月。

图 2–16　ASIC 执行监管的方法和流程

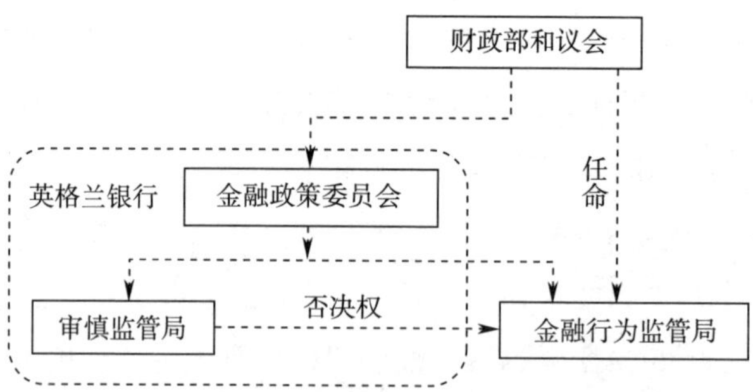

图 2–17　英国金融监管框架

2017年7月5日发布的2016—2017年金融行为监管局年报“FCA Annual Report and Accounts 2016/2017”中，行为监管目标主要体现为：保护消费者、保护和加强英国金融市场完整性、促进竞争与市场行为监管等方面。具体监管内容与措施见表2–2。

表 2–2 英国行为监管局监管目标与具体措施

监管目标	具体内容	具体措施
保护消费者	对金融消费者提供一种适当的保护，鼓励所有公司专注于为消费者提供公平服务	一是确保公司政策始终考虑消费者，要求从业人员公平对待消费者及抵押贷款客户，出现问题应及时补救；二是监督企业以确保他们符合其监管要求；三是严惩犯罪活动和提高公众对欺诈的认识
保护和加强英国金融市场完整性	保障金融市场的公平、效率和透明；公司可以在公开和透明的市场中经营并取得消费者信任；构建有弹性的基础设施和适当满足消费者、企业、其他金融机构的需求	一是保护所有非流动资产投资者；二是确保供应商诚信行事；三是打击市场滥用现象；四是严格调查内幕交易，改善英国首次公开募股（IPO）流程
促进竞争与市场行为监管	保持市场健康良好的竞争；保持消费者的知情权；确保公司努力经营以维持市场竞争；允许无生命力的企业退出	一是优先考虑那些对监管目标具有更高风险的领域和公司，以及最能代表公共利益服务的领域；二是判定和处理恶劣行为和市场滥用的情况；三是对企业制定原则、规则和标准，以确保公平和有效地运作，为市场和消费者带来益处

资料来源："FCA Annual Report and Accounts 2016/2017"，2017 年 7 月。

英国行为监管局在制定监管措施、监管政策时具有严格的审查程序：（1）优先考虑能最大程度发挥作用的政策；（2）制定新规则的必要前提是能有效地解决相应的问题；（3）及时审查不能实现原本正确目标的规则；（4）考虑政策与欧洲、其他国家地区监管之间的关系。具体来看，主要有三大监管支柱，如表2–3所示。

表 2–3 英国行为监管局的三大监管支柱

监管支柱	具体内容
事前监督	搭建企业专用监督程序，对重要金融机构分部门监管
事件驱动与反应监管	基于监管者的风险偏好专注于某种风险的结果分析并进行监管
主题式监管法	跨部门将同一类型的业务职能统一监管

资料来源："FCA Annual Report and Accounts 2016/17"，2017 年 7 月。

三、美国：基于金融消费者保护的行为监管框架，设立新机构

金融消费者保护是行为监管最主要目标之一。美国在危机后更加重视行为监管，成立了消费者金融保护局（Consumer Financial Protection Bureau，CFPB），其设立在金融稳定监督委员会下，负责保护所有金融行业的消费者，独立于现有多个监管主体。

美国消费者金融保护局主要目标是“落实并加强消费者保护法案及相关法律法规的实施，确保金融产品和服务市场的公平、透明、竞争，为消费者享受金融产品和服务提供保障”。其监管原则主要体现在三个方面：一是聚焦于消费者。评价一个金融机构的政策和做法时，主要关注其行为可能对消费者造成的风险。二是数据驱动原则。所有活动均建立在对被监督对象、市场及消费者风险的数据分析之上。三是一致性原则。对存款机构与非存款机构进行一致性监管。同时，消费者金融保护局提供了一套完整的监督审查机制，主要分为确定预查范围、审查、商讨结论并采取措施、监督（见图2–18）。

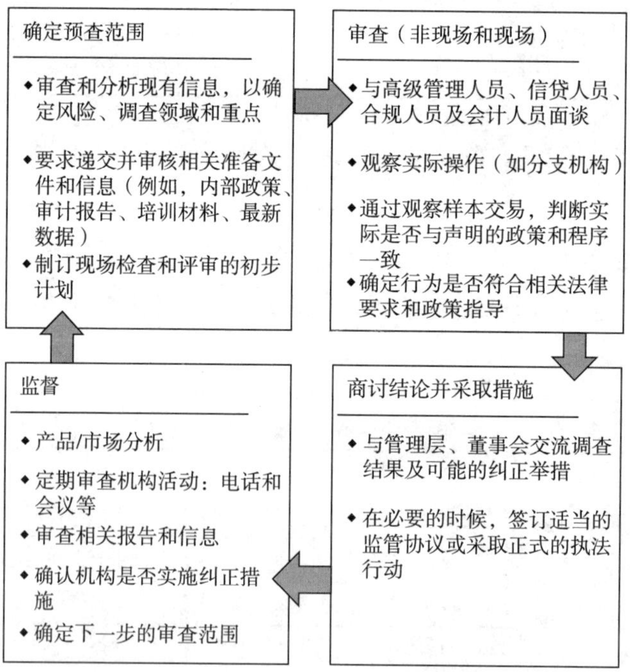

资料来源：“CFPB Supervision and Examination Manual”，2017 年 6 月。

图 2–18　美国消费者金融保护局监督流程

四、南非：发展中国家推行行为监管的先驱者，改革成效有待观察

南非是发展中国家中对行为监管尝试较早、监管模式改革较为彻底的国家。2011年，南非以政策文件形式建议采取“准双峰”的监管模式。2013 年 12 月，南非政府发布《金融部门监管法案》征求意见稿，开启对本国金融监管模式的改革。2017年6月22日，经南非国民议会通过的最新版《金融部门监管法案》（以下简称《法案》），是目前对南非金融监管体系最完整、最准确的论述。改革的主要内容是设立金融稳定监督委员会，以协调各监管部门；在南非储备银行中设审慎监管局；设立金融行业行为管理局（见图2–19）。

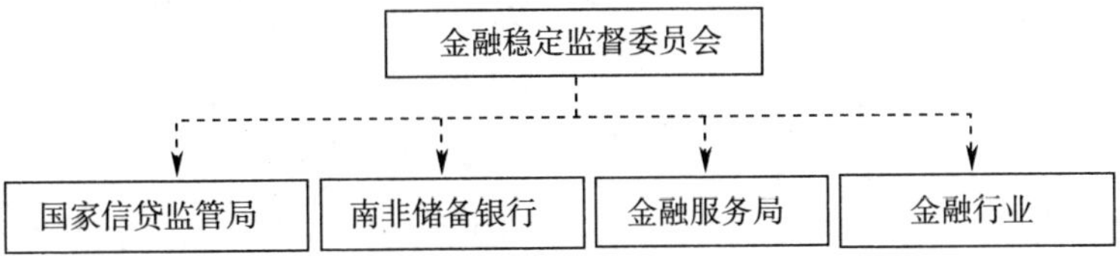

图 2–19　南非金融监管框架

《法案》指出，金融行业行为监管局是一个独立机构，监管目标与监管事项如表2–4所示。

表 2–4　　南非金融部门行为监管局监管目标与监管事项

监管目标	监管事项
加强和支持金融市场的效率和完整性	①依照法律规范和监督金融机构的行为；②促进可持续的竞争以保障金融业的权威目标，提供金融产品和金融服务；③定期审查金融行为监管的边界和范围；④发布相关行为监管研究结论
保护金融消费者	①监控金融机构在多大程度为金融客户提供公平服务，保护金融服务的公平和适当性，满足消费者的需求和合理预期；②制定策略和计划实施金融教育；③与相关委员会合作医疗计划；④促进金融包容；⑤管理税收
协助维护金融稳定	根据法案配合和协助储备银行、金融稳定监督委员会、国家信贷监管机构等，确保国家权威

资料来源：Minister of Finance，South Africa，“Financial Sector Regulation Bill”，2017 年 6 月。

五、效果与启示：重视行为监管是大势所趋

2008年国际金融危机后，行为监管成为金融监管改革的着力点。其以明确的监管目的、清晰的监管职能、良好的监管效果受到广泛认可，未来重视行为监管是大势所趋。

澳大利亚是行为监管的先驱者，其重视行为监管职能的实施，避免了金融系统参与者进行监管套利，充分保障了市场的公平、公正。澳大利亚因其完善的监管制度安然度过了2008年的国际金融危机，2009年经济增长超过其他所有发达国家。澳大利亚在危机中的优秀表现，成为英国、美国、南非等国家重视行为监管的重要原因之一。在危机后，英国实行"准双峰"监管模式，相关改革帮助其走出危机阴影，经济企稳并恢复增长。随着2013年英国行为监管的全面推进，金融消费者信心提升，资本市场表现好转，股市收回失地，并逐步回升至危机前的水平。美国的消费者金融保护局自成立以来，出台多项消费者金融保护规则，查处相关违法违规行为。例如，2014年4月，美国金融消费者保护局因美国银行误导消费者购买额外信用卡产品、非法收取服务费等行为对其处以7.72 亿美元的罚款和退款。金融消费者保护局的设立对维护美国金融稳定起到积极作用：一方面，通过多元化的监管措施与完备的监管流程实现对金融消费者的全方位保护；另一方面，借助惩处案例，警示金融服务提供者，以达到维护金融市场秩序的目的。

基于国别实践经验及实施效果的比较分析，我们认为主要有以下几点启示：

第一，改革方向的把握——集中行为监管职能，提升行为监管地位。国别经验的梳理分析证明，未来行为监管改革的方向是集中职能，提升地位。多数国家的金融监管均或多或少地涉及行为监管内容，但对行为监管重要性的认识是在危机后才得以被各国普遍认识。目前，在已经推进改革的主要国家，行为监管部门均直接隶属于类似"金融稳定委员会"（澳大利亚的金融监管委员会、英国的金融政策委员会、美国和南非的金融稳定监督委员会）的高级别协调机构，这足以说明提高行为监管地位才能有效提升行为监管的效率。

第二，监管框架的设立——没有一种放之四海而皆准的行为监管模式，改革应当立足本国特点。澳大利亚是双峰监管模式的先行者，金融监管框架明确，层级清晰；英国是对“行为监管的再创造”，是“准双峰”监管模式，框架复杂程度较高；美国金融监管模式的复杂程度最高，在危机后新设立高级别消费者金融保护局，执行主要行为监管职能；南非改革后的监管模式是更加靠拢英国的“准双峰”。危机后，进行监管框架改革、提升行为监管地位的国家，改革方案各不相同，改革模式也没有“照搬”澳大利亚经验。因此，没有一种统一的行为监管模式，监管框架的改革和设立应立足于本国特色。

第三，重要目标的实现——保护金融消费者权益是行为监管最重要的目标之一，是行为监管的重要突破口。对金融消费者的保护由来已久，但是多在各级监管机构下设相关职能部门，或是在消费者保护的职能机构作为细分业务存在，呈现出部门分散、职能交叉、形式大于实质的情况。保护金融消费者是行为监管最重要的目标之一，同时改革门槛低、难度小，应当尽快开展金融消费者保护职能的集中与完善，一些国别监管措施和考虑因素是可以学习借鉴的（见图2-20）。

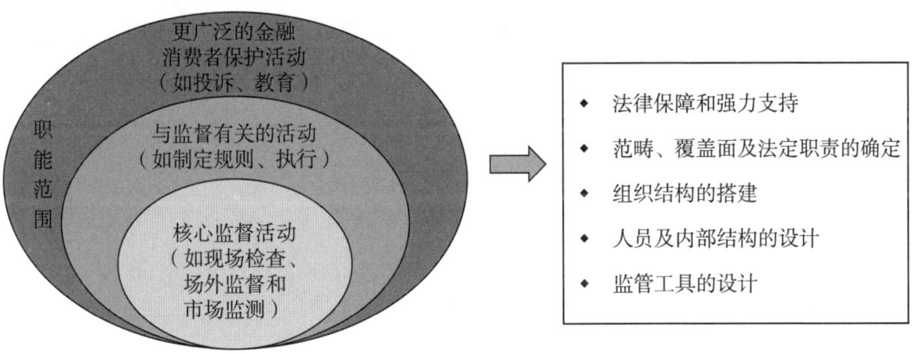

资料来源：World Bank Technical Note，“Establishing a Financial Consumer Protection Supervision Department”，2014年3月。

图2-20　成立金融消费者保护监管部门需要考虑的问题

第四，标准规则的制定——推进行为监管改革，构建标准规范的工作模式和流程应当先行。从国别行为监管机构设立的经验来看，无论采取哪种行为监管框架的改革，标准化的工作手册是开展行为监管的重要依托。例如，澳大利亚、英国、美国均有标准监管程序或措施清单。因此，应当尽快制定并推行规范标准的工作模式和流程，这将有利于在未来降低行为监管改革的难度。

实施托宾税的技术难题及效果分析

国际资本流动的波动性加剧，使各国如何加强对资本流动，尤其是对短期资本流动的监测和管理成为亟待解决的课题。驱使各国实施托宾税的因素主要包括：抑制金融危机后的资本外逃、应对经济过热导致的通货膨胀以及抑制资本市场投机引发的不稳定等。从各国的实践来看，不同国家面临的宏观环境不同，实施托宾税后取得的效果也不同。总体而言，托宾税优化了长/短期资本流入结构，一定程度上抑制了短期资本流入。托宾税的引入为决策者提供了更多的政策选择空间，有助于保持货币政策的独立性，但对于维持汇率稳定的作用并不显著。

一、各国实施托宾税的驱动因素及困难

20世纪70年代初期，布雷顿森林体系瓦解。美国经济学家詹姆斯·托宾首次提出“往飞速运转的国际金融市场车轮中掷些沙子”，但是这一提议在当时并没有引发足够的讨论。20世纪90年代，全球共发生了五次较大的金融危机，包括欧洲货币危机、墨西哥金融危机、亚洲金融危机、俄罗斯金融危机和巴西金融危机。包括托宾在内的一些经济学家再次提出托宾税，智利、马来西亚、泰国、巴西等一些新兴经济体为缓解由跨境资本流动冲击造成的系统性风险实施过托宾税。2007年次贷危机全面爆发，各国重新审视跨境交易及投机的过度增长，托宾税再次回到人们的视野。我国央行在2015年8月31日发布了

《关于加强远期售汇宏观审慎管理的通知》，其中对开展代客远期售汇业务的金融机构从2015年10月15日起应交存外汇风险准备金，准备金率为20%，冻结期1年，利率为零，这一政策被部分学者理解为“中国版的托宾税”。

从托宾税的实践来看，各国面临的国际经济环境有所不同，国内的资本管制措施和经济发展程度也不一样，使得实施托宾税的背景不尽相同。归结起来，驱使各国实施托宾税的因素主要有以下三点：

（一）抑制金融危机后的资本外逃

1997年亚洲金融危机后，马来西亚股市泡沫破裂，投资股市的外资大规模流出，外币储备快速下降，林吉特兑美元汇率由2.5一度贬至4.9。马来西亚为避免国际货币基金组织援助附加的财政和货币紧缩对国内实体经济产生新一轮冲击，于1998年宣布实行固定汇率和资本管制，1999年改为撤资税，这些措施为马来西亚的经济恢复赢得了空间。此外，2008年国际金融危机后，跨境资本一度大规模流出新兴市场，韩国和泰国分别曾对外国投资者投资本国国债收益流出部分征收预扣税，用于提高资金撤出的成本。

（二）应对经济过热导致的通货膨胀

1975年，智利经济走上了复苏道路，1977—1980年智利国民生产总值平均增长率为8%，国际收支盈余。随着经济增长速度的提高，智利的通货膨胀率开始上升。20世纪90年代，智利的通货膨胀率在7%~20%，同期美国和德国的通胀率是2%~3%，日本的通胀率接近于零。面对国内经济过热的现状，1991年6月智利政府实行了无息准备金政策来抑制国际短期资本的流入。

巴西政府1990年推行的“科洛尔计划”带来了高利率，吸引大量短期外资流入巴西，加剧通胀压力。为缓解这种状况，巴西于1993年推出金融交易税。2008年巴西政府为应对国内通胀而上调了基准利率，较高的利率水平再次吸引大量外资流入，巴西不得不于2009年起再次实施金融交易税。

（三）抑制资本市场投机引发的不稳定

由于欧元区内部实施统一的货币政策，而财政政策却由各国政府自己控制且相互之间缺乏协调机制。在希腊、爱尔兰相继出现债务危机后，欧元区金融市场便成为投机者轮流攻击的对象。欧元区内部资本的高度流动性，使得政府在推行赤字财政的情况下高度依赖资本市场融资，因此维护资本市场的稳定性显得尤为重要。2008年国际金融危机和2010年欧债危机爆发后，面对巨额的财政赤字、暗淡的经济前景及居高不下的失业率，欧元区开始酝酿实施金融交易税。2010年，为了限制短期投机资本的大规模流动，规避市场剧烈震荡，防御金融风险，同时增加财政收入，德国总理默克尔与时任法国总统萨科齐共同号召二十国集团成员达成征收金融交易税的共识。

二、托宾税的国别实践比较

（一）以交易税、无息准备金、预扣税和撤资税为主要课税形式

托宾税包括狭义和广义两种，狭义的托宾税是指对于外汇交易征税，广义上的托宾税是指对所有金融资产交易征税。目前国际上托宾税有四种类型：交易税、无息准备金、撤资税和预扣税，差别主要体现在征税环节不同，其中税率是主要调节手段。

无息准备金和金融交易税针对外汇流入环节征收，预扣税和撤资税针对外汇流出环节征收。无息准备金旨在缓解短期外资流入导致的本币升值压力，准备金率是主要调控手段，有时针对短期流动还会采用更为严厉的差异化准备金率。金融交易税主要用于提高交易的成本，以抑制过度频繁的交易。金融交易税的征税范围不仅包括即期市场，也可延伸至外汇衍生工具交易。预扣税和撤资税均在流出环节征收，其减少投资收益或提升投资成本的程度与资本跨境流动的时间长度成反比。

在征税的同时，各国也采取了相应的财政政策、货币政策和行政手段加以配合，以取得更好的效果。如智利实行了紧缩性财政政策，加强对金融体系

的监管，完善银行存款保险制度（对活期存款完全进行保险），对直接投资和证券投资实行最低期限要求，国内公司对外借款要满足最低登记要求等。智利政府建立了一套金融部门的管理框架，制定了严格的信息披露标准以及贷款分类和供给制度，限制连续贷款，并规定清偿债务的明确步骤。这些政策在20世纪90年代持续实行并不断得到加强，与无息准备金政策共同增强了智利防范和化解金融风险的能力。

（二）征税范围包括全范围征税和选择性征税

1.全范围征税。全范围征税包括外汇现货交易、金融工具交易以及金融衍生工具交易，涵盖了主要的金融交易。就目前来说，还没有国家实施完全的全范围征收托宾税。即使是欧盟开征的金融交易税，也规定了相应的免税范围，包括股票、债券、衍生品、借款、贷款以及订立或者修改衍生工具合约等，涉及场内市场与场外市场。

全范围征税的托宾税形式主要是金融交易税，实施的国家主要是巴西和法国。由于国内通货膨胀的持续，巴西曾两度实行金融交易税，其中，1993—1999年实施的交易税涉及基金、贷款、证券以及银行间外汇交易，而在2009—2014年的金融交易税中，范围有所扩大，包括固定收益工具、股票市场、贷款、衍生品和海外存托凭证等。2012年8月，法国实施0.2%托宾税，成为第一个实施托宾税的欧元区国家。此后，欧盟委员会从2014年1月开始，规定德国、法国、意大利、西班牙、奥地利等11个国家对所有金融工具的买卖进行征税。按照欧盟的方案，对衍生品征收0.01%的税，对股票、债券、基金份额、货币市场工具、回购协议以及证券借贷交易征收0.1%的税。

2.选择性征税。其税收形式主要是无息准备金和预扣税、撤资税，其中，智利实施的无息准备金主要是针对外币贷款。2011年初，韩国对外国人购买国债和货币稳定债券的利息征收14%的预扣税；马来西亚的撤资税主要是对外国投资者投资利润的撤回征税。与金融交易税相比，无息准备金和预扣税、撤资税主要涉及货币市场，对资本市场涉及较少。

（三）遵循“宽税基、低税率”的税率设计并保持一定的灵活性

各国在实行托宾税时，基本遵循了“宽税基、低税率”的思路，而且交易的成本随着资本投入期限的延长而降低。在具体实施上，各国的税率也是随着经济形势变化而保持一定的灵活性。

以法国为代表的金融交易税在税率上体现了一定稳定性，这与税收固定性的特征有关。一项税收的开征和实施往往需要经过立法，税率的改变更是税收政策制定的核心，因此难以进行经常性的修改。在股票交易上，交易税率确定为0.2%，征收对象为市值超过10亿欧元、总部设在法国境内上市公司股份的买方交易者；在金融衍生品交易方面，交易税率为0.01%，征收对象为基于主权债务的信用违约互换交易，以长期持有和对冲风险为目的的投资者不需要缴税。以智利为代表的无息准备金形式，主要依靠改变准备金率来改变短期投资的资金成本，实现控制短期资本流入的目的。以韩国为代表的预扣税和撤资税形式，只对外国人购买国债和货币稳定债券的利息收入征收14%的税，征税范围比较狭窄。

在上述国别比较中发现，托宾税在实施过程中存在一些技术难题。首先，在税收政策制定方面，寻找一个不会影响正常贸易信贷又能有效抑制短期资本流动的税率比较困难。如果托宾税税率设定过高或征收的范围过于宽泛，会对成交量产生负面影响。如果托宾税税率设定过低，就无法对过度频繁的交易产生影响，也不会增加财政收入。此外，托宾税设计之初是对全球征收统一的税率，但是目前在全球实施金融交易税存在一定的困难。例如，维尔京群岛和开曼群岛就是天然的避税天堂。

其次，在金融资产交易类型方面，由于金融衍生工具的多样性以及世界范围内新型避税工具的不断涌现，如何区分金融资产正常交易和过度投机交易成为一个难点。如果不能正确区分，则可能扰乱市场秩序，干扰资本流动。

最后，托宾税难以涵盖异常交易渠道。征收托宾税会对专门从事外汇套利交易的金融机构交易量产生影响，从而影响贸易和投资者情绪。但监管当局可以监测有效交易数据，但对于一些异常资金，如通过地下钱庄、虚构交易等渠道，托宾税难以发挥其应有的效果。

三、托宾税实施效果的比较分析

从托宾税在各国的实践来看，不同国家面临的宏观环境不同，实施托宾税后取得的效果也不同。

（一）托宾税优化了长短期资本流入结构

托宾税对资本流入和流出均有影响。1984—1988年智利的经济改革取得了显著效果，但通货膨胀率不断攀升。为抑制较高的通货膨胀率，智利政府实行紧缩的货币政策，但利率的升高吸引了大量资本流入。为此，20世纪90年代初智利政府实行了一系列政策抑制短期资本流入，这其中包括无息准备金制度。从表2–5可以看出，在实行无息准备金的10年里，智利政府的短期资本流入占整个资本比例从实施之初的96.3%逐年下降到1997年的2.8%；长期资本占整个资本流入的比例由1988年的3.7%逐年上升到1997年的97.2%。

表2–5　　1988—1997年智利资本流入结构　单位：百万美元，%

年份	短期资本	短期资本占比	长期资本	长期资本占比	流入资本总额
1988	916.564	96.3	34.838	3.7	951.402
1989	1425.595	96.0	77.122	5.0	1529.717
1990	1683.149	90.3	181.419	9.7	1864.568
1991	521.198	72.7	196.115	27.3	717.313
1992	225.197	28.9	554.072	71.1	779.269
1993	159.462	23.6	515.147	76.4	674.609
1994	161.575	16.5	814.699	83.5	981.274
1995	69.675	6.2	1051.829	93.8	1121.504
1996	67.254	3.2	2042.456	96.8	2109.710
1997	81.131	2.8	2805.882	97.2	2887.013

资料来源：Sebastian Edwards，How Effective are Capital Controls?.NBER Working Paper No.7413，1999。

（二）托宾税在调整资本流出、流入规模方面发挥了一定作用

以马来西亚为例，马来西亚政府实施托宾税的主要目的是抑制资本流

出。为了抑制短期资本流出，马来西亚政府自1998年9月开始对利润汇出征收托宾税。从表2-6可以看出，其私人短期资本流出从1998年第三季度的12万亿美元下降到第四季度的5.9万亿美元，长期资本从1998年第三季度的流出6.7万亿美元转为第四季度的流入5.9万亿美元。

表 2-6　　1998—1999 年马来西亚国际收支状况　　单位：百万美元

项目＼时间	1998Q1	1998Q2	1998Q3	1998Q4	1999Q1	1999Q2	19993Q3	1999Q4
经常账户	1643	2197	3300	3461	2841	3247	3698	2817
长期资本	372	785	–667	593	84	972	594	111
私人短期资本	–2317	–1185	–1207	–588	–1811	–690	–4125	–3255
错误与遗漏	–162	–1560	4226	649	153	–1113	91	–428
总收支	–464	–102	1128	4724	1537	3427	258	–755
外汇储备	19800	19698	20826	25550	27087	30514	30772	30007

资料来源：根据马来西亚国家银行（BNM）数据整理而成。

1999年，马来西亚政府实行外汇改革，禁止外国资本在12个月内撤出，以抑制短期证券投资，鼓励进行长期投资。1999年第四季度，马来西亚证券投资流出为7.8亿林吉特，超过100亿林吉特的证券投资仍然在马来西亚境内。2000年第二季度，马来西亚证券投资为36亿林吉特，实现了净流入。马来西亚政府对资本流出征收的托宾税虽然增加了投资者的成本，但仍然是透明的，为投资者带来了极大信心。从图2-21可以看出，1998—2000年，马来西亚外商直接投资净流入从1998年的约22亿美元增加到2000年的约38亿美元，托宾税在抑制资本流出方面发挥了重要作用。

泰国实施的托宾税在一定程度上达到了控制资本流入的目的。1991—1995年，泰国政府采用固定汇率制度，在此期间，泰国的GDP增长率在8%以上，通货膨胀率控制在6%以下。由于泰国显著的利率和汇率差异，很多投机者看到了机会，形成大量不稳定的净资本流入。对此，泰国政府采取了一系列包括托宾税在内的措施，例如，1995年将7%的准备金要求扩大到非居民一年期以内的泰铢借款，以及商业银行和泰国离岸银行一年期以内的新增短期离岸借款。实施托宾税以后，泰国净资本流入规模下降，且短期净流入资本占全部净流入资本的比重从1995年的62%下降到1996年的32%。

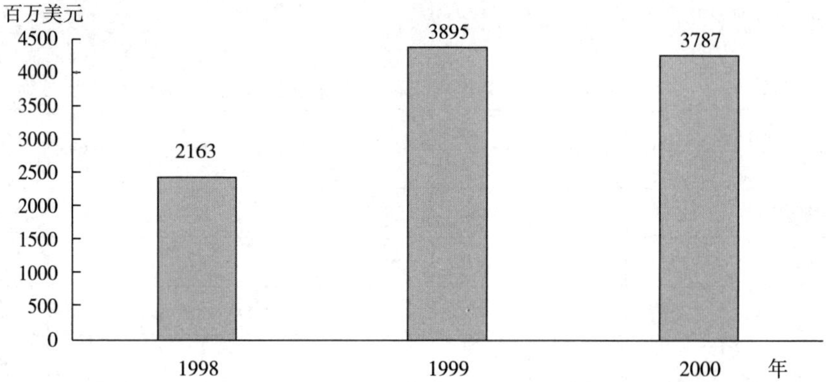

资料来源：世界银行。

图 2-21　马来西亚 1998—2000 年外商直接投资净流入

（三）维持汇率稳定的作用并不显著

从已实施托宾税的国别经验来看，托宾税对于维持汇率稳定的作用并不显著（见图2-22）。鉴于实际有效汇率主要考虑一国主要的贸易伙伴国货币的变动，剔除了通胀的因素，可以真实反映一国货币的对外价值，我们用实际有效汇率来衡量不同国家实施托宾税前后汇率的变化。

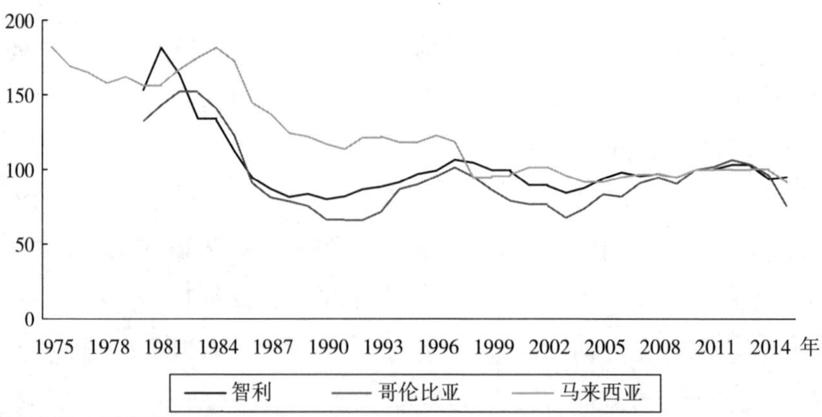

资料来源：世界银行。

图 2-22　智利、哥伦比亚、马来西亚实际有效汇率指数

智利政府于1991年开始实施托宾税，其实际有效汇率指数呈现升值态势。1997年，智利的实际有效汇率指数为106.79，比实施托宾税之初的1991年增加了24.7%，1997年同比增速更是达到7.3%。这表明实施托宾税并未有效缓解智利资本流入带来的本币升值压力。

1997年亚洲金融危机后，马来西亚于1998年突然宣布采取固定汇率，实施外汇流出管制。当年林吉特实际有效汇率贬值达20%，此后1999—2002年仅有小幅升值，2003—2004年再次贬值10%，撤资税也并未对汇率形成实质性支撑。

2000年以后新兴国家汇率走势趋同，难有证据说明托宾税政策对实际汇率产生系统性影响。2005—2007年，哥伦比亚和泰国实际汇率显著升值，但两国采取无息准备金仅两年多后爆发了2008年国际金融危机，导致新兴市场撤资潮，此措施被仓促取消。

（四）托宾税有助于保持货币政策的独立性

实际利率之差反映货币政策独立性，一段时间内本国与国际市场实际利率差异越大，货币政策独立性越强。从这一角度来看，实施托宾税有助于保持一定的货币政策独立性，为决策者提供了更多的政策选择空间。资本流入国中，智利（1991—1998年）和哥伦比亚（2007—2008年）在实施无息准备金之后实际利率差扩大；巴西（1993—1999年）在实施金融交易税期间实际利率差高达12.5%；巴西（2009—2014年）和哥伦比亚（1993—2000年）在实施托宾税期间实际利率差也维持高位。

四、启示

（一）因地制宜，实施托宾税应与本国经济状况相适应

一国是否实施托宾税，应立足于本国经济状况与政策环境。如果实施，应注意与财政政策、货币政策和行政手段相配合，才能取得更好的效果。另

外，一国的经济状况决定税收制度框架的设计。随着国内经济状况的变化，税收政策也应作出相应的调整。开征托宾税是为了弥补金融市场的失灵，用提高投资成本的方式来抑制短期资本的活跃程度，改善资本投入结构。在实施中，征税范围、税率、征税形式、税收优惠的确定和调整都应当符合本国的经济状况和政策目标，防止出现矫枉过正、干预金融市场正常交易的行为。

（二）差别分析，关注托宾税改善资本流动期限结构

通过分析智利、泰国等国的实践，托宾税在改善资本流入、流出的期限结构上确实是行之有效的，可在一定程度上达到缓解短期资本过热、提高货币政策独立性等目的，并且对本国利用外资的负面冲击较小，这符合实施托宾税的理论预期。但我们也应意识到，在抑制资本流出方面，托宾税在马来西亚、泰国的实施没有达到预期的效果。韩国、马来西亚等先例均具有相当大的特殊性。马来西亚的撤资税，相对于1998年的严格资本管制而言，实际是对资本流出的放松而非收紧。因此，对于意在抑制资本流出而实施托宾税的国家，应吸收撤资税和预扣税失败的教训，更加谨慎为宜。

（三）应充分意识到离岸市场套利行为会削弱政策效果

在一国实施托宾税，实质上是对一国的金融交易构筑了一道门槛，形成了税收的高地。活跃的离岸市场使政府限制资本流出和投机攻击的努力难以取得成效，也会使投机者通过此方式躲避托宾税的征收，因为监管机构很难对离岸市场上的本币交易活动进行监管。投机者在离岸市场借贷本币后再抛出，会使离岸市场的利率上升，吸引国内资本流向离岸市场。因此有效抑制离岸市场的投机活动是成功进行资本管制的重要环节之一。泰国的经验表明，政府的管制措施不广泛，没有对离岸市场加以管制和调控，使得市场上仍然存在套利机会，导致管制措施最终失效。因此，当考虑实施托宾税时，也应密切关注离岸市场，加强与其他国家的多边合作，采取一定手段有效降低或消除他国对托宾税措施的削弱。

（四）适时考量，可以将托宾税纳入宏观审慎监管工具篮子

在经济全球化的趋势下，一个国家或地区的政治、经济、社会等不稳定因素很容易扩散，从而带来外溢效应，而托宾税在一定程度上可以弥补宏观审慎监管和其他资本流动管制工具在防范资本流动冲击方面的不足。从各国的实践来看，适当的托宾税制设计确实能够改变资本流动结构及规模，这为一国使用托宾税作为宏观审慎政策提供了一定的经验证据。根据国情特点，一国适时开征托宾税，能够增加交易成本，并且对市场中的“高频交易”拉响警报，有利于维护本国金融市场的稳定。

特朗普新政背景下的美国金融监管趋势

特朗普上台后，着手对金融危机以来颁布的金融监管法规实行改革，其主要目的是通过修改和部分废除《多德—弗兰克法案》，减轻美国金融机构尤其是社区银行和区域性银行的监管负担，并解决“大而不能倒”和银行救助问题。

特朗普可选择的金融监管改革方案主要有二：一是由众议院亨萨灵提出的《金融选择法案》，其核心内容是通过提供“监管出口坡道”，为所有选择持有高杠杆率的银行提供监管豁免；二是由联邦存款保险公司霍尼格针对大型全能银行提出的一种强制性的结构性改革方案，其特点是通过在金融持股公司名下分别设立银行中间持股公司和非银行中间持股公司，将这类银行从事的传统商业银行业务与投资银行和证券交易等非传统业务相分离，进行管理。

一、美国新一轮金融监管改革的相关进展

西方金融界普遍认为，2008年国际金融危机之后的全球金融监管改革是自大萧条以来对银行和金融市场实行的一次最全面的再监管，其目的是通过政府监管，增强金融系统的抗风险能力，以降低未来发生金融危机的可能性和严重性。从已颁布的各项监管新规来看，有不少规定，尤其是对银行实行更为严格的最低风险资本比、流动性管理及压力测试等，在维护金融系统稳定方面发挥了重要作用。但也有一些监管改革措施，如《多德—弗兰克法案》中的“沃

尔克法则”以及联邦银行监管机构颁布的补充性杠杆率规定等，在银行和其他金融机构看来，除了加重它们的监管负担之外，并无助于改善政府债券市场和其他低风险资产的流动性，因而没有对金融稳定产生积极的影响。从成本收益的角度分析，对这类监管规定应该进行修改甚至废除。

在过去两年里，美国国会参众两院、特朗普政府以及一些主要金融监管机构纷纷提出实行新一轮金融监管改革的建议。众议院金融服务委员会于2016年9月通过了由该委员会主席亨萨灵主持起草的《金融选择法案》（*The Financial Choice Act*）。该法案规定，凡选择维持较高杠杆率水平的银行，可以不受《多德—弗兰克法案》以及巴塞尔Ⅲ风险资本比和流动性标准的约束。2017年4月，亨萨灵进一步提出了《金融选择法案》的修正版即2.0版本。同月，参议院银行委员会成员沃伦等人提出《21世纪格拉斯—斯蒂格尔法案》，建议恢复已于 1999年废除的《格拉斯—斯蒂格尔法案》，禁止投保存款机构从事投资银行、证券经纪、保险、掉期和期货交易业务以及拥有对冲基金和私募基金。该法案还禁止存款机构从事当初《格拉斯—斯蒂格尔法案》颁布时并不存在的某些业务，如结构性产品或合成金融产品。

特朗普则分别于2017年2月和4月签署行政令和备忘录，要求监管机构及财政部对现有金融法规以及金融稳定监督委员会的职能重新进行审查。我们预计，新政府虽然不会提出废除《多德—弗兰克法案》，但会建议对其进行大幅修正。

此外，联邦存款保险公司副董事长霍尼格在其2015年4月提出的关于减轻社区银行监管负担的建议基础上，于2017年3月进一步提出了关于大型银行监管的结构性改革方案。在他看来，《多德—弗兰克法案》虽然立意很好，但许多复杂的监管法规给银行带来了沉重的负担，而他的改革建议既能解决银行“大而不能倒”的问题，还能同时减轻银行的监管负担，促进非银行服务业的竞争，从而有利于金融系统的稳定。

可以看出，美国新一轮金融监管改革代表了对金融危机以来某些监管改革措施的一种退却。其改革的目的主要包括：一是要减轻美国金融机构的监管负担，因此它针对的主要是《多德—弗兰克法案》；二是要结束“大而不能倒”问题，即减少政府对纳税人在未来发生危机时被迫对金融机构债权人实行救助的可能性。

二、《多德—弗兰克法案》的改革前景

《多德—弗兰克法案》涵盖了一系列旨在加强对金融机构监督和监管的改革性措施，其中包括：对大型金融机构建立一套新的破产程序；在美联储下设独立的消费者金融保护局，负责制定并监督实施消费者金融监管条例；制定更为严格的资本充足率和其他审慎性监管标准；对证券化市场及场外衍生产品市场进行规范和约束；加强对信用评级机构的监管；改善公司治理机制，将高管薪酬纳入监督范围；引入“沃尔克法则”，禁止银行从事自营交易活动，限制银行发起或投资私募基金和对冲基金；等等。目前看来，《多德—弗兰克法案》被完全废除的可能性并不大，但它将在以下三个方面发生重大变化：

（一）废除“沃尔克法则”

“沃尔克法则”（Volcker Rule），即《多德—弗兰克法案》第619条款，是该法案的重要组成部分，也是该法案所包含的诸多新规中最具争议性的一项内容。它主要是通过禁止某些投机性交易活动来减少银行承担的风险。“沃尔克法则”实际上是建立在“银行从事的投机性交易活动部分地导致了金融危机”这一重要假设条件基础上的。

一方面，该法则试图区别银行从事的造市活动和投机性的自营交易活动，前者是银行为满足客户的流动性需要而进行的证券买卖，后者则是为自身账户的利润而从事的证券交易。“沃尔克法则”除了准许银行买卖美国政府债券以及为满足客户的短期需求而从事的与证券承销或造市活动有关的交易之外，禁止银行利用自身资本从事与服务客户无关的自营交易，并禁止银行发起或投资私募基金和对冲基金。

另一方面，“沃尔克法则”还严格地区分银行实体可以从事的活动和由美联储监管的非银行金融公司从事的活动，前者包括银行持股公司、投保存款

机构以及它们的分支机构或子公司，后者则包括那些以从事金融活动为主并受美联储监管的美国或外国公司。和银行实体不同的是，非银行金融公司允许从事自营交易或私募和对冲基金的投资活动，但有数量上的限制以及额外的资本金约束。这种对银行实体和非银行金融公司实行区别对待的背后逻辑是，银行既然可以通过存款保险和其他途径获得政府的支持，就不应该因从事具有风险但又与客户利益无关的活动而间接地获得政府支持。

对“沃尔克法则”的批判主要集中在以下几个方面：第一，由于有多达5家联邦监管机构（货币监理署、美联储、证券交易委员会、联邦存款保险公司和商品期货交易委员会）负责监督“沃尔克法则”的执行以及对银行相关交易活动作出定义，导致该法则在实际运作中变得十分复杂，大大增加了银行的合规成本。第二，由于银行的造市活动和自营交易在实际上很难区分，增加了“沃尔克法则”的执行难度。例如上述5家监管机构对于“银行的证券究竟可以持有多久才不至于被纳入自营交易”意见并不一致。与此同时，不同的监管机构会对同一家银行的不同交易平台分头进行监督。例如，货币监理署仅负责监督国民银行（联邦注册银行）的证券交易，证券交易委员会分管以单一证券或贷款为基础的掉期交易，商品期货交易委员会则负责分管银行各种衍生产品的掉期交易。第三，在许多大银行看来，尽管“沃尔克法则”的目的是为了阻止银行从事投机性交易，但它的实施可能导致银行造市活动的减少，使银行无法在证券市场发生纠偏时提供一定的流动性。这最终会促使那些较少受到资本和流动性监管的非银行机构造市活动增加，从而造成金融市场的不稳定。虽然主张废除“沃尔克法则”的人士也承认银行从事的证券交易活动具有风险，但他们认为这类风险完全可以通过对银行的交易账户实行严格的资本金规定而得到有效控制，没有必要对银行从事的证券交易本身究竟是出于造市或是投机性动机进行推测。

（二）减轻社区银行和区域性银行的监管负担

金融危机以来美国颁布的金融监管法规同样适用于规模较小的银行。由于这些银行对系统性风险的影响一般较小，而且如果以银行每单位资产的合规成本来衡量，小银行的合规成本通常较高。因此，减轻社区银行和区域性银行等小型银行的监管负担就成为特朗普政府推行新一轮监管改革的一个重要方面。

根据《多德—弗兰克法案》第165条的规定，凡是资产超过500亿美元的银行均被定义为系统重要性金融机构，由美联储对其采取更为严格的审慎监管标准，包括提高风险资本比、设定最低流动性比率和杠杆率、破产处置计划（所谓的“生前遗嘱”）以及年度压力测试等。该法案还规定美联储可以根据金融稳定监督委员会的建议，将其设定的资产规模门槛提高。但到目前为止，美联储一直将上述这些较高的审慎性监管标准应用到所有超过500亿美元资产的银行。

在美国国会内部，两党议员普遍认为以500亿美元资产作为系统重要性银行的标准是由立法者任意决定的，且门槛过低。然而他们对于如何修改这一标准却存在一定分歧。为了实现成本和收益的最佳平衡，普遍的建议是将门槛提高到2500亿美元，低于这一门槛的银行不必受到资本金、流动性和压力测试等监管法规的约束。事实上，目前美联储已经以2500亿美元为门槛来区分小型和大型系统重要性银行，以便对其执行不同的审慎监管标准。与上述建议不同的是，国会众议院于2016年12月通过的一项议案主张沿用巴塞尔委员会的方法，以银行从事的业务活动性质、范围、规模、集中程度以及与其他银行的关联性等指标作为衡量一家银行是否属于系统重要性金融机构的标准，取代《多德—弗兰克法案》中将合并资产超过500亿美元的银行持股公司自动纳入强化审慎监管标准执行范围的规定。

《多德—弗兰克法案》第165条还规定，凡资产超过100亿美元的银行必须每年自身进行一次压力测试。随着系统重要性银行门槛的提高，这一规定也应通过国会的立法程序作出相应调整。一般认为，较为合理的做法是将资产规模由目前的100亿美元增加到500亿美元。

（三）放松对大型银行的资本金约束

《多德—弗兰克法案》第171条包含所谓“柯林斯修正案”（该法案最初

由国会参议员Susan Collins提出，故名）中有关资本金规定的条款。该条款要求联邦银行监管机构在合并报表的基础上，为所有投保的存款机构、存款机构持股公司以及系统重要性的非银行金融公司设定最低限度的杠杆率和风险资本比（资产小于5亿美元的小银行除外）。为此，美联储、货币监理署和联邦存款保险公司分别于2012年6月和2013年7月联合颁布了关于执行巴塞尔Ⅱ和巴塞尔Ⅲ资本协议的最终法则，后者包括对大型银行实施3%的补充性杠杆率规定。此后，上述机构又于2014年4月对合并资产超过7000亿美元的银行持股公司或合并资产在500亿美元以上但托管资产超过10万亿美元的银行持股公司颁布了强化的补充性杠杆率最终法则，该法则将于2018年1月生效。强化的补充性杠杆率是将杠杆率的最低标准由巴塞尔Ⅲ规定的3%提高到5%，目前适用于这一规定的银行包括美国所有的8家全球系统重要性银行。

与标准的风险加权资本比规定不同的是，补充性杠杆率是一级资本除以杠杆敞口总额（包括表内资产和某些表外项目）之商，因而与资产的风险权重没有任何关系。无论是资产组合中的贷款、资产抵押证券或是信贷风险担保，补充性杠杆率实际上假设所有这些资产的信贷风险水平相同。补充性杠杆率作为风险资本比的一种补充手段，它的优点在于弥补了标准的以风险加权为基础的资本金规定的某些不足。因为，在监管套利的情况下，风险资本比有时并不足以反映银行资产的真实风险，而后者在某种程度上导致了2008年国际金融危机。然而补充性杠杆率规定使得大型银行从事的低风险资产业务通常比高风险资产业务盈利更少，这使得美国大型银行持股公司大量减持低风险资产，从而使其资产负债表管理开始受到补充性杠杆率规定的影响。根据纽约联储的统计，美国大型银行的风险加权资产与总资产的比率已从2013年的55%增至2016年的65%。目前对美国大多数大型银行的资本充足率而言，风险资本比的规定要比巴塞尔Ⅲ的补充性杠杆率规定更具有约束性。也就是说，凡是满足风险资本比的银行几乎都能满足补充性杠杆率对资本金的要求。但是一旦强化的补充性杠杆率于2018年付诸实施，美国现有的8家全球系统重要性银行中将会有一部分银行的资本充足率更多地受到这一新规的约束。

由于像回购协定这类较为安全的资产属于补充性杠杆率分母的组成部

分，从补充性杠杆率规定的实施情况来看，它增加了大型银行以回购协定方式从事借款的资本金成本，减少了这类银行利用货币市场套利的意愿，从而影响到政府债券市场的正常运作。因此美国要求修改甚至取消补充性杠杆率规定的呼声日益升高。根据《多德—弗兰克法案》第171条款的规定，包括风险资本比和补充性杠杆率在内的资本金管理细则都是由联邦银行监管机构负责设定，因此这些监管机构对于银行资本金标准的修改具有很大的自主权，无须事先获得国会的批准。一些著名学者如斯坦福大学的达菲教授就提出，与其对大型银行实行补充性杠杆率的规定，不如全方位地提高这类银行的最低风险资本比更为有效，例如对大型银行的所有资产按比例地提高它们的风险权重，或者对所有资产（包括政府债券）设定一个合理的风险权重下限。只要总的风险加权资本比达到一定的程度，这类银行对其资产负债表各个项目进行配置时，就不需要过多地考虑补充性杠杆率的影响。在他看来，由于监管机构可以通过其他监管手段使银行达到同等甚至更高的资本充足程度，同时又不至于扭曲低风险资产的市场中介作用，补充性杠杆率规定完全可以仅仅充当风险资本比的一种补充，而不是银行所面临的主要监管约束。

三、特朗普金融监管改革面临的选择

特朗普在当选总统之后曾公开许诺要废除《多德—弗兰克法案》，并代之以促进经济增长和创造就业机会的全新金融监管政策。但从他就职后签署的关于重新审查现有金融法规的行政令或备忘录来看，全面废除《多德—弗兰克法案》的可能性不大。这主要是因为，在过去一年里，国会众议院金融服务委员会主席亨萨灵提出的《金融选择法案》一直被视为对美国现有银行监管框架进行改革的一个出发点，代表了新政府金融改革的潜在方向。而《金融选择法案》也只是废除了《多德—弗兰克法案》中的某些内容，而对其他条款或是加以修改，或是予以保留。与亨萨灵的改革思路不同，2017年3月联邦存款保险公司副董事长霍尼格则从银行组织内部的结构变化着手，提出了放松银行监管、促进非银行服务业竞争的结构性改革方案。与沃伦等人提出的《21世纪格拉斯—斯蒂格尔法案》将传统银行和非传统银行完全分离的做法不同的是，霍尼格的方案是在金融持股公司的单一所有制架构下通过不同的中间持股公司将银行业务与非银行业务区分开来，因而代表了当前美国金融监管改革的一个新方向。

（一）选择一：亨萨灵的《金融选择法案》

2017年6月获国会众议院通过的《金融选择法案》全文长达600页，共分为11部分。其中最重要的是第6部分，标题是“放松对资本充足、管理完善的银行的监管”，它构成了亨萨灵金融改革总体方案的核心，被称为“监管出口坡道”（regulatory off-ramp）。

根据这一核心条款，凡是平均杠杆率超过10%且监管评级系统（CAMELS）的综合评级水平达到1或2的银行机构均可以申请成为“合格的银行组织”，从而可以享受以下监管豁免：（1）除杠杆率之外的所有资本金规定；（2）所有的流动性规定，包括流动性覆盖率和净稳定融资比；（3）大部分强化的审慎监管标准，包括由监管机构从事的银行年度压力测试（合并资产超过500亿美元的银行除外）、总吸损资本，单一客户的信贷额度、短期债务限制和杠杆限制等；（4）每两年向监管机构提交一次以上的“生前遗嘱”；（5）与银行的收购兼并活动有关的集中率限制等。这些监管豁免实际上为所有选择维持高杠杆率水平的银行提供了一种监管出口坡道，使它们不再受到《多德—弗兰克法案》的风险资本监管框架和巴塞尔Ⅲ资本和流动性标准的约束。

这里的杠杆率定义依据银行从事的业务活动复杂程度分为两类：（1）凡不从事证券交易和掉期交易的银行，杠杆率定义为有形资本除以表内资产总额；（2）其他所有银行则适用补充性杠杆率的概念，它等于有形股本除以杠杆敞口总额（包括表内和表外资产）。后一类银行主要是美国的大型银行，它涵盖了美国的8家全球系统重要性银行和大部分的区域性银行。这类银行中仍有相当一部分需要在现有基础上大幅增加资本金才能满足《金融选择法案》提出的10%补充性杠杆率规定。根据2016年12月底的统计数据，在美国所有资产超过500亿美元的大型银行中，杠杆率达到或超过10%的占50%左右，资产规模在100亿美元和500亿美元之间的银行有三分之一左右达到了上述标准；资产在10亿美元和100亿美元之间的银行有一半达到标准；而资产在10亿美元以下的银行有三分之二满足标准。应当说，在经历了本次金融危机以及监管机构的压力测试之后，美国银行业的资本金水平在总体上有了相当程度的提高。因此，从目前美国整个银行业的杠杆率水平情况看，可以立即从《金融选择法案》提供的“监管出口坡道”获得好处的银行不在少数。

但需要指出的是，大多数的社区银行也许并不能从中直接受益。对这些已经符合10%杠杆率标准的小型银行而言，除了以风险权重为基础的资本金要求和一些涉及流动性的法规之外，《多德—弗兰克法案》中的大部分监管规定对它们并不适用或者没有实际的影响，如强化的审慎监管标准、要求银行持股公司向监管机构提交“生前遗嘱”以及与银行收购兼并交易有关的集中度限制等。因此与大型银行以及一些资本十分充足的外国银行的中间持股公司相比，这类小型银行即便满足了杠杆率的要求，也不能从《金融选择法案》提供的监管豁免中享受到全部的好处。有不少美国金融界人士就极力反对以杠杆率高低作为银行是否可以享受监管豁免的统一标准。在他们看来，使用杠杆率标准的结果是，无论银行持有何种资产，对其风险的评估都不会有任何的区别。这就好比对全球的任何一条公路都设定同样的车速，无论该公路是一条高速公路还是校区街道。这些人士认为，尽管风险资本比所使用的风险权重有时也会对资产的风险做出错误判断，但是将杠杆率作为判断银行资本是否充足的唯一尺度几乎永远是错误的。

亨萨灵在2017年4月又公布了《金融选择法案》2.0版的草本。与1.0版相比，修改后的法案有两个重大变化。第一，将CAMELS评级要求剔除在合格银行组织的资格条件之外。因此，银行只要满足杠杆率这一项要求即可享受上述所有的监管豁免。第二，凡是符合10%杠杆率规定的所有银行（包括资产超过500亿美元的大型银行在内），都将完全豁免监管机构的年度压力测试。这一改变将会对那些杠杆率水平已接近10%的银行产生积极影响，因为它们可以通过少量的资本增加以换取更多的监管法规上的豁免。

除了监管出口坡道这一核心条款之外，《金融选择法案》中涉及对《多德—弗兰克法案》的改革主要体现在以下几个方面：一是完全废除“沃尔克法则”；二是结束“大而不能倒”和银行救助问题；三是增加美联储监管的透明度和改善货币政策的运行机制问题。关于第一个问题集中反映在该法案第9部分的有关条文里。根据规定，银行将被重新允许从事证券的造市、对冲、承销和其他类似活动，以及发起或投资私募基金和对冲基金，无须遵守原先“沃尔克法则”中的严格规定。有关第二个问题主要反映在该法案的第1部分。其中包括：

1. 取消金融稳定监督委员会及联邦银行监管机构（如美联储）对非银行系统重要性银行的监督和管理权，金融稳定监督委员会不再具有指定非银行金融公司为非银行重要性金融机构的权利。由于该法规具有追溯效力，目前已被指定为系统重要性金融机构的非银行金融公司也因此可以摆脱美联储的监管，无须再受到强化的审慎监管标准和其他相关规定的约束。

2. 将美联储贴现窗口的贷款对象限制在已无偿债能力的金融机构。这种贷款虽没有数量上的限制，但必须以优质抵押品为担保且利率很高，以阻止那些并不十分急需资金的借款者。这一最初由英国经济学家和著名记者白芝浩于19世纪提出的关于中央银行在金融危机期间的贷款原则被后人称为“白芝浩原则”（Bagehot’s Dictum）。因此贴现窗口贷款不再是美联储为满足银行暂时出现的流动性短缺而提供的一种货币政策工具。

3. 禁止将财政部的紧急储备资金，即外汇稳定化基金用于对金融机构及其债权人的救助。

4. 废除《多德—弗兰克法案》中所谓的“加州旅馆条款”（Hotel California Provision）。按照其规定，凡是在金融危机期间参与政府的不良资产救助计划并成为大型银行持股公司的非银行金融公司，在危机之后将自动被当作非银行系统重要性金融机构对待，即便它们已放弃银行持股公司的身份。因此一旦该条款被废除，已经获得“大而不能倒”地位的银行持股公司将可以通过改变其经营的规模和复杂程度来避免受到更为严格的监管。

5. 以新的破产法（《破产法》第14章）代替《多德—弗兰克法案》中的有序清偿机制，加快资产由倒闭的金融机构向搭桥金融持股公司的转移，以

“单一进入点”的方式促进大型金融机构的重组。

金融危机以来美国实施了一系列以大型金融机构为对象的特殊解救机制，其中包括依据《多德—弗兰克法案》相关条款建立的有序清偿机制，扩大联邦存款保险公司的权力，由其负责濒临破产的大型金融公司的清偿过程；以解救系统重要性金融机构为目的的“单一进入点”战略，由股东和长期债务持有人而非纳税人承担银行倒闭的损失；由美联储实施以全球系统重要性银行为对象的总吸损能力规定。这些改革措施是为了确保大型金融机构的有序倒闭，使其在财务重组的过程中维持正常运作，防止因突然停业对整体经济产生的溢出效应。《金融选择法案》关于银行救助问题的改革主要针对的是《多德—弗兰克法案》中为破产金融机构建立的有序清偿机制。这也是特朗普最近在备忘录中要求财政部长进行全面审查的一项内容。

《金融选择法案》中新的破产法与《多德—弗兰克法案》中有关破产金融机构相关规定的区别主要在于对符合特殊解救程序的金融机构的资格认定。按照《多德—弗兰克法案》，任何金融机构都可以获得联邦存款保险公司的救助，只要财政部认定该金融机构的倒闭将影响到金融稳定。相反，《金融选择法案》提出的新破产法则将符合资格的金融机构限定在合并资产超过1000亿美元的金融持股公司及其子公司。两个法案的其他区别还体现在：第一，《多德—弗兰克法案》要求联邦存款保险公司负责对倒闭金融机构的清偿，同时规定美联储和联邦存款保险公司对倒闭金融机构做出的资产清偿和转移的决定必须完全基于对金融稳定的考量。该法案还禁止监管机构出于公司债权人盈利的目的对倒闭金融机构进行重组。相反，《金融选择法案》所包括的新破产法则将公司重组作为解救倒闭金融机构的主要方法。而且作为破产金融机构的接受方，联邦存款保险公司必须为了公司债权人的利益使即将倒闭的金融机构企业价值最大化。第二，按照《金融选择法案》的规定，负责监督破产金融机构解救过程的是联邦破产法官，而不是像《多德—弗兰克法案》所规定的，由破产机构的接受方（联邦存款保险公司）负责。而且《金融选择法案》禁止破产法官出于减少系统风险和道德风险的目的对相关案例作出裁决。

总之，《多德—弗兰克法案》和《金融选择法案》在如何采取最有效的方法有序解救破产大型金融机构这一问题上持有完全不同的立场：前者将金融稳定作为主要目标，并为此提供了对大型金融机构实行有序清偿的机制，它的次要目标是确保债权人和长期债务持有人按比例地承担他们的投资风险；后者则坚持以公司重组方式保护债权人作为出发点，目标是为大型金融机构提供一套有序破产的法规，以便破产机构的债权人按照其合同的优先次序获得他们的应有权益。

《金融选择法案》中涉及对《多德—弗兰克法案》改革的另一项重要内容是增加美联储对银行监管的透明度以及改善美联储货币政策的运行机制。这部分法规包括在该法案的10部分，标题为“美联储监督的改革和现代化”。

作为银行主要监管机构的美联储在金融危机之前和金融危机期间所执行的货币政策及其效果一直遭到美国理论界和政界人士的广泛批评。一方面，由于美联储的货币政策所导致的利率过低和持续时间过长，助长了全球性的储蓄过剩，造成金融资产价格的扭曲并由此推动房屋价格的泡沫化。另一方面，尽管美联储在大型金融机构长期派驻了大量的检查人员，同时也拥有法律赋予的广泛权限，但仍然无法在这些金融机构的业务活动及其资产组合中及时发现潜在风险。对此，《多德—弗兰克法案》所采取的改革重点并不是放在如何削减美联储的权限，反而是进一步强化和扩充它的权利，使美联储的监管涵盖了金融领域的各个方面。根据该法案的规定，美联储不仅有权将资产超过500亿美元的银行持股公司指定为系统重要性银行，而且还有权指定任何一家非银行金融公司成为系统重要性金融机构。这些金融机构将受到美联储强化的审慎监管标准的约束。《多德—弗兰克法案》还将所有储贷持股公司的监管权由储贷监管署转移到美联储，并规定美联储有权参与决定倒闭金融机构的有序清偿程序。

长期以来，美联储一直以货币政策独立性作为其采取审慎监管措施的合法借口。然而反对者认为，美联储不能利用其货币政策的独立性来证明《多德—弗兰克法案》赋予其金融监管权力的合理性。因此，《金融选择法案》将美联储以及其他联邦金融监管机构从事审慎监管活动的资金来源，由金融稳定监督委员会下属的金融研究局转移到国会的年度预算拨款名下。这样美联储的上述活动就被置于国会的监督之下，以增加政府运作的透明度。而美联储的货币政策运作将继续通过其公开市场操作和其他收入来源提供资金，无须经过国会的拨款审批过程。为了进一步提高美联储货币政策执行的透明度并增强其责任性，《金融选择法案》还指定国会下属机构政府问责局在法案颁布之后的12个月内对美联储理事会及各联邦储备银行进行一次全面的审计，并在完成审计的90天内向国会提交报告。按照该法案的规定，这种审计以后将每年进行一次，且必须包括由美联储参与的货币政策审议、讨论、决策和行动等所有内容。在必要情况下，政府问责局还可就需要采取的法律和行政手段提出建议。

在涉及货币政策的运行机制这个问题上，美国许多著名经济学家认为，和美联储目前采取的相机抉择方法相比，建立在简单规则基础上的货币政策将会增加美联储的透明度，有助于减少经济增长和通货膨胀的波动，从而使公开市场的操作更为有效。在过去10年里，由于美联储执行过于宽松的货币政策，非但没有使经济增长达到预期的结果，反而增加了未来货币政策的不确定性。这些人士还认为，以规则为基础的货币政策有助于加强国会对美联储的监督，使市场参与者对未来货币政策的走向作出更准确的预期，从而产生更好的经济决策。针对美联储主席耶伦提出的"以规则为基础的货币政策改革主张不仅会束缚美联储的手脚而且会削弱美联储政策独立性"这一观点，甚至一些美联储的前任高级官员都公开表示反对。他们认为采用泰勒规则并不意味着将货币政策工具加以固定，而是使政策利率能够以可预见的方式系统地进行调整。它将减少甚至消除市场对美联储货币政策有可能偏离经济稳定目标所存在的压力，因此反而会使美联储的政策独立性得到加强。

基于上述原因，《金融选择法案》要求联邦公开市场委员会按照标准的泰勒规则设定其目标利率，后者包括联邦资金利率、贴现率和准备金利率。公开市场委员会在每次例行会议之后必须将当时的泰勒规则（称为指导性政策规则）计算过程提交给众议院金融服务委员会和参议院银行委员会以及政府问责局，其中包括：由美联储设定的目标利率；为应对通货膨胀、产量、货币总量或其他相关宏观经济变量的变化而采取的利率变动策略或规则；以函数模型表示的相关宏观经济变量之间的相互关系；计算当前目标利率所使用的相关系数；为实现相关的利率目标而对准备金供给进行调整的过程；对指导性政策规则是否基本符合基准泰勒规则（称为参考性政策规则）加以说明并对两者之间出现的任何偏差作出合理的解释；以书面形式说明以泰勒规则设定的目标利率将会达到稳定物价和充分就业的长期目标；未来5年的预期年通货膨胀率的计算过程；有关如何使用精确数据的详细计划等。需要说明的是，参考性政策规则的计算公式中所包含的所有政策变量依然由美联储负责挑选。因此，当美联储认为经济环境发生了重大变化、需要改变它所选取的政策变量时，《金融选择法案》仍然保留了美联储的这种权利。

《金融选择法案》中有关美联储货币政策执行的相关条文还规定，计算联邦资金利率时使用的参考性政策利率将等于以下四项数据之和：（1）过去四个季度的平均通货膨胀率；（2）实际GDP和潜在GDP估计数之差的50%；（3）过去四个季度的通货膨胀率和代表物价稳定的2%通货膨胀率之差的50%；（4）假设的2%实际利率，即长期均衡利率。该法案还要求政府问责局对公开市场委员会每次例行会议后提交的指导性政策规则和上次例会提交的指导性政策规则进行比较。如果两者的差异较大，政府问责局需要向众议院金融服务委员会和参议院银行委员会提交报告，说明最近的指导性政策规则计算过程是否符合《金融选择法案》中的相关规定。如果政府问责局认为指导性政策规则与上述法案的相关规定不符，美联储主席必须在国会两院举行的听证会上正式作出说明。

（二）选择二：霍尼格的结构性改革方案

联邦存款保险公司副董事长霍尼格于2017年3月提出的结构性改革建议，代表了美国银行监管改革的另一种选择。它适用于所有在美国兼营商业银行和投资银行业务的非传统银行（不包括传统银行以及托管银行）。在霍尼格看来，《多德—弗兰克法案》的改革意向虽然很好，但由于其法规条文过多且过于烦琐，给银行尤其是小银行带来沉重的监管负担。而且该法案还为规模最大、复杂程度最高的全能银行确立了“大而不能倒”的地位，使其处于有利的竞争优势。霍尼格提出的一系列结构性监管改革措施，目的并不在于防止银行的倒闭，而是避免因银行倒闭所导致的政府救助的后果。因此，这些改革措施不仅能结束“大而不能倒”问题，还能同时减轻银行的监管负担，增强非银行业的竞争，维护金融系统的稳定。

与《金融选择法案》为银行提供了“监管出口坡道”选择有所不同，霍尼格的方案为非传统银行提供的方案是强制性的。他将美国的银行业依据不同的经营模式和风险组合区分为传统的商业银行和同时兼有商业银行和投资银行活动的非传统银行，并于2015年4月提出了对传统银行的监管改革方案。根据该方案，决定传统商业银行是否符合放松监管资格的因素并不是资产规模，而是其从事的业务活动及资本水平。具体而言，合格的商业银行必须满足以下条件：（1）不持有交易资产或交易负债；（2）不持有除利率掉期和外汇衍生产品之外的衍生产品头寸；（3）衍生产品敞口的名义价值总额不超过80亿美元；（4）股本资产比至少达到10%。

据统计，在全美共6400家社区银行中，仅400家尚未满足前三项条件；在总资产低于2.5亿美元的4000余家社区银行中，未满足前三项条件的仅为90家。而且在全部的社区银行中，股本资产比达到或超过10%的社区银行占了绝大多数，即使没达到此标准的社区银行，其差距也十分有限。换句话说，按照霍尼格提出的上述4项标准，美国银行监管机构已经可以放松对绝大多数社区银行的监管。根据霍尼格的建议，凡是符合上述条件的商业银行，将不受风险资本比、压力测试、监管检查周期以及其他相关法规的监管约束。值得注意的是，在建议豁免的这些监管规定中，并没有包括作为当前监管改革主要目标的“沃尔克法则”。这是因为，对绝大多数社区银行来说，它们既不从事任何证券交易活动，也不参与自营交易或发起、投资私募基金或对冲基金，“沃尔克法则”不会给它们带来任何合规上的负担。

在霍尼格看来，对传统银行实行的这种以经营活动和产品复杂程度为监管放松准则的监管改革，既是对大部分只从事传统银行业务的社区银行的一种认可，也是为小部分从事商业银行业务以外活动的社区银行提供的一种替代选择，即后者必须为此承受额外的监管负担。

霍尼格提出的结构性改革方案主要是针对那些兼营商业银行和投资银行

业务的大型全能银行。霍尼格承认，他的改革方案与曾任英国银行独立委员会主席的维克斯（John Vickers）爵士于2011年9月向英国政府提出的所谓“围栏”（ring-fencing）改革的建议非常相似。其目的并不在于限制全能银行从事的任何经营活动，而是在金融持股公司这一组织架构下，将全能银行从事的投资银行和证券交易等非传统业务与其从事的商业银行活动相分离，并将它们置于不同的中间持股公司名下分别进行管理。如前所述，按照霍尼格提出的改革方案，传统商业银行可以选择是否为减轻其监管负担而满足一定的资格标准。但他对大型全能银行以及它们的非传统银行活动所提出的结构性改革方案却是强制性的。霍尼格期望通过这种强制性的措施，可以废除许多根据《多德—弗兰克法案》所制定的法规，包括综合性资本分析和审核（CCAR）、压力测试、流动性覆盖率、净稳定融资比率、有序清偿和“生前遗嘱”、风险资本比以及其他强化的审慎监管标准。

霍尼格改革方案的一个重要特点是更有效地利用银行持股公司这一组织形式。他要求大型全能银行通过设立在职能上相互独立的中间持股公司，将其从事的传统商业银行活动和非传统银行活动（如投资银行业务）分别置于金融持股公司的组织架构之下。在美国，仍有少量从事传统和非传统业务的银行并未采取持股公司的模式。霍尼格将这部分银行也作为其改革对象，要求它们也必须设立持股公司，并将其从事的上述业务分别纳入该组织架构中的不同中间持股公司名下。其中，银行中间持股公司名下的组织是投保存款机构，后者只能从事传统的商业银行活动。这类活动是为了确保存款和信贷中介及支付系统等各项基本的银行服务的正常运作，因而不包括银行的交易资产或交易负债以及除利率和外汇掉期之外的衍生产品业务。非银行中间持股公司则涵盖了银行从事的所有其他活动，包括证券或衍生产品交易、保险经纪、投资咨询、投资基金、投资银行业务以及长期以来以银行子公司形式存在的埃奇法公司（见图2-23）。后一种组织形式为众多原不属于投保存款机构的投资银行创造了一个较为有利的竞争环境，因为长期以来这类非银行金融机构的有形股本比远高于投保银行名下的许多非银行机构。

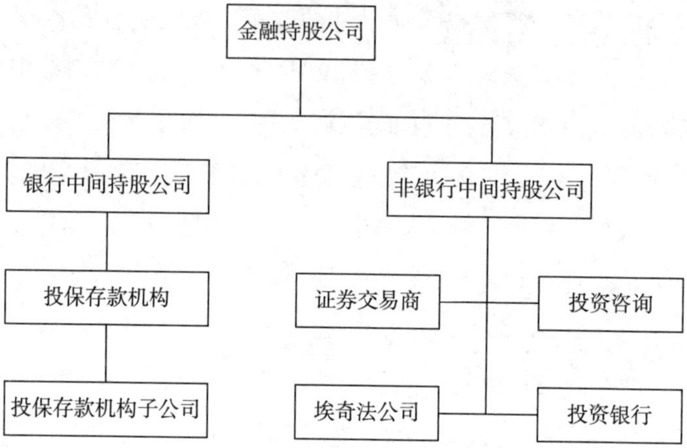

资料来源：LuigiL.De Ghenghi，Another “Choice” for Bank Regulatory Reform? Davis Pork，Fin/Reg/Reform. March 15，2017。

图 2–23　霍尼格改革方案中传统和非传统银行活动的结构性分离

霍尼格所倡导的通过中间持股公司的形式将银行和非银行业务分离的经营模式，既与美国目前实行的将商业银行和投资银行直接置于金融持股公司名下的组织架构不同，也与国会参议院沃伦等人最近提出的将传统银行业务与非传统银行业务分属于不同金融机构的《21世纪格拉斯—斯蒂格尔法案》有所区别（见图2–24）。

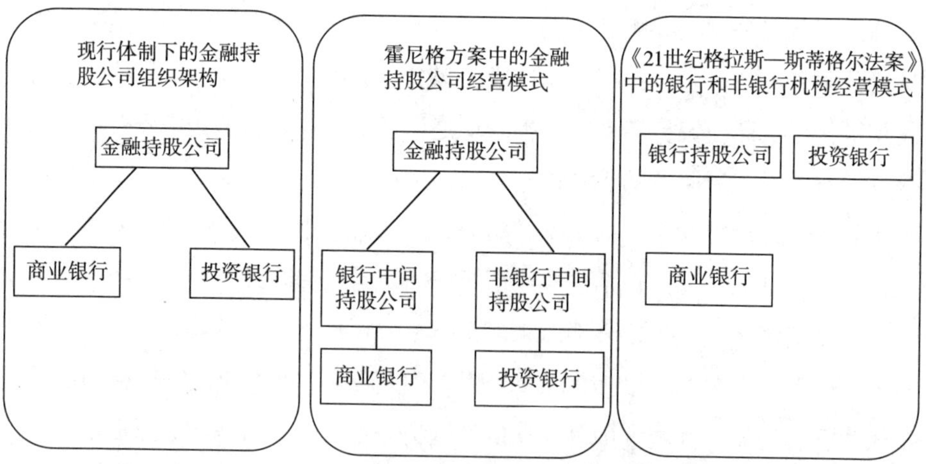

图 2–24　各方案下银行经营模式的区别

根据霍尼格方案中的资本金规定，银行中间持股公司及其下属的所有投保存款子公司必须至少将它们的有形股本/合并资产的杠杆率维持在10%。至于非银行中间持股公司的杠杆率标准，在霍尼格的方案中目前尚无明确的规定。这一资本金要求与亨萨灵在《金融选择法案》中对大型银行规定的补充性杠杆率标准似乎完全一致。但霍尼格更倾向于使用一种较为简化的杠杆率概念，而不是目前由美国银行监管机构实施的强化补充性杠杆率。它类似于国际财务报告准则中采取的计算方法，即杠杆率分母中的表外项目只计算衍生产品的支付轧差。在他看来，这种计算方法能够更真实地反映衍生产品活动的内在风险。霍尼格使用的"全球资本指数"显示，业务范围远超出传统商业银行活动的美国8家全球系统重要性银行持有的资本水平在按不同资产规模分类的银行组合中是最低的，2016年6月底采用简化的杠杆率定义计算的这8家全球系统重要性银行的有形股本比平均仅为5.75%。他认为对于在美国银行资产总额中占绝对比重的这类大型银行，如此低的杠杆率将会严重影响到金融系统的稳定。因此如要对这类银行放松监管，它们的杠杆率水平必须大幅提高。按照霍尼格的测算，截至2016年12月底，美国最大的10家银行持股公司若要达到10%的杠杆率要求，还需要在现有的有形股本总额（10250亿美元）的基础上再额外增加4223亿美元的股本金，增幅高达41.2%。

霍尼格的方案还进一步限制非银行中间持股公司从金融持股公司和其下属的其他银行和非银行机构获取资金。这种限制主要体现在两个方面：（1）非银行中间持股公司能够获取的融资多寡，取决于金融持股公司下属的银行或非银行机构持有的资本金和盈余；（2）由金融持股公司和其他隶属机构持有的非银行中间持股公司的负债和债务不能超过该中间持股公司的负债和债务总量的20%。这种限制的目的是要保证非银行持股公司不能从银行存款保险这种所谓的"联邦安全网络"中获得低成本的融资。这一方面是为了不让这些与金融持股公司有隶属关系的证券交易商比没有隶属关系的证券交易商处于更优越的竞争地位，另一方面也是为了防止一家与金融持股公司有隶属关系的非银行中间持股公司倒闭时引发整个金融持股公司的破产。

在公司治理机制问题上，霍尼格的方案规定每一家中间持股公司都由完全独立的董事会负责监督，各中间持股公司的董事会成员之间不允许相互交叉，且中间持股公司的管理人员不能在董事会担任任何职务。但金融持股公司和其下属的每一家中间持股公司却可以由同一个管理团队进行管理。金融持股公司还必须任命一名直接向该公司董事会汇报的独立总稽核，后者在离职后的5年内不能在金融持股公司及其附属机构担任任何职务。

霍尼格还指出，他的结构性改革方案可以在不废除“沃尔克法则”的前提下使包括大型银行在内的所有从事非传统业务的银行承受的负担大为减轻。一方面，尽管银行仍不得从事投机性的自营交易，但这项规定已完全可以通过交易指令的方式来执行，不再需要由目前这种过分复杂的监管规则进行管理。另一方面，尽管投保银行不得发起或投资私募基金和对冲基金，但此类业务可以通过金融持股公司下属的非银行机构来经营。由于银行和非银行中间持股公司在经营管理上和资本金上相互独立，这样的结构性安排既保护了银行消费者利益，又使上述非银行业务的风险通过持有充足的资本金而得以有效的控制。

按照霍尼格的设想，结构性改革方案将允许银行有3年的过渡期以完成非传统银行活动与传统银行活动的分离，同时也给予银行5年的时间来满足强化的资本金规定即10%的杠杆率标准。过渡期的规定主要是为确保银行的信贷中介功能得以连续。

霍尼格认为，他的旨在减轻美国银行业监管负担的结构性改革，对拥有不同资产规模且业务复杂程度不同的银行都将带来积极的影响。一方面，社区银行和区域性银行目前承受的复杂和沉重的监管负担与它们所采用的较为简单的传统经营模式完全不成比例，满足霍尼格改革方案中关于资本金水平和产品经营范围要求的这些小型银行可以因此免受监管的约束。另一方面，大型银行经营活动的复杂程度远高于大多数其他银行和非金融公司，而且这些银行所控制的美国银行业和金融资产的份额与它们的机构数量在银行业中所占的比重完全不成比例，对传统和非传统银行业务实行分离以及对有形股本比采取强制性规定，可以在允许银行倒闭的同时，维持经济和整个金融系统的安全和稳定。

四、特朗普的金融监管改革取向

如前所述，一些对后危机时代的监管改革持批评态度的人士，如斯坦福大学达菲教授等主张通过取消补充性杠杆率规定并相应提高风险资本比的最低标准来放松对大型银行的监管。另一些持支持态度的人士则认为杠杆率和风险资本比是健全金融系统的两个必不可少的资本监管手段，但主张这两个监管标准应该在目前的水平上大幅提高，以减少金融危机和政府救助的可能性，例如明尼阿波利斯联储总裁卡什卡利就提出将资产规模超出2500亿美元的大型银行风险资本比和杠杆率的最低标准分别设定为23.5%和15%。

与此不同的是，亨萨灵的《金融选择法案》和霍尼格的结构性改革方案都建议以单一的10%杠杆率标准来取代《多德—弗兰克法案》的大部分监管规定，包括风险资本比和流动性标准等。两者的区别在于，前者是为所有银行提供的一种以较高的杠杆率换取监管放松的选择性措施；后者则是专门针对非传统银行而实施的一种强制性措施。鉴于目前美国有相当数量大型银行的杠杆率水平距离10%杠杆率标准还相差很远，而较高的杠杆率又意味着这些银行无法利用风险权重的计量方法从事监管套利，《金融选择法案》很可能导致这些大型银行更愿意维持最低限度的杠杆率水平，而不愿以较高的杠杆率为代价换取《多德—弗兰克法案》的监管豁免。与此相比，霍尼格的结构性改革方案则迫使所有低于其杠杆率标准的大型银行提高杠杆率水平，因而它在解决“大而不能倒”和政府救助的问题上，比《金融选择法案》要更彻底。

亨萨灵的《金融选择法案》和霍尼格的结构性改革方案的另一个重要区别是，尽管两者都允许杠杆率达到一定标准的银行可以不受“沃尔克法则”的约束，但在《金融选择法案》中，它是通过彻底废除“沃尔克法则”来实现的。而在霍尼格的结构性改革方案中，由于原先由银行从事的私募基金和对冲基金的发起和投资活动将被划归到金融持股公司名下的非银行中间持股公司经营，“沃尔克法则”关于禁止银行从事此类业务的规定对于在银行中间持股公司名下的投保存款机构仍然适用，因而可予以保留。相比较亨萨灵的《金融选择法案》，由于银行和非银行中间持股公司在资本和管理上相互独立，这种结构性安排将使金融持股公司因从事非银行业务而承受的风险得到有效的控制。

此外，霍尼格的结构性改革方案与沃伦等人提出的《21世纪格拉斯—斯蒂格尔法案》的不同之处则在于，它保留了原先由《格兰姆—里奇—布莱利法案》创立的金融持股公司形式，而不是将这类公司按其涵盖的业务分拆为不同的金融机构。它既保证了新成立的持股公司能够在金融持股公司这种单一的所有制架构下以非银行中间持股公司的形式继续提供投资银行、资本市场和其他非传统银行服务，又通过限制非银行中间持股公司从银行中间持股公司获取资金的规定，避免了非银行金融机构自由进入由政府担保的存款保险基金的可能性。因此相比较《21世纪格拉斯—斯蒂格尔法案》，霍尼格的改革方案似乎更具合理性。

而且，对《21世纪格拉斯—斯蒂格尔法案》所做的最新分析还显示，该法案的实施尽管在一定程度上会减小金融机构的资产规模，但却无助于解决“大而不能倒”的问题。据测算，如将美国8家全球系统重要性银行持股公司的资产按照其目前从事的业务性质进行分拆，即把非银行业务从主要从事商业银行业务的持股公司中剥离出去，同时把商业银行业务从主要从事投资银行业务的持股公司中剥离出去，则资产规模受影响较大的将是摩根大通（–30.4%）、美国银行（–21.7%）和花旗银行（–28.7%）这3家银行，而高盛（–12.3%）和摩根士丹利（–19.0%）这两家投资银行的影响相对较小，原因是商业银行活动在后者的整体业务中占比较小（见图2–25）。尽管如此，所有这些银行的“大而不能倒”地位并没有发生任何改变，有些甚至还会提高。计算结果表明，在将所有被禁止的业务剥离之后，这8家银行依然是美国最大的系统重要性金融机构。而且，将商业银行和投资银行业务完全剥离的做法很可能导致美国投资银行业的进一步集中，使高盛和摩根士丹利这2家投资银行的系统重要性反而增加，更难从根本上解决政府救助的问题。

最后，霍尼格的改革方案还与特朗普政府在执政伊始提出的银行监管改革思路具有某种相似之处。例如，新任财政部长姆努钦就曾认为，对银行实行的监管应当以其所从事的活动而非持有的规模为基础，因此他赞同在商业银行和投资银行活动之间实行某种结构性的分离。但他同时反对采取类似20世纪30

年代《格拉斯—斯蒂格尔法案》这种简单将两者截然分开的做法，认为后者对于维持经济发展所必要的贷款和资本市场活动会起到抑制作用。

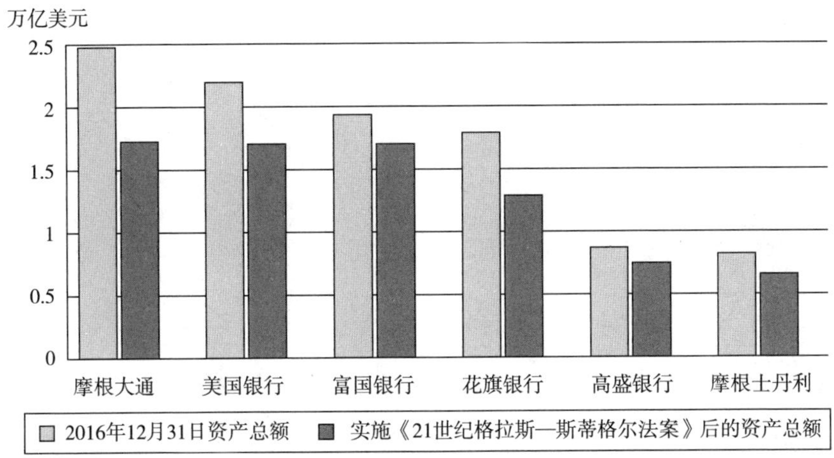

资料来源：Paul H. Kupiec: Big banks will always be too big，Glass-Steagall or not，American Banker，April 25，2017.

图 2-25　《21 世纪格拉斯—斯蒂格尔法案》对美国最大银行持股公司资产规模的影响

总之，亨萨灵的《金融选择法案》和霍尼格的结构性改革方案，代表了本次金融监管改革的两种选择。撇开这两种方案的政党背景不论，霍尼格的结构性改革方案更有利于减轻社区银行的监管负担和解决“大而不能倒”问题。另外，亨萨灵《金融选择法案》中有关增加美联储监管透明度和改善美联储货币政策运行机制的提议，很有可能被特朗普政府未来的金融监管改革计划所采纳。可以预见的是，无论特朗普最终采取哪一种方案，后危机时代由《多德—弗兰克法案》确立的美国金融监管机制将出现重大变化。

第三章
新时代的中国经济金融

第一节　实体经济

从国际比较看中国过早"去工业化"风险与对策

自20世纪50年代以来，西方发达国家先后经历了一定程度的"去工业化"过程，即制造业的产出和就业比重不断下降。这往往被认为是一种积极现象，是经济结构不断走向高级化的过程。以此为借鉴，许多发展中国家积极谋划从工业主导经济向服务主导经济进行转变。中国近年来也提出大力发展服务业，服务业增加值占比的提高也是各五年规划的目标之一。然而2008年国际金融危机后，美、日、德等主要发达国家却提出"再工业化"，制造业在经济中的基础和核心地位被重新确立，引发了人们对"去工业化"的反思。本文通过国际经验对比分析"去工业化"的表现和原因，分析了重新提出振兴制造业的重要意义，并结合我国现实情况提出未来应对过早"去工业化"的政策建议。

一、如何看待发达国家的"去工业化"过程

（一）对比以现价和以不变价计算的制造业比重变化，发达国家更多体现的是一种积极的"去工业化"，制造业比重出现转折变化时已成为高收入国家

观察典型国家工业增加值占比的变化，可以发现以现价和以不变价计算

的工业增加值占GDP的比重表现明显不同。以现价计算的制造业比重存在较为明显的由升转降的转折。美国工业GDP占比在20世纪50年代初期达到31.7%的高点，日本工业GDP占比在20世纪60年代达到40%左右的高点，随后均不断降低，进入了倒U形的后半阶段。韩国则从20世纪80年代末开始止住上升势头并略有降低，2008年金融危机后略有上升，目前保持在30%左右。新加坡从20世纪80年代后期到2008年金融危机前工业占GDP的比重在26%上下波动，危机后逐步降低到2017年的19%。英国、德国的工业占比也总体呈降低趋势，英国降低得更快，2016年为13%，甚至低于美国。而德国工业占GDP的比重自20世纪90年代以来较为稳定，在26%左右。如果只关注工业中占比最大的制造业，趋势基本一致（见图3–1、图3–2）。

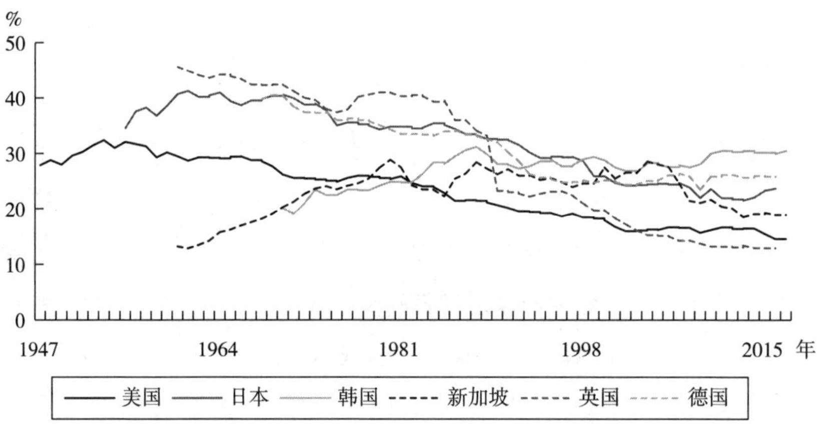

注：工业包括采矿业，制造业，电力、燃气和水的供应。1989 年之前的英国数据和 1991 年之前的德国（西德）数据来自 Groningen Growth and Development Center（Timmer 等，2014），由于数据来源不一致，会导致数据不连续，比如英国 1989 年和 1990 年的数据有明显跳跃。

数据来源：Wind，Statistics Bureau of Japan，新加坡统计局，世界银行，欧盟统计局，英国统计局，Groningen Growth and Development Center（Timmer 等，2014）。

图 3–1 主要发达国家工业占 GDP 比重（现价）

而以2009年不变价计算的制造业占比则更为平稳，并没有明显的降低趋势。美国制造业GDP占比较为稳定，甚至在1997年之后略有上升，在12%左右。日本制造业在1998年亚洲金融危机时受到较大冲击，出现急剧下降，危机后总体稳定在21%左右。韩国制造业增加值占GDP的比重则呈稳步上升趋势，近些年在28%以上。新加坡的制造业占比在20世纪80年代初达到21.5%的高点后缓中趋稳，保持在19%左右。英国、德国的制造业占GDP比重走势也相对更加平稳，德国在20世纪90年代后期略有回升（见图3–3、图3–4）。

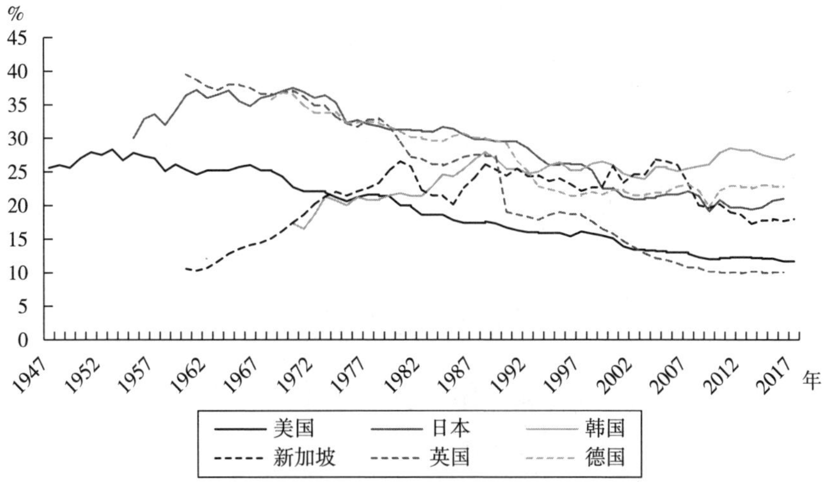

数据来源：Wind，Statistics Bureau of Japan，新加坡统计局，世界银行，欧盟统计局，英国统计局，Groningen Growth and Development Center（Timmer 等，2014）。

图 3–2　主要发达国家制造业占 GDP 比重（现价）

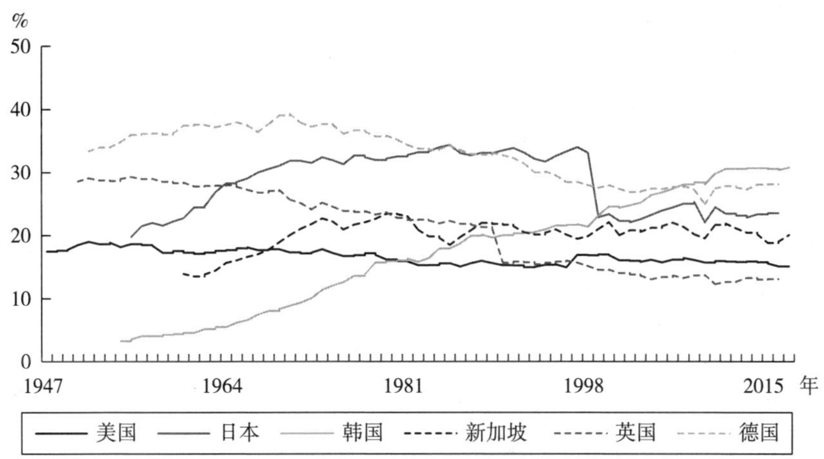

图 3–3　主要发达国家工业占 GDP 比重（不变价）

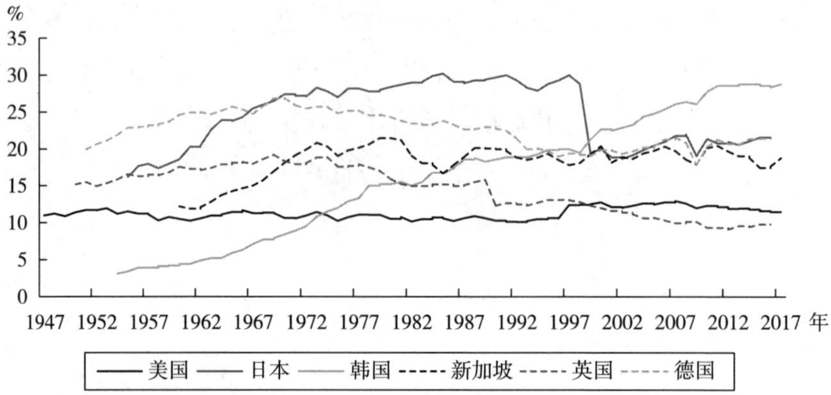

数据来源：Wind，Statistics Bureau of Japan，新加坡统计局，世界银行，欧盟统计局，英国统计局，Groningen Growth and Development Center（Timmer 等，2014）。

图 3–4 主要发达国家制造业占 GDP 比重（不变价）

制造业产品价格的变化是影响以现价计算和以不变价计算的制造业增加值占比变化趋势表现不一致的重要原因。随着人均收入的提高，制造业产品的相对价格总体呈现下降趋势。比较典型的是美国、日本、韩国、英国，美国制造业价格指数与GDP价格指数之比从1947年的2左右降至近些年的1左右，日本制造业的相对价格指数则从20世纪50年代中期的1.9左右降至近些年的0.9左右，英国也有类似趋势（见图3–5）。这就使得与以现价计算的制造业占比相比，美国、日本、英国等以不变价计算的制造业占比明显变得更加平稳。德国制造业相对价格下降幅度小一些。韩国制造业相对价格下降幅度更大，因此虽然其制造业的实际增加值占比呈上升趋势，但考虑价格后的制造业占比上升势头减弱。新加坡制造业相对价格指数较为平稳，以现价和不变价计算的制造业占比变化较为一致。这背后一个重要原因可能在于制造业技术进步带动其劳动生产率的提升，产品供给充足。而其他如服务业，在人口结构变化、人工成本不断提高的影响下价格上涨相对较快。这些使得制造业相对价格有所降低。总体来看，这些国家的“去工业化”是在制造业生产率大幅提升促使产品价格下降的基础上实现服务主导经济的转型，是一种积极的“去工业化”。

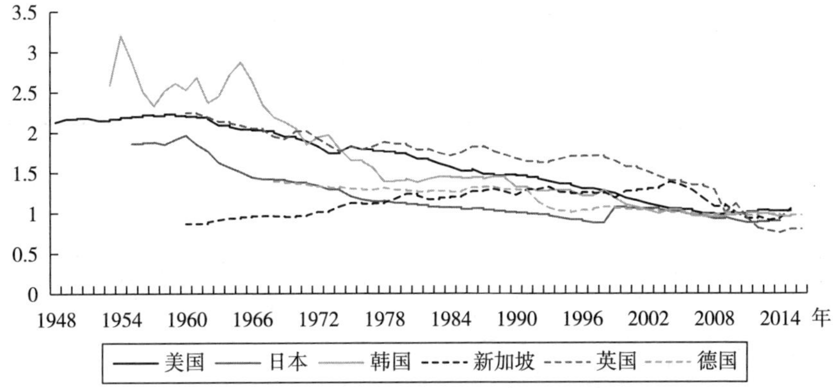

数据来源：Wind，Statistics Bureau of Japan，新加坡统计局，世界银行，欧盟统计局，英国统计局，Groningen Growth and Development Center（Timmer 等，2014）。

图 3-5　各国制造业相对价格指数

进一步观察，在以现价计算的制造业增加值比重达到高点时，以不变价计算的制造业增加值比重基本也进入相对稳定时期。美国1953年现价制造业比重达到28.3%的高点后逐步回落，不变价制造业比重在稳定中也基本达到一个高点，直到1998年亚洲金融危机后出现回升。日本1970年现价制造业比重达到37.5%的高点后逐步回落，不变价制造业比重也大约从这个时期开始进入稳定期，直到1998年亚洲金融危机后出现明显下降。韩国总体还是处于制造业占比不断上升的阶段，1988年左右出现了一个转折点，但在2000年之后又出现新一轮的上升。新加坡1980年现价制造业比重达到26.5%的高点后有所稳定，不变价制造业比重也自此有所稳定。自有数据的起始年份开始，英国、德国的现价制造业占GDP的比重已经开始下降，不变价的制造业占GDP比重大约在20世纪70年代初达到高点，后缓中趋稳。

在美国（1953）、日本（1970）、新加坡（1980）、英国（1969）、德国（1970）制造业占比出现变化的这些关键时点，其人均GDP均达到高收入水平，分别为16115美元、17187美元、12482美元、16934美元、20431美元（2009年不变价，见表3-1），而韩国随着制造业占比的上升1999年开始突破12000美元。

表 3–1　　主要发达国家现价 / 不变价制造业增加值占比变化关键时点及对应的人均 GDP

国家	年份	制造业比重高点（%）	对应的人均 GDP（美元 / 人）
美国	1953	28.3	16115
日本	1970	36	17187
新加坡	1980	26.5	12482
英国	1969	36.9	16934
德国	1970	36.5	20431

注：以 2009 年为基期，根据人均 GDP 增长率与 2009 年人均 GDP 推算。英国、德国为不变价的关键时点，其余为现价的变化关键点。为可比，对应的制造业比重高点均为现价制造业增加值比重。

数据来源：世界银行。

（二）制造业就业比重相应步入不断降低阶段，部分“再工业化”国家近些年制造业比重有所稳定

随着现价制造业比重出现由升转降、不变价制造业比重进入由升转稳定的转折期，制造业就业比重也相应进入由升转降的阶段。美国1952年制造业就业比重达到26.2%的高点后持续回落，日本1973年达到27.4%的高点后不断降低，韩国1988年达到27.3%的高点后回落，新加坡1980年达到31.8%的高点后在波动中降低，英国1961年达到32.1%的高点后不断降低，德国1970年达到35.7%的高点后不断降低，但其制造业就业占比要高于其他典型发达国家，2017年仍有19.3%（见图3–6）。

同时我们注意到，近几年美国、日本、韩国、英国、德国等制造业就业比重趋于稳定，甚至还略有上升，这与危机后各国重新重视制造业，并采取措施推进制造业特别是先进制造业有关。美国从2009年起相继发布《美国复苏和再投资法案》《美国创新实施战略》《先进制造业国家战略计划》《振兴美国制造业和创新法案》等多项法案以促进制造业的发展，2009年开始制造业就业比重基本稳定在8.3%左右。日本2011年公布了以制造业为主要对象、应对日元升值和产业空洞化的《应对日元升值综合经济对策》，2012年后制造业就业比重稳定在16.3%左右。韩国2014年正式推出《制造业创新3.0战略》，2015年公布《制造业创新3.0战略实施方案》，2014年起其制造业就业比重小幅回升

（见图3–6）。德国2009年启动新一轮工业化进程，2010年7月发布《高科技战略2020》，2013年4月正式提出“工业4.0”，德国制造业就业占比的降幅有所收窄，近些年稳定在19%以上。这从侧面反映出，过去制造业就业比重不断降低，除了与技术进步带来的资本对劳动力的替代有关，还与全球化浪潮下主要发达国家制造业对外转移有一定关系。

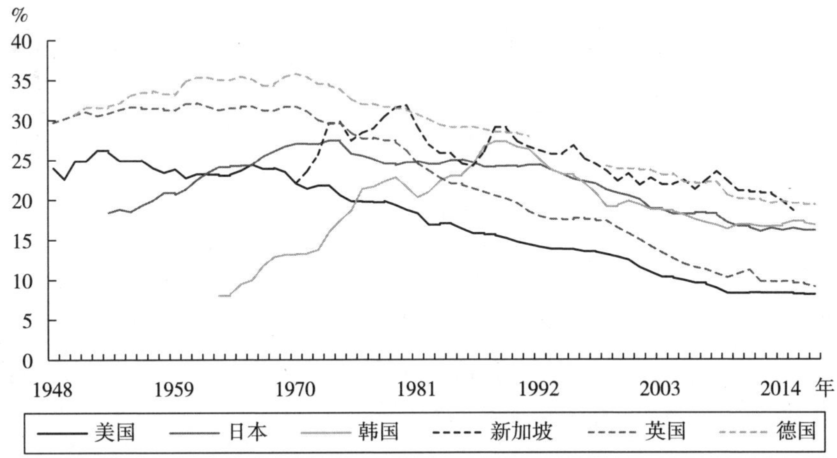

注：德国 1992—1997 年数据缺失。

数据来源：Groningen Growth and Development Center（Timmer 等，2014），Wind。

图 3–6 各国制造业就业占比

（三）制造业比重转折时劳动力教育和研发基础较好

从教育水平来看，在制造业比重转折的关键时间点，25岁及以上人口中，美国、日本、韩国高等教育人口比重均已超过10%。新加坡则是在制造业比重进入稳定期后，在20世纪末和21世纪初人口的教育水平有较大的提升（见表3–2），英国、德国高等教育人口比重持续提升，分别在20世纪80年代初期和末期达到10%。各国研发支出占比的变化也有类似表现（只有英国研发支出低于2%），在制造业比重转折的时期，美国、日本、韩国的研发支出占GDP的比重达到2%左右，德国研发支出保持在2%以上，而新加坡则在2000年之后研发比重达到2%的水平（见图3–7）。

受数据限制，我们很难直接得到各国工业部门劳动力技术水平和工业本身技术水平的可比度量，但从教育和研发这两方面可以侧面反映出在制造业比重从快速上升进入相对稳定的转折期，这些国家教育水平已有较大进步，研发投入较高，工业技术进步和发展面临较好的升级条件。

表 3-2　　25 岁及以上人口中各级教育人口占比　　单位：%

年份	美国			日本			韩国			新加坡		
	初	中	高	初	中	高	初	中	高	初	中	高
1950	45.7	38.2	13.6	71.7	18.2	4.5	59.3	5.6	1.2	19.7	11.5	1.0
1955	41.6	41.0	14.9	65.2	25.2	5.5	62.1	6.8	1.5	22.7	13.3	1.2
1960	37.4	43.8	16.5	59.9	30.9	6.3	29.6	10.9	2.6	25.2	14.9	1.4
1965	26.5	52.7	18.7	60.8	31.9	5.7	35.2	17.5	3.6	27.6	18.2	1.8
1970	17.9	59.2	21.3	60.6	33.0	5.5	38.1	21.8	5.7	29.6	20.9	2.0
1975	10.9	60.6	27.1	51.7	37.1	10.8	39.2	28.7	6.9	31.5	20.1	2.6
1980	6.3	62.9	30.0	45.4	39.9	14.4	34.5	36.9	8.9	38.3	14.6	3.4
1985	8.3	51.8	38.8	39.4	42.4	17.9	27.6	45.3	11.7	47.2	23.5	3.3
1990	9.1	44.4	45.4	34.2	44.5	21.1	21.7	51.4	16.0	56.3	26.7	3.0
1995	3.5	49.4	46.5	27.0	49.4	23.4	18.2	51.9	21.1	33.6	40.9	8.6
2000	3.2	44.3	52.0	21.6	51.9	26.4	14.8	50.9	26.8	13.0	48.8	17.0
2005	3.0	43.4	53.1	17.7	53.1	29.2	12.7	49.2	31.8	37.1	35.2	17.6
2010	2.5	39.8	57.3	12.7	57.0	30.1	11.5	44.6	39.8	7.4	39.2	37.0

数据来源：Barro-Lee educational attainment dataset.。

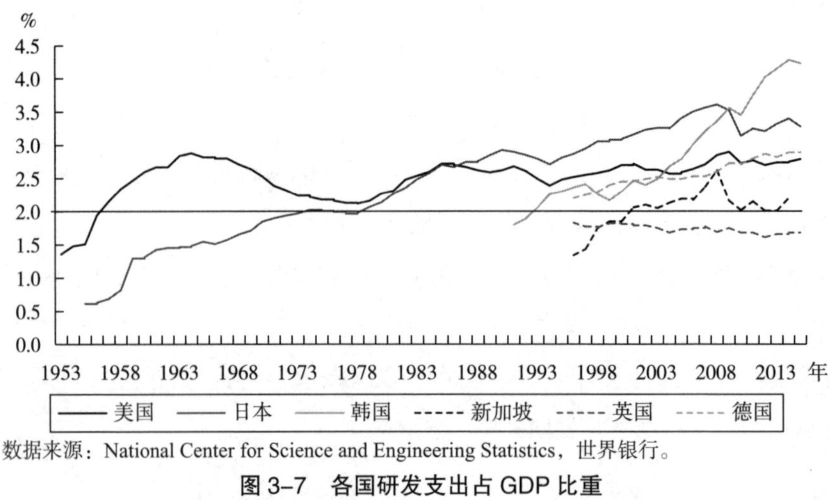

数据来源：National Center for Science and Engineering Statistics，世界银行。

图 3-7　各国研发支出占 GDP 比重

（四）制造业比重转折时生产性服务业处于快速发展期

制造业与服务业具有相互依赖、共生发展的互补性关系。生产性服务业是联结工业与服务业的重要纽带。随着产业分工细化和规模经济的发展，生产性服务业逐步从工业企业内部分离和独立出来，其发展也特别依赖于第二产业尤其是制造业的发展。观察美国、韩国不同类型服务业，可以看到在其各自制造业占比变化的转折期，传统服务业占比稳中趋降，而与生产性服务业密切相关的现代服务业快速发展，占比达到10%左右（见图3-8）。这些现代服务业的快速发展也在一定程度上反映出制造业水平的不断提高。

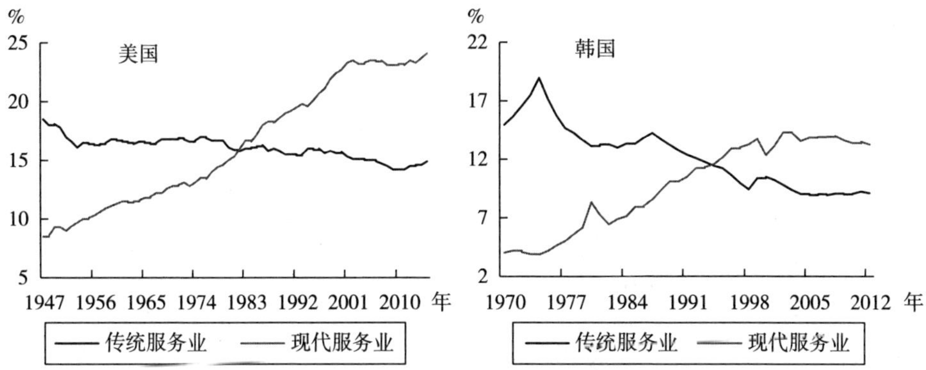

注：传统服务业主要指批发零售、住宿餐饮业，现代服务业主要指信息业、金融和保险业、专业和商业服务业。专业和商业服务业为美国服务业分类之一，主要包括法律服务、计算机系统设计和相关服务等专业、科学和技术服务业，公司和企业管理业，行政和废物管理服务业。

数据来源：Wind。

图 3-8　美国、韩国传统和现代服务业占比

二、部分典型发展中国家"去工业化"特征及原因

（一）部分发展中国家出现过早"去工业化"的现象

对比来看，由于发展中国家相对较晚进入工业化阶段，其制造业产品相对价格的降低没有发达国家那么明显，以现价和以不变价计算的制造业占GDP比重差异不大。这些发展中国家制造业占比出现由升转降的明显转折。印度

制造业占比明显较低，平均不到15%，既低于发达国家，也低于其他发展中国家，在1995年达到其历史较高点（16.3%，现价），之后有所降低。印度尼西亚制造业占比一度达到40%的高点，但1996年亚洲金融危机后不断降低。泰国现价制造业比重在2010年达到31.1%的高点后回落。2000年马来西亚现价制造业比重达到30.9%的高点后回落（见图3–9）。巴西、阿根廷等典型拉美国家的工业增加值比重均分别在1987年、1976年达到历史较高水平，但此后不断降低，在2003年左右有一定程度的回升，但随后又不断回落。

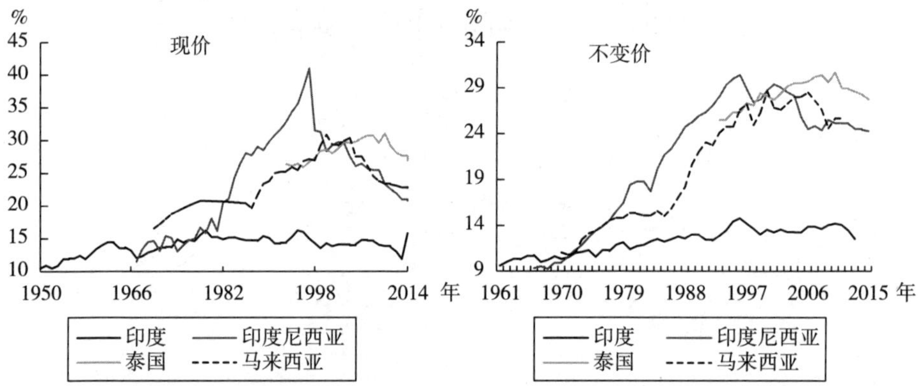

数据来源：Groningen Growth and Development Center（Timmer 等，2014），Wind.。

图 3–9　部分发展中国家制造业占 GDP 比重

与前述发达国家相比，除印度制造业占比偏低外，其他发展中国家制造业比重并不算低，但在制造业占比进入由升转降的阶段，其人均GDP水平要远低于发达国家（见表3–3）。并且从以不变价计算的制造业占比看，与发达国家由上升转向稳定不同，这些发展中国家的制造业占比出现较为明显的降低趋势。因此，这些发展中国家的“去工业化”是在人均收入水平极低、未充分实现工业化的情况下出现的，更多体现的是一种消极的或者说是过早的“去工业化”。

表 3–3　主要发展中国家制造业增加值占比转折点及对应的人均 GDP

国家	制造业比重转折点		对应的人均 GDP（美元）
	年份	比重（%）	
印度	1995	16.3	571
印度尼西亚	1997	41	1571

续表

国家	制造业比重转折点		对应的人均 GDP（美元）
	年份	比重（%）	
泰国	2010	31.1	4539
马来西亚	2000	30.9	5912
国家	工业比重转折点		对应的人均 GDP（美元）
	年份	比重（%）	
巴西	1987	45.9	6779
阿根廷	1976	50.9	7134

注：以 2009 年为基期，根据人均 GDP 增长率与 2009 年人均 GDP 推算。巴西、阿根廷制造业数据不可得，故只看工业。

数据来源：世界银行。

制造业就业比重方面，大部分发展中国家也随着制造业GDP比重的变化出现由升转降的变化，如印度、印度尼西亚、马来西亚、巴西等。泰国在2008年金融危机后制造业就业占比略有降低，但近两年有所回升。阿根廷制造业就业在1961年就开始呈现降低趋势，要远早于其制造业GDP比重的转折点（见图3-10）。同时，与发达国家平均28%左右的高点相比，这些发展中国家制造业就业比重明显偏低，而农业就业比重明显偏高，如印度、印度尼西亚、泰国、巴西在制造业增加值比重出现转折时，农业就业比重分别为62%、41%、38%和28%，马来西亚、阿根廷的农业就业比重也均在15%以上。

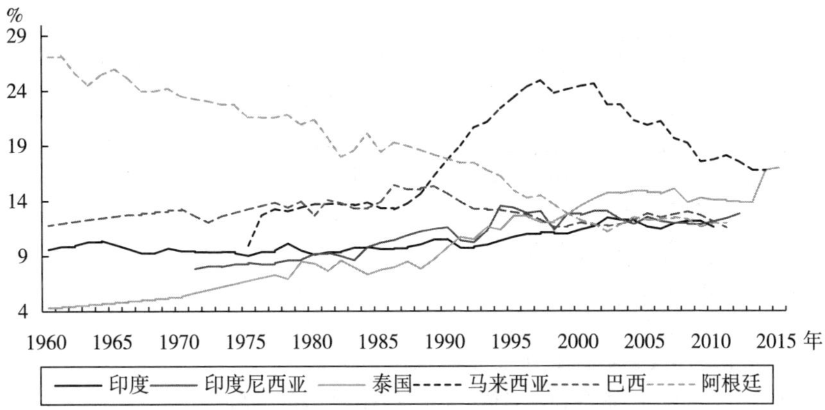

数据来源：Groningen Growth and Development Center（Timmer 等，2014），Wind.。

图 3-10 部分发展中国家制造业就业占比

进一步对比，这些发展中国家在制造业占比出现转折时期，教育水平普遍低于发达国家，其中泰国、马来西亚、阿根廷三国劳动人口的受教育年限、高等教育人口比重等与发达国家较为接近，而其他发展中国家在制造业比重出现转折时教育水平仍相对较低（见图3–11）。与此同时，各发展中国家的研发支出占GDP的比重远低于发达国家，均不到1%，有些甚至不到0.5%。此外，从服务业看，发展中国家传统的批发零售、住宿餐饮等服务业占比会略高一些，而信息通信、金融保险、商业服务等现代服务业的占比相对较低，特别是商业服务的占比较低。

将这些与制造业就业变化结合起来，背后存在的一个现象是，农业、制造业就业人口开始转移进入服务业，在劳动力教育、技术水平相对较低的情况下，劳动力将主要进入门槛较低的传统服务业，这造成的一个结果是制造业发展处于价值链低端水平，缺乏转型升级的基础，服务业结构也相对低端化，劳动生产率水平难有较快增长。

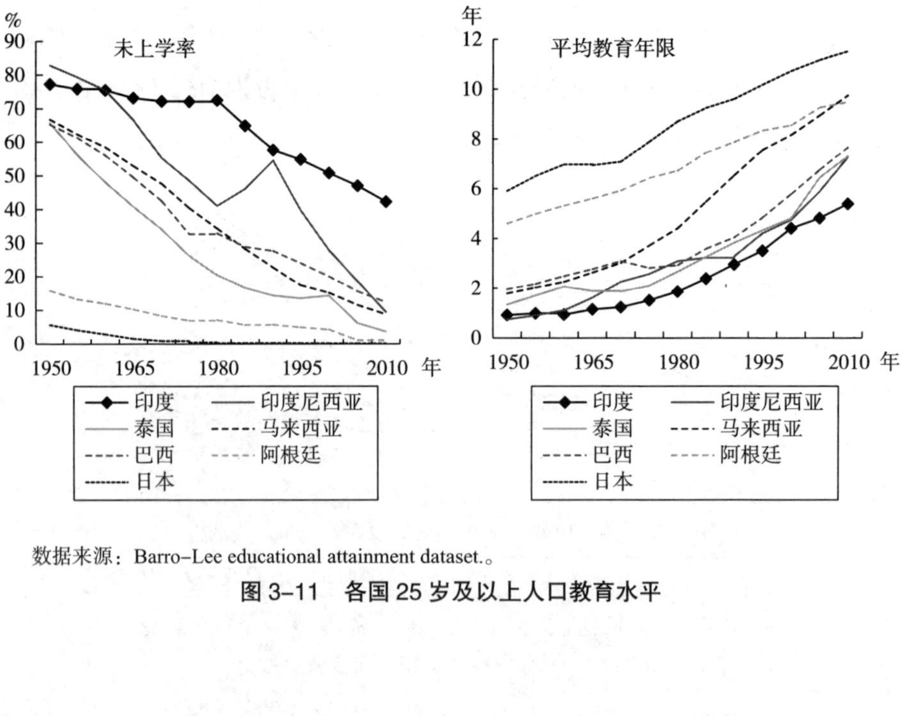

数据来源：Barro–Lee educational attainment dataset.。

图 3–11　各国 25 岁及以上人口教育水平

（二）原因分析

为何发展中国家会出现这种人均GDP水平还处于较低水平时，制造业占比就开始结束上升态势并不断降低的情况？这可能是以下几方面因素综合作用的结果。

一是全球化的冲击。与发达国家不同，发展中国家工业化发展较为滞后，其工业化过程中面临的经济金融全球化程度大幅提升（见图3–12）。在对外开放的过程中，发展中国家的制造业生产面临着两方面的挑战，一方面那些比较优势较弱的发展中国家容易在竞争中处于劣势，成为制造业产品的净进口者；另一方面先发国家在技术、生产方面已积累丰富的经验，其技术进步带来制造业产品相对价格的降低，会对发展中国家产生溢出效应[①]。这些因素可能带动发展中国家制造业增加值和就业占比的降低。

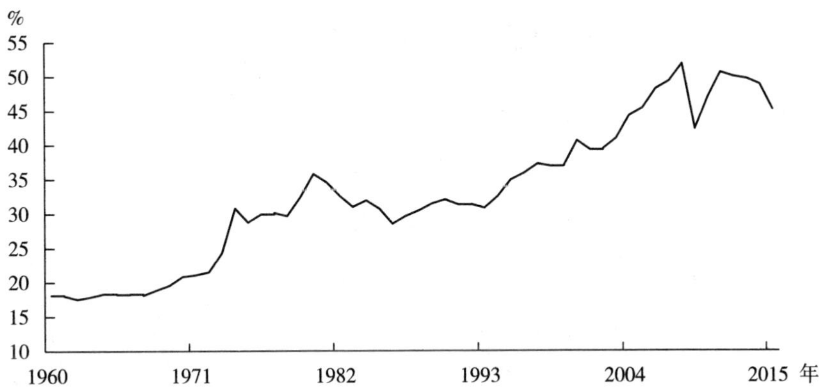

数据来源：世界银行。

图 3–12　全球商品贸易 /GDP

二是过度依赖某一资源或产业的发展。其典型就是“荷兰病”，主要表现为一国或地区（特别是中小国家）经济的某一初级产品部门异常繁荣，通过要素、产品市场等渠道和机制挤压经济中的其他行业，特别是工业制造业领域，使之逐渐衰退和萎缩。这起源于20世纪50~70年代的荷兰，在发现大量石

① Dani Rodick，Premature Deindustrialisation，2015.

油和天然气资源后，已是工业制成品主要出口国的荷兰将石油和天然气作为支柱产业，资源出口激增，导致荷兰国内的农业和其他制造业产品的竞争力被大大削弱。巴西、俄罗斯等一些经济结构较为单一的国家也容易遭受“荷兰病”的影响，陷入过早“去工业化”的陷阱。一些发达国家的城市（如底特律）也因此由盛转衰。

三是外部经济金融危机加速经济结构失衡问题的暴露。如1973年石油危机、1979年第二次石油危机和国际信贷利率大幅提高，引发巴西等拉美国家陷入外债危机，而过去过度保护低效率的进口替代政策下国内工业技术进步和竞争能力较弱，外部冲击叠加内部经济累积的不平衡问题，阻碍其工业经济发展。印度、印度尼西亚、马来西亚等东南亚国家也在亚洲金融危机前后出现工业占比不断降低的现象。

三、从“再工业化”看制造业的重要地位

2008年国际金融危机的爆发和“再工业化”的提出促使各国开始重新重视制造业的发展，不仅仅是发达国家，印度、印度尼西亚、巴西、阿根廷等国也纷纷提出制造业振兴与发展计划。印度2011年发布《国家制造业政策》，提出确保制造业在中期内保持12%~14%的增长，制造业占比在2022年达到25%，在2022年新增1亿个就业岗位以及提升印度制造业在全球的竞争力等发展目标。2014年印度政府还提出“印度制造”计划，将汽车、化工制药、纺织、信息技术、港口、航空、旅游、铁路、可再生能源、采矿、电子等25个行业列为发展重点；印度尼西亚2011年公布的国民经济15年中期建设规划提出印度尼西亚制造业“2025 构想”，提出要争取在2025年使印度尼西亚成为世界性的工业强国，制造业成为经济发展的支柱产业，还出台了制造业10大产业振兴计划；阿根廷、巴西等国也于2011年分别提出《2020年工业战略计划》、“工业强国计划”，以促进本国工业部门的发展。

制造业振兴的提出是应对现实经济问题的必然要求，进一步确立了制造业在国民经济发展中的重要地位。制造业对一国经济发展和竞争力提升的重要

意义主要体现在以下几个方面：

第一，制造业是促进劳动生产率持续提升的核心驱动力。以制造业为主的工业劳动生产率往往要高于服务业，从部分发达国家的发展来看，工业占比上升期的GDP增速均要高于工业占比进入平稳期或下降期的GDP增速（见表3–4），这些国家也往往是在工业化快速推进期间进入高收入国家行列。与制造业相比，较高的服务业占比与经济发展水平可能并不存在必然的联系，因为从全球来看，不论是人均收入水平较高的发达国家还是人均收入水平较低的发展中国家，其服务业占比均呈现不断上升趋势（见图3–13），这意味着服务业占比较高可能是工业化高度发展的结果，也可能是工业化程度较低时的表现。

表 3–4　工业占比上升期、平稳期或下降期的平均 GDP 增速对比　单位：%

国家＼时期	上升期	平稳期或下降期
美国	6.4	3.3
日本	10.7	4.5
韩国	8.7	5.7
新加坡	8.1	7.9

注：为各国工业 GDP 占比达到最高点前后十年的平均 GDP 增速。

数据来源：Wind.。

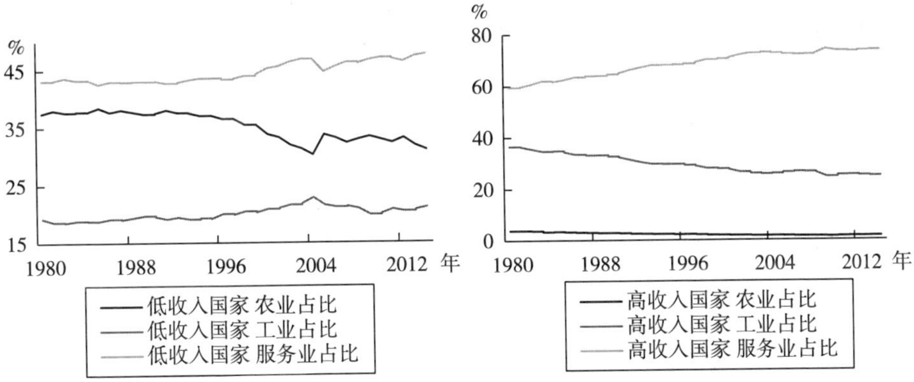

数据来源：Wind.。

图 3–13　低收入与高收入国家产业占比

第二，制造业是技术创新和技术进步的关键领域。比如，日本全行业研发人员中，制造业的研发人员占比高达90%以上，即使20世纪90年代中后期以来有所回落，但也在80%以上（见图3-14）；新加坡制造业研发支出占全行业的比重也保持在50%以上（见图3-15）。而服务业中的创新和研发也主要集中于生产性服务业，其发展与制造业活动密不可分，如果将其考虑在内，制造业研发相关的比重会更高。因此，制造业是国家和地区发展的活力之源，制造业的投资及相关研发活动在促进自身生产率提高的同时，也能够带动社会整体的技术进步，促进社会全要素生产率的提升。

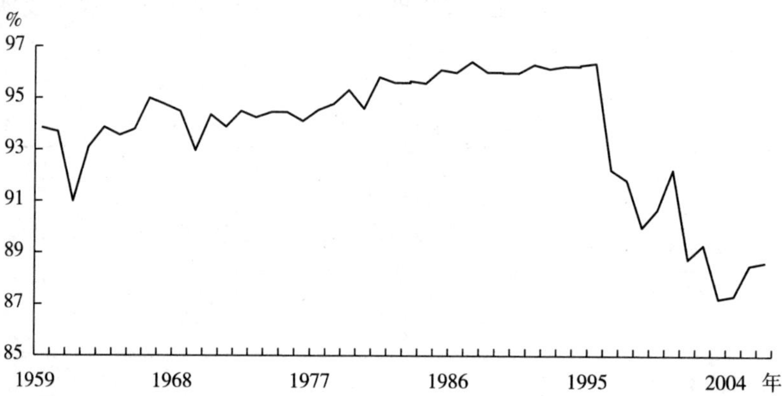

数据来源：Statistics Bureau of Japan.。

图 3-14　日本制造业研发人员比重

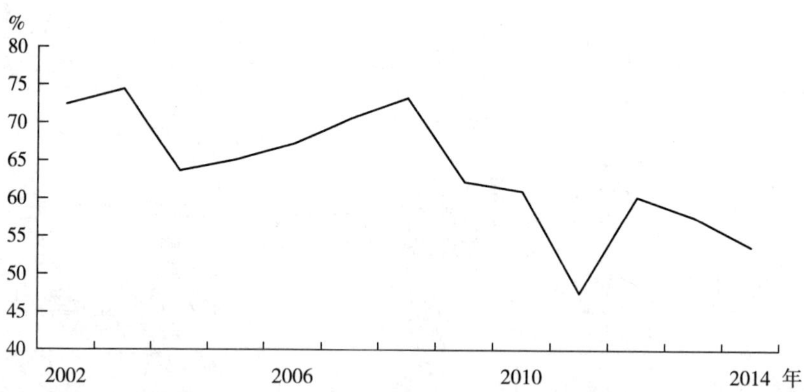

数据来源：新加坡统计局。

图 3-15　新加坡制造业研发支出比重

第三，制造业与其他产业具有较高关联性，是其他产业存在和发展的重要基础。制造业的生产链条涉及较广。以我国行业划分标准为例，制造业本身就包括31个行业大类，480多个行业小类，分别占全行业的30%和50%以上，既包括以农林牧渔等第一产业产品为原料的加工生产活动，也涉及咨询、研发、售后服务等相关服务业。

制造业技术水平和生产效率的高低会影响农业和服务业生产效率的高低，决定它们的发展水平。一方面，从需求角度看，工业化发展能够带动GDP的较快增长，拉动居民收入的提高，扩大中产阶级规模，进而促进消费水平的提升和服务业的发展。另一方面，从供给角度看，制造业技术进步的外溢效应能够带动农业生产技术的提升，促进农业生产效率提高。同时，观察各国就业结构变化，第一产业就业比重基本呈下降趋势，以制造业为主的第二产业就业比重先上升后降低，服务业就业比重持续上升，这意味着劳动力往往先是从第一产业转移进入第二、第三产业，之后从第二产业转移进入第三产业。工业化的充分发展能够在劳动力向第三产业转移时提供高技术人才，促进中高端服务业的发展。因此，制造业具有较高的乘数效应和广泛的经济联系，其对整体经济的影响力要大于其他产业。

第四，坚持发展制造业是解决就业、保持社会稳定甚至维护国家安全的重要途径。在过去国际分工浪潮中，美国等发达国家一般是将具有高附加值的研发等核心部门留在本国，而将中间环节、附加值较低的生产部门转移到成本更低的发展中国家。制造业生产链条的对外转移使得本国中低端就业岗位大量减少，破坏了收入持续增长和中产阶级培育的基础，造成贫富差距扩大，也降低了社会阶层的流动性，从而影响社会稳定。因此，美国提出“再工业化”的一个重要目的就是创造更多的就业岗位。而对于发展中国家来说，加强自身制造业的发展与升级不仅仅是为了解决就业，更重要的是实现国家经济安全。当过度依赖外资和外国技术，或者是依赖国外制造业产品的生产，一旦发生国际制裁、技术封锁、外资撤走等重大事件，会严重影响一国经济安全与稳定。

四、中国存在过早“去工业化”的风险

对比来看中国的情况，以现价计的工业增加值占比和制造业增加值占比自2006年左右开始出现明显下降（见图3-16），而此时中国人均GDP水平还比较低，以2009年为基期的人均GDP仅为2822美元。这也是相关研究提出中国可能存在过早“去工业化”风险的一个重要依据。但是如果观察以不变价计的工业和制造业增加值占比会发现，二者并没有明显降低，工业受采矿业低迷影响近些年略有降低，而制造业比重总体上升，并且占比要高于前文提及的各个国家（见图3-16）。这与我国一直以来重视制造业发展密不可分，特别是2008年国际金融危机以来，在产能过剩、供需矛盾等问题突出的情况下，我国政府更加重视制造业质量的提升。2015年5月《中国制造2025》正式发布，提出了通过“三步走”战略实现从制造业大国向制造业强国转变的目标，并明确了新一代信息技术产业等十个重点发展领域。2016年5月发布的《国家创新驱动发展战略纲要》提出推动产业技术体系创新，推进产业质量升级。2016年以来政府也着力为实体经济发展创造良好的环境，深化“放管服”改革，进一步取消、免征、停征和减征政府性基金和行政事业性收费，推动从“结构性减税”进入“全面减税”，“营改增”试点全面推开，加大对中小微企业、科技创新企业等的支持力度，引导资金向实体经济流入。

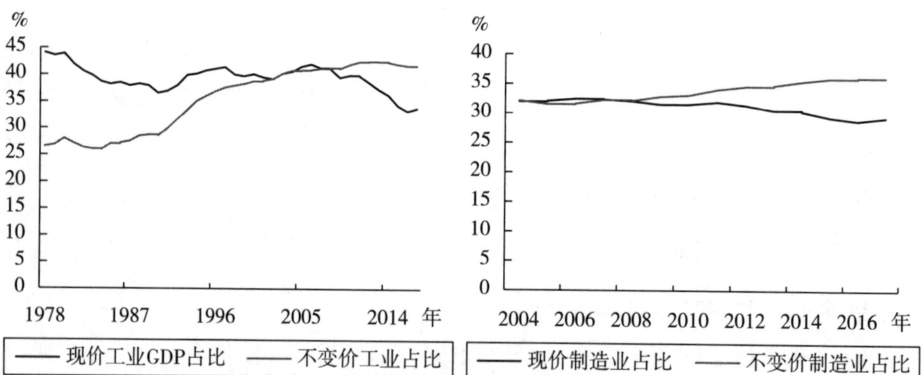

注：由于制造业平减指数缺失，以工业的平减指数代入计算制造业不变价增加值。因为采矿业过去几年产品价格下降，这可能会存在偏差，造成制造业不变价增加值上升幅度高于实际。2016年以来采矿业产品价格涨幅扩大，以工业平减指数计算的不变价制造业占比并未出现明显上升，2017年甚至较2016年略有降低。

数据来源：国家统计局。

图3-16 工业或制造业增加值占GDP比重

如果观察人口教育水平和服务业情况，中国劳动年龄人口平均受教育年限已达10.2年，研发支出占GDP的比重从2013年开始超过2%，现代服务业增加值的比重也自2006年开始超过10%。因此，与其他发展中国家相比，中国制造业发展面临的环境和条件是相对较好的。

尽管如此，仍有一些问题值得关注，“去工业化”的风险主要体现在以下方面。

（一）制造业就业比重偏低，农业就业比重仍然偏高

我国工业就业比重自2012年达到24.7%的高点后有所降低（见图3–17），由于没有全国细分行业就业数据，以2010年的普查数据作为参照，制造业在工业就业中的占比在90%左右，可得近几年制造业就业比重在20%左右，过去的比重还会更低一些。Timmer等（2014）的数据显示2002年后我国制造业就业占比明显回升，2011年为18.7%。这一占比虽然高于前面提及的大多数发展中国家，但仍低于部分发达国家。

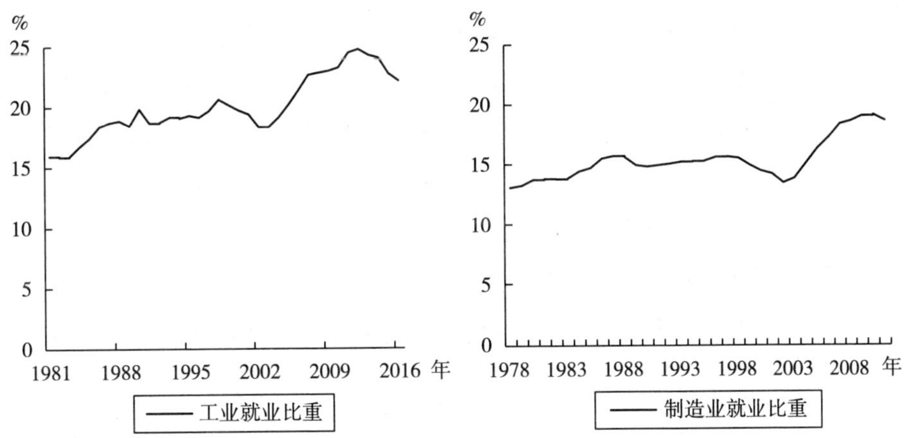

注：利用第二产业就业人数减去建筑业从业人员数得到工业就业人数。制造业就业比重计算数据来自 Groningen Growth and Development Center（Timmer 等，2014），数据只到 2011 年。

数据来源：国家统计局，Groningen Growth and Development Center（Timmer 等，2014）。

图 3–17　全国工业和制造业就业比重

以城镇单位就业作为参照看发展趋势，受采矿业，电力、燃气及水的生

产供应业就业占比降低影响，工业就业占比呈下降趋势，而制造业的就业比重相对稳定，2007年后止住上升趋势，近几年保持在28%左右（见图3–18）。

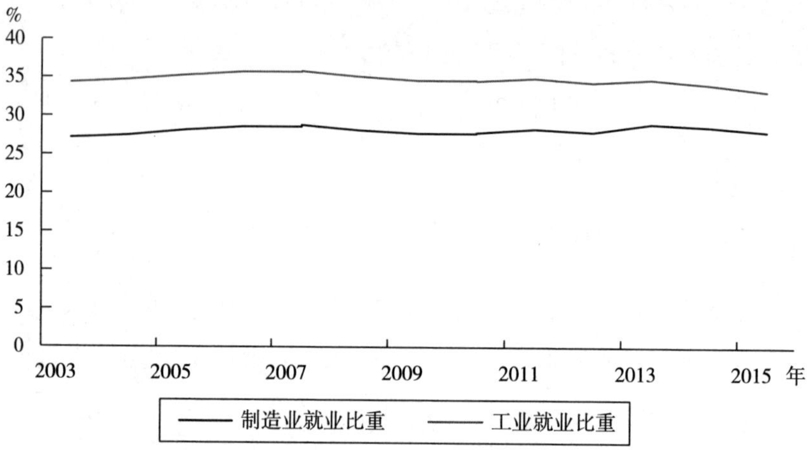

数据来源：国家统计局。

图 3–18　城镇单位工业和制造业就业比重

与此同时，中国农业就业人口比重仍然较高，2007年制造业就业比重由上升转入稳定期时，农业就业比重仍高达40.8%，2016年降至27.7%。未来农业就业人口向第二、第三产业转移是发展趋势，而服务业已成为吸纳农村户籍人口初次非农就业的重要部门。有研究表明，2010年，农村户籍人口的初次非农就业约有51.7%是由第三产业解决的，工业部门则只吸纳了48.3%。这意味着未来劳动力将更多地进入第三产业。由于劳动力在不同产业部门之间的转移概率较低，制造业就业占比可能会趋于降低，而农业部门劳动力教育水平较低，劳动力也将偏向集中于中低端服务业，这些将不利于产业的优化升级。

（二）人力资本结构与产业结构的适应问题

当前，我国正处于产业结构转型升级、向创新驱动转变的重要时期，需要足够数量的人力资本储备和合理的人力资本结构。特别是当前智能制造是新一轮技术革命的重要方面，制造领域的智能化、自动化有助于企业应对劳动力成本上升压力、提高生产效率，但随着智能制造不断贯穿到设计、生产、管理、服务等制造环节，会产生机器对人的替代，人力资本结构能否适应产业结构的升级是未来值得关注的重点之一。从不同行业就业人口教育程度的分布来看，我国中高层次教育水平的就业人口比重仍然较低，制造业中大学专科和本科教育程度劳动力占比也明显偏低（见表3–5）。

表 3–5　　中国与日本不同行业就业人口教育分布　　单位：%

中国（2010）		小学及以下	中学	大学专科	大学本科	研究生
全行业		27.3	62.7	6.0	3.7	0.4
第二产业	采矿业	13.8	73.1	8.7	4.1	0.3
	制造业	13.9	76.3	6.4	3.1	0.3
	电力、燃气及水的生产供应业	4.4	61.4	22.0	11.5	0.8
	建筑业	21.1	73.0	3.9	2.0	0.1
日本（2015）		中小学		大学专科	大学本科	研究生
全行业		52.2		18.7	26.2	2.8
第二产业	采矿业	100.0		0.0	0.0	0.0
	制造业	62.4		12.8	20.4	4.4
	电力、燃气及水的生产供应业	55.6		11.1	29.6	7.4
	建筑业	71.0		11.6	16.2	1.0

数据来源：2010 年中国人口普查数据，Statistics Bureau of Japan.。

（三）制造业回报率的降低促使产业资本过度转向金融和房地产领域

利润是资本转移的核心驱动力。近些年受产能过剩、成本上升等因素影响，中国制造业领域资本回报率大幅降低。相比之下，房地产业和金融业的投资回报率较高（见表3–6），吸引了大量社会资金流入，许多制造业企业纷纷涉足房地产和金融领域。这既推升了制造业生产成本，阻碍了资源和要素流入制造业，也降低了企业家踏实干事、创新发展的积极性。

表 3–6　　上市公司不同行业净资产收益率　　单位：%

年份	采矿业	制造业	房地产业	金融业
2005	24.31	11.85	4.90	24.50
2006	23.11	18.29	5.62	14.59

续表

年份	采矿业	制造业	房地产业	金融业
2007	20.44	16.82	5.15	17.84
2008	14.40	8.23	10.20	21.16
2009	13.52	9.80	12.74	18.83
2010	16.14	12.74	12.78	19.65
2011	15.15	11.33	12.78	19.68
2012	11.95	7.72	12.17	18.45
2013	10.40	8.65	12.06	18.59
2014	7.40	8.00	10.48	17.27
2015	2.40	6.04	9.33	15.41
2016	2.14	8.56	13.17	13.41
2017	5.72	10.53	13.88	12.85

数据来源：Wind.。

目前房地产行业对国民经济具有重要影响，2017年我国房地产业占GDP的比重上升到6.5%，房地产的投资和生产也能带动上下游相关制造业行业的生产。但是，与制造业等实体经济不同，房地产具有财富效应和抵押物效应，供给也相对有限，容易成为资本炒作对象，诱发经济金融危机。根据金德尔伯格的研究，从17世纪至20世纪90年代初期，在全球范围内共爆发了42次比较重要的金融危机，其中有21次都与对不动产的投机有关。未来如何引导房地产市场健康平稳发展、引导资金促进制造业高质量发展，值得关注。

（四）制造业发展面临“内忧外患”，助推中国“去工业化”的发生

中国虽然已成为制造业大国，但是与其他发达工业化国家相比，并不是制造业强国，存在自主创新能力差、产品附加值低、品牌效应小等问题。目前在国际竞争中，中国制造业的发展面临发达国家贸易与技术壁垒及其“再工业化”的挤压。特别值得关注的中美经贸关系进入新阶段，可能将在一定程度上制约我国制造业发展，主要表现在以下两方面。

第一，特朗普代表的贸易保护主义可能长期存在，我国制造业发展的国

际需求环境发生阶段性变化。2018年以来特朗普挑起的中美贸易争端不断升温，这种贸易保护主义根植于深层次的结构性问题。一方面，庞大的美国对华逆差问题源于宏观经济和国际分工结构。从美国经济结构来看，美国长期低储蓄、高消费，本国供给无法满足本国需求，结果就是对外贸易逆差。从国际分工结构来看，中国承接了日本、韩国的产业转移，同时也承接了日、韩对美国的巨额出口，成为我国对美贸易顺差的重要原因。另一方面，对华实施贸易保护的美国民意基础越来越浓厚，未来特朗普还会借助贸易争端拉拢选民。伴随着贸易战不断升温，CNN民调显示特朗普的支持率回升到2017年8月以来最高水平，5月对特朗普贸易政策的支持率比3月增加了5个百分点。综合来看，国际分工格局和美国国内政局短期内都不会改变，美国贸易保护风险可能长期延续，不利于我国利用外需发展自身制造业。

第二，美国开始对我国制造业采取一系列技术打压和封锁措施，中美技术合作和产业链脱钩风险上升。特朗普挑起的贸易战不单是贸易保护，而且具有明显的技术保护主义特征。一方面，特朗普虽然最常提及的是贸易逆差，但很多措施都是要制约我国制造业发展。美国301调查针对的是我国高端制造业产业政策，在世界贸易组织发起的诉讼是针对我国的技术转让政策。对中兴通讯实施出口禁令不仅让我国第二大信息通信企业陷入休克状态，而且直接冲击了中美产业链的合作前景。未来跨国企业可能把下游制造环节从中国转移到其他国家，我国也难以利用美国上游技术来发展下游产业链。另一方面，对华实施技术封锁已成美国两党共识，我国与美国产业链合作的政治环境恶化。特朗普的贸易保护政策在美国遇到了许多反对声音，但扩大美国外资投资委员会管辖权，限制中国收购美国技术的提议却同时赢得了共和党和民主党的支持。综合来看，中美产业链脱钩的风险正在上升，我国制造业的全球产业链脆弱性越发突出。

除此之外，随着传统低要素成本优势的减弱，我国还面临印度、墨西哥等低成本国家和地区的竞争。从国内来看，受资源、能源和环境等限制，过去以重工业为主导的传统工业化模式难以持续，我国产能过剩、供需不匹配等问题仍然存在。

因此，未来打造良好的营商环境、激发经济内生增长动力将成为培育新的比较优势、促进高质量发展的重要基础。近年来，我国营商环境明显改善，在全球排名快速提升，但总体仍处于中游水平。根据《2018年全球营商环境报告》，我国位列第78位，这一排名远低于新加坡、韩国等邻近的亚洲经济体，甚至低于马来西亚、泰国、越南、印度尼西亚等发展中经济体。我国营商环境问题突出表现在施工许可办理难度大、纳税问题突出、开办企业过程需精简、中小投资者保护不足、电力获得存在困难、开展跨境贸易仍存难度等方面。

表 3-7　营商环境及其十项分类指标排名对比　单位：位

指标	新加坡	韩国	马来西亚	泰国	越南	印度尼西亚	中国
营商环境	2	4	24	26	68	72	78
开办企业	6	9	111	36	123	144	93
获得建筑工程施工许可	16	28	11	43	20	108	172
获得电力	12	2	8	13	64	38	98
财产登记	19	39	42	68	63	106	41
获取信贷	29	55	20	42	29	55	68
保护少数投资者	4	20	4	16	81	43	119
缴纳税款	7	24	73	67	86	114	130
跨境贸易	42	33	61	57	94	112	97
合同执行	2	1	44	34	66	145	5
办理破产	27	5	46	26	129	38	56

资料来源：《2018 年全球营商环境报告》，世界银行。

在这种情况下，有两方面因素会助推中国“去工业化”的发生。第一，制造业领域的外商直接投资有所减少。2016年制造业实际使用外资354.9亿美元，比上年减少40.5亿美元。近年来外资撤离案例有所增多，美国、日本、韩国等一些中低端的加工制造企业或是回迁本土，或是转移进入越南、印度及东南亚等国家，其产业涉及家电、电子、建材、玩具、食品等。第二，中国国内资本对外投资快速增长。2016年中国对外非金融类直接投资合计1701亿美元，同比增长44.1%；对制造业投资为310.6亿美元，占全国对外直接投资总额的比重从2015年的12.1%上升为18.3%；对发展中国家的投资也在稳步增长。特别是近年来随着中国劳动力、土地等成本不断攀升，不少纺织、家电、汽车等领域的中国企业开始把产能向外转移。不过，受政策等因素影响，2017年非理性对外投资得到有效遏制，对外投资降至1200亿美元，同比降低29.4%，对制造业投资占比也降至15.9%。

五、几点建议

从长远来看，制造业发展是一国竞争力的核心所在，对各产业优化升级和劳动生产率的提升具有重要带动作用，对就业和社会的稳定甚至国家安全也有重要作用。当前，各国开始重新重视制造业的发展，而我国又处于产业结构转型升级的关键时期，需要警惕过早“去工业化”的进一步萌芽与发展。

（一）坚持发展以制造业为主的实体经济这一核心不动摇

如前所述，从国际经验看，服务业占比较高可能是工业化高度发展的结果，也可能是工业化程度较低时的表现，一些发达国家的“去工业化”更多的是制造业生产率大幅提升背景下的积极“去工业化”。制造业才是推动技术进步和拉动生产率持续增长的核心力量。中国制造业发展还有较大提升空间，我们仍要推进工业化发展，促进传统工业的转型升级，培育壮大战略性新兴产业。同时，不应单纯地把服务业占比的提升作为经济结构优化升级的目标和标准，而应注重服务业与制造业的协调互动和融合发展，发挥服务业特别是生产性服务业对制造业生产运营效率和竞争力的提升作用。

（二）在保持完整产业链条的基础上，寻求产业链各环节比较优势的建立和竞争力的提升

虽然为顺应全球产业发展趋势和加强核心竞争力的提升，我国需要促进中高端制造业发展，但中高端制造业的发展是一个长期积累的过程，并不是一蹴而就的。中国作为世界第二大经济体，劳动人口规模巨大，其中大多数是中低端劳动者，特别是我们还处于城镇化快速推进阶段，仍有大量农民工和农

业就业人口。与此同时，制造业的生产链条一旦失去就很难恢复，其重新建立需要大量投资和与之相匹配的人才资源投入，在全球化程度已较高的情况下面临低成本经济体的竞争也更加激烈。因此我国仍需要重视和留住传统中低端制造业，进一步加强自身工业体系和制造业生产链条完整的优势，并在此基础上不断寻求各产业链中关键技术的突破、品牌的建立，从而实现传统产业和先进产业的共同发展，不断推动我国在全球产业链分工中地位的提升，对标国际标准，打造若干世界级先进制造业集群，建立一批大型企业引领、大量特色中小企业协同的供应链体系。

（三）加大核心技术自主攻关，增强跨国产业链的安全性、稳健性

目前我国关键领域核心技术受制于人的局面还没有根本改变。要摆脱易受制于美国的不利境地，我国必须加大关键制造业的核心技术研发，强化自身完备的产业链体系。可梳理统计需要大量进口的或关系经济和国防安全的关键性、基础性的零部件、材料等产品，集中资源优势重点突破。

加强我国参与跨国产业链的安全性评估，确保重点产业链合作伙伴国与我国良好的政治和经贸关系。充分利用欧日韩与美国在贸易自由化方面的分歧，尽早在中欧双边投资协定、中日韩自由贸易协定等谈判取得重要突破，避免欧盟和日韩倒向美国立场对我国实施技术封锁。加强与英国、以色列、瑞士等创新型国家的合作，形成技术和产业链开放联盟促进共同发展和创新。

促进出口市场结构多元化，降低顺差来源国的集中度。我国货物贸易顺差和经常账户顺差占GDP比重已经相对较低，甚至单个季度会出现经常账户逆差现象，但我国顺差来源过度集中于美国等少数国家。从近五年的平均水平来看，来自美国的贸易顺差占我国货物总顺差的比重为67%，占经常账户总顺差的比重高达108%。如此高的集中度不仅增大了处理经贸关系的难度，也不利于经济安全。要加大对美国之外的发达国家市场深度开拓，强化“一带一路”沿线经贸合作，挖掘“一带一路”市场潜力，加快区域全面经济伙伴关系协定（RCEP）谈判。

（四）激发市场主体主动创新、质量优先的意识和积极性，营造有利于创新的氛围

技术创新、质量提升才是制造业核心竞争力提升的关键，不只是战略性新兴产业和高技术行业需要技术的创新，钢铁、煤炭等产能过剩行业更需要提升产品技术含量。政府要加强关键核心技术和基础技术的研究和开发，搭建科技创新信息平台，为创新转化为产业活动创造条件。构建起以企业为主体、以市场为导向的产学研相结合的创新体系。

健全创新的制度环境，完善知识产权保护相关法律体系及执行机制，加大知识产权侵权赔偿与惩罚力度，建立和完善知识产权评估和交易体制。规范和优化行业标准体系（包括技术标准和环保标准）的建立和实施监督，促进各行业的规范发展和产品平均质量的提升。通过加大研究和试验的税收抵免力度，引导企业进行自主创新。

（五）推动建立更加法治化、国际化、便利化的营商环境，提高国内市场吸引力和经济竞争力

加强法治化市场环境的建设，稳定市场主体预期。以国家法律法规为基础，全面清理不合时宜的规范性文件。健全政策出台的决策程序，强化公众参与、专家论证、风险评估、合法性审查、集体讨论决定、程序法定等依法决策机制，避免规章制度制定的随意性、盲目性、不透明性。重点推进知识产权保护、市场秩序建设、社会诚信体系建设、行政效率提高等方面的制度建设，进一步细化具体规则。

借鉴国际经验，抓紧建立营商环境评价机制，定位重点改革方向。针对施工许可办理、纳税、开办企业、中小投资者保护、电力获得、开展跨境贸易等主要落后领域，推进相关改革措施的出台和落实。进一步梳理审批流程、手续费用，推动施工许可办理、纳税、开办企业、电力获得、开展跨境贸易等方面效率的提高。通过线上线下相结合，加快推进“互联网+”政务服务，提高行政审批效率。总结国际国内先进经验，如新加坡的法治优先模式、中国香

港的国际化优先模式、深圳的效率优先模式，鼓励各地区结合自身实际推广应用。

降低企业综合成本，扩大产业资本盈利空间。制造业利润率降低是导致“去工业化”的重要因素，而这背后有危机后有效需求不足，较低的供给水平与需求不匹配等原因，也有成本过快上涨的挤压因素。为了给制造业的转型升级争取更多时间，需要有针对性、系统性地降低工业企业生产成本。2016年《降低实体经济企业成本工作方案》对降低税费、融资、制度性交易、人工、能源、物流等6类企业的成本进行了具体部署，未来需要调动各方积极性，全面推进降成本工作的落实。要加快推动税制改革，可通过继续降低间接税比重，逐步搭建直接税框架，为企业减负，进一步整顿和规范税外收费，减轻成本过高对实体经济的挤压。

（六）立足制造业转型发展的实际需求，构建与之相适应的差异化、多层次、全周期的金融体系

金融机构要加快信贷产品和服务创新，探索和推出与中小企业、科技型行业相适应的信贷模式和产品，探索运用大数据、云计算等新技术，提升金融服务效率和服务的便捷性。围绕产业集群发展，从制造业供应链核心企业入手，根据上下游企业需求制订综合金融服务方案。

处于不同发展阶段的制造业特别是科技类企业的融资需求不同，要不断完善基于科技企业全生命周期的金融服务体系。对于初创期的企业，加大政府支持力度，实行减免税、财政拨款、银行贴息等，推进银行投贷联动试点，建立以政府为主体的信用担保体系，并进一步完善风险投资、产权交易、租赁和保险等市场，实现风险的有效缓释和分担。对于成长期企业，鼓励科技银行等发展，积极发展债券市场，扩大债券融资规模，丰富债券市场品种，推动多层次资本市场发展和完善，降低企业融资门槛。对于成熟期企业，拓宽境内外融资渠道。

完善社会信用体系建设。进一步完善全国和地方信用信息系统，抓紧建立覆盖全社会的征信系统，加快完善互联网金融信用信息平台建设，将互联网金融活动等纳入征信系统。建立健全跨部门协同监管和联合惩戒机制，加强信

息公开与共享。加大对失信行为特别是恶意逃废债的打击和惩戒力度，完善失信被执行人名单制度，逐步促进社会诚信水平提升。

（七）积极引导产业资本流向国内

一是充分利用我国市场广阔、基础设施完善、区域差异大等优势，优先推动产业梯度转移和承接。中西部地区资源丰富，低成本优势仍较突出，随着“一带一路”的推进，中西部地区设施、产业配套能力逐步增强，可在生态环保的基础上，优先推动区域的产能合作，将东部地区产业链中下端的加工制造、劳动密集型产业向中西部转移。在产业转移的过程中，中西部地区要注重加强技术的引进，充分利用东部沿海地区创新发展的带动和辐射作用，改造传统产业，促进上下游产业一体化，同时坚持绿色发展，发展循环经济，做好资源综合利用和深度加工。

二是提高利用外资水平和质量。创造公平竞争的市场环境，适当放宽准入限制，鼓励外资更多投向先进制造、高新技术、节能环保、现代服务业等领域。在外资引进过程中要注重对技术的消化和吸收。

（八）加强虚拟经济监测和监管，促进虚拟经济与实体经济的协调发展

当资本难以通过产业投资获取利润时，逐利本性会驱使其进入金融、房地产等虚拟经济领域进行投机，催生资产价格泡沫，使得虚拟经济运行脱离实体经济基本面，2008年国际金融危机的爆发就是典型代表。因此，需要从政策和制度上引导金融发展和创新服务实体经济，防止资产价格泡沫的积聚和虚拟经济的过度膨胀。要加强对房地产价格和跨产业、跨境资本流动的监测，建立预警体系；适应金融市场改革开放和市场化的新变化，加快向功能型监管转型，完善宏观审慎监管；加大对企业违规参与投机行为的查处力度；在引导金融创新发展的同时，建立金融风险“防火墙”，减少监管盲区。

（九）促进人力资本积累与产业转型发展的匹配

不同行业生产力的发展，特别是一些传统行业的技术改造、新兴产业和

高技术行业的发展，都需要相应的有效劳动力与之匹配。特别要关注当前产业自动化、智能化的发展趋势，这就需要在教育体系上作出相应调整。

要进一步加大公共教育支出，在大力发展初、中等教育，提升基础教育质量的前提下，进一步提高高等教育大众化水平，特别是加大对农村地区、中西部地区的教育投入。

适应经济转型和创新发展的新需要，改革教育体制，从批量化生产向个性化教育转变，培养大量高层次的创新型人才。出台相关政策加大国际高端人才“引进来”的力度。

要加大职业教育投入，借鉴德国经验，提高职业教育办学质量，根据经济发展、产业升级和技术进步的需要，优化职业教育专业结构与设置，培养与产业发展相适应的高素质劳动者和技术技能人才。加快推进产教融合、校企合作，提高企业参与积极性，将“干中学”、终身学习等理念应用于职业教育中，提高职业教育办学质量。

生产性服务业及其与制造业融合发展的中美对比

随着经济增长模式的改变和经济结构的调整，服务业已经在我国产业结构中占据主导地位。服务业产值占GDP比重逐年增长，并于2015年过半，而与此同时工业占GDP比重则从2006年开始逐年下降。这一背景下，如何协调服务业与工业的平衡发展，避免出现过早去工业化或者制造业空心化成为值得关注的重要问题。作为联结工业生产与服务业发展的重要纽带，发展生产性服务业成为解决上述问题的关键之一。本文从投入产出表出发，探究了当前我国生产性服务业的发展及其与制造业的融合现状，同时通过与美国等发达国家的横向比较，为我国发展生产性服务业提出了相关启示与建议。

一、生产性服务业的内涵与界定

随着产业分工细化和规模经济的发展，生产性服务业不断从企业内部分离和独立出来。1966年美国经济学家Greenfield在研究服务业及其分类时，最早提出了生产性服务业的概念。1975年Browning和Singelman对服务业进行功能性分类时也提出生产性服务业的概念，认为生产性服务业包括金融、保险、法律工商服务、经纪等具有知识密集和为客户提供专门性服务的行业。之后许多学者从服务功能、服务对象、服务提供者等不同角度定义生产性服务业，总的来说，生产性服务业是在产品生产和服务提供过程中，作为中间投入的服务行业。

在对生产性服务业的行业分类进行界定和统计时，国内外学者对大部分行业意见一致，如金融保险业、商务服务业、科技服务业，但对于房地产业、批发零售业是否属于生产性服务业仍有争议。一种界定的办法是通过投入产出表计算产业的中间需求率。某一产业产品的中间需求率是指国民经济对该产业产品的中间需求量与该产业总需求量（中间需求量+最终需求量）之比。一般研究认为中间需求率大于50%的服务业为生产性服务业。国家统计局在统计分类时也是将中间需求率超过50%的行业大类确定为生产性服务业。

按照中间需求率大于50%的标准来看，中国服务业中的交通运输仓储、金融业、租赁和商务服务、科学研究和技术服务等行业的中间需求率一直保持在50%以上，属于生产性服务业。批发和零售业、住宿餐饮业的中间需求率相对偏高，其中批发零售业的中间需求率基本持续高于50%。信息传输、软件和信息技术服务业的中间需求率低于50%，但由于信息技术服务、电子商务支持服务等子行业中间需求率较高，其中间需求率也相对较高（见表3–8）。

表 3–8　　　　中国不同服务行业中间需求率的变化　　　　单位：%

<table>
<tr><th>服务业行业</th><th>1990 年</th><th>2000 年</th><th>2002 年</th><th>2005 年</th><th>2007 年</th><th>2010 年</th><th>2012 年</th></tr>
<tr><td>批发和零售</td><td>80.1</td><td rowspan="2">67.2</td><td>61.8</td><td>49.5</td><td>51.7</td><td>54.8</td><td>58.7</td></tr>
<tr><td>住宿和餐饮</td><td>—</td><td>48.3</td><td>57.7</td><td>56.7</td><td>64.5</td><td>49.8</td></tr>
<tr><td>交通运输、仓储和邮政</td><td>67.2</td><td>77.4</td><td>74.3</td><td>67.1</td><td>75.0</td><td>83.9</td><td>75.0</td></tr>
<tr><td>信息传输、软件和信息技术服务</td><td>—</td><td>—</td><td>75.9</td><td>66.7</td><td>54.2</td><td>49.1</td><td>42.9</td></tr>
<tr><td>金融</td><td>97.2</td><td>72.5</td><td>80.8</td><td>68.9</td><td>76.4</td><td>79.6</td><td>81.6</td></tr>
<tr><td>房地产</td><td>—</td><td>—</td><td>28.3</td><td>19.4</td><td>25.1</td><td>21.3</td><td>28.1</td></tr>
<tr><td>租赁和商务服务</td><td>—</td><td>—</td><td>77.3</td><td>84.3</td><td>64.7</td><td>69.2</td><td>82.9</td></tr>
<tr><td>科学研究和技术服务</td><td>—</td><td>—</td><td>38.0</td><td>43.7</td><td>71.8</td><td>68.4</td><td>67.5</td></tr>
<tr><td>水利、环境和公共设施管理</td><td rowspan="2">25.2</td><td rowspan="2">51.4</td><td rowspan="2">32.1</td><td>44.5</td><td>31.9</td><td>27.4</td><td>24.4</td></tr>
<tr><td>居民服务、修理和其他服务</td><td>41.7</td><td>50.3</td><td>47.2</td><td>49.9</td></tr>
<tr><td>教育</td><td rowspan="3">23.8</td><td>—</td><td>6.7</td><td>10.0</td><td>9.9</td><td>3.8</td><td>6.3</td></tr>
<tr><td>卫生和社会工作</td><td>—</td><td>7.4</td><td>14.5</td><td>9.2</td><td>6.9</td><td>2.2</td></tr>
<tr><td>文化、体育和娱乐</td><td>—</td><td>35.2</td><td>48.2</td><td>48.2</td><td>49.1</td><td>37.8</td></tr>
<tr><td>公共管理、社会保障和社会组织</td><td>—</td><td>—</td><td>0.0</td><td>0.0</td><td>0.9</td><td>0.9</td><td>3.7</td></tr>
</table>

数据来源：中国国家统计局。

二、从国际比较看中国生产性服务业的发展特征

（一）批发零售、住宿餐饮等相对低端的服务业中间需求率较高

同样，按照中间需求率大于50%的标准来看，美国服务业中的租赁业、交通运输仓储业、专业和商业服务业、金融保险业这4类行业的中间需求率一直保持在50%以上，是典型的生产性服务业。信息服务业的中间需求率也较高，尤其是在20世纪80年代、90年代中间需求率有明显上升，目前略低于50%，其中主要是信息和数据处理这个子行业中间需求率较高，在80%~90%。中美两国不同之处在于，中国的批发和零售业、住宿和餐饮业的中间需求率相对较高。如果进一步对比一些典型的发达国家和发展中国家，可以发现发展中国家的批发和零售业、住宿餐饮业的中间需求率相对偏高，表明发展中国家这两个产业用作生产资料的比例越高，这也反映出由于经济发展水平不同、产业结构不同，发展中国家生产中会有更多相对更低端的服务业用于中间投入（见图3-19、表3-9）。

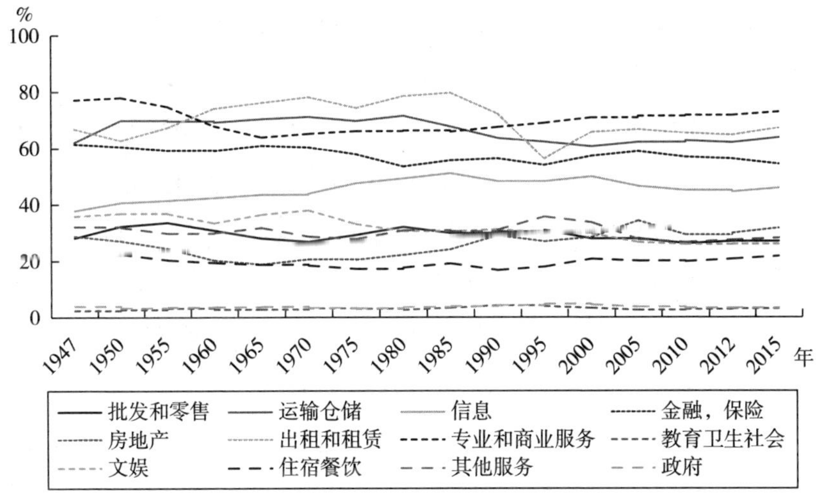

注：中国的商务服务业，科学研究、技术服务和地质勘查业对应美国的专业和商业服务业。
数据来源：美国经济分析局。

图3-19 美国各服务行业中间需求率的变化

表 3-9　主要国家批发和零售业、住宿和餐饮业的中间需求率对比　单位：%

行业	年份	美国	日本	新加坡	中国	印度	印度尼西亚
批发和零售业	2005	28.0	42.6	18.8	49.5	56.3	44.7
	2010	26.2	39.1	14.5	54.8	55.2	61.1
	2012	27.0	38.3	16.0	58.7	52.4	59.5
住宿和餐饮业	2005	20.1	29.5	23.1	57.7	44.0	30.2
	2010	19.9	30.9	24.7	64.5	42.8	18.2
	2012	20.7	30.7	26.4	49.8	41.3	18.1

数据来源：美国经济分析局，中国国家统计局，WIOD。

（二）生产性服务业在国民经济中的占比总体呈现上升趋势，但金融业占比明显偏高，商务服务和科研技术服务占比明显偏低

根据前述标准，我们定义交通运输仓储、金融业、租赁和商务服务、科学研究和技术服务这4个行业为生产性服务业，考虑到中国等发展中国家的情况，同时将批发和零售业纳入分析。

我国生产性服务业的占比总体呈现上升趋势，表明其增速较快，要快于第三产业和GDP的增长速度。在第三产业中，我国生产性服务业的占比较高，达到30%以上，甚至要略高于美国。但是由于我国仍处于工业化发展阶段，服务业在国民经济中的占比仍相对较低，生产性服务业在GDP中的占比仍要低于美国。从生产性服务业的行业结构看，美国生产性服务业占比上升较快主要是由于专业和商业服务业在20世纪80年代后呈现明显加快的发展趋势。而我国金融业占比明显提高，在第三产业中的占比已超过15%，高于美国9%左右的水平，而租赁和商务服务、科研技术服务和地质勘查业的合计占比仅为9%左右，远低于美国17%左右的水平（见图3–20至图3–23）。

（三）生产性服务业劳动生产率相对较高，有助于带动服务业和国民经济生产率的提升

由于中国缺乏各行业就业人员数据，我们无法得到各细分行业的劳动生产率。但从美国的经验看，生产性服务业的劳动生产率往往要高于其他服务

业，其较快发展能带动服务业整体生产率的提高。同时，与批发零售、住宿餐饮等其他服务业相比，专业和商业服务、金融保险、租赁等行业往往处于产业链附加值高端，要求更加专业化、技术化的人才等资源，也是降低交易成本、实现产品增值、促进创新活动的重要行业（见图3-24）。

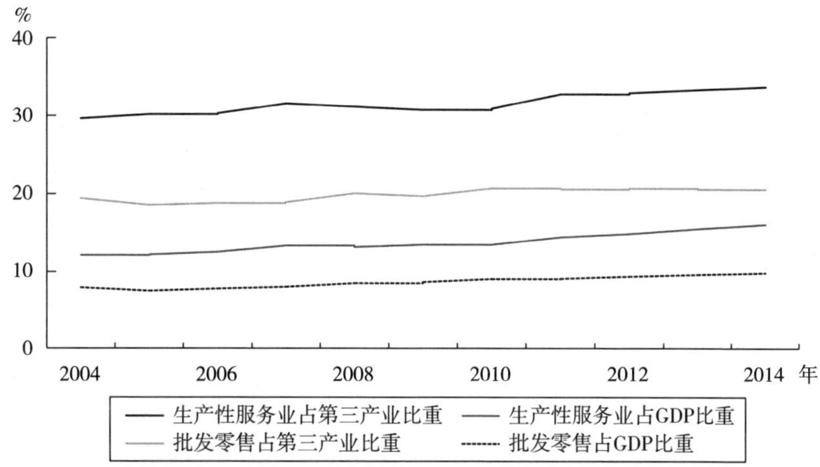

注：此处生产性服务业的计算未包括批发零售业。

数据来源：美国经济分析局，中国国家统计局。

图 3-20　中国生产性服务业 GDP 比重

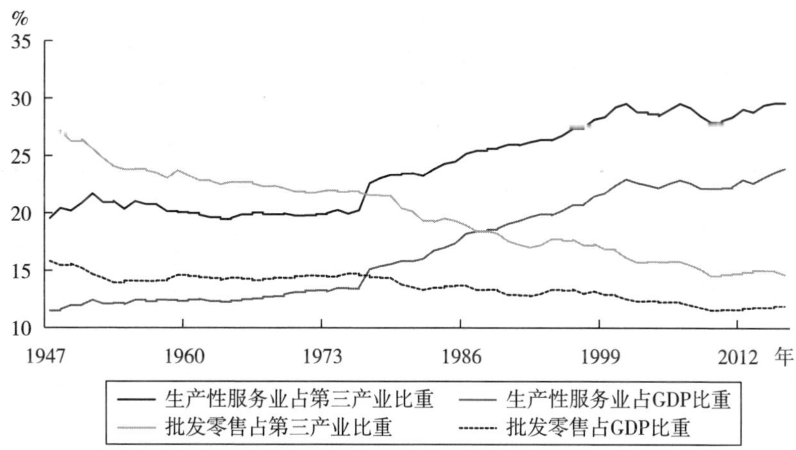

注：此处生产性服务业的计算未包括批发零售业。

数据来源：美国经济分析局，中国国家统计局。

图 3-21　美国生产性服务业 GDP 比重

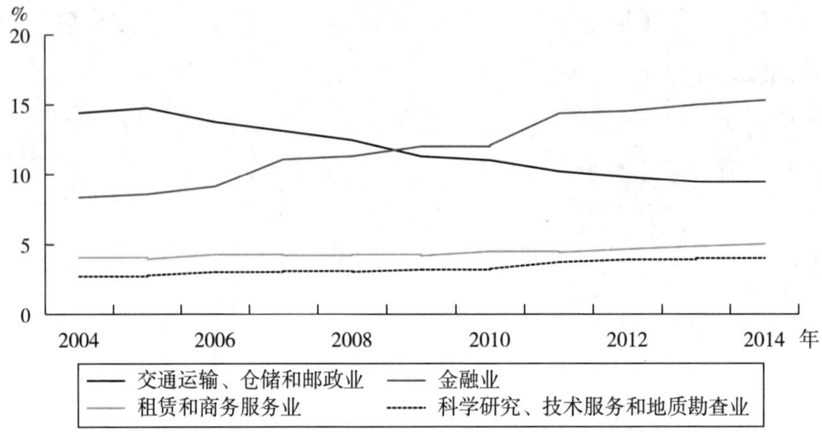

数据来源：美国经济分析局，中国国家统计局。

图 3-22　中国生产性服务业结构

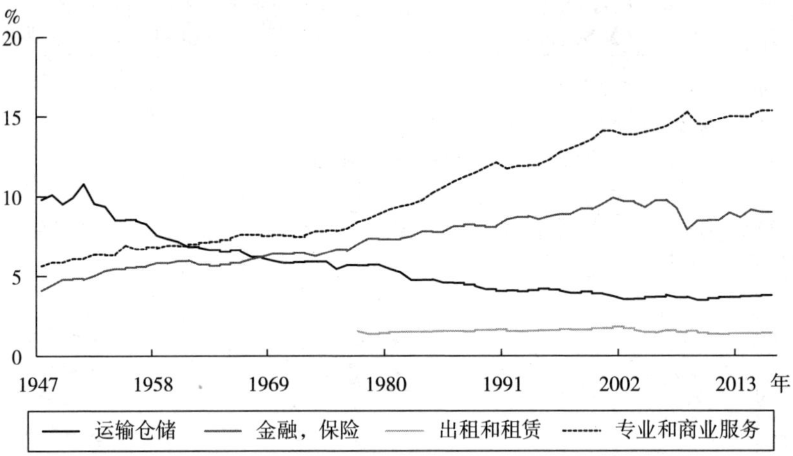

数据来源：美国经济分析局，中国国家统计局。

图 3-23　美国生产性服务业结构

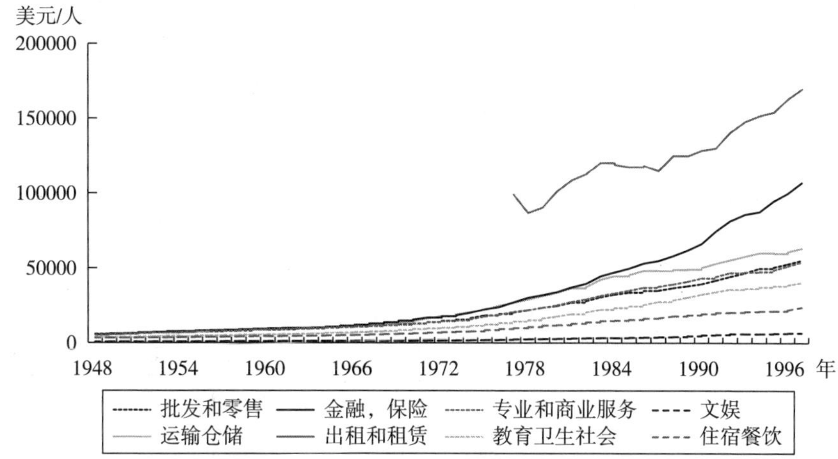

数据来源：美国经济分析局。

图 3-24　美国各服务行业劳动生产率

三、生产性服务业与制造业的融合情况及中美比较

（一）伴随产业结构的变化，制造业对生产性服务业的中间需求占比呈下降趋势

各产业对生产性服务业的中间需求占比与一国的产业结构密切相关。美国从20世纪50年代中期开始制造业比重不断降低到当前的不到12%，服务业占比上升到当前的80%左右。因此，在美国各大类产业中，第三产业对生产性服务业的中间需求占生产性服务业总中间需求的比重最大，特别是在20世纪80年代中后期，美国政府注重对信息技术的研发，伴随服务业的发展，生产性服务业作为中间需求更多地被服务业所利用。而随着制造业占比的降低，制造业对生产性服务业的中间需求占比不断降低。

中国服务业自2015年才超过50%，制造业在国民经济的占比在2006年开始出现降低，但仍超过30%。在2006年之前，制造业对于生产性服务业的中间需求占比呈现上升趋势，但在2006年之后随着制造业占比的降低，制造业对于生产性服务业的中间需求占比有所降低。第三产业对生产性服务业的中间需求占比有所提高（见表3-10和图3-25）。

表 3-10　中国各产业对生产性服务业的中间需求占比　单位：%

	2002 年	2005 年	2007 年	2010 年	2012 年
第一产业	6.2	4.3	3.5	3.0	2.2
第二产业	59.0	62.1	62.8	64.1	56.1
采掘业	2.9	3.5	3.5	3.3	2.9
制造业	42.8	47.1	44.9	45.4	41.9
电力、燃气及水的生产供应业	2.9	4.5	3.2	2.9	2.3
建筑业	10.3	7.0	11.2	12.4	9.0
第三产业	34.8	33.6	33.7	32.8	41.8

注：某一产业对生产性服务业的中间需求占比为某一产业对生产性服务业的中间需求与生产性服务业作为中间需求的总量之比。

数据来源：中国国家统计局。

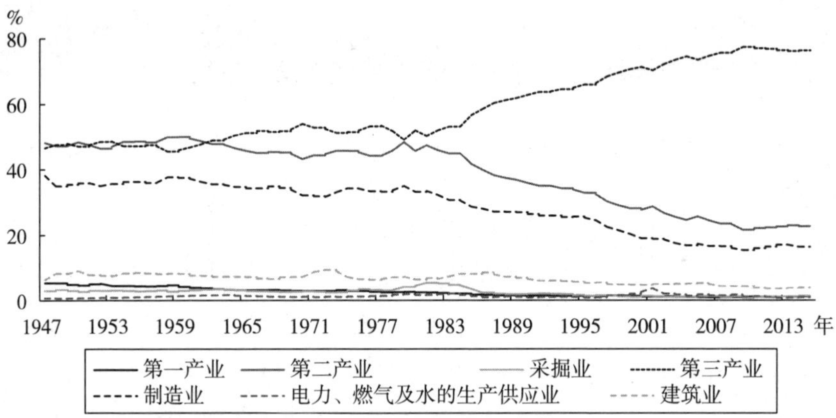

数据来源：美国经济分析局。

图 3-25　美国各产业对生产性服务业的中间需求占比

（二）中国各行业尤其是制造业对生产性服务业的利用程度相对偏低

美国大部分产业的中间投入中生产性服务业的比重呈现上升趋势，其中制造业、建筑业、第三产业的中间投入中生产性服务业占比是明显上升的，表明这些产业与生产性服务的关联性和融合程度提升。而中国各产业的中间投入中生产性服务业的比重明显偏低，第三产业利用生产性服务业作为中间投入的比重是最大的，并且总体呈上升趋势，2012年达到30%以上，不过仍要远低于美国50%以上的水平。制造业中间投入中生产性服务业的占比一度呈现下降趋势，2007年之后有所上升，2012年也只有13%左右，低于美国30%左右的水平，这意味着中国各行业特别是制造业对生产性服务业的利用程度不高，这在一定程度上与我国生产性服务业发展滞后有关，也与我国制造业本身发展水平较低有关（见表3-11、图3-26）。

表 3-11 中国生产性服务业对制造业的中间投入比重 单位：%

	2002 年	2005 年	2007 年	2010 年	2012 年
第一产业	17.1	12.6	11.8	12.4	10.9
第二产业	15.7	12.2	10.2	11.1	14.0
采掘业	21.6	17.8	15.4	14.4	19.1
制造业	13.9	10.9	8.6	9.6	12.8
电力、燃气及水的生产供应	17.7	11.8	8.3	11.5	13.7
建筑业	15.9	11.3	13.8	19.4	16.6
第三产业	26.6	22.1	25.0	28.2	34.0

数据来源：中国国家统计局。

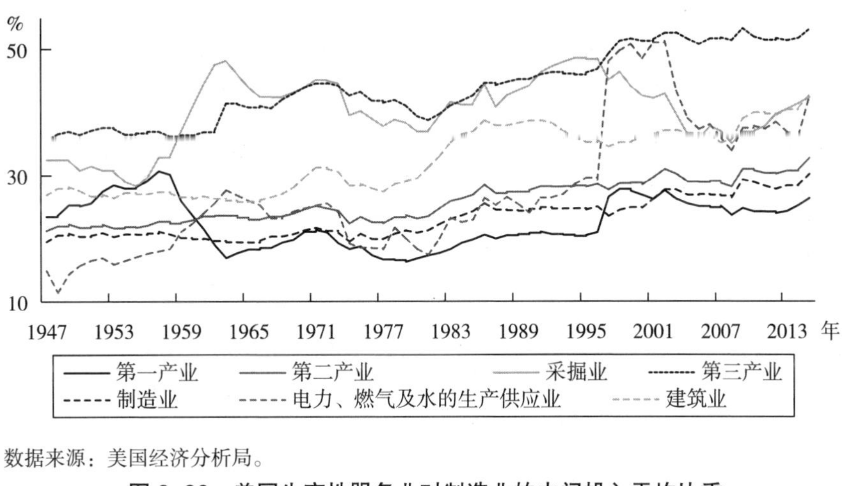

数据来源：美国经济分析局。

图 3-26 美国生产性服务业对制造业的中间投入平均比重

进一步观察不同技术类型制造业中间投入中生产性服务业的比重，美国高技术、低技术型制造业利用的生产性服务业的中间投入比重上升更快，中国虽然各类型制造业中生产性服务业的中间投入比重较低，但也呈现类似表现。这表明随着生产性服务业的发展，低技术、高技术行业更易于与生产性服务业进行融合发展，这与各行业本身特点有关系，低技术主要包括食品、纺织等传统制造业，高技术则包括计算机等电子设备制造业、仪器仪表等行业，而中低技术、中高技术行业更多的是一些重工业和大型设备制造业。低技术行业竞争更激烈，会更主动与生产性服务业融合促进自身生产效率提升（见表3-12和图3-27）。

表 3-12 中国生产性服务业对不同技术类型制造业的中间投入平均比重

单位：%

	2002 年	2005 年	2007 年	2010 年	2012 年
低技术	15.0	11.5	8.6	9.5	12.5
中低技术	14.4	11.2	8.2	8.4	9.9
中高技术	12.8	10.3	9.1	10.6	13.3
高技术	11.3	9.4	8.8	10.8	14.0

注：根据 OECD 对制造业的技术密集程度标准进行分类。

数据来源：中国国家统计局。

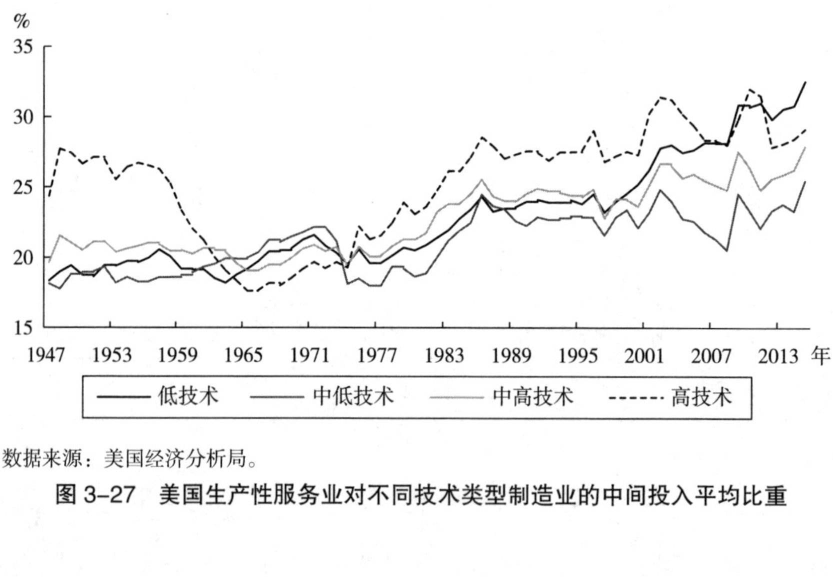

数据来源：美国经济分析局。

图 3-27 美国生产性服务业对不同技术类型制造业的中间投入平均比重

（三）中国制造业利用的生产性服务业结构相对低端，但已表现出优化趋势

与美国相比，中国各类型制造业利用的生产性服务业更多集中于批发和零售业、交通运输仓储和邮政业等提供辅助管理的行业，在租赁和商务服务、科学研究和技术服务等提供管理支持、战略导向功能方面的利用程度相对较低，其中间投入中这两个行业的占比不超过4%，远低于美国15%左右的水平。同时，我们也关注到美国低技术制造业的中间投入中专业和商业服务业的比重达到16.7%，甚至要高于高技术制造业，这可能意味着传统的低技术制造业更需要相对高端的生产性服务业促进其转型升级（见表3–13）。

表 3–13　　中美两国各生产性服务业的中间投入平均比重　　单位：%

<table>
<tr><th>国家</th><th>行业类型</th><th>批发和零售</th><th>交通运输、仓储和邮政</th><th>金融</th><th>租赁和商务服务</th><th>科学研究和技术服务</th></tr>
<tr><td rowspan="5">中国</td><td>制造业</td><td>4.2</td><td>3.6</td><td>2.6</td><td>1.5</td><td>0.9</td></tr>
<tr><td>低技术</td><td>5.5</td><td>3.4</td><td>1.7</td><td>1.4</td><td>0.4</td></tr>
<tr><td>中低技术</td><td>1.7</td><td>2.8</td><td>2.2</td><td>0.8</td><td>0.4</td></tr>
<tr><td>中高技术</td><td>4.2</td><td>3.5</td><td>2.3</td><td>1.8</td><td>1.6</td></tr>
<tr><td>高技术</td><td>4.6</td><td>2.7</td><td>3.2</td><td>1.4</td><td>2.2</td></tr>
<tr><td rowspan="5">美国</td><td>制造业</td><td>8.7</td><td>4.5</td><td>1.5</td><td colspan="2">15.5</td></tr>
<tr><td>低技术</td><td>9.1</td><td>4.9</td><td>1.8</td><td colspan="2">16.7</td></tr>
<tr><td>中低技术</td><td>6.2</td><td>6.8</td><td>1.3</td><td colspan="2">11.1</td></tr>
<tr><td>中高技术</td><td>8.8</td><td>2.7</td><td>0.9</td><td colspan="2">15.5</td></tr>
<tr><td>高技术</td><td>11.1</td><td>2.3</td><td>1.1</td><td colspan="2">14.5</td></tr>
</table>

数据来源：美国经济分析局，中国国家统计局。

从动态发展看，中国的金融业、科学研究和技术服务业等对制造业的中间投入比重明显提高，租赁和商务服务业的中间投入比重在2007年后有所上升，表明制造业与生产性服务业之间融合结构不断优化（见表3–14）。

表 3-14　　中国各生产性服务业的中间投入比重　　单位：%

年份	行业类型	批发和零售	交通运输、仓储和邮政	金融	租赁和商务服务	科学研究和技术服务
2002	制造业	5.9	4.5	1.6	1.6	0.3
	低技术	7.1	4.3	1.4	2.0	0.2
	中低技术	4.1	4.9	1.6	0.8	0.2
	中高技术	5.2	4.0	1.5	1.8	0.3
	高技术	5.0	3.0	1.2	1.7	0.3
2007	制造业	2.6	2.9	1.5	1.0	0.6
	低技术	2.5	3.0	1.5	1.2	0.4
	中低技术	1.8	2.7	1.3	0.4	0.3
	中高技术	2.9	2.6	1.2	1.4	0.9
	高技术	3.1	1.9	1.7	1.1	1.0
2012	制造业	4.2	3.6	2.6	1.5	0.9
	低技术	5.5	3.4	1.7	1.4	0.4
	中低技术	1.7	2.8	2.2	0.8	0.4
	中高技术	4.2	3.5	2.3	1.8	1.6
	高技术	4.6	2.7	3.2	1.4	2.2

数据来源：中国国家统计局。

四、启示及建议

第一，重视推动生产性服务业的发展。生产性服务业贯穿于制造业的上、中、下游等各个环节，有助于效率提升、质量改进等方面，从前面的分析可以看到不仅是高技术制造业对生产性服务业的中间投入占比较高，低技术行业效率的提升同样需要生产性服务业的引领。生产性服务业对于改造传统制造业、支持先进制造业发展具有重要作用。与此同时，生产性服务业还是第三产业主要的中间投入，其发展将有助于其他服务业提高效率。而生产性服务业作为服务业的重要部分，也能直接带动服务业生产率提高。因此，在服务业占据半壁江山并且未来预计还将继续上升的情况下，需要适当培养公平竞争的市场环境、建立有效的市场运行机制，促进生产性服务业规模、质量的提升。

第二，在促进生产性服务业发展的过程中要注重引导其结构优化。从上述分析中可以看到，目前我国生产性服务业在第三产业中的占比并不算低，但从其结构看，与美国的专业和商业服务业占比较高不同，我国金融业的占比明显偏高，商务服务、科学研究和技术服务业的占比明显偏低，未来需要注重对研发、创新设计、咨询等在内的专业和商业服务业的支持，制定和完善统一的行业标准和服务标准，同时根据形势变化加强监管，引导金融业与实体经济协调发展。

第三，加强生产性服务业与制造业的融合发展。前文分析显示我国制造业对生产性服务业的利用程度明显偏低，这一方面与生产性服务业本身发展水平不足有关，但更重要的还在于制造业本身处于中低端水平，对生产性服务业特别是一些先进生产性服务业的有效需求不高。因此，加强生产性服务业与制造业融合发展，需要在促进生产性服务业发展的同时，注重制造业自身发展水平的提升。可以适当引导制造业的集聚发展，通过产业集聚效应和规模经济的发挥扩大对生产性服务业的有效需求。搭建企业交流平台，推动企业进行管理、业务流程创新，扩大企业对市场需求、新技术、新理念的了解。通过财政等政策积极引导企业和社会资金进行研发投入，提升产品质量。

第四，完善服务业相关统计。规范、准确的数据是推进服务业发展的重要基础，而我国目前在服务业相关统计方面仍存在数据覆盖不全面、数据滞后等问题。随着我国逐步进入以服务业为主的产业结构，需要进一步提高服务业统计质量、水平和及时性，为政府政策制定和相关企业发展提供更好的参考。

我国非金融企业杠杆率的国际比较与对策建议

当前，国内外理论界习惯以信贷/GDP或M2/GDP衡量杠杆率水平，并以该指标高低判断一国面临的杠杆压力。我们认为，笼统通过信贷/GDP判定我国非金融企业杠杆压力可能并不全面。企业杠杆率是微观概念，应从企业负债水平和偿付能力进行跨时、跨国比较，才能对杠杆水平的变化趋势和特征进行客观评估。

一、2007年以来非金融企业杠杆率变动特点

2007年底，我国非金融企业信贷/GDP为99.3%，在国际清算银行公布的39个国家和地区中列第12位。2015年第二季度末，我国信贷/GDP为163.1%，较2007年提高63.8个百分点，排名升至第4位，仅次于卢森堡、爱尔兰和中国香港。我国信贷/GDP的大幅攀升使非金融企业杠杆率受到广泛关注。

受数据所限，本文选取了2007年以来我国2000余家上市非金融企业作为样本展开研究。选取上市公司主要考虑到：上市公司数据披露充分，财务报表经过严格审计；上市公司能够反映我国非金融企业整体的杠杆问题。2007年以来，上市非金融企业在所有非金融企业的资产和负债占比均在10%左右，大多数年份资产占比都低于负债占比（如2007年资产、负债占比分别为10.07%和10.09%），说明上市公司举债规模不低于非上市公司，具有代表性。经研究，本文得出了以下结论：

第一，资产负债率有所下降。2015年第三季度末，我国上市非金融企业的资产负债率中位数为41.88%，较2007年第四季度末下降了11.7个百分点。通过分位点[①]比较发现，2015年第三季度的资产负债率要低于2007年，上市公司整体的资产负债率并没有上升。如果观察分布形状不难发现，分布尾端形状较"陡"，且2007年和2015年的水平较为接近，说明处于这个分位点的企业压力较大（见图3-28）。

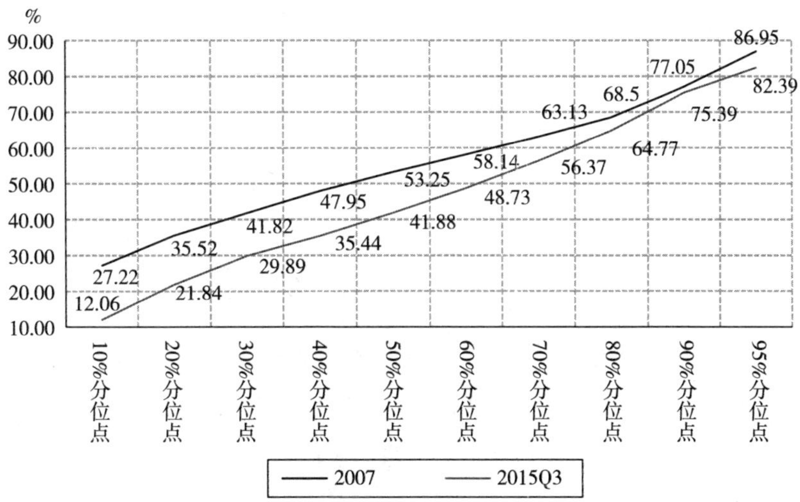

数据来源：Wind，作者计算。

图 3-28　资产负债率变化情况

第二，利息保障倍数明显下降。2014年，上市非金融企业利息保障倍数的中位数为4.37，而2007年为6.39，说明企业的偿债能力有所下降。如果观察下降幅度的话，50%分位点以下企业降幅更为明显，如10%、20%和30%分位点企业2014年的利息保障倍数较2007年分别下降53.1%、38.4%和40.1%，而位于70%、80%和90%分位点企业的降幅分别是28.7%、12.0%和8.6%（见图3-29）。

① 分位点是指将指标按照从高到低排序，选取相应排位样本进行比较的方法。如对比 2015 年（2000 个样本）和 2007 年（1500 个样本）资产负债率的情况，先将两个时点的资产负债率按照从高到低进行排序，10% 分位点意味着 2015 年排名第 200 位的企业和 2007 年排位第 150 位的企业……依此类推。2007—2015 年，我国上市公司的数量发生了明显变化，个别公司财务指标出现异动，比较均值等指标会存在偏差，分位点方法能够避免上述问题。

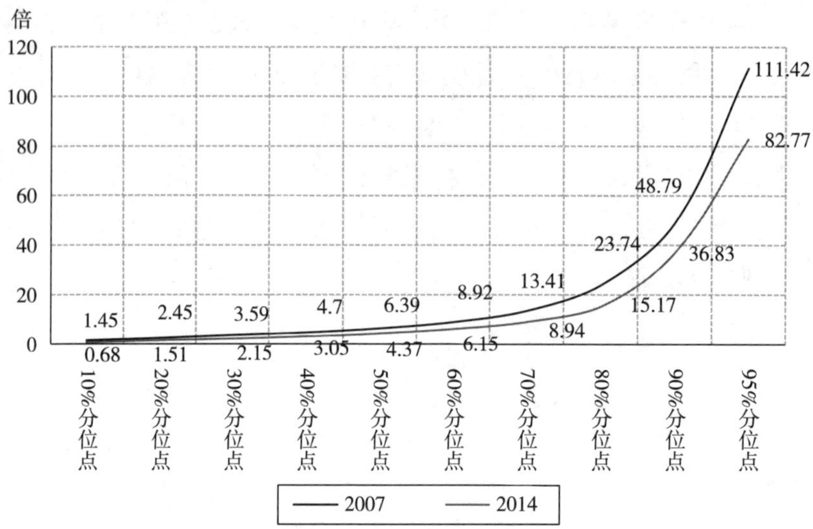

数据来源：Wind，作者计算。

图 3–29 利息保障倍数变化

第三，工业、公用事业、材料和能源行业压力较大。如果某一行业同时出现资产负债率上升、利息保障倍数下降，则该行业的杠杆压力相对较大。经统计，2008年以来，杠杆压力明显加大的行业包括工业、公用事业、材料和能源行业（见表3–15）。

表 3–15 主要行业杠杆率汇总

	资产负债率（%）			利息保障倍数（倍）		
	2007	2015Q3	变动值	2007	2014	变动值
工业	59.38	67.40	8.02	7.55	4.04	–3.51
公用事业	57.68	64.78	7.10	7.11	3.73	–3.38
材料	54.08	60.59	6.51	6.38	1.50	–4.88
电信服务	35.36	58.37	23.01	N.A	3.03	N.A
可选消费	56.34	55.03	–1.31	6.82	14.54	7.72
能源	39.63	47.75	8.12	26.75	3.64	–23.11
电信服务	52.71	46.18	–6.53	4.43	6.89	2.46

续表

	资产负债率（%）			利息保障倍数（倍）		
	2007	2015Q3	变动值	2007	2014	变动值
日常消费	53.27	45.47	–7.8	7.78	15.43	7.65
医疗保健	46.51	36.94	–9.57	6.36	15.08	8.72

注：在对比过程中删除了出现异常值的企业样本。
数据来源：Wind，作者整理。

第四，资产负债率、利息保障倍数“问题”企业主营业务各异[①]。

资产负债率“问题”企业集中在建筑与工程、贸易与工业品经销商以及钢铁行业（见图3–30）。钢铁行业是典型的顺周期行业，受工业品价格下降和产能过剩矛盾加剧等因素的影响，钢铁行业的资产负债率高企；建筑与工程行业在经营过程中存在“先垫款，再收款”的特点，需要大规模举债；贸易行业主要受到外需下降影响，杠杆比率不断上升。

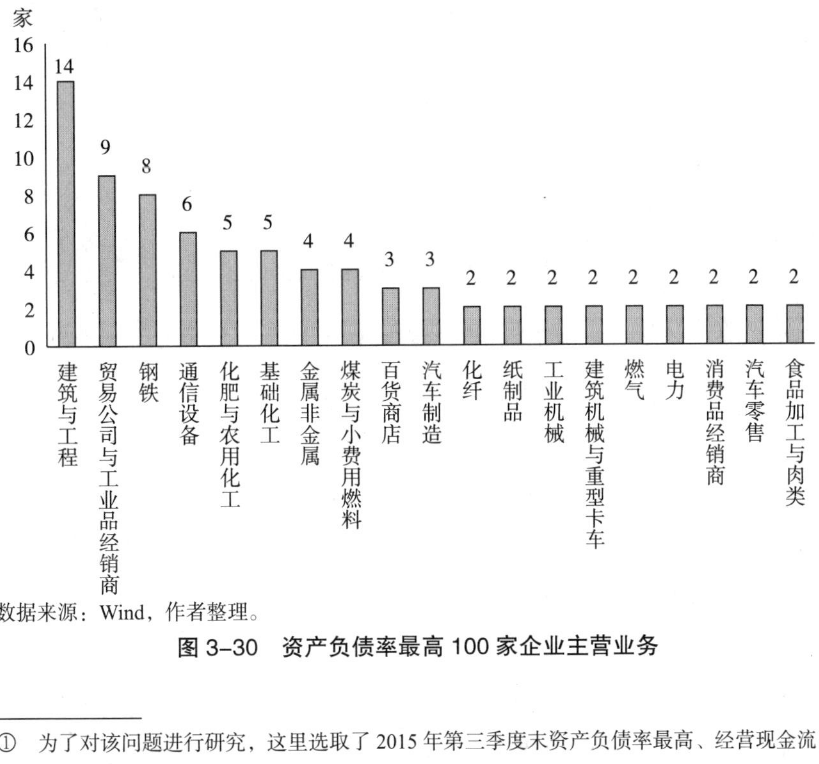

数据来源：Wind，作者整理。

图 3–30 资产负债率最高 100 家企业主营业务

① 为了对该问题进行研究，这里选取了 2015 年第三季度末资产负债率最高、经营现金流占比最低以及 2014 年利息保障倍数最低的各 100 家上市公司的主营业务进行了汇总。

利息保障倍数“问题”企业主营业务为金属与非金属、化肥与农用化工以及基础化工（见图3–31）。这些行业大多属于亲周期和产能过剩行业，主业涉及金属原材料、平板玻璃等。受PPI连续走低以及工业品产能过剩因素影响，这些企业的经营出现了较大困难，营业收入大幅减少，这是造成其利息保障倍数下降的重要原因。

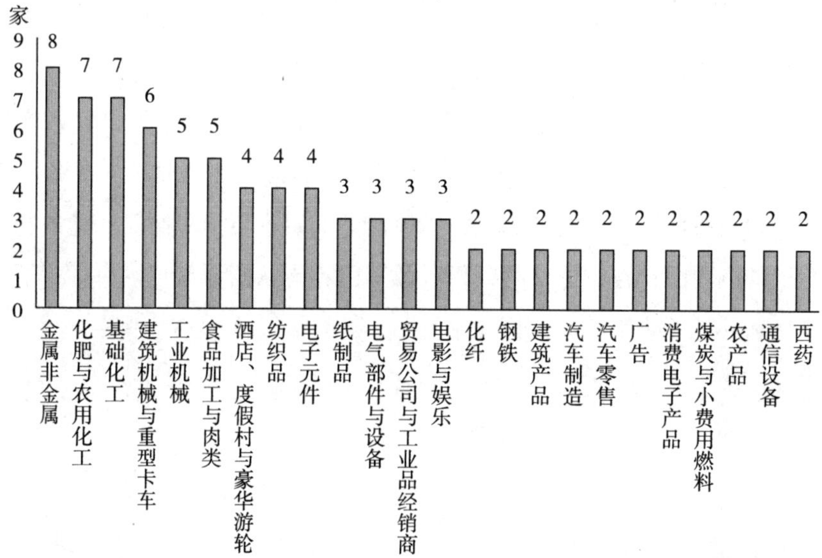

数据来源：Wind，作者整理。

图 3–31　利息保障倍数最低的 100 家企业主营业务

第五，国有企业杠杆问题突出。截至2015年第三季度末，国有上市企业的资产负债率较2007年出现结构性变化，主要体现在：高分位点企业的资产负债率水平提高，即在50%、60%、70%、80%、90%和95%分位点企业的资产负债率较2007年分别提升了0.28个、2.35个、3.3个、3.78个、3.24个和1.32个百分点；而低分位点企业资产负债率却出现了下降，10%、20%、30%和40%分位点企业的资产负债率分别下降了3.64个、2.98个、1.16个和0.3个百分点（见图3–32）。

反观民营企业，其负债率较2007年出现明显下降。从绝对值的比较来看，民营企业的资产负债率整体低于国有企业，且差距呈明显加大的趋势（见

图3-33）。

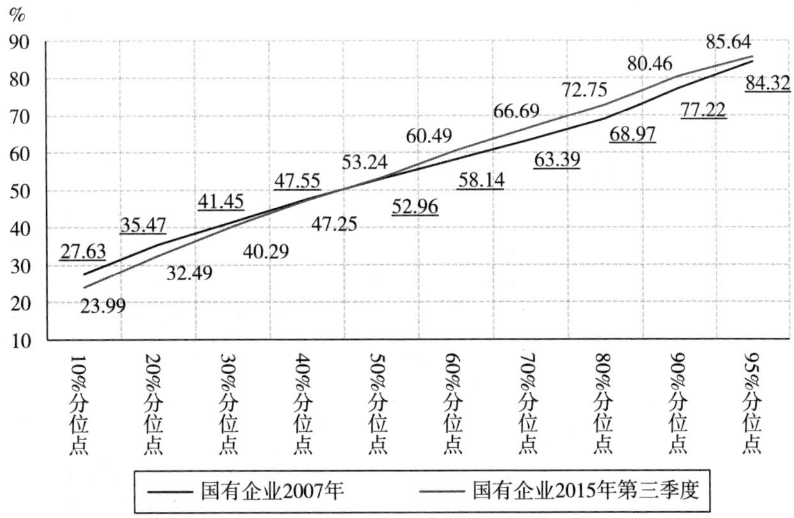

注：下划线为 2015 年第三季度数据。

数据来源：Wind，作者整理。

图 3-32 国有企业资产负债率变化

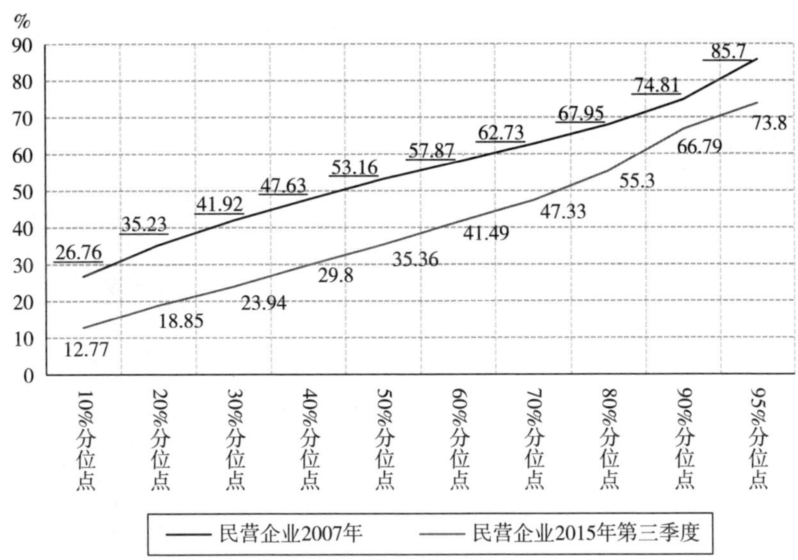

注：下划线为 2007 年数据。

数据来源：Wind，作者整理。

图 3-33 民营企业资产负债率变化

第六，东北、西北和西南地区的上市公司债务压力较大。在资产负债率方面，2007年末，资产负债率较高的省份区域主要集中在西北、西南、东北和华东地区，西南和西北地区整体债务水平较高，东北地区高分位点企业资产负债率较高，而华东地区的中低分位点企业杠杆率较高（见表3–16）；而在2015年第三季度末，资产负债率较高的区域集中在西北、西南和东北地区，这三个地区包揽了所有分位点资产负债率排名的前三位（见表3–17）。

表 3–16　　2007 年各区域公司资产负债率　　单位：%

	西北	西南	东北	华北	华东	中南
5% 分位点	33.31	30.61	29.07	22.26	28.63	26
10% 分位点	39.63	38.14	36.24	32.74	36.72	33.03
20% 分位点	42.94	42.02	40.34	38.7	42.66	39.48
30% 分位点	49.42	47.67	44.49	45.76	48.83	45.84
40% 分位点	53.25	53.46	52.49	50.55	53.61	50.74
50% 分位点	57.07	58.19	58.94	54.85	58.32	56.02
60% 分位点	62.71	65.52	64.42	59.89	62.99	60.95
70% 分位点	68.49	69.98	69.48	65.09	67.73	66.65
80% 分位点	80.31	88.73	81.13	75.49	73.06	72.81
90% 分位点	113.57	94.52	89.91	86.94	78.61	82.18

注：阴影表示资产负债率排在前 3 位的地区（下同）。

数据来源：Wind，作者计算。

表 3–17　　2015 年第三季度各区域公司资产负债率　　单位：%

	东北	华北	西南	华东	西北	中南
5% 分位点	22.13	12.31	16.27	15.42	18.69	14.27
10% 分位点	29.56	19.74	23.18	21.03	31.4	20.96
20% 分位点	32.53	26.74	30.63	26.54	36.34	27.61
30% 分位点	38.17	33.44	35.08	32.82	41.85	34.59
40% 分位点	44.65	42.01	42.82	38.48	47.8	40.79
50% 分位点	52.16	46.83	50.48	43.93	55.77	47.13
60% 分位点	60.01	54.99	58.61	51.91	63.18	53.21
70% 分位点	69.92	63.51	67.63	59.48	68.75	61.12
80% 分位点	79.88	73.06	81.34	68.91	74.34	71.43
90% 分位点	89.38	80.77	89.9	76.11	81.64	78.1

数据来源：Wind，作者计算。

从利息保障倍数看，2007年利息保障倍数较低的区域主要为东北、华东、西南和西北地区，与资产负债率较高的区域基本一致（见表3-18）；2014年，利息保障倍数较低的省份仍然是东北、华东、西南和西北地区，其中东北、西南和西北地区低分位点企业的利息保障倍数较低，说明"问题"企业多集中在以上3个地区（见表3-19）。

表 3-18　　2007 年各区域公司利息保障倍数

	东北	华北	华东	西南	西北	中南
10% 分位点	1.26	1.63	1.64	1.33	1.15	1.38
20% 分位点	2.16	2.74	2.56	2.43	1.68	2.47
30% 分位点	2.91	4.11	3.72	3.53	2.62	3.92
40% 分位点	3.94	6.01	4.62	4.59	3.22	5.55
50% 分位点	5.49	8.09	5.94	5.53	3.85	7.25
60% 分位点	7.54	11.28	8.21	7.52	4.7	16.14
70% 分位点	13.05	15.79	12.28	10.48	7.08	15.36
80% 分位点	23.9	26.6	19.99	16.96	16.23	27.09
90% 分位点	64.73	70.07	38.55	61.06	26.84	63.59
95% 分位点	138.86	252.04	87.1	220.87	76.63	103.33

注：阴影部分表示利息保障倍数排在后 3 位的地区（下同）。
数据来源：Wind，作者计算。

表 3-19　　2014 年各区域公司利息保障倍数

	东北	华北	华东	西南	西北	中南
10% 分位点	-0.35	1.11	1.06	-0.52	-1.77	1.02
20% 分位点	1.17	1.52	1.69	1.16	1.07	1.59
30% 分位点	1.51	2.33	2.41	1.65	1.55	2.19
40% 分位点	2.14	3.57	3.37	2.31	1.82	3.05
50% 分位点	2.79	4.89	4.75	3.22	3.23	4.53
60% 分位点	4.08	7.66	6.56	5.68	4.49	6.37
70% 分位点	5.7	12.24	9.69	8.54	5.98	9.86
80% 分位点	10.93	19.97	16.57	13.27	8.58	15.53
90% 分位点	20.52	53.32	37.07	46.37	13.85	39.47
95% 分位点	47.88	125.06	85.53	115.1	19.25	102.59

数据来源：Wind，作者计算。

二、非金融企业杠杆率的国际比较

（一）总量比较

资产负债率较低。与主要经济体相比，我国上市公司的资产负债率处于较低水平。2014年，美国、德国、英国和日本上市公司资产负债率的中位数水平分别为50.23%、56.67%、48.86%和44.37%，我国为41.88%（2015年第三季度）。在60%~95%的分位点比较中，我国仅高于日本，低于美国、英国和德国；在10%~50%的分位点比较中，我国是最低的（见表3-20）。

表 3-20　　2014 年各国企业资产负债率　　单位：%

分位点	美国	德国	英国	中国（2015Q3）	日本
10%	15.73	29.8	13.89	12.06	13.17
20%	26.16	40.01	24.4	21.84	23.52
30%	35.27	45.48	33.94	29.89	31.06
40%	42.87	49.37	41.45	35.44	37.89
50%	50.23	56.67	48.86	41.88	44.37
60%	57.41	62.18	55.59	48.73	49.98
70%	64.14	68.76	63.57	56.37	56.43
80%	71.63	73.67	71.68	64.77	63.87
90%	84.27	84.17	82.94	75.39	72.57
95%	98.23	92	95.02	82.39	78.53
企业数	3825	244	1361	2805	2544

注：阴影表示资产负债率排在前 3 位。

数据来源：Bloomberg，作者计算。

利息保障倍数基本持平。我国高分位点企业利息保障倍数偏低，而低分位点又领先于其他国家企业。如在90%的分位点上，我国企业的利息保障倍数是36.53倍，低于日本（210.43倍）、英国（57.28倍）、美国（45.74倍）和德国（41.93倍）；而在10%分位点上，我国企业利息保障倍数为0.68倍，高于日本（-0.10倍）、德国（-5.73倍）、英国（-10.17倍）和美国（-24.76倍）。从中位数看，我国企业利息保障倍数是4.37倍，高于美国（3.61倍），低于德国（5.42倍）、英国（5.46倍）和日本（21.26倍）（见表3–21）。

表 3–21　　2014 年各国企业利息保障倍数

分位点	美国	德国	英国	中国	日本
10%	–24.76	–5.73	–10.17	0.68	–0.1
20%	–4.22	1.18	–1.83	1.51	4.45
30%	0.3	2.48	1.48	2.15	8.27
40%	2.06	3.93	3.19	3.05	13.51
50%	3.61	5.42	5.46	4.37	21.26
60%	6.05	7.48	8.38	6.15	31.81
70%	9.36	11.69	13.02	8.94	52.59
80%	16.98	20.13	21.7	15.17	87.46
90%	45.74	41.93	57.38	36.83	210.43
95%	136.26	97.48	159	82.77	423.85
企业数	3083	178	862	1965	1173

数据来源：Bloomberg，作者计算。

我国上市非金融企业的盈利水平较高。在10%分位点，我国上市非金融企业的ROE为0.45%，高于美国（–64.65%）、英国（–50.36%）、德国（–14.18%）和日本（0.12%）；在中位数，我国上市非金融企业的ROE为7.54%，仅低于德国（9.94%）；在90%分位点，我国上市非金融企业的ROE为20.26%，高于日本（16.43%），低于德国（25.16%）、英国（27.50%）和美国（30.82%）（见表3–22）。

表 3–22　　2014 年各国企业 ROE 对比

分位点	美国	中国	日本	德国	英国
10%	–64.65%	0.45%	0.12%	–14.18%	–50.36%
20%	–24.07%	1.94%	2.53%	–0.88%	–21.82%
30%	–6.00%	3.58%	3.89%	3.16%	–5.83%
40%	2.34%	5.44%	5.41%	7.21%	1.64%
50%	6.58%	7.54%	6.89%	9.94%	6.13%
60%	9.78%	9.63%	8.45%	11.88%	9.75%
70%	13.64%	12.11%	9.91%	14.24%	13.35%
80%	18.62%	15.37%	12.30%	16.89%	18.33%
90%	30.82%	20.26%	16.43%	25.16%	27.50%
95%	55.02%	25.83%	21.94%	42.76%	43.27%

数据来源：Wind，作者计算。

（二）行业比较

工业企业资产负债率低于全球水平。全球工业企业资产负债率的中位数为54.63%，我国上市工业企业为44.79%，低于全球水平近10个百分点，我国企业在各分位点都要显著低于全球水平。从利息保障倍数看，全球工业企业利息保障倍数的中位数为8.26倍，我国工业企业为4.38倍，整体偿债能力低于全球中位数水平。

材料行业杠杆率与全球持平。我国材料行业资产负债率的中位数为45.44%，略低于全球中位数水平（46.39%）。在90%分位点上，我国企业的资产负债率为74.33%，高于全球同分位点企业0.76个百分点。从利息保障倍数看，我国材料行业利息保障倍数的中位数为3.47倍，高于全球平均水平。在10%分位点，我国的利息保障倍数是–1.24，而全球水平为–8.42。

能源行业杠杆率优于全球水平。我国能源行业资产负债率的中位数为47.61%，低于全球中位数水平（51.26%）。在90%分位点上，我国企业的资产负债率为74.41%，低于全球同分位点企业3.95个百分点。我国能源行业利息保障倍数的中位数水平为4.84倍，高于全球平均水平。在10%分位点，我国企业的利息保障倍数是0.96倍，而全球水平为–2.47倍。

公用事业行业表现优于全球。我国公用事业行业资产负债率的中位数为59.78%，低于全球中位数水平69.41%。在90%分位点上，我国企业的资产负债率为79.47%，低于全球同分位点企业1.88个百分点。从利息保障倍数来看，公用事业行业利息保障倍数的中位数水平为3.18倍，略低于全球中位数水平3.47倍。在10%分位点，我国企业的利息保障倍数是1.09倍，而全球水平为0.86倍，高于全球水平。

三、对当前杠杆率的几点认识

通过对宏微观数据的研究，我们对当前我国的杠杆率问题得出了以下几点认识：

（一）信贷/GDP上升不能说明企业普遍面临偿债压力

第一，不宜用信贷/GDP判断非金融企业杠杆率。除银行贷款外，上市非金融企业还能通过发债以及影子银行体系进行债务融资，这些都会增加财务杠杆，但不会反映在信贷/GDP中。如果非金融企业对以上两种债务融资方式高度依赖，就会出现信贷/GDP较低，但企业实际偿债压力较高的现象。美国和英国就是典型案例，2014年美国和英国的债券余额/GDP分别为225.8%和205.8%，我国只有55.8%。2015年第二季度末，美国和英国的信贷/GDP分别为70.6%和70.4%，分别低于我国92.5个和92.7个百分点，但它们的非金融企业资产负债率中位数分别为50.23%和48.86%，高于我国8.35个和6.98个百分点。

第二，我国非金融企业杠杆率存在结构性问题。我国杠杆率较高的企业集中于工业、材料、能源和公用事业行业；国有企业压力要明显大于私营企业；东北、西北、西南等地区面临的压力较大。相比较而言，消费、电信、医疗等行业、私营企业以及东南、华南地区企业的杠杆压力较小。

第三，与国际同业相比，我国非金融企业举债规模并不高。与国际同业相比，我国非金融企业资产负债率处于较低水平，利息保障倍数基本相当。由此说明，我国非金融企业整体并不存在较大的杠杆压力，从另外一个角度说，我国非金融企业的杠杆水平是可以接受的。

第四，“问题”行业杠杆率处于可控范围。能源、材料、工业、公用事业是我国杠杆率问题较为严重的行业。与国际水平相比，这些行业的举债规模较小（资产负债率低），但偿债压力较大（利息保障倍数低），说明我国问题行业的债务规模不算高，但偿债能力存在较大压力。

（二）部分企业偿债压力是多方面因素作用的结果

第一，经济增速下滑是部分企业债务压力凸显的重要原因。2000—2007年，我国非金融企业债务/GDP的比值从111.62%降至106.61%，同期GDP的平均增速为14.66%，非金融企业债务的增速为15.55%，两者的剪刀差仅为0.89个百分点。2008—2015年，由于实施了“四万亿”等刺激政策，非金融企业债务/GDP比值从102.81%上升至155.33%，同期GDP平均增速为12.37%，两者的剪刀差达5.46个百分点，特别是2012年以来，GDP增速与非金融企业债务增速的剪刀差不断扩大，2015年高达10.05个百分点。

第二，银行主导的融资结构。截至2014年底，我国银行业资产规模达24.17万亿美元，比排名第二的英国高出近10万亿美元。相较于其他银行主导的经济体，如日本和德国，我国法律对银行参股企业具有较为严格的限制①，这导致通过银行体系注入实体经济的资金都是以债权债务关系，特别是贷款的形式实现的。截至2016年1月末，我国社会融资规模累计达141.6万亿元，通过银行体系注入实体经济的表内外融资规模达120.9万亿元，占比为85%。

第三，企业盈利水平较高，偏好于债务融资。受益于前些年经济的高速增长，我国上市非金融企业的整体盈利水平较高。2007—2014年，非金融企业的平均ROE水平为8.86%，高于日本（3.75%）、德国（4.73%）和美国（4.35%）；在盈利水平整体较高的情况下，企业更倾向于使用债务工具融资，一方面是为了充分获得剩余利润，另一方面也可在一定程度上减少企业自由现金流，缓解经理层与股东在自由现金流处置问题上的委托代理问题。

第四，债务融资的“税盾”效应明显。债务融资产生的利息支付具有税前抵扣的“税盾”效应。2008年之前，我国境内企业所得税税率为33%，目前降至25%，在全球范围内处于中上等水平。这意味着每产生1单位利息支出，就有0.25单位可用来抵税。纵观全球，在企业所得税税率靠前的国家，其企业对于债务融资都具有较大的依赖性，如日本和德国都是银行主导的国家，它们的企业所得税税率分别为39.54%和29.66%，美国企业对于债券融资的依赖度很高，其企业所得税税率达40.75%。

第五，对债务融资缺乏“硬约束”。我国对经理人的考核往往以当期绩效为准，缺乏“事后”考核机制，经理人在任职期、特别是离职前存在较大的举债冲动；同时，《破产法》规定，政府在企业濒临破产时有提出解决方案的

① 我国《商业银行法》规定“商业银行不得向非自用不动产投资或者向非银行金融机构和企业投资”。

权利，政府在实际操作中会对违约企业提出的破产申请要求进行干预，避免破产；另外，《破产法》将破产企业职工安置放在非常重要的位置，由于安置费用较高，破产债权得以清偿的概率较小，债权人因此希望企业不要进入破产程序。

四、企业杠杆率高企的潜在影响

当前，我国部分行业高企的杠杆率对实体经济的运行产生了较大风险，体现在：

（一）部分行业陷入“债务—通缩”循环

我国出现债务问题的行业多为产能过剩和生产端的中上游企业，由于PPI已连续50余月负增长，CPI增速也较前些年出现明显下滑，这些企业的利润大幅压缩，财务杠杆问题放大，有陷入“债务—通缩”循环的风险。

（二）货币调控效果下降

高杠杆问题改变了货币政策传导的微观基础，扭曲了货币政策传导效果，具体体现在：

首先，货币流通速度明显下降。根据公式MV=PT，当货币总量提高（式中M表示货币总量），而GDP增速（式中PT）出现下降时，必然导致货币流通速度下降[①]。当前我国经济增速下滑，货币发行速度并没有明显下降，这必将导致货币流通速度下降，流通速度的下降将导致企业经营现金流占比降低，应收账款增多，三角债问题凸显。

其次，资金投向发生“扭曲”。如果企业出现杠杆问题，银行会将新增资金继续注入这些部门，以缓解企业的偿债压力。这导致资金继续在产能过剩

① 2008—2015年，我国的货币流通速度分别为0.67、0.57、0.56、0.57、0.55、0.53、0.52和0.49，逐年下降。

的企业沉淀，而一些资质良好，具有真实投资意愿的企业却不能获得充足的资金。

（三）银行资产质量承压

根据国际大型银行危机中的经验，3%以下的不良贷款率，75%以上的拨备覆盖率和8%以上的一级资本充足率基本能够保障银行在下行周期发挥正常功能。当前企业杠杆率问题的日趋恶化使银行的资产质量承受较大压力。截至2015年底，我国银行业不良贷款规模已达1.27万亿元，不良贷款率为1.67%，关注类贷款余额为2.89万亿元，是不良贷款的两倍多，这些贷款具有较大的潜在风险，如果其中50%转化为不良贷款，那么潜在的不良贷款率为3.58%，将触碰银行稳健经营的底线。

五、政策建议

虽然我国信贷/GDP上升速度较快，但微观数据说明，我国非金融企业杠杆率与全球主要国家相比并不算高。当前的主要着力点应是处理好部分高杠杆企业的“去杠杆”问题以及提高非金融企业部门整体的盈利能力。

（一）不能完全依赖总量政策“去杠杆”

基于非金融企业杠杆率存在的结构性特征，政策取向不能“眉毛胡子一把抓”。特别地，不能通过宽货币等总量政策解决结构性问题，具体而言：

首先，应划定企业杠杆的合理区间。杠杆是现代市场经济的基本组成元素，经济发展需要一定程度的杠杆予以支持。通过合理界定不同行业杠杆率的安全边界，既有利于发挥杠杆功效，同时也能防范金融风险。从国际经验看，公用事业的杠杆率普遍较高，可以资产负债率80%、利息保障倍数1倍作为“安全边界”，对于资产负债率高于80%、利息保障倍数低于1倍的企业应重点关注；对工业、能源和材料行业企业应设定类似标准予以监控。

其次，采取差异化“去杠杆”方式，有些行业应给予更高的容忍度。如公用事业行业具有公共品属性，对其中杠杆水平超过容忍度的企业，可通过国有资本介入的方式予以解决。对工业、能源、材料等面临较大杠杆压力的行业，应集中支持行业中的优质企业；加大对医疗保健、消费和信息技术等杠杆率压力不大行业的资金支持；同时，提高对小微、民营企业的支持力度；对东北、西北和西南老工业区的企业，要结合区域发展规划和特征，研究相应的扶持政策和“去杠杆”政策。

再次，多措并举降低企业运营成本，提高债务偿付能力。当前，降低企业运营成本，提高债务偿还能力是解决我国杠杆率问题的重要抓手。可考虑将企业综合成本纳入宏观调控框架，指定牵头部门统筹监控；进一步减税降费，降低企业经营成本，加快“营改增”政策的全面落实，进一步推进简政放权，减少行政审批环节；建立全国统一、开放的物流市场，切实降低物流成本。

最后，集中精力做好“僵尸企业”的“去杠杆”工作。这类企业既不符合我国产业发展方向，又占用了各类资源，也是抬升我国非金融企业杠杆率水平的重要因素。应推动“关、停、并、转”政策的落实，通过关闭一些“僵尸企业”使产能过剩行业的供需达到平衡，释放长期占用资金，提高运转效率。

（二）统筹间接融资和直接融资协调发展的融资格局

债务融资和股权融资各有利弊，直接融资和间接融资并没有明确的最优边界。我国形成以间接融资为主导的融资结构与历史传承和当前的社会信用环境密切相关，在短期内发生转变并不现实。在我国经济面临下行压力的背景下，应保持适当的信贷增速，以支持符合调控方向和扩大内需投资资金的来源。

为推动经济转型升级，我国需要高度重视资本市场的发展。股票上市融资应保持正常节奏，避免“走走停停”或大规模“放闸”造成市场的不合理供求预期，稳定、持续地进行股票上市融资对实体经济的资本形成具有重要的支持作用；同时，为推动“双创”落地，要积极推动天使基金和私募股权基金等多层次资本市场的健康发展，确保间接融资和直接融资形成均衡合理的结构，避免杠杆率过度提升。

（三）确保银行体系的稳健运行

在我国间接融资主导的融资结构下，银行体系的健康发展对社会杠杆水平的稳定起着至关重要的作用。夯实银行风险吸收能力，确保银行体系稳健运行是控制杠杆率的重要保障：

一是控制银行体系的杠杆率水平。强化银行体系的杠杆率、拨备覆盖率和资本充足率的监管力度。拨备覆盖率监管“红线”不应低于100%，否则会削弱银行处置不良贷款的动力；同时，对风险加权资产覆盖范围和计算方法进行校准，确保风险资产能够全面、准确地反映银行表内外各类风险，确保资本对风险的足额覆盖；加强对影子银行的监控与管理，对从事“影子银行”业务较多的信托、资产管理公司、证券公司等非银机构强化资本管理的力度。

二是提高银行体系的资本数量和质量。鼓励银行采用多种方式筹集资本，如在经济下行周期实施更为灵活的股利政策，推行员工持股计划，加大资本工具创新力度。在提高资本数量的同时，引导银行增加一级其他资本占比，探索发行具有损失吸收能力的高级无担保债券，在成本可控的前提下优化资本金结构，增强风险吸收能力。

三是做好不良贷款处置工作。在平衡风险和利润的基础上，把控拨备计提和贷款核销节奏；探索通过主动债转股化解不良资产的方式；适度扩大不良资产证券化规模；加快建设和完善不良贷款转让的二级市场。

基于宏观审慎的房地产风险预警研究

近年来，我国房地产价格持续上涨，房价过高、涨幅过大已成为中国经济转型发展不可承受之痛。促进房地产市场平稳着陆成为未来中国顺利转型的重要问题。全面准确评估当前房地产市场风险的大小、规模及分布是促进房地产平稳着陆的第一步。2008年国际金融危机爆发后，各国政府和国际金融监管机构都加强了对房地产预警指数的研究，提出了基于宏观审慎的房地产预警技术。本文首先对危机前后房地产风险预警技术在各国的最新发展进行了介绍，重点从金融稳定即宏观审慎视角，实证分析了我国居民负债能力的变化对房地产市场稳定性的影响，提出了防范化解房地产风险的对策建议。

一、房地产市场预警的国际实践及最新发展

（一）国际主流机构的房地产泡沫预警方法

房地产对各国经济都有十分重要而独特的影响。一方面，房地产对国民经济影响重大。据世界银行统计，20世纪80年代中期至90年代初，发展中国家的房地产投资对相关产业的乘数效应为2倍，住房投资及其服务两项所创造的价值分别约占各国GNP的7%~8%。另一方面，房地产价格大幅波动又容易诱发经济金融危机。历史上，多次金融危机均与房地产泡沫破灭有关。例如20世纪90年代初日本房地产泡沫的破裂，2006年美国的次贷危机等。这使得人们也

越来越重视对房地产市场进行有效的风险监控。早在1999年，国际货币基金组织（IMF）提出了金融稳健性指标（FSI），其中就将房地产市场发展的状况纳入金融体系风险预警的重点监控对象之一，并设置了房地产价格、住房房地产贷款占总贷款比重、商业房地产贷款占总贷款比重等相应的监测指标。2008年国际金融危机后，IMF、欧洲央行和经合组织等国际机构和各国政府更加注重房价对金融稳定性的影响，建立了各自的房地产预警模型。IMF对各国应对房地产泡沫的政策进行了调研，建立了全球房价指数，提出了应对房地产风险的宏观审慎政策。一是设置首付款比例上限（LTV上限）。二是设定月偿付比例上限（DTI上限，债务人月偿还额与月收入比值设定上限）。三是对信贷规模或信贷增长率设定上限，包括对总信贷增长进行限制，也可以对某一行业（如房地产）信贷上限进行限制。

欧洲系统性风险委员会（ESRB，2016）开发了基于居民住房抵押市场的宏观审慎稳健性模型，其通过对居民住房的抵押品价值、借贷条件、居民债务承受能力这三类指标进行综合评估。抵押品价值包括四个子指标：房价增速、房价相比高峰时的变化值、价格与收入、房价重估值。借贷条件包括三个子指标：个人按揭贷款增长速度、个人按揭贷款相比高点时的变化、贷款利差（个人按揭贷款相比国债）。居民债务承受能力包括三个子指标：居民债务/GDP、居民金融资产/居民债务、居民月还款额/家庭月收入。

国际清算银行（BIS，2014）则从金融稳定的角度构建了房地产风险预警模型。一是房地产价格。高房价通过财富效应和抵押品杠杆效应，造成信贷快速扩张，这反过来又增加了抵押品价值，增加了私营部门可获得资金，引发房价轮番上涨，房价对经济状况和金融体系都有决定性的影响，是监测金融危机的重要指标。BIS对全球100多个国家房地产长期研究经验表明，房地产价格是预警最佳指标之一。为此，BIS不断改进房价统计技术，促使其更真实地反映房地产市场运行状况，早在1989年，就开始收集各国住宅物业价格指数，2009年制定了“房地产价格指数手册”，并于2010年7月开始定期发布56个国家的住宅物业价格。二是房价涨幅与GDP增速之比。房价与经济周期密不可分，房价的增长幅度应与经济增长速度保持相对一致。三是信贷余额/GDP缺口。即各国信贷余额与GDP的比值相对于其长期均值（通常用HP滤波等技术手段得到）的偏离度，如果其偏离度过大就认为资金投入过多、流动过快，资产价格泡沫化风险加大。BIS的Borio（2002）等对1960—1999年34个国家（包括21个发达国家和13个新兴市场国家）金融危机的情况进行了分析，发现在此期间共发生过40次金融危机。其中，如果将信贷/GDP之比、资产价格（主要是股票价格）缺口同时超过长期走势水平作为预测未来三年金融危机指标的精确度高达60%，若考虑汇率缺口，精确度则可达70%。BIS还指出，2016年中国信贷与GDP比重缺口为24%，2016年第一季度曾升至28.8%，不仅高于东南亚在1997年亚洲金融危机爆发前的最高值，而且高于2008年雷曼倒下之前美国的数值。

瑞银（UBS，2015）则认为如果房地产价格过度偏离租金价格，且房地产贷款和建筑活动规模过大，这时房地产市场产生泡沫的可能性较大。其通过对价格收入比、价格租金比、抵押贷款对GDP比率的变动、建筑业对GDP比重的变动、各城市房价与该国平均房价的比值等五个指标构建全球主要城市的房地产泡沫指数。该指数显示2016年温哥华房地产市场泡沫风险最大，伦敦、斯德哥尔摩、悉尼、慕尼黑和香港也面临泡沫风险。

也有不少学者将研究视角放在房地产周期的波动上。如Hartzell（1987）、Gordon（1996）、Muelller（1999）等分别用通货膨胀率、房地产空置率、房地产租金变化率描述房地产经济周期。有不少学者开始建立描述住宅市场运行状况的指数，如Hedonic价格指数、RS指数、凯斯—席勒指数，许多学者也试图通过构建模型等技术方法对房地产价格进行预测（Quigley，1995；Pace等，2000；Bernard Fingleton，2008）。尤其值得一提的是凯斯—席勒指数，该指数由诺贝尔经济学奖获得者罗伯特—席勒教授于20世纪90年代创建，目前已成为美国房地产市场的重要指标。早在2003年，席勒教授就对房地产市场崩溃发出过警告，他也是少数曾在2008年国际金融危机前预测房地产泡沫的经济学家之一。相比美国其他房价数据，该指数最大优点在于采用重复销售定价技术，以更真实反映住房价格的变化。它可回溯到美国1890年房地产市场，包括全美房屋价格指数、20城综合指数、10城综合指数等（见表

3–23）。

表 3–23　　国际主要机构房地产预警模型

主要机构	基于住房抵押市场的宏观审慎稳健性指标体系
IMF	房地产价格 住房房地产贷款占总贷款比重 商业房地产贷款占总贷款比重
BIS	房地产价格；房价涨幅与 GDP 增速之比；信贷 /GDP 缺口
瑞银（UBS）	价格收入比、价格租金比、抵押贷款对 GDP 比率的变动、建筑业对 GDP 比重的变动、城市与国家的相对价格
欧洲系统风险委员会	主要包括抵押品价值、借贷条件、居民债务承受能力三大类指标。其中：（1）抵押品价值包括四个子指标：房价增速、房价相比高峰时的变化值、价格与收入（PTI）、房价重估值；（2）借贷条件包括三个子指标：个人按揭贷款增长速度、个人按揭贷款相比高点时的变化、贷款利差（个人按揭贷款相比国债）；（3）居民债务承受能力包括三个子指标：居民债务 / GDP、居民金融资产 / 居民债务，居民月还款额 / 家庭月收入
凯斯—席勒指数	通过房价变动本身来预警房地产市场。该指数最大优点在于采用重复销售定价技术，从单个现房价格指数提取和推算价格变化，并剔除了季节性因素对住房价格的影响。核心是生成可比的、一致的住房价格指数，以更真实地反映住房价格的变化
瑞银	价格收入比、价格租金比、抵押贷款对 GDP 比率的变动、建筑业对 GDP 比重的变动、各城市与该国总房价的比值

资料来源：根据有关资料整理。

（二）国内学者对房地产市场的预警

国内方面，1998年住房改革后，中国房地产市场开始不断发展和成熟，房地产预警相关的探讨也由此出现并不断丰富。1998年国家统计局研究建立了全国房地产开发业综合景气指数（以下简称国房景气指数），该指数具有反映房地产市场运行状态全面、同比变化清楚及数据统计面广等优点，是当前经济社会广泛引用的权威指数，已成为政府、企业、购房者及学者判断房地产市场发展状况的重要指标。然而，国房景气指数作为综合指数，因其编制方法的局限性，具有不可避免的缺陷，不能清晰地反映先行、同步及滞后等不同指标变化对指数造成的综合影响。

为评估银行体系的稳健性状况，人民银行也于2013年开始对包括房地产在内的各类风险敞口进行宏观压力测试。测试结果表明，2013年，在重度冲击情景假设下，房地产开发贷款（含土地储备贷款）和购房贷款不良率分别增加15个和7.5个百分点。2016年，房地产行业潜在风险进一步加大。2016年末金融机构房地产贷款余额26.7万亿元，占各项贷款比重较上年末提高2.7个百分点达25.0%；当年新增房地产贷款5.7万亿元，同比多增2.1万亿元，累计新增金额占同期新增各项贷款的比重为44.8%，房地产行业的贷款集中度风险加大。

除了公开发布的权威指数外，国内学者也对房地产市场预警进行了大量研究。梁运斌（1995）从房地产业周期波动的角度，建立了房地产景气系统、预警系统、行业监测系统、景气调查系统等四大系统。张晓晶和孙涛（2006）认为房地产周期与金融稳定息息相关，并从影响房地产周期变动的增长因素、宏观基本面与制度因素构建了房地产周期及预警模型。刘亚臣等（2009）则从房地产与经济协调度、房地产市场供求协调度、房地产内部协调度建立了预警模型。倪鹏飞等（2015）聚焦于房价的影响因素及预警指标筛选上，使用时差相关分析法从影响房价的6大类（房地产供给、房地产需求、房价预期、土地市场、房地产金融和宏观环境）22个指标中，构建房价预警合成指数法，以准确判断房价景气及其未来变动趋势。

（三）总体评价

总的来说，国内外学者对于房地产市场预警指标体系做了大量有益的探索，但仍存在一些不足。一是指标选取的随意性仍然较大，理论基础不足。二是从金融稳定的角度对房地产市场风险预警不够。住房作为类金融产品，房价与货币信贷增长互为反馈、互为强化，容易造成房价过度脱离基本面。因此，从金融角度分析房价波动及其蕴含的风险会更加有意义且更加准确。三是对各地区房地产市场的预警重视不够。中国幅员辽阔、经济差异大，需区别对待各地区房地产市场发展。四是国际比较不够。中国房地产市场发展时间不长，规律性、周期性不明显，现有的房地产市场预警警戒线设定往往根据历史均值与标准差的偏差进行划分。如果能对国际上已发生房地产泡沫破裂国家进行纵横向比较，将有助于提高房地产预警指标设计的科学性和合理性。本文重点从金融稳定的角度，运用国际比较分析法，分析金融环境对房地产市场的影响及其可能蕴藏的风险，重点还将对各地区房地产市场的运行状况作出判断。

二、房地产市场预警模型构建原理及国内外实证研究

目前，国际上用于房地产预警的主要方法有指标指示法、统计检验法和理论价格法三种。指标法主要通过选取反映房地产市场发展冷热程度的若干指标，并进行纵横向对比，以反映当前房地产市场走势。国际上常用指标主要有房价变动幅度与GDP变动幅度比、房价收入比、租售比等。这一方法应用方便，但指标选择主观性较强，警戒值也往往依靠历史和个人经验确定。统计检验法和理论价格法则是通过建立数学模型推算房价的理论价格，然后与房价的实际价格相比较来判断房价泡沫的方法。考虑到我国房地产市场发展时间不算长，采用统计检验法和理论价格法所需采用的数据周期和质量难以满足要求，本文主要通过指标指示法建立房地产预警模型。

（一）预警指标的选择

在对日本、美国等曾经出现过房地产泡沫的国家相关经济指标进行比较的基础上，本文重点从金融的角度分析金融变量对我国房地产市场稳定运行的影响，将主要选择房价增长率、房地产贷款增长率、居民债务偿还能力变化率、住房抵押贷款/GDP变化率这四个指标，并赋予不同权重以构建房地产市场预警指数。

第一，房价增长率。房地产价格上涨应与居民的住房需求增长基本一致，即房价应反映人口数量、家庭规模、经济增长、家庭可支配收入变化对房地产市场的影响。如果房价增长率过度偏离基本面，则意味着风险越大，金融体系稳定性越差。BIS对1970年以来全球100多个国家房价的长期研究表明，过去四十多年来，绝大多数工业国家都出现过房价大起大落和经济金融周期过度波动的现象，仅有德国和瑞士等少数国家房价上涨相对温和。房地产价格变

动率是预测经济或金融危机的最佳指标之一，这主要与高房价往往伴随着高债务有关，这不仅加大资产价格波动还导致经济周期波幅扩大。从美国情况看，过去四十多年（1976—2016年），其房价增长率年均在5%左右，但在1976—1980年以及2004—2006年，也曾出现房价年均10%以上的暴涨，此后房价开始大幅回调，这引发美国经济在1980—1982年、2008—2009年出现了较为严重衰退，房价的暴涨和暴跌是引发经济周期波幅扩大的重要原因（见图3–34）。

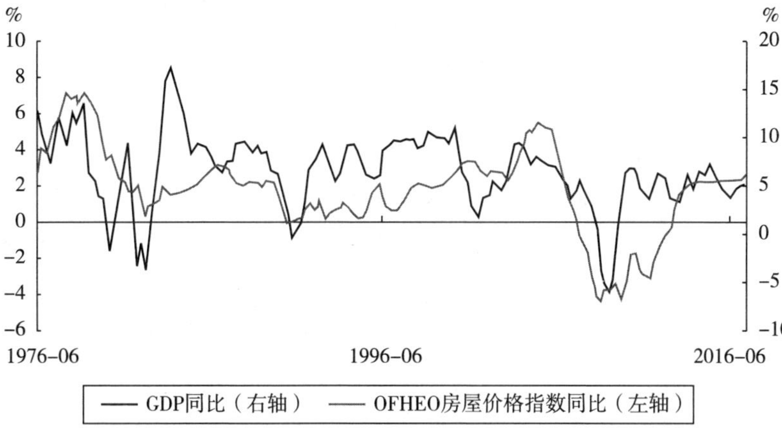

资料来源：国家统计局，中国人民银行。

图 3–34　美国房价增长率

日本情况与此类似。在战后很长的时期内，日本城市地价一直居高不下，盛行着“地价不灭神话”。1992年之前各年份（除1975年以外），日本城市地价均上涨明显，以下三个时期地价上涨幅度更是惊人。第一个时期为20世纪50年代中期到60年代中期，地价年平均上涨率在23%左右；第二个时期为1968—1975年，地价年平均上涨率为18%；第三个时期为1986—1991年，尽管此阶段地价上涨率为10%，相比前期有所下降，但高基数效应使得其对经济的影响大于此前20世纪五六十年代，这也是日本经济泡沫化最明显阶段（见图3–35）。

不同时期的地价上涨有着不同的社会及经济背景。前两个阶段主要与日本经济的快速发展、城镇化的迅速推进等经济基本面有关，1956—1970年期间

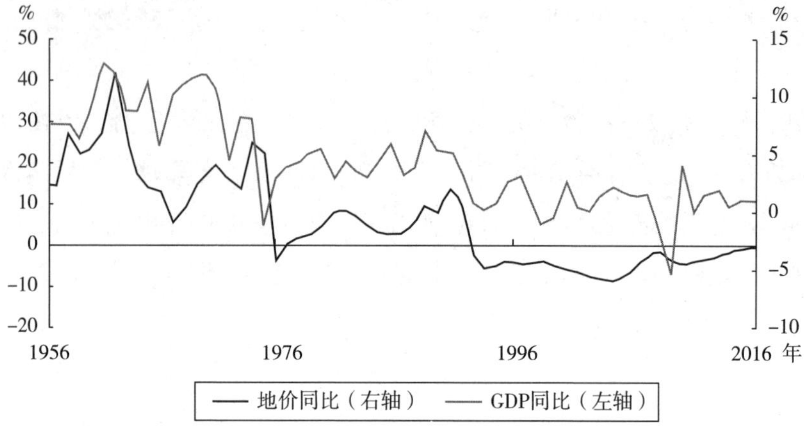

图 3-35　日本地价增长率

日本地价指数与GDP增速的比值长期保持在2.1左右，日本房地产市场总体运行在合理水平。1971年开始，日本房地产市场已出现过热，地价指数与GDP增速的比值快速上升至3.6，并在1974年“石油危机”期间，地价指数与GDP增速的比值出现逆转，日本房地产泡沫破灭风险初显。第三阶段地价的快速上涨则与其激进的金融自由化和不恰当的宏观政策有关。1985年《广场协议》签订以后，为刺激出口促进经济增长，日本银行将利率由1985年的5%下调到1989年的2.5%。在超低利率政策的驱使下，企业将银行大量贷款转向房地产等市场投机，造成地价、股价暴涨。

1992年，日本房地产泡沫开始破灭，地价指数结束了此前大幅上涨局面，开始了连续二十多年的持续下跌。2016年日本地价仅为1991年最高点时价格的34%。这也导致日本经济陷入“失去的二十年”，经济长期停滞。1992—2016年，日本GDP年均增长仅为0.9%，甚至在个别年份还出现了负增长。2017年日本经济出现好转势头，但仍未根本摆脱“高债务、低通胀”的低迷态势。

受住房市场化启动、经济快速增长、城镇化推进等影响，近年来我国房价也出现了快速上涨。2005年至2017年上半年，我国房价年均增长4.9%，以下四个时期更是出现了房价涨幅高于长期均值的现象（见图3-36）。分别是

2005年6月至2008年8月（年均上涨约7.9%）、2009年11月至2011年3月（年均上涨约10.6%）、2013年5月至2014年5月（年均上涨约7.5%）、2016年5月至2017年8月（年均上涨约8.8%）。房价快速上涨不仅推高了企业生产成本，还使得实体经济与虚拟经济背离，经济运行泡沫化风险加大。采用房价增长率/实际GDP增长率进行测量，这一指标在2016年9月达至1.57这一历史最高值，远超过0.49%的历史均值。2017年伊始，随着新一轮从严房地产调控政策的逐渐落地和生效，房价增长率/GDP增长率有所下降，在2018年3月末，该值降至0.83%，表明当前我国经济运行泡沫化风险有所减小。

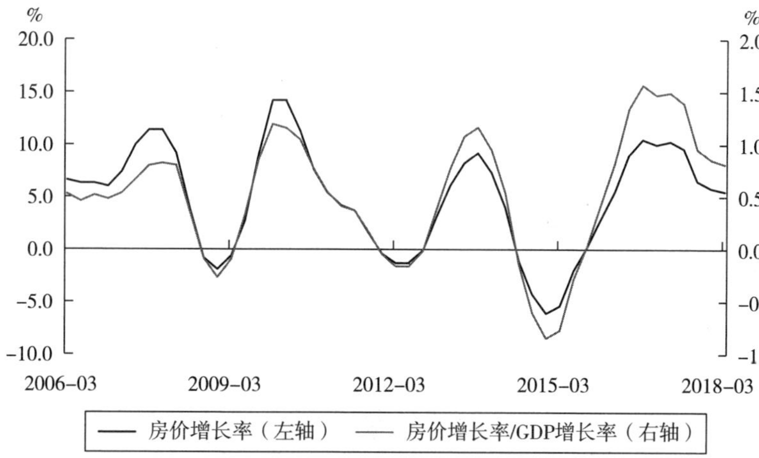

资料来源：Wind。

图 3–36 我国房价增长率

第二，房地产贷款增长率。房地产需求的迅速膨胀以充裕的资金为条件，而充裕资金必须依靠银行等金融部门的支持和配合。从日本、美国等曾发生过房地产泡沫破裂事件国家的表现来看，房地产贷款增长率均在房地产泡沫破裂前后出现过快速上升的现象。例如，美国在1984—1989年、2000—2007年，房地产贷款年均增长12%以上，远高于正常期间10%以下的增速（见图3–37），这也造成房地产新增贷款占全部新增贷款的比重大幅增加，其由正常年份的40%以下上升至50%以上，个别年份甚至出现过房贷占比新增贷款比重超过100%的情况（见图3–38）。

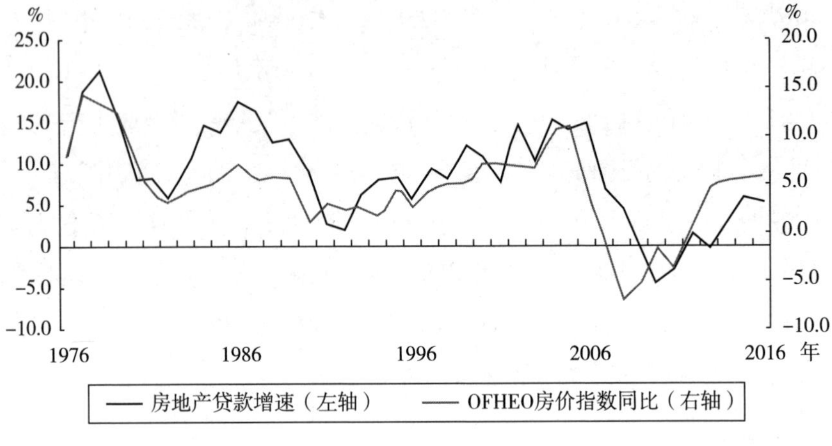

资料来源：美国经济分析局，美国联邦住房企业监督办公室。

图 3–37　美国房贷增速与房价

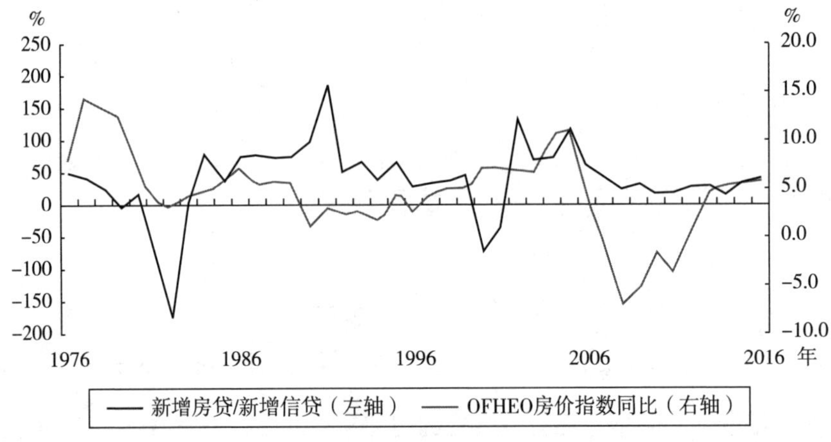

资料来源：美国经济分析局，美国联邦住房企业监督办公室。

图 3–38　美国房贷占全部贷款比重

日本房地产泡沫在破裂前几年也出现了房贷增速远高于历史均值的现象。1975—2005年这三十多年内，日本银行不动产抵押贷款的年增长率约为6%，但在1981—1989年，不动产抵押贷款的年增长率高达约15%（见图3–39），远超历史平均水平，这也造成地价在1988年之后迅速飙升，并最终引发地价在1992年暴跌，目前日本土地价格仍远未恢复到危机前水平。

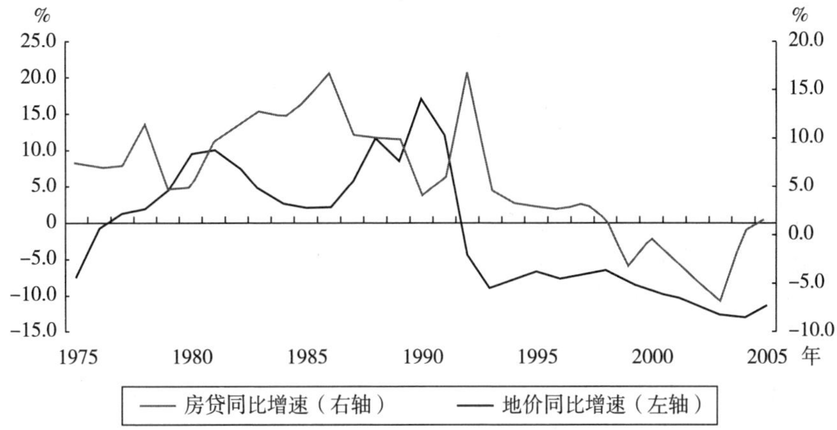

资料来源：日本央行，日本统计局。

图 3–39　日本房贷增速与房价关系

我国也呈现了房地产贷款增速与房价变动高度同步的现象。2005年至2017年上半年，我国房地产贷款年均增长约21%，但自2009年第三季度以来，我国房地产贷款快速增长，在2010年第一季度甚至达到44.3%的历史最高值，这也推动房地产价格在2010年第一季度上涨14.2%，为历史高值（见图3–40）。2016年，随着房地产贷款再度快速增长，房地产价格涨幅也再次创历史新高，房价涨幅仅次于2010年。2018年第一季度末，随着房地产贷款增速降至20.3%，房地产价格也有所下降，第一季度末70个大中城市商品住宅价格同比增速由2016年第三季度10.5%的较高增速降至5.5%。研究还发现，我国房地产贷款增速与房价涨幅二者相关性可达至77%。

第三，居民债务收入比。该指标主要衡量居民当期债务偿还能力，其等于居民月房贷支出占居民月可支配收入的比重。该值越大，表明居民当期偿付压力越大，房价发生大幅逆转的可能性也就越大。2007年底美国经济危机时，美国居民债务收入比此时也达历史最高值18.12%，此后美国联邦住房监督办公室OFHEO单独购房价格指数开始出现大幅下降（见图3–41）。通过计算发现，我国居民债务收入比已由2009年的12.3%快速上升至2016年底的25.7%（表3-24）。

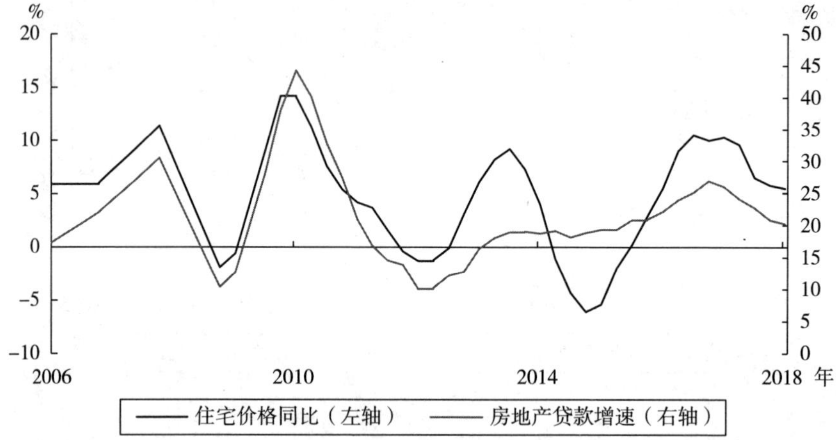

注：房地产贷款既包括房地产开发贷款，也包括居民抵押贷款；房价为 70 个大中城市新建住宅价格同比。

资料来源：国家统计局，中国人民银行。

图 3-40　我国房贷增速与房价关系

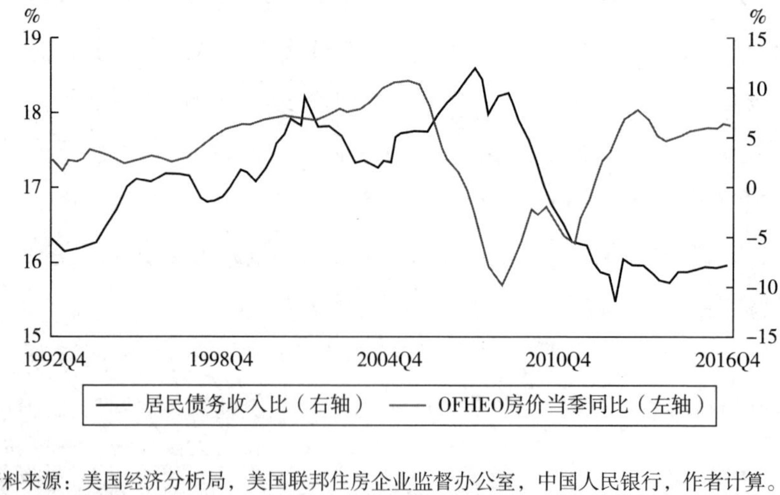

资料来源：美国经济分析局，美国联邦住房企业监督办公室，中国人民银行，作者计算。

图 3-41　美国居民债务收入比与房价涨幅

表 3-24　　我国居民债务收入比

年份	个人住房贷款余额（亿元）	住房贷款年末利率（%）	月房贷支出（元）	月可支配收入（元）	月房贷支出 / 月可支配收入（%）	月房贷支出 / 月可支配收入变化率（%）
2005	19000	6.12	97	874	11.1	0.7
2006	22700	6.84	129	980	13.2	2.1
2007	30000	7.83	196	1149	17.0	3.8
2008	29800	5.94	148	1315	11.2	−5.8
2009	47600	4.42	175	1431	12.3	1.0
2010	62000	5.34	276	1592	17.3	5.1
2011	71400	7.62	453	1817	24.9	7.6
2012	75000	6.22	389	2047	19.0	−6.0
2013	90000	6.53	490	2246	21.8	2.8
2014	106000	6.25	552	2404	23.0	1.2
2015	131000	4.70	513	2600	19.7	-3.2
2016	181000	4.52	719	2801	25.7	5.9
2017	219000	5.26	960	3033	31.7	6.0
2018−03	228600	5.42	1033	3594	28.7	−2.8

资料来源：美国经济分析局，美国联邦住房企业监督办公室，中国人民银行，作者计算。

第四，住房抵押贷款余额/GDP变化率。该指标主要衡量居民长期债务偿还能力，其等于居民住房抵押贷款余额与GDP比重的年变化率。2004年以来，美国住房抵押贷款余额/GDP比值迅速增长，其变化率由危机前五年的0.99%上升至2004年的1.64%，在2005年第二季度时甚至达到1.90%的历史最高值，此后房地产价格也开始在2007年第四季度开始出现同比下跌（见图3−42）。通过计量分析还发现，住房抵押贷款余额/GDP变化率相对房价变化领先约6期，即住房抵押贷款余额/GDP变化率在当期出现趋势性逆转，则房价在6期后（一年半）也将发生趋势性逆转。我国也显示出了类似的规律，住房抵押贷款余额/GDP变化率与房价变化具有很强的同步性（见图3−43）。

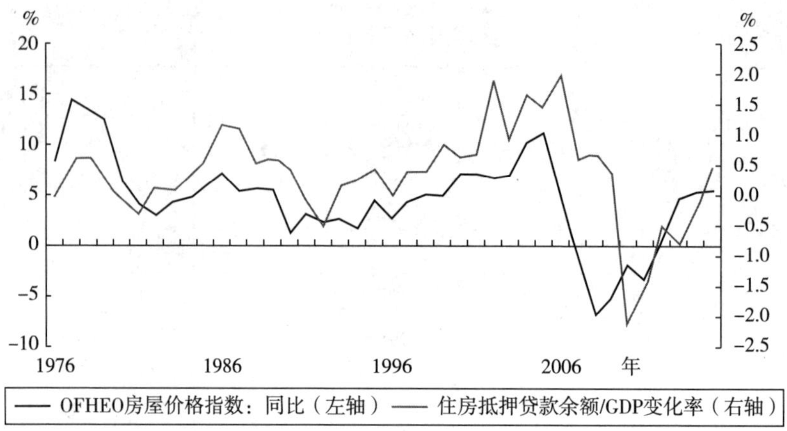

资料来源：美国经济分析局，美国联邦住房企业监督办公室，Wind。

图 3–42　美住房抵押贷款 /GDP

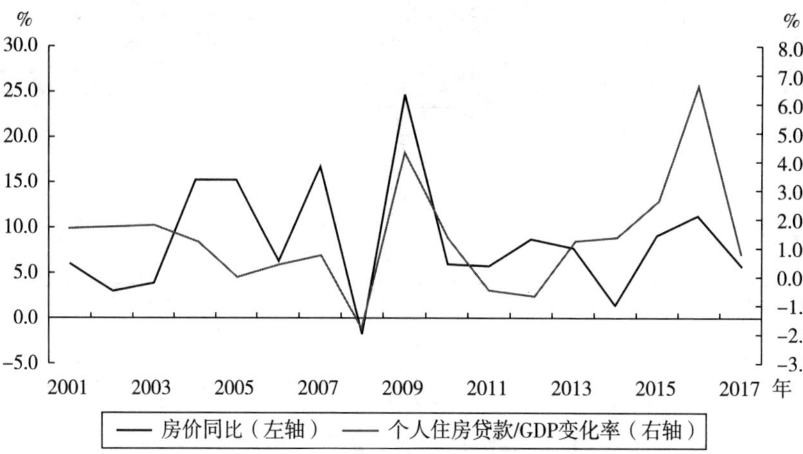

资料来源：美国经济分析局，美国联邦住房企业监督办公室，Wind。

图 3–43　中国住房抵押贷款 /GDP

（二）预警指标构建及我国房地产泡沫的总体判断

本文建立如下房地产综合预警指数，即

$$C=w_1 \times q_1+w_2 \times q_2+w_3 \times q_3+w_4 \times q_4$$

其中，q_1代表房地产价格增长率，q_2代表房地产贷款增长率，q_3代表居民债务收入比变化率，q_4代表住房抵押贷款余额/GDP变化率。w代表各指标权重，本文采用主成分分析法确定各指标权重（最终得到的各指标权重为w_1=0.3，w_2=0.3，w_3=0.2，w_4=0.3）。与此同时，本文采用信号灯法对房地产综合预警指数设定预警区间。偏离平均值不超过1倍标准差的范围，作为正常运行区间，记为白色灯区。超过1倍标准差但不超过1.5倍区间为偏冷区或偏热区，超过1.5倍标准差视为过冷区或过热区。预警值设定方法及预警区间如表3–25所示。

表 3–25　　房地产预警区间设定及预警信号

预警区域	预警值 K	预警信号灯
EX–1 个标准差≤ X ≤ EX+1 个标准差	K=0	绿灯区（正常值）
EX+1 个标准差 <X ≤ EX+1.5 个标准差	1<K ≤ 1.5	粉灯区（偏热）
X>EX+1.5 个标准差	K>1.5	红灯区（过热）
EX–1.5 个标准差≤ X<EX+1 个标准差	–1.5<K ≤ –1	浅蓝（偏冷）
X<EX–1.5 个标准差	K<–1.5	蓝灯区（过冷）

注：EX 表示平均值，作者计算。

根据上述方法，本文对美国房地产市场运行状况进行验证。研究结果表明，1986年美国房地产市场已进入偏热区域，但大量资金仍在涌入房地产领域。1990年伊始，随着房价上涨势头放缓，商业银行不良贷款也随之开始上升。1991年，商业银行不良贷款率达到1985年以来的历史高点1.63%，相比1985年上升0.67个百分点。2002年开始，美国房地产预警指数进入红灯区的极度危机区域，预示房地产泡沫处于崩溃边缘。2002年和2006年，美国房地产预警指数再次亮起红灯，美国房地产泡沫不断积聚。2007年底，房地产价格改变了此前快速增长的态势开始出现下跌，房地产市场开始降温。2009年开始，随着房地产预警四大指标全面由热转冷，美国房地产市场进入过冷区间，美国金融危机全面爆发，商业银行不良贷款率也因此在2009年攀升至历史顶点（3.04%），相比2006年末最低水平上升2.65个百分点（见表3–26）。本模型测算的房地产预警指标与当时美国房地产泡沫程度及金融稳定性表现基本一致，表明本模型具有较好的金融危机预测能力。

表 3–26　　　　　　　　　　美国房地产泡沫监测结果

年份	1986	1991	2002	2003	2004	2005	2006	2009	2010	2011	2013	2016
预警值 C 及信号指标灯	1<C ≤ 1.5	C<-1	C>1.5	C=0	C>1.5	1<C ≤ 1.5	1<C ≤ 1.5	C<-1.5	C<-1.5	C<-1.5	C<-1	C=0
美国商业银行不良率	1.04	1.63	0.94	0.78	0.51	0.53	0.39	3.04	2.26	2.26	0.57	0.47

注：深灰代表过热，浅灰代表偏热，空白代表正常，左斜线代表偏冷，右斜线代表过冷。
资料来源：作者分析并处理。

利用上述模型，对2005年以来我国房地产市场风险状况进行测度。结果表明，过去十二年间（2005—2016年），我国房地产市场预警指数大都运行在正常区间，但在2008年和2012年也出现了房地产运行过冷状态，2009年及2016年还出现了房地产市场偏热或过热（见表3–27）。房地产市场的周期轮动与多种因素有关，主要原因是过去我国的房地产调控过分注重短期效应，经济低迷时希望借此拉动经济，过热时又通过限购限贷进行调控，从而造成房地产市场发展易陷入“政策收紧—房价下跌—政策放松甚至鼓励购房—房价大涨—政策重新收紧”的恶性循环中。

表 3–27　　　　　　　　房地产预警区间设定及预警信号

年份	房价增长率（%）	房地产贷款余额增速（%）	月房贷支出 / 月可支配收入变化率（%）	个人住房贷款 / GDP 变化率（%）	房地产预警综合指数 K	预警值 C 及信号指标灯
2005	7.18	16.39	0.70	0.02	–0.24	C=0
2006	6.41	32.85	2.12	0.44	0.24	C=0
2007	8.22	30.43	3.84	0.76	0.39	C=0
2008	7.07	2.29	–5.82	（1.77）	–1.13	C<–1.5
2009	1.26	48.43	1.03	4.31	0.85	1<C<1.5
2010	12.21	28.06	5.08	1.38	0.66	C=0
2011	4.16	13.88	7.62	（0.42）	–0.17	C=0
2012	–0.68	6.92	–5.96	（0.71）	–1.23	C<–1.5

续表

年份	房价增长率（%）	房地产贷款余额增速（%）	月房贷支出/月可支配收入变化率（%）	个人住房贷款/GDP 变化率（%）	房地产预警综合指数 K	预警值 C 及信号指标灯
2013	5.88	19.69	2.81	1.24	0.05	C=0
2014	2.64	11.76	1.17	1.34	–0.35	C=0
2015	–3.79	21.71	–3.23	2.55	–0.45	C=0
2016	6.16	34.59	5.94	6.66	1.30	C>1.5
2017	8.28	20.9	6.0	0.85	0.27	C=0
2018.03	5.50	20.30	–2.8	0.81	（0.29）	C=0

注：房价为 70 个大中城市新建住宅价格指数，房价年增长率采用累计均值法得到（对月度房价同比取平均值）。深灰代表过热，浅灰代表偏热，空白代表正常，左斜线代表偏冷，右斜线代表过冷。

资料来源：作者计算。

随着2016年第四季度以来房地产调控政策的全面从严，2017年我国房地产预警指数回归正常区间，但这并不意味着我国房地产市场风险警报已经解除。第一，房地产对经济的影响是长期而渐进的，某一年份房地产市场的好转并不代表问题的解决。从美国情况看，在经历连续三年的房地产过热或偏热后（2004—2006年），2007年房地产预警指标看似回归正常，但由于前期问题已积重难返，使得其在内外部因素共同作用下，2009年房地产市场全面调整，进入为期三年的过冷时间。第二，房地产市场调整是否会引发经济金融危机，关键取决于由“热”转“冷”过程中房价波动幅度的大小。从美国情况看，金融危机之所以在2008年全面爆发，主要与房价下跌过快、过猛且持续时间过长有关，这使得前期问题显性化，并最终以金融危机的形式体现。第三，房价过高、涨幅过大和投机氛围浓厚依然是我国房地产市场发展面临的主要问题。从房价收入比看，根据2015年世界银行的统计，中国的住房收入比在全球排名第14位，在主要的发达国家和金砖国家里，中国的住房收入比排名第一。部分一线城市房价已高过美国纽约、日本等发达国家的中心城市。根据Numbeo数据库，2016年，中国房价收入比为24.74，远高于美国的3.28以及日本的12.67，超出世界银行认为的合理房价收入比4~6倍。高房价不仅推高了企业生产成本，还加大了未来回调压力，更使得全社会财富过度向有房一族配置，加大贫富差距。与此同时，受文化传统等因素影响，我国居民倾向将房地产作为投资保值工具（2014年，我国居民持有的房地产占其总资产比重约为53.8%，远高于美国、日本、英国等居民水平），在低持有环节税负的推波助澜下，房价易出现上涨预期。

三、各地区房地产市场预警分析

我国不同区域经济结构、发展水平差异较大，房地产市场的运行也存在较大差异。我们将进一步构建各省房地产预警指数，一方面与全国房地产预警指数有一个相互验证，另一方面在房地产走势分化的趋势下对不同区域建立相应的监测指数，有利于提高政策的针对性和有效性。分析方法与前面类似，在数据可得性的基础上从金融的角度选取指标，选取了房价增长率、房价增长率/GDP增长率、房地产开发投资资金来源中的国内贷款增长率、房地产开发投资完成额/固定资产投资完成额这四个指标，并赋予权重构建各省的综合房地产市场预警指数，数据为2002—2017年除西藏外的30个省份的年度数据。

第一，房价增长率。这是观察房地产市场运行状况的最直观指标。用各地区的商品房销售额除以销售面积得到销售价格，并以此计算房价增长率。2002—2017年全国房价增速平均为8.4%（见图3–44），其中东部地区的平均房价增速为11.5%，要快于西部（9%）、中部（10.6%）、东北地区（8%）。

第二，房价增长率/GDP增长率。如前所述，房价的上涨应与居民的收入和住房需求增长相适应。由于缺少各省居民可支配收入的历史数据，我们用各省的GDP数据代替收入数据。各地区的房价增速与GDP增速之比大都在2以下，2002—2017年平均为0.9，但东部地区的房价增速快于其他地区，其房价增速与GDP增速的平均比值高于其他地区（见图3–45）。

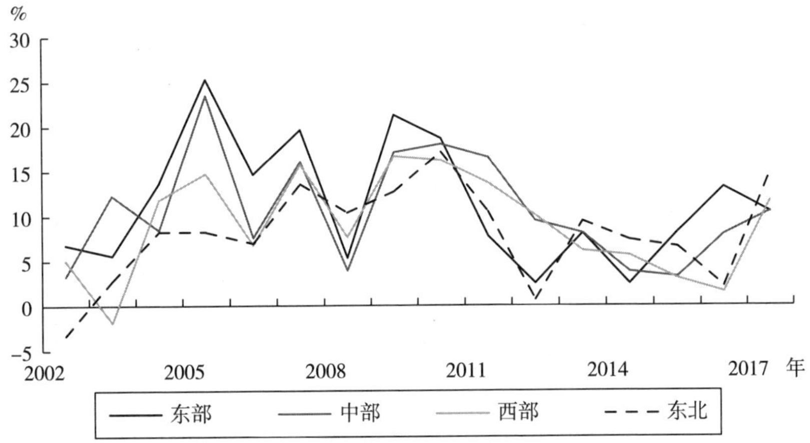

资料来源：Wind。

图 3–44　我国房价平均增速

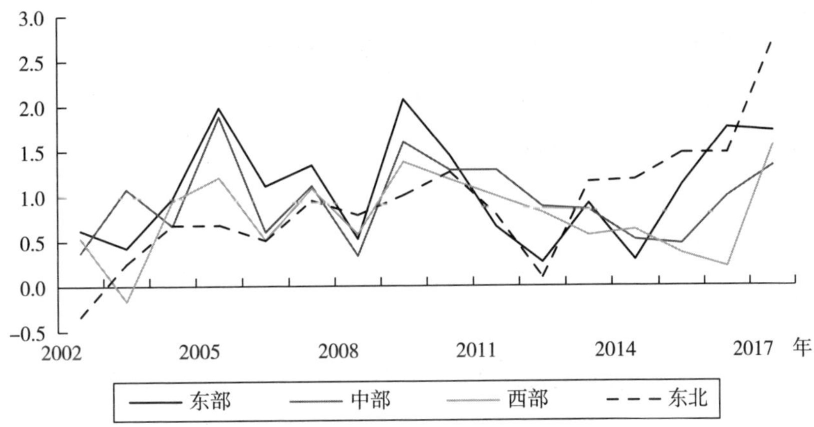

资料来源：Wind。

图 3–45　我国房价增速 /GDP 增速均值

第三，房地产开发投资资金来源增长率。资金是房地产市场快速发展的重要基础，受数据可得性限制，我们选取各地区房地产开发投资资金来源中的国内贷款增长率（以下简称开发贷）作为替代变量。在2006年、2009年、2012年、2016年房价上涨较快的时期，各区域其房地产开发投资资金来源中的国内贷款均有所上升（见图3–46）。

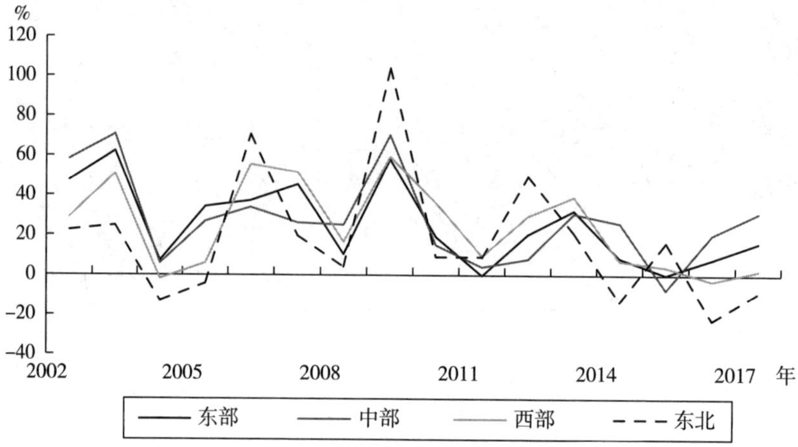

资料来源：Wind。

图 3-46 房地产开发贷

第四，房地产开发投资完成额/固定资产投资完成额。该指标衡量房地产开发投资与整体社会投资的协调性，当房地产市场较为火热时，其占比一般上升。各省房地产开发投资占比平均在19%左右，其中东部地区在29%左右，要显著高于其他地区（见图3-47）。

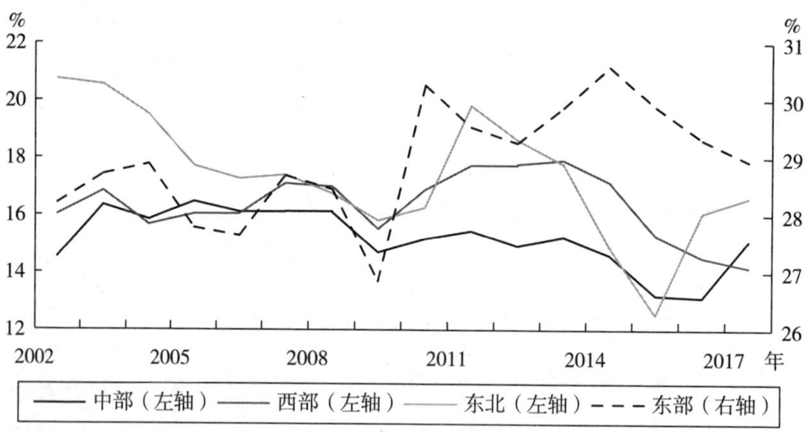

资料来源：Wind。

图 3-47 房地产投资 / 固定资产投资

与前面部分类似，对各指标进行标准化处理后，建立如下房地产综合预警指数，即

$$C=\alpha_1 \times m_1+\alpha_2 \times m_2+\alpha_3 \times m_3+\alpha_4 \times m_4$$

其中，m_1代表房地产价格增长率，m_2代表房地产价格增长率/GDP增长率，m_3代表房地产开发投资资金来源的国内贷款增长率，m_4代表房地产开发投资完成额/固定资产投资完成额。α代表各指标权重，各指标权重均为0.25。以1倍、1.5倍标准差作为预警界限，［－∞，均值–1.5倍标准差］为过冷区间，［均值–1.5倍标准差，均值–1倍标准差］为偏冷区间，［均值–1倍标准差，均值+1倍标准差］为正常区间，［均值+1倍标准差，均值+1.5倍标准差］为偏热区间，［均值+1.5倍标准差，+∞］为过热区间。由于各地区经济发展水平不同，各省的均值和标准差根据其自身历史发展数据得到，因此各省的预警界限会有所不同。根据上述模型计算各省的综合预警指数（具体如表3–28、表3–29、表3–30、表3–31所示）。

表 3–28　　东部省份房地产市场运行综合预警信号灯

年份	北京	天津	河北	上海	江苏	浙江	福建	山东	广东	海南
2002	-1<C<1	-1<C<1	-1<C<1	-1<C<1	-1<C<1	1<C<1.5	-1<C<1	C>1.5	-1<C<1	-1<C<1
2003	-1<C<1	-1<C<1	C<-1.5	-1<C<1	-1<C<1	-1<C<1	-1<C<1	-1<C<1	-1<C<1	-1<C<1
2004	-1<C<1	-1<C<1	C<-1.5	-1<C<1	-1<C<1	-1<C<1	-1<C<1	-1<C<1	-1.5<C<-1	-1<C<1
2005	C>1.5	C>1.5	-1<C<1	-1<C<1	C>1.5	1<C<1.5	1<C<1.5	-1<C<1	1<C<1.5	-1<C<1
2006	-1<C<1	-1<C<1	-1<C<1	-1<C<1	-1<C<1	-1<C<1	C>1.5	-1<C<1	-1<C<1	-1<C<1
2007	1<C<1.5	1<C<1.5	1<C<1.5	-1.5<C<-1	-1<C<1	-1<C<1	1<C<1.5	-1<C<1	C>1.5	-1<C<1
2008	-1<C<1	-1<C<1	-1<C<1	C<-1.5	-1<C<1	-1<C<1	C<-1.5	-1<C<1	-1<C<1	1<C<1.5
2009	-1<C<1	-1<C<1	C>1.5	C>1.5	-1<C<1	1<C<1.5	-1<C<1	C>1.5	-1<C<1	1<C<1.5
2010	1<C<1.5	-1<C<1	-1<C<1	-1<C<1	-1<C<1	1<C<1.5	-1<C<1	-1<C<1	-1<C<1	C>1.5
2011	C<-1.5	-1.5<C<-1	-1<C<1	-1.5<C<-1	-1<C<1	-1<C<1	-1<C<1	-1<C<1	-1.5<C<-1	-1.5<C<-1
2012	-1.5<C<-1	C<-1.5	-1<C<1	-1<C<1	-1.5<C<-1	-1<C<1	-1<C<1	-1<C<1	-1<C<1	C<-1.5
2013	-1<C<1	-1<C<1	-1<C<1	1<C<1.5	-1<C<1	-1<C<1	-1<C<1	-1<C<1	1<C<1.5	-1<C<1
2014	-1<C<1	-1.5<C<-1	-1.5<C<-1	-1<C<1	C<-1.5	-1.5<C<-1	-1<C<1	-1.5<C<-1	-1.5<C<-1	-1<C<1
2015	-1<C<1	-1<C<1	1<C<1.5	-1<C<1	C<-1.5	C<-1.5	-1.5<C<-1	C<-1.5	-1<C<1	-1<C<1
2016	-1<C<1	-1<C<1	-1<C<1	-1<C<1	-1<C<1	-1.5<C<-1	-1.5<C<-1	-1.5<C<-1	-1<C<1	-1<C<1
2017	-1<C<1	1<C<1.5	-1<C<1	-1<C<1	-1<C<1	-1<C<1	-1.5<C<-1	-1<C<1	1<C<1.5	1<C<1.5

注：深灰代表过热，浅灰代表偏热，空白代表正常，左斜线代表偏冷，右斜线代表过冷。下同。

表 3-29 中部省份房地产市场运行综合预警信号灯

年份	山西	安徽	江西	河南	湖北	湖南
2002	$-1<C<1$	$-1<C<1$	$-1<C<1$	$-1<C<1$	$-1.5<C<-1$	$-1<C<1$
2003	$-1<C<1$	$C>1.5$	$C>1.5$	$C<-1.5$	$-1<C<1$	$-1<C<1$
2004	$-1<C<1$	$-1<C<1$	$-1<C<1$	$-1<C<1$	$-1<C<1$	$-1<C<1$
2005	$-1<C<1$	$1<C<1.5$	$C>1.5$	$1<C<1.5$	$C>1.5$	$-1<C<1$
2006	$C<-1.5$	$-1<C<1$	$-1<C<1$	$-1.5<C<-1$	$-1<C<1$	$C>1.5$
2007	$-1<C<1$	$-1<C<1$	$1<C<1.5$	$-1<C<1$	$1<C<1.5$	$-1<C<1$
2008	$-1<C<1$	$-1<C<1$	$-1<C<1$	$-1<C<1$	$-1.5<C<-1$	$-1<C<1$
2009	$C>1.5$	$-1<C<1$	$-1<C<1$	$1<C<1.5$	$-1<C<1$	$-1<C<1$
2010	$-1<C<1$	$-1<C<1$	$-1<C<1$	$-1<C<1$	$-1<C<1$	$-1<C<1$
2011	$-1<C<1$	$-1<C<1$	$-1<C<1$	$1<C<1.5$	$-1<C<1$	$1<C<1.5$
2012	$-1<C<1$	$-1<C<1$	$-1<C<1$	$-1<C<1$	$-1<C<1$	$-1<C<1$
2013	$-1<C<1$	$-1<C<1$	$-1<C<1$	$-1<C<1$	$-1<C<1$	$-1<C<1$
2014	$-1<C<1$	$-1<C<1$	$-1.5<C<-1$	$-1<C<1$	$-1<C<1$	$C<-1.5$
2015	$-1<C<1$	$C<-1.5$	$C<-1.5$	$-1.5<C<-1$	$-1<C<1$	$C<-1.5$
2016	$-1<C<1$	$-1<C<1$	$-1<C<1$	$-1<C<1$	$-1<C<1$	$-1<C<1$
2017	$C>1.5$	$-1<C<1$	$-1<C<1$	$-1<C<1$	$-1<C<1$	$-1<C<1$

表 3–30　　西部省份房地产预警

手份	内蒙古	广西	重庆	四川	贵州	云南	陕西	甘肃	青海	宁夏	新疆
2002	–1<C<1	–1<C<1	–1<C<1	–1<C<1	–1<C<1	C<–1.5	–1<C<1	–1.5<C<–1	–1.5<C<–1	–1<C<1	C>1.5
2003	–1.5<C<–1	–1.5<C<–1	–1<C<1	–1<C<1	–1<C<1	–1<C<1	–1<C<1	–1<C<1	C<–1.5	–1<C<1	–1<C<1
2004	–1<C<1	–1<C<1	–1<C<1	–1<C<1	–1<C<1	–1.5<C<–1	–1<C<1	C>1.5	1<C<1.5	–1<C<1	C<–1.5
2005	–1<C<1	–1.5<C<–1	C>1.5	1<C<1.5	–1<C<1	–1<C<1	–1<C<1	–1<C<1	–1<C<1	–1<C<1	–1<C<1
2006	–1<C<1	–1<C<1	–1<C<1	1<C<1.5	–1<C<1	–1<C<1	C>1.5	–1.5<C<–1	–1<C<1	C<–1.5	–1<C<1
2007	C>1.5	C>1.5	–1<C<1	C>1.5	1<C<1.5	–1<C<1	–1<C<1	1<C<1.5	–1<C<1	–1.5<C<–1	–1<C<1
2008	–1<C<1	–1<C<1	–1.5<C<–1	–1<C<1	–1<C<1	–1<C<1	–1<C<1	–1<C<1	–1<C<1	–1<C<1	–1<C<1
2009	C>1.5	C>1.5	–1<C<1	–1<C<1	C>1.5	–1<C<1	–1<C<1	–1<C<1	–1<C<1	C>1.5	1<C<1.5
2010	–1<C<1	–1<C<1	1<C<1.5	–1<C<1	–1<C<1	–1<C<1	–1<C<1	–1<C<1	C>1.5	–1<C<1	1<C<1.5
2011	–1<C<1	–1<C<1	–1<C<1	–1<C<1	–1<C<1	–1<C<1	1<C<1.5	–1<C<1	–1<C<1	–1<C<1	–1<C<1
2012	–1<C<1	–1<C<1	–1<C<1	–1<C<1	–1<C<1	C>1.5	–1<C<1	–1<C<1	C>1.5	–1<C<1	–1<C<1
2013	–1<C<1	–1<C<1	–1<C<1	–1<C<1	–1<C<1	1<C<1.5	–1<C<1	–1<C<1	–1<C<1	1<C<1.5	–1<C<1
2014	–1<C<1	–1<C<1	–1<C<1	–1<C<1	–1<C<1	1<C<1.5	–1.5<C<–1	–1<C<1	1<C<1.5	–1<C<1	–1<C<1
2015	–1.5<C<–1	C<–1.5	C<–1.5	–1.5<C<–1	–1.5<C<–1	–1<C<1	–1.5<C<–1	–1<C<1	–1<C<1	–1<C<1	–1<C<1
2016	–1.5<C<–1	–1<C<1	C<–1.5	–1<C<1	C<–1.5	C<–1.5	–1.5<C<–1	–1<C<1	–1<C<1	–1.5<C<–1	–1.5<C<–1
2017	–1<C<1	–1<C<1	–1<C<1	–1<C<1	–1<C<1	–1<C<1	1<C<1.5	C>1.5	–1<C<1	–1<C<1	–1<C<1

表 3–31　　　　东三省房地产预警

年份	辽宁	吉林	黑龙江
2002	–1.5<C<–1	–1<C<1	–1.5<C<–1
2003	–1<C<1	–1<C<1	–1.5<C<–1
2004	–1<C<1	–1<C<1	–1<C<1
2005	–1<C<1	–1<C<1	–1<C<1
2006	–1<C<1	–1<C<1	–1<C<1
2007	–1<C<1	–1<C<1	–1<C<1
2008	–1<C<1	–1<C<1	–1<C<1
2009	–1<C<1	1<C<1.5	C>1.5
2010	–1<C<1	1<C<1.5	–1<C<1
2011	–1<C<1	1<C<1.5	–1<C<1
2012	–1<C<1	–1<C<1	–1<C<1
2013	–1<C<1	–1<C<1	C>1.5
2014	–1.5<C<–1	–1<C<1	–1<C<1
2015	–1<C<1	–1<C<1	–1<C<1
2016	1<C<1.5	C<–1.5	C<–1.5
2017	C>1.5	C<–1.5	–1<C<1

与前面全国房地产运行情况类似，2002—2017年间各省房地产市场大部分年份都在正常区间运行，异常情况主要出现在2005年、2009年、2016年前后。这几个时期也正是我国出台相应调控政策的年份，如2006年5月“国六条”、2009年10月“国四条”、2010年1月“国十条”、2016年10月多个城市限购限贷。

从目前的情况来看，2017年30个省份中，有21个省份处于正常区间，不少前期房地产市场偏冷的地区在此轮房地产市场回暖的带动下开始转向正常区间。但与此同时，偏热和过热的省份较前期明显增加，分别为4个、3个，偏冷和过冷的省份分别为1个（见表3–32）。偏热和过热的省份主要集中于东部地区，而偏冷和过冷的省份为福建、吉林。北京、上海处于正常区间，这主要在于严调控下房地产开发投资资金来源受限，国内贷款增速明显放缓。

表 3-32　　各年各省房地产市场运行综合预警信号灯分布　　单位：个

年份	2002	2003	2004	2005	2006	2007	2008	2009	2010	2011	2012	2013	2014	2015	2016	2017
过冷	1	3	2	0	2	0	2	0	0	1	2	0	2	8	5	1
偏冷	5	3	2	1	2	2	2	0	0	4	2	0	8	6	7	1
正常	21	22	24	17	22	16	25	16	23	21	24	25	18	15	17	21
偏热	1	0	1	6	1	8	1	5	5	4	0	4	2	1	1	4
过热	2	2	1	6	3	4	0	9	2	0	2	1	0	0	0	3

资料来源：作者计算。

四、政策建议

当前，我国房地产市场正逐步回归理性，房地产市场风险相比2016年有所减小，但仍有两个问题值得关注。一是房价过高、涨幅过大和投机氛围浓厚依然是我国房地产市场发展面临的主要问题。二是房价波动风险较大。在房地产长效机制还未全面落地情况下，未来一旦政策放开，房价可能又会迎来新一轮上涨。为保持房地产市场平稳运行，未来要从自身国情出发，借鉴国外经验教训，将房地产市场纳入宏观审慎监管框架，进一步完善风险预警体系，并综合采取多种措施和手段促进房地产市场平稳发展。

（一）房地产市场的预警应结合多种因素综合判断

房地产价格下跌是否导致金融不稳定，取决于一系列条件，如房价下跌之前是否出现价格大幅上涨并产生泡沫；房地产价格下跌幅度和速度；房地产价格下跌时企业和居民的资产负债状况；中央银行在房地产价格崩溃之前或崩溃之后采取的货币政策是否得当。因此应避免根据单一指标的变动来进行宏观审慎决策。从美国房地产市场发展的教训看，房地产价格下跌过快且伴随着居民资产负债表快速恶化是引发金融危机的重要原因。在房地产风险指标预警体系设计中，应综合考虑房价变动、房地产贷款增速和居民债务结构变动等因素判断其对系统性风险的影响并采取相应的措施。例如，假如房地产贷款增长强劲，但房地产价格走势平稳，可能意味着住房抵押市场的总体平稳，此时进行宏观审慎干预的必要性下降；相反，当房价上涨迅猛，但贷款增长平稳、居民债务收入也并没有出现明显恶化，这种情况下通过增加土地及住房供应比基于单纯的信贷紧缩会更有效。

（二）进一步完善房地产风险预警体系和宏观审慎管理

随着房地产市场的不断发展，其越来越成为影响经济增长和稳定的重要领域，房地产市场风险更是系统性风险产生的重要来源。危机后许多国家和地区已经将房地产纳入宏观经济金融稳健运行的监测指标。本文构建的房地产预警指标体系从金融稳定角度，分析了房价变动、房地产贷款增速变动、居民短期和长期偿债能力变动对金融体系稳定性的影响，具有一定的科学性和可操作性，可以作为判断金融风险的重要指标。未来要从我国国情出发，借鉴国外相关风险管理经验，继续完善房地产市场风险预警体系。

第一，构建更加精确的居民住房支付能力指数。从各国和各地区对房地产市场预警的实践看，各主要国家和地区都构建了居民住房支付能力指数，以监测系统性风险。美国住房与城市发展局（HUD）、中国香港金融管理局和澳大利亚房地产协会均开发了居民住房支付能力指数，用于测量价格、抵押贷款比率和家庭收入变化对居民短期偿还能力的影响。

第二，关注住房支出占收入的比例，并完善相关统计。家庭生活支出主要由家庭必要消费支出和住房支出组成。相关研究表明，高收入家庭通常可将其收入中的30%左右用于住房消费，而低收入家庭的日常消费则可能已经占用了其绝大部分收入。世界银行在分析各国的情况后，认为住房支出占比25%较为适宜。考虑到我国区域经济发展不平衡，城镇居民购房意愿较强且储蓄较多，一线城市住房支出占比相对较大有一定合理性。据此我国较为合理的住房支出与收入比例为一类城市25%、二类城市20%、三类城市15%，出现超过这些范围的情况时应特别关注。

第三，继续完善房地产宏观监测和压力测试方法、技术。目前我国正在探索房地产金融宏观审慎管理，未来要从贷款集中度、借款人偿债能力、差别化信贷政策、压力测试等多个方面加强对房地产金融活动的全方位监测与管理。金融机构要进一步加强风险的主动管理能力，分析在经济增长下降、利率上升、信贷收紧、抵押贷款集中度加强等情况下，房地产业可能引发的系统风险。

（三）坚持因城施策，采取差异化的管理措施

我国不同地区房地产市场发展差异较大，部分地区房价上涨过快的同时，一些地区去库存压力仍然较大。未来要抓住融资、土地等影响房地产市场发展的关键因素，坚持因地制宜、因城施策的管理手段。一是引导商业银行根据各地的经济发展、市场需求、居民收入、房地产资产类别等多种因素，制定差别化的信贷投放政策和风险管理策略。如对于房价上涨过快的地区适度收紧信贷投放。二是对于房地产过热的地区适度增加供给，加大土地供应和保障性住房建设。

（四）加快长效机制建立，促进房地产市场平稳发展

房地产市场平稳发展对经济和社会发展意义重大。要打破过去房市调控的政策循环，需要在加强需求侧管理的同时，注重长期制度的建设。

第一，加强市场和资金监管，规范房地产市场发展。规范房产中介市场，严厉处理首付贷、规避限购限贷政策、以虚假材料和不正当手段骗取购房资格、发布虚假信息、囤积房源、参与预售商品房炒作等违法违规行为。加强对房地产企业的监管，打击捂盘惜售、囤地、虚假优惠、变相提价等行为。加强对杠杆资金等的监管，防止资金过度流入房地产市场。

第二，完善住房供给体系，加快落实租赁住房配套政策。促进租赁市场发展已成为各地发展的重点。2017年7月，九部委联合发布《关于在人口净流入的大中城市加快发展住房租赁市场的通知》，选取13个城市作为首批开展住房租赁试点的单位。这有利于增加存量住房供应，缓解住房所附加的教育机会不均衡等社会问题。长远看，应完善完成相关配套细则，使“租购同权”尽快落地。细化承租人管理等制度，使“租购同权”政策更具可操作性。要加快立法、完善租赁环境，明确出租人与承租人双方权利义务关系，规范相关行

为等。

第三，提高房地产过度投资的交易成本。在我国，房地产往往是居民首选的投资工具，而低持有环节的税收使得投资房地产很容易获利，造成房地产投机盛行。国际经验表明，房产税是促进社会财富公平分配、降低投资炒作空间的重要工具。未来，可考虑由过去的投资开发环节向交易和保有环节转移，以减少市场参与者非理性行为。对居民出售第二套及以上住房时获得的增值收益按面积大小和年限长短征收20%~50%不等的资本增值税，面积越大、年限越短，相应的税率也就越高。加快个人住房信息系统全国联网等配套制度建设，为房地产税的公平、合理、高效征收提供制度保障。

第二节　金融发展

金融体制改革的新亮点及影响

2017年3月，李克强总理在《政府工作报告》中提出要抓好金融体制改革，促进金融机构突出主业、下沉重心。预计，2017年金融体制改革主要呈现六大新亮点：一是更加注重引导资金“脱虚入实”，要求金融机构“突出主业”；二是将普惠金融上升到新高度，更加注重发挥大型商业银行在服务“三农”、小微等金融薄弱领域的作用；三是紧货币将是大概率事件，但进入加息周期的概率较小；四是汇率市场化继续提速，人民币国际化向纵深发展；五是房地产调控思路调整，因城施策抑制房价泡沫；六是更加注重对金融风险的防范，广覆盖、强力度、功能监管和机构监管相结合将成为2017年金融改革的主要方向。这将对经济金融体系产生长远而深刻的影响。

一、2017年金融体制改革的新亮点

对比过去五年（2013—2016年）《政府工作报告》中关于金融改革的相关表述（见表3-33），2017年金融体制改革主要呈现以下亮点：

（一）更加注重引导资金“脱虚入实”，要求金融机构“突出主业”

2017年《政府工作报告》中首先提出要“促进金融机构突出主业、下沉

重心，增强服务实体经济能力，防止脱实向虚”。这不同于2016年“加快改革完善现代金融监管体制，提高金融服务实体经济效率，深化利率市场化改革。继续完善人民币汇率市场化形成机制”，也不同于2015年“围绕服务实体经济推进金融改革。推动具备条件的民间资本依法发起设立中小型银行等金融机构，成熟一家，批准一家，不设限额”。换言之，2016年和2015年的金融改革在优先顺序上分别为更加注重利率汇率市场化和金融机构类型的丰富等方面，而今年更加强调引导资金“脱虚入实”。如何促进资金“脱虚入实”？《政府工作报告》提出金融机构要“突出主业、下沉重心、防范风险”的解决思路。这主要是由于近年来金融机构过度混业化、主业经营边界模糊，大量资金在金融机构之间“空转”，拉长了企业的融资链条。在具体措施上，结合原银监会主席郭树清的答记者问，预计将通过缩短资管业务的融资链条长度，统一标准，提高透明度，以及强化房地产等领域监管等方式来实现。

表 3–33　　近五年政府工作报告中关于金融改革的表述对比

年份	关于金融改革的表述	关键词
2017	抓好金融体制改革。促进金融机构突出主业、下沉重心，增强服务实体经济能力，防止脱实向虚。	普惠金融事业部；资本市场改革；绿色金融；不良资产；债券违约；影子银行；互联网金融
2016	深化金融体制改革。加快改革完善现代金融监管体制，提高金融服务实体经济效率，实现金融风险监管全覆盖。	利率市场化改革；民营银行；人民币汇率市场化；民营银行；“深港通”；巨灾保险制度；普惠金融；绿色金融
2015	围绕服务实体经济推进金融改革。 创新金融监管，防范和化解金融风险。大力发展普惠金融。	中小型银行；农村信用社改革；存款保险制度；利率市场化；人民币汇率双向浮动弹性；股票发行注册制改革；巨灾保险；普惠金融
2014	深化金融体制改革。 完善金融监管协调机制，密切监测跨境资本流动，守住不发生系统性和区域性金融风险的底线。	利率市场化；民资参股、投资金融机构；存款保险制度；股票发行注册制改革；巨灾保险制度；互联网金融
2013	全面深化金融体制改革。 综合运用多种货币政策工具，调节市场流动性，保持货币信贷合理增长，适当扩大社会融资规模。	国有大型商业银行股份制改革；农村信用社改革；人民币汇率形成机制；利率市场化；资本项目可兑换改革

资料来源：根据有关资料整理。

（二）将普惠金融上升到新高度，更加注重发挥大型商业银行在服务“三农”、小微等金融薄弱领域的作用

长期以来，小微企业和“三农”往往从银行获得贷款难度较大，融资成本也相对较高。其原因非常复杂，既与中小企业自身的特点有关，也与中小金融服务机构发展不足有关，还与银行服务小微企业的奖罚机制不对等有关。例如，国有企业贷款出风险，相对更容易被认定为工作过失而落实尽职免责，民营企业贷款出了不良，则往往被怀疑存在道德风险，这就造成商业银行对民营企业和小微企业贷款更加谨慎。为解决中小企业和“三农”等金融薄弱领域的资金支持问题，《政府工作报告》提出要“鼓励大中型商业银行设立普惠金融事业部，有效缓解中小微企业融资难、融资贵问题”，以及“强化农村信用社服务‘三农’功能”。相比此前金融改革重在强调加快民营银行发展等解决小微企业的思路问题有所不同，今年则更加强调国有大型银行要加大对小微、“三农”等领域支持，并提出了具体的改革思路，要求其率先设立普惠金融事业部和实行差别化考核评价办法。这有利于解决商业银行激励约束机制不对等的问题，提高其发放小微企业贷款的积极性。之所以更加强调大型商业银行在服务普惠、小微企业金融领域的作用，既与近年来中小银行在表外理财、委外投资等领域过度激进有关，还与同业市场发展乱象有关。

（三）紧货币将是大概率事件，但进入加息周期的概率较小

《政府工作报告》明确指出，2017年广义货币（M2）和社会融资规模预期增长均为12%左右，较2016年目标下调1个百分点。“稳健中性”是2017年货币政策的主基调，与往年“灵活适度”的表述方式有所区别，货币政策整体呈现稳中有紧态势。为了平衡通胀上行的压力，引导经济“脱虚入实”，以及适应供给侧改革的需要，央行2017年更多的是采取中性态度，不会出现“大水漫灌”式强刺激，上调政策基准利率的动力相对较弱。货币政策稳健中性将有利于经济的平稳运行。但这并不意味着货币政策的全面从紧。与2016年初相比，当前多项经济指标均表明我国经济正在企稳，但企稳势头能否持续还面临

诸多考验，我国经济并不具备全面加息的条件。与此同时，预计2017年美元加息因素对我国汇率和资本流动的影响趋于减弱，预计近期中国进入加息周期的概率较小。

（四）汇率市场化继续提速，人民币国际化向纵深发展

《政府工作报告》提出“坚持汇率市场化改革方向，保持人民币在全球货币体系中的稳定地位”。随着中国对外开放进程的加速，人民币汇率的影响因素将从经济因素为主向金融因素为主转变，其影响途径和机制也将更趋复杂，要求未来人民币汇率改革既要立足于形成机制的更加市场化、更有弹性、更加可控，也要加快配套改革，防范资本的过度波动，保持人民币汇率在均衡水平上的总体稳定。与此同时，2017年人民币汇率已出现企稳势头，外汇储备又重回3万亿美元，人民币贬值预期减弱，可以预计2017年人民币汇率指数应该保持大体稳定，而且人民币国际化进程会继续深化。事实上，2016年，人民币国际化走势已出现了新的特点。熊猫债增长迅猛、境外机构投资境内债券市场热情高涨、跨境现金管理受到追捧，人民币跨境使用的主体正在由传统工商企业向境外主权机构、境外个人等各类主体拓展。预计，随着市场因素在汇率形成机制中发挥更重要作用，市场主体风险管理意识增强，套期保值需求上升，为人民币金融市场、资金交易业务提供了发展空间。与此同时，过去几年在政府工作报告中被提及的“资本项目可兑换”“注册制改革”等内容继续“缺席”2017年的政府工作报告，预计2017年资本项目自由兑换仍会比较审慎，注册制改革也会继续延迟。

（五）房地产调控思路调整，因城施策抑制房价泡沫

《政府工作报告》明确提出坚持住房的居住属性，房价上涨压力大的城市要合理增加住宅用地。目前一线城市和主要二线城市商品房存销比均值已降至2013年以来的历史低位，需要补库存；20个三线城市去库存化周期仍旧偏高，需要继续推进去库存。目前房地产调控已经从短期调控转向建立长效机

制，从限制需求转向供给侧改革，并强调因城施策。从近几轮房价周期来看，上涨时间长，调整时间短。当前一、二线房价涨幅放缓，按照12个月左右的调整周期，预计房价调整将持续到2017年底到2018年上半年，2017年房地产调控继续呈高压态势。建立长效机制与配套土地供给是促进房地产市场平稳发展的关键，需求管理与供给管理双管齐下方能避免房市“越调越涨”的怪象。

（六）更加注重对金融风险的防范，广覆盖、强力度、功能监管和机构监管相结合将成为2017年金融监管改革的主要方向

2017年《政府工作报告》还提出“要高度警惕不良资产、债券违约、影子银行、互联网金融等累积风险，有序化解处置突出风险点，整顿规范金融秩序，筑牢金融风险‘防火墙’”。对比2016年《政府工作报告》提出的“加强全口径外债宏观审慎管理。严厉打击金融诈骗、非法集资和证券期货领域的违法犯罪活动”，明显看出2017年金融风险防范将主要集中于四个领域，即不良资产、债券违约、影子银行、互联网金融。同样，结合原银监会主席郭树清答记者问，我们认为，2017年金融监管不仅领域更广，力度也将更强，且更加注重机构监管与功能监管相结合，按照产品类型而不是机构类型实施功能监管，同一类的资产管理产品按照同一标准进行监管。具体而言：一是对资管业务，重在统一标准、提高透明度、缩短业务链条长度；二是将表外理财业务纳入表内；三是将因城施策、分类调控、有保有压作为房地产信贷调控主基调；四是更好地发挥债委会在处置“僵尸企业”过程中的作用；五是在网贷监管制度框架内开展网贷风险专项整治。

二、金融体制改革重点工作变化的深刻背景

（一）资金“脱实向虚”成为制约中国经济转型发展的“拦路虎”

在去库存、去产能等因素推动下，房地产价格不断上涨，资金“脱实向虚”问题严峻，这不仅加大了资产泡沫破灭的风险，更使得大量资金涌入这些

领域，实体经济有空心化倾向，制约中国经济转型发展。资金“脱实向虚”主要体现在：第一，货币增速远高于经济增速。近年来M2增速较快，尤其是2009年以来上升更加迅速，达到27.7%，但GDP增速、CPI涨幅则远低于M2增速，表明货币信贷增长并未带来相应的经济增长。第二，金融资产总量增速快，但未能带来资本效率的提高。2015年末，银行、证券、保险业总资产达到218万亿元，增长16.9%，比2007年扩大了近4倍。但投资效率不升反降，每单位GDP需要的资本由2007年的4上升到2014年的7.5。第三，房价不断高涨，大量资金未能到实体经济领域而是流入房地产等领域进行投机。2016年新增人民币贷款12.65万亿元，新增居民中长期贷款是最主要来源，占总量的45%。

（二）金融供给难以满足创新驱动型经济增长的需要

随着创新驱动发展战略的实施，我国原有的金融体系显示出越来越多的局限性。第一，引导市场得以有效配置资源的基准价格尚未完全市场化。利率市场化基本完成但利率传导机制还不健全，人民币汇率市场化形成机制明显增强，未来将面临更多内外部冲击，如何处理好稳汇率与促改革仍考验政府的决策智慧。第二，银行经营模式同质，对中小企业、普惠和“三农”领域的金融支持力度不足。第三，长期资金尤其是股权资金的供给不足，难以满足创新性科技企业的融资需求。与成熟期企业不同，科技型企业往往处于商业化初期，其融资需求存在抵押少、风险高、收益大、现金流不确定的典型特征，这与信贷资金要求充足的抵押、现金流稳定的业务模式存在错位。

（三）金融风险加大，金融体系脆弱性上升

未来一段时间，中国金融体系风险将更加突出和复杂。一是经济下行带来不良趋势性“双升”，拐点是否来临还具有不确定性。2016年，我国商业银行不良贷款余额和比例分别为1.51万亿元和1.74%，相比2012年上升了1万亿元和0.79个百分点，尽管在2016年第三季度以来出现了不良率增速放缓的新迹象，但多种现象表明，不良资产是否将出现拐点还面临诸多不确定性。例如，

当前工业企业盈利能力出现好转主要与煤炭等黑色金属的价格大幅飙涨有关，其他行业工业企业盈利能力好转现象并不明显。二是债务风险依然较大。受实体经济去产能、去库存等因素影响，2016年债务违约现象明显增加。截至2016年底，债券市场偿债风险事件31起，涉及金额为224.4亿元，达到了历史最高点。从公司层面来看，企业的偿债能力明显下降，2016年，全部A股上市公司权益回报率仅有3%，相比2011年下降了11.1个百分点。IMF测算了2015年我国2871家上市公司的偿债能力，认为公司一年的利润不足以支付利息的贷款有3921亿元，占债务总额的比重为14.1%。三是“影子银行”使得金融风险更容易在不同金融市场进行传播。例如2013年的“钱荒”事件和2016年第四季度的“债灾”事件，都与影子银行、同业杠杆过度发展有关。四是互联网等金融领域的潜在风险加大。例如“e租宝”利用网络平台虚构高收益的融资租赁项目，通过借新还旧、自我担保等方式非法吸收资金500多亿元。正是基于上述背景，《政府工作报告》将“不良资产、债券违约、影子银行和互联网金融”这四个领域风险作为2017年金融改革的重要内容加以明确。

三、对银行业的影响及应对

（一）以普惠金融事业部建立为契机，从战略高度加快推进小微、“三农”等金融业务发展

大力发展中小企业信贷业务不仅是金融体制改革提出的要求，也是商业银行赢取业务增长新蓝海的契机。国际先进银行经验表明，小微企业业务同样可以成为重要收入来源。例如美国银行和富国银行中小企业收入可占其总收入近20%。未来，要从战略高度加快推进中小企业、“三农”等领域信贷支持。一是牢牢把握“十三五”期间国家大力支持中小企业发展的历史机遇，建立普惠金融事业部。加快中小信贷专业机构和专业化人才队伍建设，推广“中银信贷工厂”模式，并推动其贷前、贷中、贷后的网络化、智能化升级。二是提高对中小企业业务风险容忍度，对于按照有关法律法规勤勉尽职地履行了职责

的，应免除授信部门及相关授信工作人员的合规责任。三是遵循中小企业风险特征和业务规律，建立符合中小企业经营管理特点和风险特征的风险管理体系、政策和方法，实施不同于大企业、专门针对中小企业的激励与约束机制。四是探索运用大数据、云计算等新技术，摆脱过度依赖抵押担保的授信服务方式，更加注重经营现金流、创新抵（质）押担保方式等。

（二）加大对新产业、新消费、新农村和绿色金融支持，助力经济新动能形成

需求释放有潜力，创新驱动是根本。《政府工作报告》提出“进一步释放国内需求潜力，以创新引领实体经济转型升级，促进农业稳定发展和农民持续增收”，并对2017年消费、投资、产业、“三农”、环保等工作做了具体部署。在消费方面，提出“大力发展乡村、休闲、全域旅游，扩大数字家庭、在线教育等信息消费行业，促进电商、快递进社区进农村”；在投资方面，2017年要完成铁路建设投资8000亿元、公路水运投资1.8万亿元；在产业发展方面，提出“加快新材料、人工智能、集成电路、生物制药、第五代移动通信等技术研发和转化，支持和引导分享经济发展”，尤其是人工智能、第五代移动通信是第一次写入政府工作报告；在农业方面，提出“增加优质绿色农产品供给，稳步推进农村集体产权制度改革，新建改建农村公路20万公里”。预计未来具体措施出台将大大加快这些产业和领域的发展，新产业、基础设施、新消费、新农村、绿色金融或将引领2017年金融服务需求，商业银行需要把握好这些领域政策利好带来的契机。

（三）缩短金融服务链条，支持企业“去杠杆”和“降成本”

2017年是供给侧结构性改革的深化之年，“三去一降一补”仍是宏观调控的重要工作，商业银行要围绕监管当局缩短融资链条、表外资产回归表内等方面的监管要求，支持企业“去杠杆”和“降成本”。一是信贷增长更趋稳健，以支持企业“去杠杆”。企业“去杠杆”进程就是降低债务负担的过程，

必然要求银行信贷也更趋稳健。在流动性安排上，要把握好2017年货币政策“稳中有紧”的主基调。二是缩短企业融资链条。优化中小企业审贷批贷流程，创新贷款方式，降低过桥贷款等直接成本。根据中小企业融资特点，实行差别化管理，适当下放中小企业审批权限。三是减少服务环节。顺应“互联网+”时代客户“技术脱媒”的新趋势，大力推动网上银行、手机银行等新型渠道发展，以简化银行服务客户的流程，进而减少相关收费。四是降低同业业务杠杆。资产、理财等同业业务要更加回归本源，避免过度复杂化、不透明化和加杠杆。

（四）把握好不良资产证券化和“债转股”的政策机遇，以创新性思维化解不良资产

不良资产的防范和化解仍是2017年金融改革的重点领域，预计不良资产证券化、“债转股”等不良资产化解手段将得到进一步推广。与此同时，随着房地产调控政策的从严，个人按揭贷款业务将会受到更多限制。商业银行要以此为契机，做好风险应对。一是适度压缩个人住房按揭贷款，做好房地产风险预警。深入分析各地房地产市场的供需结构及增长潜力，结合常住人口增速、居民收入增长、城镇化推进速度、第三产业发展情况等综合评估各地房地产市场发展潜力。与此同时，建立房价下跌的情景预测分析和压力测试，全面分析抵押贷款人的资产状况、负债能力、收入增长、还款意愿等情况，做好房地产违约风险评估。二是抓住不良资产证券化机遇，增强资产周转效率。加强自身信息系统的升级与完善，提高对不良资产的跟踪和数据搜集能力，建立关于不良资产回收率与回收金额的数据库，数据应覆盖完整的经济周期，为不良资产证券化估价创造条件。条件具备时，充分利用好资产证券化技术和手段，增强资产的周转效率和证券化发行等中间业务创收能力，提升盈利水平。三是稳妥推进“债转股”。合理控制商业银行“债转股”的规模和比例，加强信息沟通和共享，防止企业逃废债，并以此为契机提高投行化服务能力和中间业务收入。

我国资金“脱实向虚”的表现、成因及治理研究

全球经济金融发展历史表明，虚拟经济过度发展不仅挤占实体经济投资，还将催生资产价格泡沫，引发金融动荡和经济金融危机。很多金融危机发生，尤其是2008年国际金融危机，都与虚拟经济过度发展有关。尽管资金“脱实向虚”在不同国家、不同阶段有不同的表现，但总的来看，创新过度、投机炒作和资产泡沫是三大主因。近年来，受实体经济投资回报率走低、房价上涨过快和金融创新加快等因素影响，我国经济也出现了资金“脱实向虚”问题，这既不利于产业结构的转型升级，也使得金融体系积聚较大风险，影响着我国经济的健康、稳定运行。深刻认识虚拟经济和实体经济之间的关系，探究资金“脱实向虚”的宏观表现、路径及产生根源，对于促进金融服务实体经济、防范金融风险和保持经济长期可持续发展意义重大。

一、资金“脱实向虚”的内涵及度量方法

资金“脱实向虚”主要表现为虚拟经济过度发展，与实体经济发展不协调、不均衡。根据马克思的观点，虚拟经济是与实体经济相对应的经济学范畴，主要指生息货币资本的独立运动，股票、债券和信用货币是构成虚拟经济的三种主要形式。虚拟经济的内涵和外延往往会伴随着金融市场发展而不断发展。一方面，随着实体经济信用化程度的不断加深，金融市场广度和深度也将

不断延展，表现为虚拟经济的规模越来越大。另一方面，某些实体经济部门的产品价格可能严格偏离内在价值，这些实体经济部门也成为虚拟经济的重要部分。历史上很多国家都发生过由于部分农产品、收藏品和房地产价格的过快上涨，而导致经济运行过度金融化和过度虚拟化。例如，历史上著名的荷兰郁金香泡沫，我国前两年出现的“蒜你狠”等现象。

与实体经济相比，虚拟经济具有以下主要特征：一是自我循环和自我膨胀。虚拟经济主要通过“以钱生钱”来实现价值增值，只要金融资产价格存在波动，虚拟资本就能够通过在金融体系的自循环实现增值，导致金融资产交易与实体经济的发展相背离。例如，目前全球外汇交易每天约为两万亿美元，其中95%以上交易没有贸易背景，交易纯粹是为了资金流通、盈利或规避风险。二是流动性强。借助于现代信息和网络技术，虚拟资本可以在全球范围内、各个金融市场之间高速流动和快速转化。三是高风险性。金德尔伯格和罗伯特·席勒等认为，受居民预期“羊群效应”“动物精神”等心理因素影响，金融资产价格往往容易偏离经济基本面，造成金融市场非理性繁荣。四是需要与实体经济协调发展。大量研究表明，虚拟经济发展不足和过度发展都会对实体经济产生不利影响。麦金农和肖认为发展中国家普遍面临“金融抑制”问题。但虚拟经济过度发展，又容易引发产业空心化、资产价格泡沫和金融危机。1997年亚洲金融危机以及2008年国际金融危机，无不与虚拟经济过度发展有关。

在衡量资金“脱实向虚”程度时，通常用金融机构大小、金融市场规模、金融交易量及其与实体经济的比值及偏离程度来衡量（见表3-34）。例如，戈德史密斯从金融资产存量和流量两个角度，建立了共约8个指标分析金融资产总量、结构对经济增长的影响；美国学者埃斯里·肯特则从金融机构规模、金融市场总量和金融交易大小及其与GDP比重分析了虚拟经济与实体经济的关系。我国学者成思危提出了经济虚拟度（“年末股票余值+债券余额+金融衍生品”与当年GDP比值）和资本跨国流动虚拟度（某一时期资本跨国流动数量和同期国际贸易额比例）这两个概念。现有研究表明，如果货币总量增长过快、金融市场规模和金融交易量远超历史平均值，那么资金“脱实向虚”的压力也就越大，部分资金可能在金融体系内“空转”。

表 3–34　　资金“脱实向虚”度量指标

<table>
<tr><th>学者</th><th>戈德史密斯</th><th>埃斯里 · 肯特</th><th>成思危</th></tr>
<tr><td rowspan="8">主要指标</td><td>金融相关比率（全部金融资产 / 全部有形资产（国民财富）</td><td>中央银行资产与 GDP 之比</td><td rowspan="4">经济虚拟度：“年末股票余值 + 债券余额 + 金融衍生品”与当年 GDP 比值</td></tr>
<tr><td>金融工具余额及各部分比重（股票、债券、抵押贷款、短期贷款）</td><td>存款银行资产与 GDP 之比</td></tr>
<tr><td>金融机构发行工具相对于非金融机构发行金融工具比率</td><td>外国银行资产及数量</td></tr>
<tr><td>主要金融中介机构市场份额</td><td>保险公司资产与 GDP 之比</td></tr>
<tr><td>中央银行、商业银行等储蓄机构规模</td><td>股票总值与 GDP 之比</td><td rowspan="4">资本跨国流动虚拟度：某一时期资本跨国流动数量和同期国际贸易额比例</td></tr>
<tr><td>金融机构资产之和与全部金融机构总资产比值</td><td>股票换手率占 GDP 比</td></tr>
<tr><td>非金融公司内外部融资规模</td><td>私人债券占 GDP 比</td></tr>
<tr><td>非金融公司外部融资中不同工具比重</td><td>其他（共 43 个指标）</td></tr>
</table>

资料来源：根据有关资料整理。

为了厘清我国是否存在资金“脱实向虚”问题，本文重在从货币总量与GDP增长、金融规模与投资效率关系及资产价格变动幅度等视角进行研究，并对在当前金融环境下，货币“脱实向虚”的可能路径进行探讨。

二、我国资金“脱实向虚”的宏观表现

近年来，受经济下行、实体经济投资回报率走低和房地产价格上涨过快等因素影响，我国实体经济和金融运行越来越不协调，宏观层面主要表现为“三个背离”，即货币与经济运行背离、金融增长与投资效率背离、资产价格与商品价格背离。

一是货币与经济增长相背离，货币增速较快，而经济增长不断减速且下行压力不减。货币增长理论认为货币能够通过投资转化为物质资本推动经济增长。但是近年来我国M2增速较快，尤其是2009年上升更加迅速，达到27.7%，

M2增速与GDP增速、CPI涨幅之差高达19%，2012年以来这一差值呈上升趋势。这也带动了M2/GDP的快速上升，由2008年之前低于149%快速上升至2009年的175%，2015年末达到203%，高于2005—2014年170%的均值，也高于美国（69%）、日本（185%）、韩国（144%）。我国金融体系以间接融资为主，这一比值不能简单地与美国进行比较，但也确实存在上涨过快、高于历史平均值等问题。单位社会融资增量带来的GDP（GDP/社会融资规模增量）由2002年的6下降至2015年的4.4。这表明货币信贷的快速增长并没有带来同步的经济产出增长。

值得注意的是，2016年资金"脱实向虚"程度略有缓解，M2增速与GDP增速、CPI涨幅之差从2015年年末的5%下降至2016年的2.6%左右。单位社会融资增量带来的GDP自2013年以来也有所回升。2016年前三季度，房地产和金融对GDP合计贡献16.2%，相比2015年上半年最高点的21.6%，有所下降（见图3–48，图3–49）。

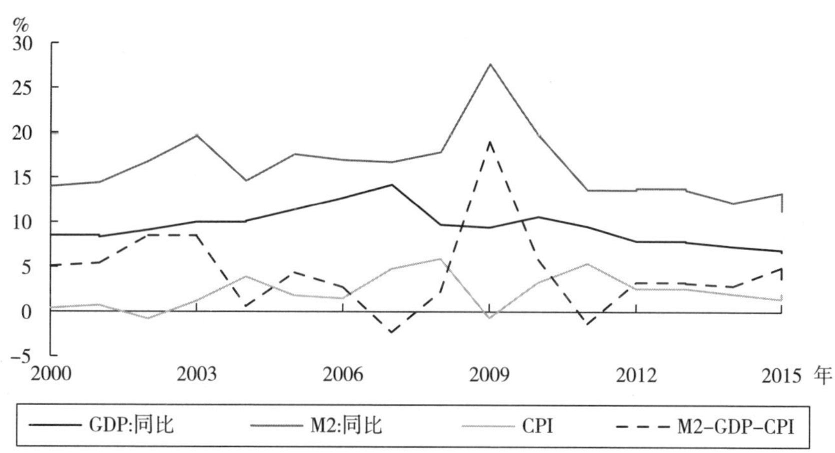

资料来源：国家统计局。

图 3–48　M2、GDP 与 CPI 增速

二是金融增长与投资效率相背离，金融资产总量不断膨胀，投资效率不升反降。金融自由化和金融市场的发展能够帮助企业打破资金约束，促进储蓄向投资的转化，并提高社会投资效率。但是近年来我国金融市场快速发展。2015年末，银行、证券、保险总资产达到218万亿元，增长16.9%，比2007年

扩大了近4倍。P2P、余额宝等互联网金融规模增长迅速。截至2016年末，P2P贷款余额达到8162亿元，同比增长1倍；余额宝规模也超过8000亿元，较2015年增长25.4%。而投资效率不升反降，我国边际资本—产出比自2007年以来明显上升，每单位GDP需要的资本由2007年的2.4上升到2015年的5.5。同时，我国固定资产投资额自2005年以来与固定资本形成总额的差距不断加大，2015年前者约为后者的1.86倍，而美国这两者基本一致。这表明金融市场的发展并没有带动资本形成及资本产出效率的提升（见图3–50至图3–52）。

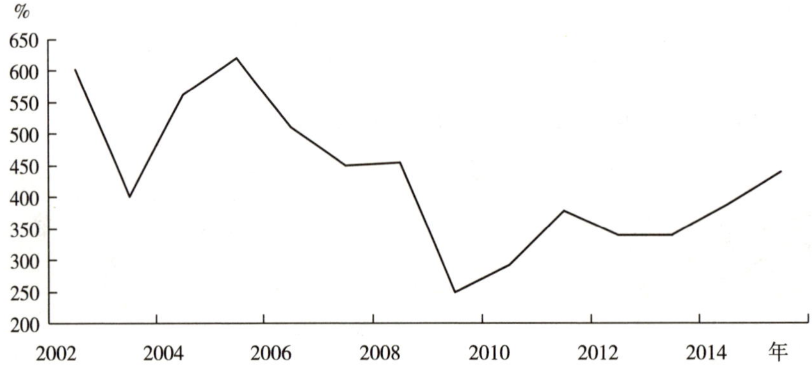

资料来源：国家统计局。

图 3–49　GDP/ 新增社会融资规模

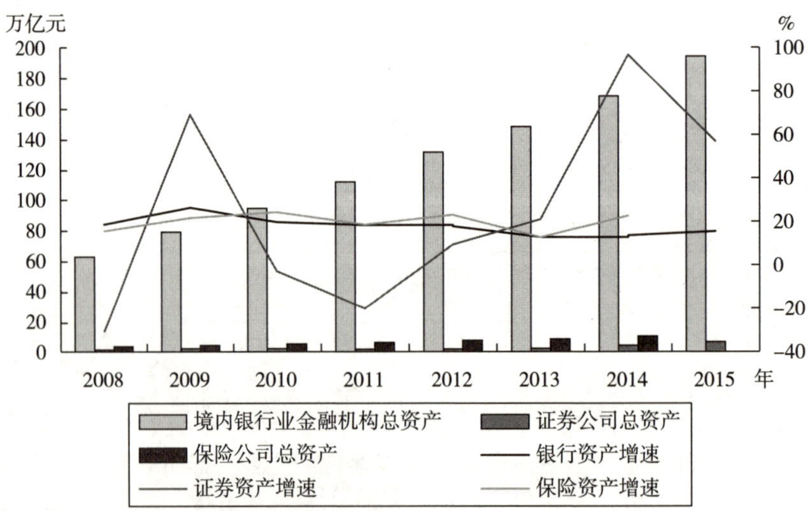

资料来源：Wind，中国银行国际金融研究所。

图 3–50　银行、证券、保险总资产规模及增速

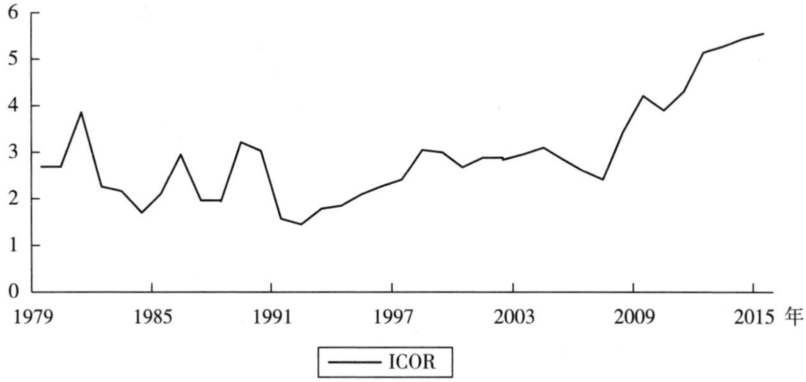

注：边际资本—产出比率为资本边际生产率的倒数，即 ICOR=dK/dY，ICOR 越大，即每单位产出增加需要的投资越多，投资效率越低。dK 为固定资本形成总额的增量，dY 均为 GDP 的增量。

资料来源：中国银行国际金融研究所。

图 3-51　边际资本—产出比

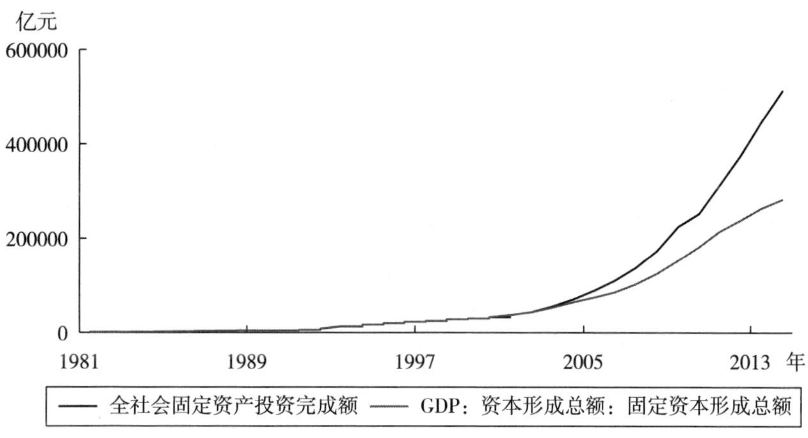

资料来源：中国银行国际金融研究所。

图 3-52　中国投资与资本形成总额对比

三是资产价格与商品价格相背离，资产价格过快上涨，而商品价格较低甚至负增长。房地产业是GDP中的重要部门，但是与制造业相比，房地产的投资建设只能拉动当期的消费与投资，并不会形成未来的生产能力，房价上升不仅不能带来新的产出，还会推高企业成本，不利于真正具有生产力的产业的发展。从这个意义上说，资金过度流向房地产也是资金“脱实向虚”的表现。

2015年末，商品房销售单价为6793元/平方米，比2006年上涨了2倍，2006—2014年房价年均上涨8.1%。而2015年CPI仅上涨1.4%，2006—2014年年均上涨3%；PPI下降5.2%，2006—2014年年均仅上涨2.2%（见图3–53）。

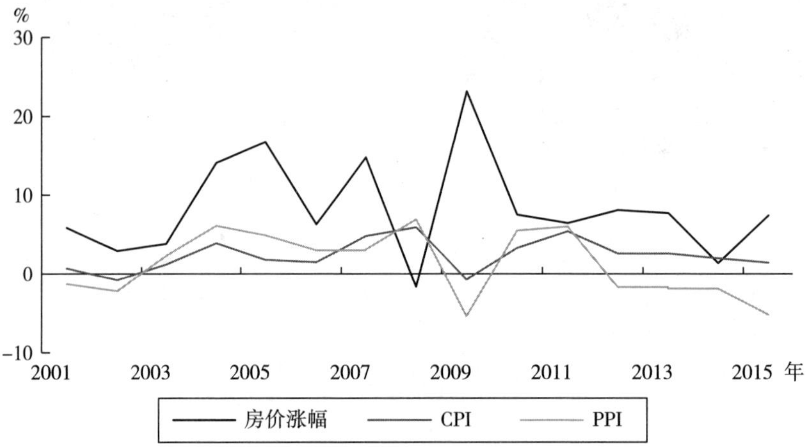

资料来源：Wind，国家统计局。

图 3–53　房价涨幅、CPI 与 PPI

三、资金“脱实向虚”的现实路径

资金从金融部门流向实体经济的各个环节中，可能出现两类情况：一种是资金在金融体系内部“空转”，或是进行套利活动没有进入实体经济，或是流转链条拉长，虽然最终可能还是进入实体经济，但是提高了实体经济的融资成本。另一种情况是资金流入实体经济过程中存在配置错位，主要表现是资金过度流向房地产而没有流入制造业。

（一）资金在金融体系内部“空转”

资金进行金融套利或投机活动而没有进入实体经济有几类途径，一是利用虚假贸易背景融资，进行跨境资金的投机套利。当前随着我国金融市场对外开放程度的提高和人民币国际化的发展，逐渐形成了离岸人民币和在岸人民币两个市场，同时发达国家量化宽松政策下利率保持低水平，市场化机制下价格波动加大，这些都为跨境的套利、套汇提供了较大空间。一些企业通过重复抵押、循环信贷、虚假合同等手段获得贷款，或者通过虚报出口价、进口价获取结售汇，利用境内外的汇差、利差等进行套利，甚至进入股市等投机领域（见图3–54）。

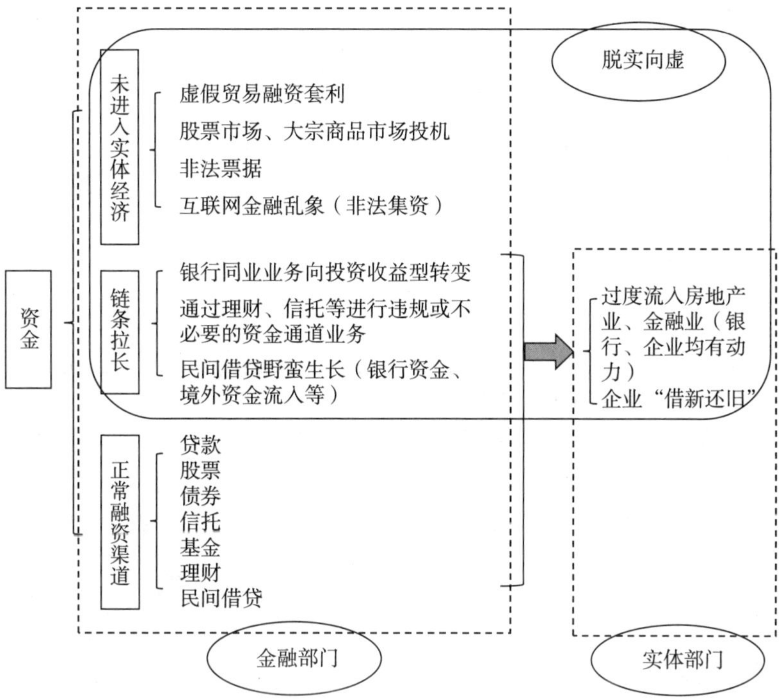

资料来源：中国银行国际金融研究所。

图 3–54　资金“脱实向虚”的现实路径

中国香港是重要的人民币离岸中心，也是我国对外开放的重要窗口，对港贸易是进行此类投机的重要途径。比较典型的是2013年，伴随美联储量化宽松政策的推出，人民币兑美元平均汇率从2012年7月的6.37持续升至2013年12月的平均6.07，2013年前4个月中美1年期国债收益率利差在2.7%左右，汇率升值预期和较大的利差驱动资金通过跨境贸易流入进行套利。2013年前4个月进出口数据虚高，出口增长17.3%，其中对中国香港的出口更是高达69%。外汇局、海关等部门随后也加强相关监管打击虚假贸易。根据政府“剔除不可比因素，2014年进出口实际增长6.1%，其中出口增长8.7%，进口增长3.3%”的表述测算，2013年虚假贸易约为1100亿美元，出口约为600亿美元，进口约为500亿美元（见图3–55、图3–56）。

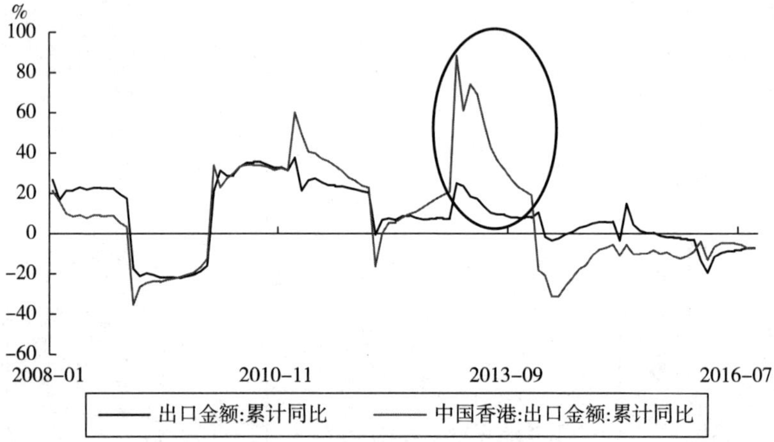

资料来源：Wind，中国银行国际金融研究所。

图 3–55　中国出口同比增速

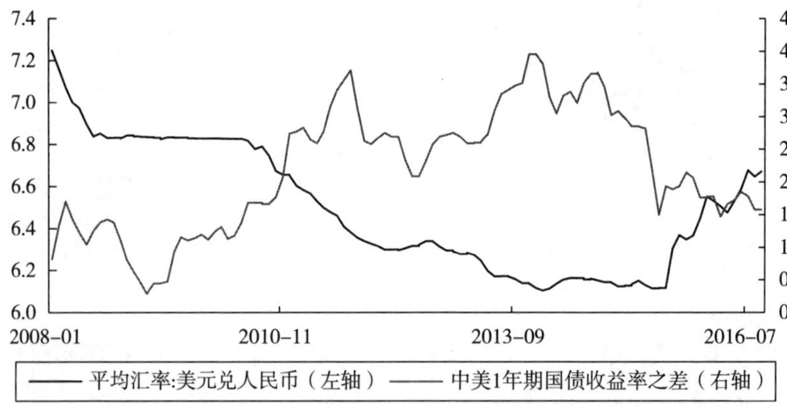

资料来源：Wind，中国银行国际金融研究所。

图 3–56　人民币兑美元汇率及中美利差

二是股票、大宗商品市场大幅波动，引发资金进行投机和套利。我国股票市场尚不成熟，投融资功能还有待加强，投资者更多的是采取短线投资，在股市大幅上涨时往往出现过度投机现象。比如2015年的股市大幅上涨，上证综指从年初的3350点上升到6月9日的全年最高点5113点，上涨52.6%。当年A股新增开户数平均为333.8万户，远高于2005—2014年49.8万户的平均水平。2015年3~6月证券市场交易结算资金净增加1.86万亿元。与此同时，部分资金通过加杠杆方式加速进入，场内融资融券杠杆程度为1倍，2015年6月末其余额达到2万亿元，3~6月融资融券净增加8900亿元左右。伞形信托的杠杆比例在2~3倍，根据中国信托业协会数据，2015年第二季度末信托投向股市的资金约为1.4万亿元，较第一季度末增加6300亿元左右。场外配资的杠杆比例更高，在4~5倍，主要通过恒生公司HOMS系统、上海铭创、同花顺系统接入证券公司，据中国证券业协会调查6月底规模在5000亿元左右。而同期企业通过首发、增发、配股等筹资仅有6000亿元，这意味着本可以用于增加信贷、投资或消费的资金流入了股票市场谋取资金的增值，并没有真正进入实体经济。此外，大宗商品价格的暴涨暴跌也会推动资金进入商品现货和期货市场进行投机（见图3-57、图3-58）。

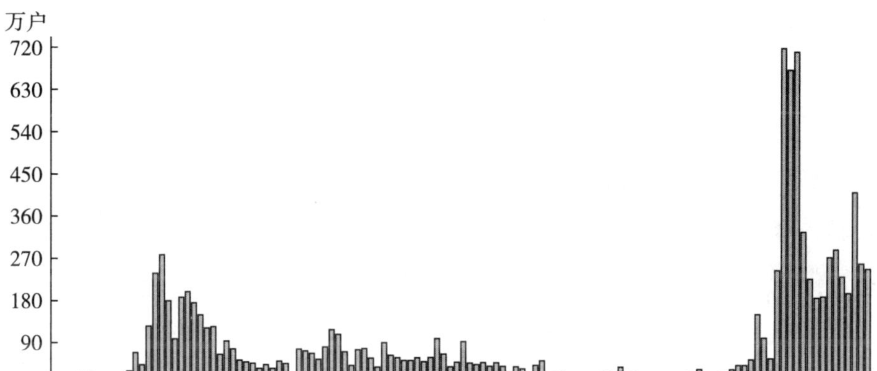

资料来源：Wind，中国银行国际金融研究所。

图 3-57 A 股新开户数

三是通过非法票据手段套取资金。正常情况下票据融资有利于企业经营和银行业务发展。企业能够通过票据融资及时获得资金，而银行可以通过票据贴现或承兑获取利息和手续费，也可以通过大幅提高保证金存款增加存款规模。但一些企业利用关联企业签订虚假合同，循环操作从银行套取资金，甚至有些与银行内部工作人员勾结违规套现，这些资金可能进入股市、民间借贷等领域进行投机。近年来一些银行也发生了以虚假质押担保方式获取银行承兑汇票等非法套取票据获取资金的事件。

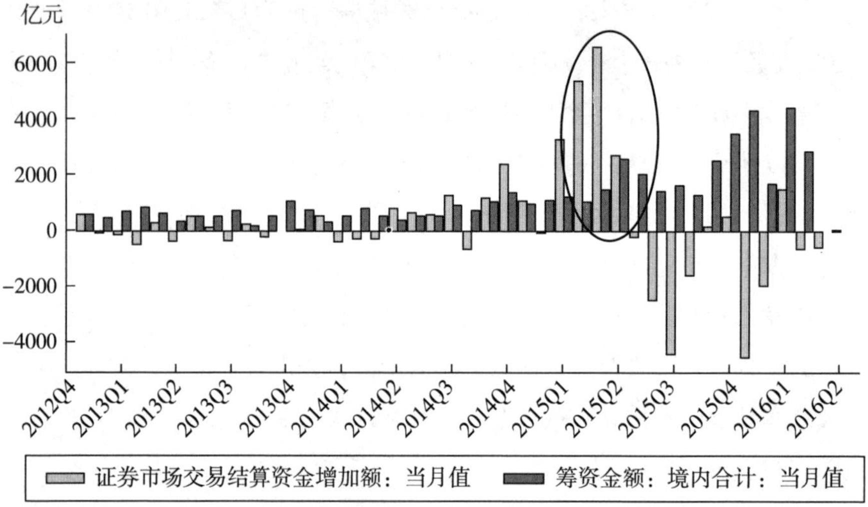

资料来源：Wind，中国银行国际金融研究所。

图 3–58　股市交易资金和企业筹资

四是互联网金融乱象频现。2013年以来，中国互联网金融高速发展，P2P、众筹等互联网金融新模式加快形成，这突破了传统金融服务时间、地域的限制，降低了金融交易成本，在提高小微企业融资可得性方面起到了积极作用，但也出现了鱼龙混杂、泥沙俱下的现象。一方面，部分融资平台非法集资，扰乱了金融秩序。如e租宝利用网络平台虚构高收益的融资租赁项目，通过借新还旧、自我担保等方式非法吸收资金500多亿元。另一方面，平台跑路、项目逾期事件频发，给投资者造成了较大损失。2015年全国有约660家平台跑路，2016年上半年又有约200家平台跑路，中晋、金鹿等知名P2P平台也相继出现问题，互联网金融乱象引发广泛关注。

由于金融市场化程度提高，政府监管政策也不断严格，资金在金融市场投机套利的机会相对有限。金融是为实体经济服务的，资金其实很难完全脱离实体经济。更普遍的情况是除贷款外的其他融资方式快速发展，企业融资链条拉长，途径大致有以下几类：

一是银行同业业务功能从流动性管理向获取收益转变。银行同业业务最初用于解决短期流动性。为规避信贷管控，银行同业业务快速发展，2005—2012年平均增速在20%以上（同期贷款余额平均增速为18%左右）。其类信贷特征越来越明显，除了传统的同业存放、同业拆借等，又衍生出买入返售等业务，买入返售的金融资产可以是债券、票据、信贷资产、信托受益权等。2013年以来央行和银监会加强了对同业的监管，存放央行、同业和其他金融机构、买入返售等主要同业资产增速均大幅降低，但应收款项类投资大幅增长，这主要是投资于理财产品、信托受益权及资产管理计划。与传统信贷相比，同业业务往往收益更高，如2015年1年及以下买入返售信托预期年收益率为8.5%左右，高于6%左右的贷款加权平均利率，2016年以来收益率有所下降，但仍高于贷款利率。在利差收窄的情况下银行有动力通过同业业务规避监管进行收益更高的资产配置，同业业务也成为一些商业银行的重要利润来源。这种方式延长交易链条，甚至只是在金融市场内寻找投机机会，不利于实体经济融资。过去许多资金也通过同业业务投向房地产、地方融资平台、“两高一剩”等监管限制的行业（见图3-59、表3-35）。

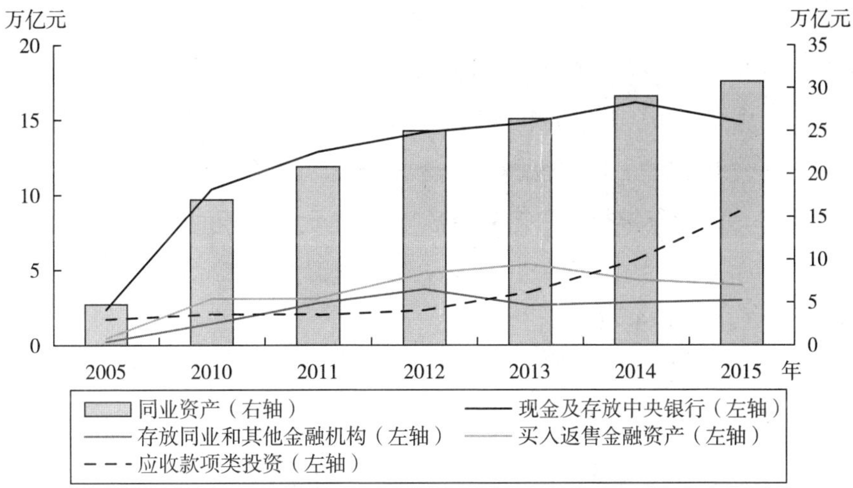

资料来源：Wind，中国银行国际金融研究所。

图 3-59　银行主要同业业务资产规模

表 3-35　　银行主要同业业务资产和贷款余额增速　　单位：%

年份	贷款	同业资产	现金及存放中央银行	存放同业和其他金融机构	买入返售金融资产	应收款项类投资
2011	15.8	22.7	24.0	94.8	1.4	–2.1
2012	15	20.0	10.1	32.7	52.3	15.6
2013	14.1	5.6	4.5	–28.4	12.4	51.9
2014	13.6	10.0	9.0	6.9	–18.9	60.1
2015	14.3	6.2	–8.1	4.9	–8.2	58.6

资料来源：Wind，中国银行国际金融研究所。

二是理财、信托等业务中存在融资链条拉长、推高融资成本的现象。近年来我国理财、信托等市场快速发展，2010—2015年银行理财产品余额增速平均为55%左右，2015年底规模为23.5万亿元。在监管趋严、竞争加剧、风险加大的情况下，资金信托增速不断放缓，但2011—2015年平均增速也高达39.6%左右，2015年底规模为14.69万亿元。理财、信托市场的发展能够为居民提供更多的投资渠道，在传统信贷规模、价格等受限的情况下，也能为企业获得资金提供便利。但是其中存在融资链条拉长、推高融资成本的情况。主要有以下几个表现：其一是理财资金购买理财产品。如银行的部分理财资金用于购买本行或其他行的理财产品；企业通过信托公司获得银行理财业务资金，用于购买收益更高的理财产品。其二是超比例投资非标资产。为规避贷款管理和资本充足率等指标约束，银行通过理财等资金投资于信贷资产、受益权等非标准化债权资产业务，2012年银行理财产品余额7.1万亿元，非标债权类产品占比达到42.1%。2013年“8号文”进一步规范了银行理财投资非标业务，2015年末占比降至15.73%（见图3–60、图3–61）。

同时，也存在资金通过理财、信托市场过度流向金融市场、房地产业的情况。如2015年，理财资金通过债券、非标准化债券类资产等多种形式直接或间接投资于实体经济的比重较2013年下降4.6个百分点；投资于房地产的比重上升较多，较2015年增加4.1个百分点；投资于货币市场工具、代客境外理财产品等实体经济之外的比重略有上升，较2013年上升0.7个百分点。信托资金也有类似趋势，投向证券市场、金融机构、房地产业的比重不断上升，2015年其比重之和为47%，高于工商企业、基础产业的40%（见图3-62、图3-63）。

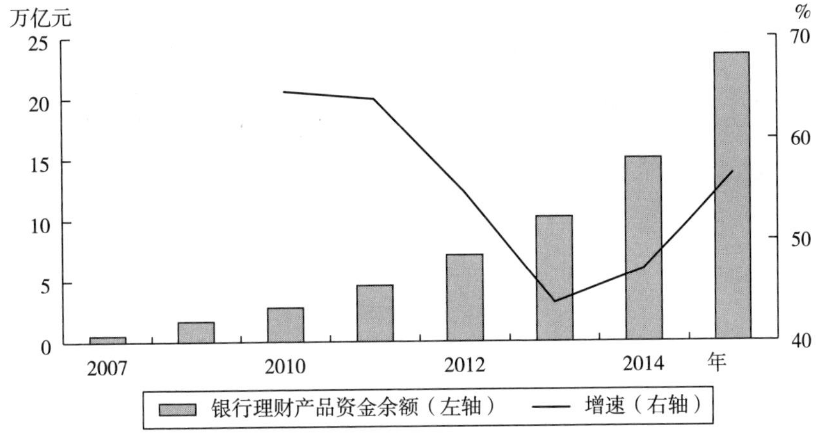

资料来源：Wind，中国信托业协会。

图 3-60　银行理财产品余额规模及增速

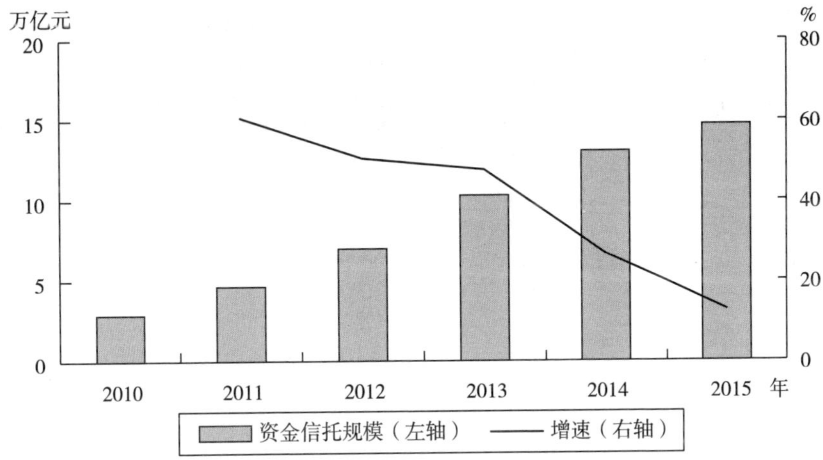

资料来源：Wind，中国信托业协会。

图 3-61　资金信托规模及增速

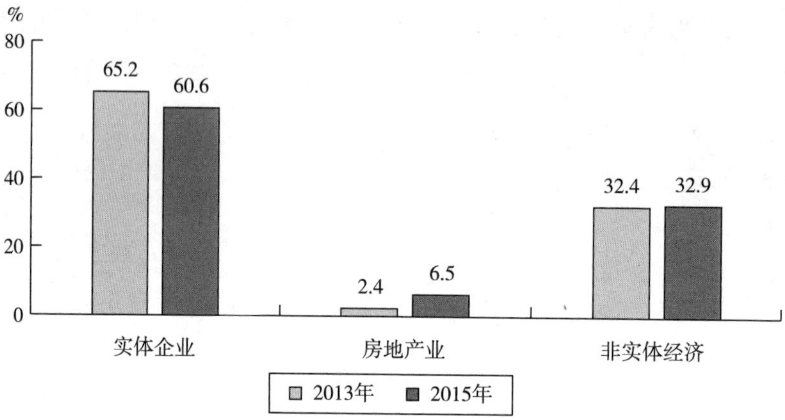

资料来源：全国银行业理财信息登记系统。

图 3-62 理财资金投向占比

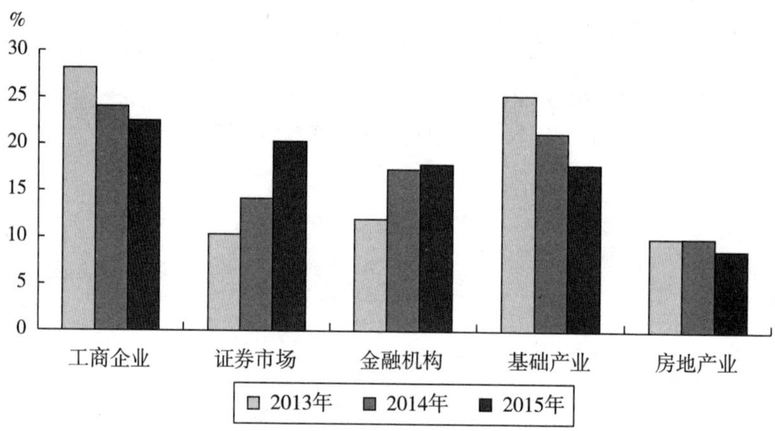

注：信托一般包括资金信托、财产信托等，这里主要指资金信托，是指委托人基于对信托投资公司的信任，将自己合法拥有的资金委托给信托投资公司进行管理、运用。

资料来源：中国信托业协会。

图 3-63 信托资金投向占比

三是民间借贷野蛮生长。当企业无法从银行或资本市场获取资金时，民间借贷是满足短期资金周转的有效方式。但是这种融资方式以信誉作为担保，风险较大。其高额利息往往会吸引越来越多的企业和个人参与其中，筹资链条也不断拉长。在高利息的刺激下，银行资金甚至境外资金也以各种渠道进入民间借贷市场，如企业利用虚假交易背景进行关联交易、包装同一建设项目等套取贷款，再通过关联交易、虚假合同、内部转移价格等将资金转给实际融资企业，甚至转给小额贷款公司。一些上市公司、大型企业从银行获取的低息贷款也流入高息的民间借贷市场。近些年，受经济下行等因素影响，温州、河南、河北、山东、湖南等地非法集资吸储、民间借贷纠纷等案件大幅增加，多地民营企业老板跑路现象频发。

（二）流入实体经济的环节存在金融资源错配

在资金流入实体经济的过程中，受产业发展不平衡、资产价格过快上扬、监管不到位等因素影响，可能出现资金以各种形式过度投入房地产交易、股市交易等活动中。特别是近年来，随着房价的大幅上涨，大量的闲置资本流入房地产等领域进行投机、套利活动，以实现资本的增值。

首先，房地产具有“金融加速器”效应，容易造成金融资源错配。与其他实体经济部门不同，房地产由于其供给的相对有限性，容易成为资本炒作对象。从历史经验教训看，房地产能够同时影响实体经济活动和金融交易活动。根据金德尔伯格的研究，从17世纪至20世纪90年代初期，在全球范围内共爆发了42次比较重要的金融危机，其中有21次都与对不动产的投机有关。房地产之所以对经济金融发展具有如此重要影响，原因主要有：一是财富效应。房价上涨使得居民财富增加，消费活动上升，经济景气循环度上升。二是抵押物效应。房价上涨使得企业抵押物价值增加，企业能够获得更多贷款。而在房价下跌时，企业又面临抵押物追加压力，形成“房地产价格上升—信贷扩张—房地产过热—泡沫破灭—房价下跌—信贷紧缩”的信用周期循环。

其次，在工业企业投资回报率大幅降低的情况下，企业有动力偏离主业，将资金投入房地产业。在房价大幅上涨的时期，一些家电、服装等制造业企业纷纷进入房地产业，如有“小家电之王”之称的苏泊尔、服装巨头雅戈尔等制造业龙头，放弃数十年打拼的主业，专攻地产投资。根据浙江省民营企业发展联合会调查，浙江省百强民营企业中建筑和房地产企业从2002年的4家上升到2009年的27家，其中有60多家其他行业民企都涉足房地产开发领域。全国工商联2010年民营企业500强调查显示，进入500强的民营房地产企业在迅速增加，从2008年的16家增加到2010年的26家，并且有44.2%的企业计划未来投资房地产业。与此同时，有明显获取贷款优势的国有企业可以利用廉价的资金大举进入房地产市场、土地市场，在“脱实向虚”中扮演了重要角色。资料显示2010年左右国资委分管的128家央企中，逾七成企业涉足房地产业，除保利、远洋、华润、中房等以地产为主的16家外，多达80余家央企的辅业中都含房地产。也有企业利用上述虚假贸易、非法票据等手段套取资金投入房地产。大量企业和资金进入房地产领域容易催生房地产泡沫，也不利于制造业的转型升级。如温州房价飞涨时期许多制造业企业投入房地产项目，随着温州楼市的降温，出现了企业因房地产项目造成资金链断裂而跑路的事件。

最后，大量实体企业也纷纷寻找机会介入银行、保险、信托、证券、基金等金融业，产业资本过度转向金融资本。人民银行温州市中心支行调查发现，2009年末全市有1194家民营企业（占规模以上企业的16%）参股各种地方性法人金融机构。2012年国资委管理的117家央企中有90多家在不同程度上涉足金融业，占比76%。有数据显示，非金融央企实际已经控制24家信托公司、20家证券公司、14家财产保险公司以及23家寿险公司，分别占到受调查该种类金融机构的46.2%、41%、37%和53.1%。通过分析全部上市非金融企业的收益质量也发现，2008年以来，这些企业的经营活动净收益占利润总额平均值呈现持续下降态势，由2005年最高点的98%下降至2015年的80.7%，表明上市公司非金融企业收入更多依赖于金融投资等非主营业务收入（见图3-64）。

在当前我国金融市场不成熟的情况下，产融结合有助于企业融资，也能为企业带来较高收益，但是产业资本过度转向金融资本，资金逐利、套利活动增多，会使得实际生产经营相对收缩。特别是一旦发生危机，企业经营将受到较大冲击。同时在监管不足的情况下，企业也可能存在通过金融业务掩盖财务问题、进行内部不恰当的关联交易，引发和放大金融风险。

此外，近几年企业债务率上升较快，在盈利不佳的情况下企业偿还能力下降，存在“借新还旧”的现象，企业通过发债、贷款等偿还债务以维持高杠杆，因此即使资金流入了实体经济，也难以用于正常的生产运营。

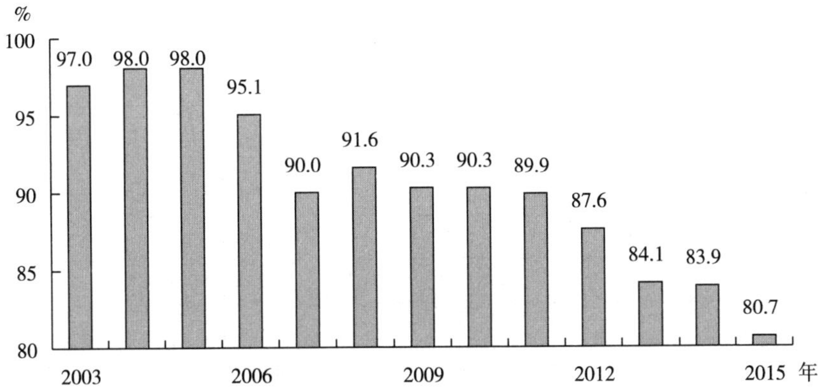

资料来源：Wind，作者分析处理。

图 3-64 全部 A 股上市非金融企业经营活动净收益 / 利润总额

四、资金“脱实向虚”的主要原因

引发我国近年来资金“脱实向虚”的原因较为复杂，总的来说，实体经济效益下滑、金融创新加快与监管相对滞后、流动性偏于宽裕和预算软约束等是主要原因。

一是实体经济回报率走低，对资金的吸附能力较低。近几年受产能过剩、成本上升等因素影响，我国实体经济的投资回报率持续下降，难以提供足够高回报的投资机会，制造业资本回报率（ROE）从2006年的6.7%下降至2015年的5.4%（见表3-36）。相比之下，房地产业和金融业的投资回报率较高，吸引了大量社会资金流入，许多非房地产企业纷纷进军房地产。例如，上市房地产企业的ROE从2006年的8.2%上升至2013年的13.6%，尽管近年有所下降，但仍然保持在10%以上。金融业的投资回报率同样较高。2015年，证券公司ROE约为19.6%；1年期股权类信托理财产品收益率平均为8.3%。

表 3-36　　上市公司不同行业权益资本回报率　　单位：%

行业 年份	农林牧渔	化工	钢铁	有色	食品饮料	轻工制造	医药生物	交通运输	房地产
2015	9.3	11		5.9	15	5.4	12	6.1	10.4

续表

行业 年份	农林牧渔	化工	钢铁	有色	食品饮料	轻工制造	医药生物	交通运输	房地产
2014	4.6	6.3	1.6	-0.1	15.6	5.3	11.1	9	11.8
2013	4.8	8.8	1.4	5.3	19.2	4.9	11.3	6.1	13.6
2012	5.8	8.9	-1.5	4.3	23.9	5.8	11.3	7	13.5
2011	8.7	12.5	3.8	11.2	21.2	6.2	11.8	8.5	13.3
2010	7.5	13.8	6.5	9	18.7	6.2	12.7	14.2	13
2009	7.7	12.3	2.4	3.7	18.1	6.9	14.9	5	11
2008	4.2	5.7	5.5	4.8	11	5.4	10.1	4.5	9.9
2007	7	15.1	14.7	17.4	13.5	10.5	8.9	15.9	11.3
2006	-0.7	14.4	13.9	19.1	10.8	6.7	4.6	9	8.2
2005	-3.1	12.6	14.4	10.2	5.9	2	3.7	8.4	5.8
2004	-2.3	14.4	17.9	9	4.6	-1	4.2	9.2	6

资料来源：Wind，中国银行国际金融研究所。

二是金融创新加快，金融监管滞后于金融市场发展。随着利率市场化进程加快，金融脱媒加剧，各种创新性金融产品在提高金融对实体经济适应性的同时，也成为资金“脱实向虚”的重要工具，加大了虚拟经济与实体经济的背离。第一，分业经营边界不断被突破，资金“脱实向虚”的途径越来越多。近年来，P2P等互联网金融迅速发展，而我国在监管上仍存在定位不清、法规跟进不及时等问题，互联网金融不断突破政策边界，甚至出现违规经营、“庞氏骗局”等非法行为。第二，不同业务监管要求不同，为资金“脱实向虚”创造条件。2010年以来，为降低融资平台贷款风险，政府出台了相应的规范政策，但是由于监管规则不一致，部分资金仍以信托和委托贷款、同业业务等形式投向融资平台、房地产、“两高一剩”等行业。第三，跨境资本流动为资金“脱实向虚”提供了资金来源。随着经济全球化的深入发展，我国金融开放和市场化在不断推进，境内外汇率市场、货币市场、资本市场的联动性加大，跨境资金流动的途径和规模增加，成为资金“脱实向虚”重要渠道之一。

三是流动性偏于宽裕，预算软约束加剧金融资源配置失衡。货币金融总量偏于宽裕，是资金“脱实向虚”的重要背景。2009年以来，我国货币信贷总量整体增长较快，这为应对国际金融危机冲击作出了重要贡献，但是也带来流动性过剩隐患，预算软约束、产能过剩等经济问题又加剧了金融资源配置失衡。一方面，预算软约束导致部分行业和企业对利率不敏感，大量资金流入这些行业，产能过剩问题大量出现；另一方面，产能过剩又导致资金沉淀在这些行业，企业债务水平攀升，要求进一步补充货币，以维持债务链条。因此，货币供应的增加，又会进一步导致资金“脱实向虚”和企业债务水平上升，经济金融运行呈现出“产能过剩—资金占用—增加货币供应--经济脱实向虚—企业债务负担加剧”的恶性循环。值得注意的是，部分上市公司、大企业、国有企业还将所获得的廉价资金，投入房地产、土地市场、海外并购及其他非主营投机性业务，甚至利用多余的资金进行民间借贷、购买高收益产品等赚取额外收益。

五、资金“脱实向虚”的危害

实体经济健康发展是推动一国经济持续增长的根本力量，其发展需要虚拟经济的支持，但虚拟经济过度脱离实体经济，资金“脱实向虚”程度不断积累，会对经济整体运行产生诸多不利影响。

一是提高实体经济融资成本和融资难度，制约货币政策效果。在金融市场化和自由化推进的过程中，资金容易在金融市场等虚拟经济部门自我膨胀和循环发展，推高资金成本，挤占实体经济融资。特别是在我国间接融资为主的金融体系下，受规模、盈利、抵押等条件限制，许多实体企业尤其是小微企业贷款难度将进一步加大。融资成本的上升会挤压实体经济利润空间，进一步降低企业利润率，加剧融资难、融资贵问题。这种情况下，即使通过降准、中期借贷便利（MLF）、抵押补充贷款（PSL）等手段增加了市场流动性，受逐利本性驱动，资本仍会流向虚拟部门，支持实体经济的政策效果就会大打折扣。

二是催生资产价格泡沫，增大金融体系风险。受趋利本性和“羊群效应”的影响，大量资本游离出来，过度流入房地产、股票等市场以及P2P等互联网金融领域从事投机、套利行为，会引发资产价格泡沫，积聚金融风险。2015年我国股市暴涨暴跌和2016年以来部分城市的房地产过热、P2P公司破产倒闭等就与此相关。

三是影响实体经济转型升级，不利于经济长期健康持续发展。“脱实向虚”不仅分流了实体经济资金资源，更重要的还在于会降低企业投资实业的信心和意愿，甚至使得企业进入房地产和股票等金融领域，导致实体经济产业“空心化”。产业转型升级所需要的创新发展难以推进，我国制造业的国际竞争力难以提升，将影响我国供给侧结构性改革的推进和跨越“中等收入陷阱”目标的实现。

六、促进资金“脱虚向实”的几点建议

当前，引发资金“脱实向虚”的原因十分复杂，既有房地产价格上涨过快、经济内部发展失衡加大等经济原因，也有前期货币总量偏于宽松、监管体制跟不上形势的变化等金融因素有关。从长期看，我国金融发展深度仍然不足，难以满足创新驱动发展需要。正确处理实体经济与虚拟经济之间的关系，既关系到我国金融体系的稳定，更关系到我国产业转型升级和经济持续健康发展。对资金“脱实向虚”的治理，需要从实体经济和金融领域两侧共同用力，加强对金融和互联网领域的监管和制度建设，引导实体经济和虚拟经济协调发展。

一是经济发展的动力之源是实体经济，要营造有利于实体经济发展的社会环境。正确引导虚拟经济发展，不提倡大家都去搞虚拟经济、都去做房地产和金融，防止“未富先虚”。坚持不懈地大力推进实体经济的发展，抓住产能过剩、企业生产成本上升过快、创新动力不足、产业模仿化现象严重等关键问题，深化供给侧结构性改革，促进企业降本增效，加强对技术创新保护。帮助企业开拓市场，在信息共享、税收优惠等方面加大支持，提升投资吸引力。进行结构性减税，降低流转税比例，切实减轻企业税负。2015年，中国私人部门总税率占利润的比重为67.8%，高于印度等新兴经济体，更远高于英国

（32%）、美国（43.9%）、德国（48.8%）、日本（51.3%）等发达经济体。挤压企业投资炒作空间，针对近年来实体经济中许多企业通过委托贷款等形式参与资本市场“赚快钱”的投机行为，要加强对其投资信息的披露和违规行为的查处。

二是优化虚拟金融资产结构，提高金融与实体经济的匹配度。当前，我国虚拟经济结构与实体经济的发展还存在一定脱节，突出表现在金融资产总量增长较快、结构不合理，中小企业和创新性产业融资困难等，需要通过优化金融资产结构，提高金融与实体经济的匹配度。第一，控制好流动性总闸门。我国资金“脱实向虚”压力加大与2016年年初房地产政策的再度放宽有很大关系。未来货币政策要保持总体稳定，避免资产价格泡沫积聚。第二，继续加大差别化金融调控力度，引导好金融资源的流向。坚持“有扶有控”的基本原则，增强对中小企业、“三农”、新兴和民生产业的金融支持，控制好房地产领域资金的过快流入。第三，切实提高小微企业金融服务的可获得性和便利性。大力支持在小微企业集中的地区设立村镇银行，鼓励其在西部不发达、“三农”集中区域加快布局，放宽对小微企业贷款利率的行政管制，引导金融机构主动对接小微企业。第四，提高股权性资本占比。随着“大众创业、万众创新”的发展和国家创新性战略的实施，科技型创新性企业将大量涌现，债务型资金难以适应这类企业的融资要求。国际经验表明，风险投资等多层次股权性资本是解决这一问题的较好途径，未来需要结合我国国情，更加注重商业银行投贷联动等方式以增加股权性资本供给。

三是建立虚拟经济运行监控体系，防止虚拟经济的自我膨胀。虚拟资本具有跨市场、跨境运行特征，容易导致资产价格泡沫风险，并在不同金融市场传递，应对虚拟经济自我膨胀和循环造成的资产价格泡沫风险高度重视和重点防范。第一，重视全覆盖金融监管，减少套利空间。建议成立国务院层面的宏观审慎金融稳定委员会，强化“一行三会”的协同监管，确保资金投向实体经济和金融风险的监管全覆盖；相关部门需要对实质承担信用风险的各类非信贷融资业务，要求比照表内贷款标准纳入授信风险管理体系，减少套利空间。第二，加紧建立覆盖所有金融机构和交易行为的综合统计监测体系，加强对资金“脱实向虚”规模、路径和运行机制的监测，重点跟踪跨产业、跨行业的金融资本流动，准确把握资本流动的方向和路径。建立综合统计监测体系关键是建立有效的多部门（“一行三会”、外汇局等）信息沟通机制，变定期沟通为日常沟通。第三，加强对房地产泡沫等资产价格的监控。央行需要分析在经济增长下降、利率上升、信贷收紧、抵押贷款集中度加强等情况下，房地产业可能引发的系统风险，美国、中国香港等国家和地区都通过建立包含家庭购买力支付指数、房地产贷款集中度等在内的房地产泡沫预警模型。泡沫也可能发生在股市、汇市、债市，要加大对这些金融市场运行稳定性研究。第四，加快向“功能型”监管转型。部分资金“脱实向虚”通过地下钱庄、同业、理财等通道加以实现，以“机构为主”的单一监管模式已不能适应金融市场的最新发展。

四是客观看待产融结合的作用，加强产融结合的有效监管。产融结合对于降低大型企业的融资交易成本、提高经营“协同效应”等方面具有一定的积极作用，但在公司治理机制不完善、监管不力的情况下，产融结合容易导致资金“脱实向虚”，使实体企业的金融机构成为其筹资和利益输送工具。第一，制定统一的产业投资金融控股比例上限。美国、意大利和荷兰要求非金融企业对银行的最高持股比例分别为25%、5%和5%，且需经过中央银行或监管机构批准。未来，应进一步明确实体企业投资金融的股权比例上限，原则上限制其对银行业进行控制性投资。第二，构建有效“防火墙”。对于控股公司不同业务领域应设置独立法人实体从事经营，使其以自身资产为限对该业务经营承担责任。监管部门要加强对企业集团的法人治理和内部控制的监管，增强集团内部交易的透明度，禁止金融业务中的某些内部交易。第三，企业要正确认识多元化发展的利弊，采取围绕主业的适度多元化。国际经验表明，过度多元化发展不仅不利于企业的长期可持续经营，还加大经营风险。2008年，美国通用电气公司（GE）金融部门利润下降近三分之一，拉动GE当年利润下降15个百分点。危机之后，GE调整发展战略，2015年4月宣布缩减金融业务，明确专注高端制造业的发展思路。

五是引导好金融创新发展，促进其服务于实体经济。部分金融创新严重脱离实体经济，这样的业务创新不仅无助于实体经济发展，反而加大实体经济发展隐患。要针对近年来金融业务互相融合、交叉业务上升的新现象，引导好金融创新发展。第一，对金融创新业务“疏堵并举”。对于符合实体经济需求但风险较大的创新业务，可以试点成熟后推广；对于风险可控但与实体经济需求不明显的，加强政策引导；对于两项原则皆不符的，坚决禁止。第二，适当约束同业业务的虚拟性扩张，设立指导性的同业存款备付率指标，降低同业业务的“乘数效应”。第三，按实质重于形式原则，重新梳理风险资产权重体系，避免银行通过不同风险权重的资产业务进行监管套利。

六是高度关注互联网金融的潜在风险。互联网金融是新生事物和新兴业态，应予以鼓励和支持。但是，互联网金融容易成为“影子银行”，出现监管真空。应该立足长远，在重点环节上加强监管，以规范其发展。第一，完善对互联网金融的协同监管。由宏观审慎金融稳定委员会统筹互联网领域监管，各金融业务按照属性分别由银监会、证监会和保监会来监管，监管机构之间建立常态化的沟通协调机制。第二，防范以金融创新之名，开展非法金融活动，加强对“易租宝”等类似事件的监管。第三，继续完善对从事资金吸存、类信贷的互联网金融业务的监管，可考虑建立与商业银行类似的存款准备金制度。第四，完善互联网金融监管的法律、标准及组织框架。针对从事第三方支付、网络贷款的互联网金融企业，根据企业性质、业务范围和规模等要素，建立分类和动态监管体系，持续跟踪产品状况和风险水平，一旦发现风险水平超出企业自身风险承担能力，采取叫停甚至退出等措施。第五，跟进互联网带来的商业模式变化，以纳税人和税务人需求为导向，研究税收管理方式的变革，加快税收信息化建设，推进“互联网+税务”工作。

“双支柱”调控框架有助于实现稳增长、防风险的平衡

党的十九大报告对未来金融工作提出了新要求，新增了“健全货币政策和宏观审慎政策双支柱调控框架”的内容。这主要是由于在新的金融环境下，金融危机传染性和市场顺周期性增强，对传统的货币政策单一框架提出了挑战。“双支柱”调控框架的构建既有助于保持币值稳定，又有利于防范化解系统性金融风险。金融危机后，国内外都开始探索加强宏观审慎管理，逐渐完善金融危机前以货币政策为核心的传统政策框架，并取得了明显进展和成果。未来需要进一步丰富“双支柱”调控框架的内涵、创新和优化政策工具、加强货币政策与宏观审慎政策之间的协调配合。

一、新时代下我国“双支柱”调控框架已逐渐清晰

习近平总书记在党的十九大报告中指出，中国特色社会主义进入了新时代，我国社会主要矛盾已经转化为人民日益增长的美好生活需要和不平衡不充分的发展之间的矛盾。我国社会主要矛盾的变化是关系全局的历史性变化，在此基础上，党的十九大报告对未来我国金融工作提出了新要求，提出要“深化金融体制改革，增强金融服务实体经济能力，提高直接融资比重，促进多层次资本市场健康发展。健全货币政策和宏观审慎政策双支柱调控框架，深化利率和汇率市场化改革。健全金融监管体系，守住不发生系统性金融风险的底

线”。其中，“健全货币政策和宏观审慎政策双支柱调控框架”是较党的十八大报告的新增内容，也是中央层面的报告文件中首次提及“双支柱”调控框架，突出了宏观审慎重政策的重要性，表明当前我国“双支柱”调控框架已逐渐清晰，是我国在金融宏观调控政策框架的探索中取得的重要成果。

二、构建“双支柱”调控框架的必要性

金融危机的爆发让人们开始对传统的货币政策单一框架进行反思，认识到加强宏观审慎管理的重要性。“双支柱”调控框架的确立既有助于保持币值稳定，又有利于维护金融系统稳定。

第一，传统的货币政策单一框架在金融危机后受到冲击与挑战。20世纪30年代的“大萧条”诞生了凯恩斯主义，开始意识到政府干预对于经济发展的重要作用，央行需要对调控市场有所作为。70年代的“滞胀”后，以弗里德曼为代表的经济学家进一步反思货币政策的作用，认为以货币政策为核心的传统政策框架的主要目标是稳定物价、防止高通胀。在此基础上，西方经济学家们与货币当局达成了“杰克逊霍尔共识”，即央行货币政策的主要目标是稳定物价、促进经济增长，只有当金融稳定的风险影响到通货膨胀和GDP预期时才需央行有所行动。在“杰克逊霍尔共识”的指导下，美联储依赖泰勒规则实施货币政策，主要关注的是通货膨胀和产出缺口水平。但本次金融危机的爆发让人们意识到，物价稳定并不必然带来金融稳定。金融市场发展改变了传统货币政策的调节、传导机制，同时金融全球化助推了资产价格上涨增加金融风险的可能性。在新的金融环境下，如何实现物价稳定与金融稳定目标是央行面临的新挑战，需要对传统的货币政策单一框架重新进行思考。将货币政策与宏观审慎政策协调配合有助于提高调控有效性，维护金融市场稳定。一方面，稳健的货币政策有助于保持流动性合理适度，为维护价格和产出稳定、金融稳定营造适宜的货币金融环境；另一方面，宏观审慎政策能够防止资产价格泡沫，防范和化解系统性金融风险。

第二，金融混业经营、金融创新发展、资金跨境流动增大了危机的传染

性。不同金融机构资产负债表之间的高度关联性导致金融危机容易彼此相互传染，近年来金融市场发展新形势也极大地增加了危机的传染性。由于金融混业经营发展，资金链条拉长、不同金融机构业务往来增加，造成了金融风险的传递速度加快。随着人工智能、大数据等在金融领域的应用推广，金融创新步伐加快，互联网金融等领域风险不断累积，新业态引起的风险事件频发。资金跨境流动更为频繁、规模增加、渠道复杂，增加了金融风险在不同国别间传染的可能性。新的金融环境下，仅关注单个金融机构或单个行业的风险防范是不够的，还需要从系统性角度防范金融风险，考虑到系统重要性金融机构的市场影响力，有必要适当提高对这些机构的监管标准。宏观审慎管理正是加强防范和化解系统性金融风险的一种有益尝试。从时间维度看，通过对资本和杠杆情况等指标进行逆周期调节，降低金融体系的顺周期波动；从空间维度看，通过对系统重要性金融机构进行规范与约束，防范风险的跨部门传播。

第三，动物精神的驱动，市场非理性行为扩大了市场顺周期性。早在凯恩斯时期就提出了“动物精神”的概念，人们在作决策时并不是完全理性的。此后乔治·阿克洛夫、罗伯特·希勒、理查德·塞勒等行为经济学家们对此进行了深化，认为人是非理性的，信息并不是完全透明的，人们决策时会通过对周围人群或业界领袖进行观察而作出判断。情绪的高涨（或低迷）往往引起人们的从众行为，进而推动市场的狂热（或萧条）状态。这种“羊群效应”使得某些市场行为容易被强化，个体非理性演变为集体非理性，甚至最终引致危机的爆发。基于市场行为的明显顺周期性，单独靠货币政策很难实现预期的调控效果。这就需要通过宏观审慎政策的逆周期调控作用，使金融发展与整体的宏观经济热度相适应，从而维护金融市场稳定。

三、探索“双支柱”调控框架的构建是一个长期持续的过程

“宏观审慎”概念早在20世纪70年代就已出现，2009年G20峰会提出要推进“宏观审慎管理”。在此基础上，国际主要经济体开始探索加强宏观审慎管理，逐渐完善金融危机前以货币政策为核心的传统政策框架。我国作为G20成

员国之一，在金融危机后也积极完善宏观审慎政策框架，并取得了明显进展。

（一）国际经验总结

第一，英国央行直接承担宏观审慎监管的职能。金融危机中，英国金融体系受到了巨大冲击，暴露了“三头监管模式”的诸多弊端，从而引发了英国的金融体制改革。改革的核心是撤销了原由财政部、英格兰银行和金融服务局组成的监管架构。2016年出台的《英格兰银行和金融服务法》最终明确了英国央行在经济与金融体系中的核心地位，形成了由货币政策委员会（MPC）、金融政策委员会（FPC）和审慎监管委员会（PRC）共同组成的新的中央银行组织架构，终止了审慎监管局作为英国央行附属机构的地位，由新的审慎监管委员会负责英格兰银行的审慎监管职能。该委员会包括英格兰银行行长与副行长等4人，成员中至少由财政部大臣选任6人，且英格兰银行行使审慎监管职能的情况需作年度报告给财政大臣，从而保障审慎监管职能的独立性。可见，经过一系列的改革实践，当前英国明确了中央银行集货币职能与监管职能于一身的模式，由英格兰银行行使审慎监管职责，确保了英国央行作为一个整体维护货币与金融稳定。同时，通过立法的完善、议会定期召开质询会议、赋予财政部一定的指导权和建议权等措施，在保障央行货币政策和金融稳定独立性的前提下，对其进行监督。

第二，美国重点加强金融监管机构与美联储的沟通、协调，美联储负责部分宏观审慎监管职能。在金融危机前，美国实行的是联邦和州分级负责、根据不同类别由不同监管主体负责的多头分业监管模式，但这种模式的不足引发了严重的金融风险与危机。此后美国开始了探索改革的道路，重点加强宏观审慎管理。2010年通过的《多德—弗兰克法案》设立了金融稳定监督委员会（FSOC）作为跨部门的系统性风险监测和监管协调机构，负责识别危及美国金融稳定的各类风险，全面加强系统性风险的识别与防范。此外，美联储的监管权力与风险处置权力也得到了扩充，赋予美联储对系统性风险的监管职能，监管范围既包括商业银行还包括银行控股公司、对冲基金、保险公司等金融机构。美联储内部新设负责监管事项的副主席，向美联储提出监管政策建议。总体来看，美国的宏观审慎管理框架以金融稳定监督委员会为依托，进一步加强了金融监管的协调、配合。美联储的金融监管核心地位得到强化，有权对大型商业银行和重要非银金融机构进行管理。

（二）国内前期探索

第一，国际金融危机后我国开始探索加强宏观审慎管理。中国人民银行在《2009年第三季度中国货币政策执行报告》中首次提出要将宏观审慎管理制度纳入宏观调控政策框架，并在2009年第四季度例会中明确表示“要研究建立宏观审慎管理制度，有效防范和化解各类潜在金融风险，保障金融体系安全稳健运行”。2011年，正式引入差别准备金动态调整机制，引导金融机构保持稳健经营并调整信贷投放。在此基础上，中国人民银行将原有的差别准备金动态调整机制升级为宏观审慎评估体系（MPA），并于2016年开始正式实施。MPA从资本和杠杆情况、资产负债情况、流动性、定价行为、资产质量、跨境融资风险和信贷政策执行情况等七方面的十多项指标来引导银行业金融机构加强自我约束和自律管理，使之更全面、有效地发挥逆周期调节作用和防范系统性风险。此后，MPA的范畴得到相应调整，逐步将跨境资金流动、表外理财纳入MPA考核范围。部分房价上涨较快的城市还把房地产信贷调控纳入MPA考核，强化住房金融宏观审慎管理，限制信贷流向投资投机性购房。当前，我国仍在不断完善宏观审慎政策框架的过程中，与国外相比，我国的宏观审慎政策工具箱的内涵更为丰富，承担的责任也更多。

第二，我国“货币政策和宏观审慎政策双支柱调控框架”逐渐清晰。“双支柱”调控框架这一概念是中国人民银行《2016年第四季度中国货币政策执行报告》首次提出，指明“MPA已成为‘货币政策+宏观审慎政策’双支柱的金融调控政策框架的重要组成部分”。此后，在《2017年第一季度中国货币政策执行报告》中对“双支柱”调控框架又进行了重申。2017年第五次全国金融工作会议设立国务院金融稳定发展委员会，强化了人民银行宏观审慎管理和系统性风险防范职责，进一步完善了“双支柱”调控框架。党的十九大报告是中央层面的报告文件首次提及“双支柱”调控框架，表明当前我国“双支柱”

调控框架已逐渐清晰。

（三）未来完善方向

第一，结合中国新时代特征，进一步丰富“双支柱”调控框架的内涵。从前期实践可知，探索构建“双支柱”调控框架的过程本身就是一个不断丰富其内涵的过程。从将外汇流动性和跨境资金流动纳入MPA，到将表外理财纳入MPA广义信贷范围，我国宏观审慎管理框架得到了不断完善。党的十九大报告中明确指出，中国特色社会主义进入新时代，社会主要矛盾已经发生转变，国内外经济金融形势正在发生深刻复杂变化。因此，需要进一步丰富“双支柱”调控框架的内涵，将更广泛的金融资产、金融机构、金融市场纳入MPA，更全面地防范和化解金融风险。例如，金融混业经营的大趋势下非银行金融机构扮演着越来越重要的角色，大量资金通过非银行通道从表内转向表外增大了金融风险隐患，可考虑将规模较大的非银金融机构纳入宏观审慎管理框架。又如，随着互联网、大数据、人工智能等在金融领域的广泛应用，探索将具有系统重要性特征的互联网金融业务纳入宏观审慎管理框架应当是未来发展的一个趋势。

第二，创新、优化货币政策工具和宏观审慎政策工具。“双支柱”调控框架包括货币政策与宏观审慎政策两方面，未来很重要的内容便是在这两方面进行政策工具上的创新与优化。其一，创新货币政策工具，提高货币政策调控的前瞻性、灵活性和有效性。建立完善的政策利率体系，探索构建利率走廊机制，通过公开市场操作释放短期政策利率信号，促进短期利率向中长期利率的传导。创新提供流动性货币政策工具，合理安排流动性期限，将流动性供给与金融机构信贷投放相联系以强化对“三农”、小微等薄弱环节的信贷支持，完善央行合格抵押品框架。其二，健全宏观审慎政策工具。巴塞尔协议Ⅲ从应对空间维度系统性风险的角度提出了最大杠杆率、留存资本缓冲和逆周期资本缓冲三种工具，并从跨行业维度确定了系统重要性金融机构的评估方法、强化系统重要性金融机构的损失吸收能力等方面的要求。由于各国所处发展阶段、面临的风险来源、对风险的监测能力、对监管成本的容忍度等方面的不同，所使用的宏观审慎政策工具及其适用规则也会有所差异，因此我国应当借鉴国际经验、结合中国实际，创新使用能有效防范我国金融风险的宏观审慎政策工具。

第三，进一步加强货币政策与宏观审慎政策之间的协调、配合。货币政策与宏观审慎政策的目标、工具并不一致，货币政策主要针对宏观经济和总需求管理，侧重经济增长和物价稳定，主要针对经济周期发挥作用；宏观审慎政策则作用于金融体系本身，侧重于维护金融稳定，主要针对金融周期发挥作用。当二者配合得当时，可以相互促进、强化政策效果，反之则可能相互制约、产生抑制作用。从全球来看，“双支柱”调控框架的构建仍处于不断探索中，每个国家具体情况不尽相同。因此，需要结合具体的经济金融环境，深入研究货币政策与宏观审慎政策之间的协调问题，包括二者的政策方向、实施力度以及相互配合等。既需要事先制定两大支柱之间的协调配合规则，还需要灵活判断所处的经济、金融周期以及引起周期波动的原因，平衡协调货币政策与宏观审慎政策的关系。

四、商业银行的相关应对建议

在中国特色社会主义新时代背景下，“双支柱”调控框架的确立意味着未来宏观审慎政策将进一步加强，需要商业银行做好准备，积极应对。

第一，把握新时代的金融风险新特征，完善风险防控机制。随着时代的发展，金融新产品和新服务不断涌出，不可避免地会带来一些新问题和新风险。在中国特色社会主义新时代下，中央在部署金融工作时把防范化解系统性金融风险放在了更加重要的位置。商业银行应当在守住不发生系统性金融风险底线的同时，把握新时代的金融风险新特征，强化风险管理，完善防控体系。完善风险管理组织架构，优化风控人员配置，加强业务各环节及业务间连续性管理的风险防控，建立科学、长期、有效的风险评估与监测机制。

第二，深入贯彻新发展理念，积极推动银行战略转型。在宏观审慎管理下，商业银行在资产负债结构、风险管理、经营模式等方面都面临着调整压力。需要加强资产配置风险管理，更加注重充足资本金，更加注重非传统信贷管控的强化。积极应对新时代中国特色社会主义的新形势，贯彻新发展理念，积极服务深化供给侧结构性改革、创新型国家建设，支持乡村振兴战略和区域协调发展战略的实施。建立符合自身特点的银行发展模式，走差异化发展路径。

第三，推进金融与科技深度融合，不断创新金融产品与服务。随着互联网、大数据、人工智能的飞速发展，要求商业银行积极布局金融科技领域。利用大数据、云计算等新兴信息技术，创新金融产品、提升金融服务，提供有针对性的、多元化、多层次的金融产品与服务，以满足新经济主体和新型生产组织的需要。这一方面有利于获取更多的资金来源，满足广义信贷管理的要求；另一方面有利于促进中间业务增长，符合宏观审慎管理的引导方向。

我国国际债券市场发展的现状、机遇及政策建议

2016年2月，中国人民银行发布公告，鼓励符合条件的境外机构投资者投资境内银行间债券市场，取消额度限制，简化管理流程。这是我国债券市场对外开放过程中具有重大意义的一步，也是在人民币国际化步伐遭遇市场波动而有所放缓后推出的一项新举措。实际上，过去五年多来，伴随人民币国际化和资本账户开放的稳步推进，我国在国际债券市场的地位大幅提升，但境内市场开放度仍相对较低。面临人民币加入SDR带来的新机遇，我国应采取综合措施，进一步加快债券市场开放和相关配套建设，推动人民币国际化迈上新台阶。

一、国际债券市场最新发展概况

国际债券（International bond）是指发行人在本国或本地区之外发行的债券，包括外国债券和欧洲债券两类。国际债券起源于20世纪60年代的欧洲，大量美元流入催生了欧洲美元债券的诞生。第一只国际债券是1961年意大利国家高速公司Autostrade发行的600万美元欧洲债券，由伦敦的银行家S.G.Warburg设计，在卢森堡股票交易所上市。此后数十年中，欧洲美元债券获得了长足发展，特别是1973年布雷顿森林体系崩溃后，美元在全球贸易、投资和外汇储备中占据了核心地位，欧洲美元债券规模不断扩大。随着经济全球化推进和其

他货币国际化发展，欧洲债券市场进一步扩展到英镑、日元和欧元等货币以及欧洲以外的发行人。此外，发行人同时面向本地和国际市场发行的全球债券出现，外国发行人也进入本土市场发行外国债券（各国有不同称呼，例如美国"扬基债"、日本"武士债"和中国"熊猫债"等），进一步拓展了国际债券的范畴。换句话说，除了完全针对本土市场的国内债券之外，其他债券发行都属于国际债券，两者主要区别如表3-37所示。

表 3-37　　国内债券和国际债券的区别

	分类	发行货币	发行人	发行地点	交易地点	投资者
国内债券	国内债券	国内货币	国内	国内	国内	国内
国际债券	外国债券	国内货币	外国	国内	国内	国内
	欧洲债券	欧洲货币	任何	国际	国际	国际

资料来源：国际资本市场协会（ICMA）。

2008年国际金融危机以来，银行信贷和股票融资渠道受到一定阻碍，同时发达国家又通过量化宽松、财政扩张等措施刺激经济并救助金融体系，国际债券市场差异化发展。其中，欧洲国家受债务危机冲击，国际债券市场萎缩；新兴经济体国际债券市场发展迅速。

第一，国际债券发行减缓，未偿债券余额大幅波动。

2008年国际金融危机前，国际债券发行快速增长，债券余额平均每年增长20%左右。2008年以来国际债券发行量大幅波动，债券余额年均增速仅为1.6%，2014年以来更是显著下降。究其原因，既有美元升值导致其他货币计价的国际债券缩水的影响，更有金融市场波动对国际债券市场带来的冲击。其中，在2011年欧债危机的冲击之下，国际市场流动性高度紧张，美国国债收益率大幅下行，与其他国家债券利差拉大；欧美国家的国际债券发行受到严重冲击，债券发行量持续下降，债券价格波动加剧（见图3-65）。特别地，处于欧债危机中心的意大利、西班牙、爱尔兰、葡萄牙和希腊等国，国债收益率大幅上升，一段时期内不能从欧洲债券市场获得融资。截至2015年上半年，全球的国际债券未偿余额为21.6万亿美元，占全球债券市场的比例下降到22.1%，已经显著低于2008年上半年25.8%的峰值（见图3-66）。2017年末全球国际债券未偿余额达到23.9万亿美元。

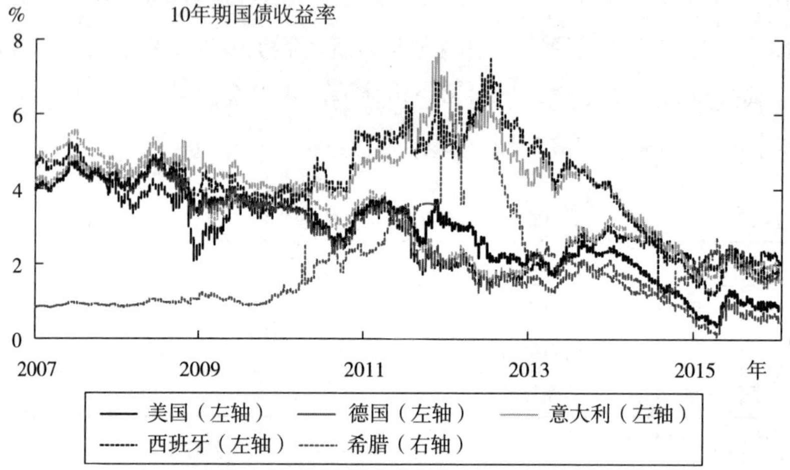

资料来源：BIS，根据有关资料整理。

图 3-65　部分欧美国家国债收益率

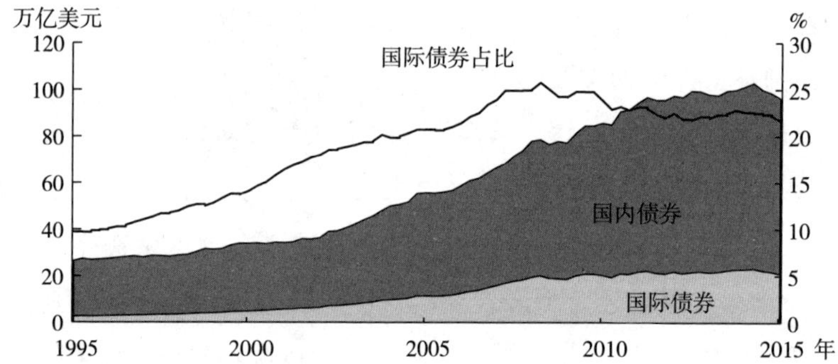

资料来源：BIS，根据有关资料整理。

图 3-66　全球债券市场结构

从具体品种看，欧元债和欧元区国家的政府债、金融机构债受到的影响最大，而公司债和美元债的发行则显著增加（见图3-67）。这些变化是欧洲主权债务危机与银行业危机叠加的结果。由于监管强化和银行去杠杆化，信贷能力下降，实体企业被迫通过国际债券市场寻求替代性的融资，债券融资与银行贷款此消彼长。此外，欧美央行推行量化宽松政策，部分国际融资转化为国内债券市场融资，由央行直接购买。总体上看，2008年国际金融危机以来，美欧发达国家的国际债券市场规模持续下降，到2016年末这一规模降至危机以来最低值16.28万亿美元，已经比危机前的峰值减少了15.2%。

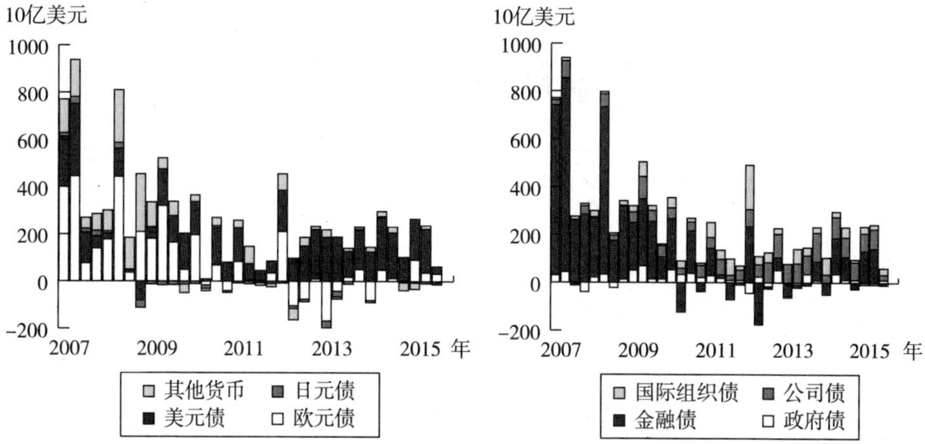

资料来源：BIS，Wind，根据有关资料整理。

图 3–67　国际债券市场净发行额币种与发行人类别分布

第二，发达国家国际债券市场仍然最为深厚，开放度高。

作为国际债券市场的发源地，欧洲是金融一体化程度最高的地区，因此尽管经历了2008年国际金融危机和2012年欧债危机的冲击，欧洲国际债券市场规模仍最为庞大，市场深度最高。到2015年6月末，欧洲发达国家的国际债券规模合计达到11.9万亿美元，占全球国际债券余额的55.2%（见图3–68）。其中英国、德国和法国国际债券规模最大，市场开放度最高，三国发行的国际债券余额占本国GDP的比例分别为90%、49%和60%，国际债券占本国发行的所有债券的比例分别高达43%、50%和39%。相比之下，美国和日本的国际债券在本国发行的所有债券中占比分别为8%、4%，市场开放度不如欧洲市场（见图3–69）。值得一提的是，尽管美国国际债券仅占本国所有债券规模的8%，但由于美国债券市场高度发达，美国债券发行人发行的国际债券余额仍达到3.1万亿美元，美国为全球发行国际债券规模最大的国家。

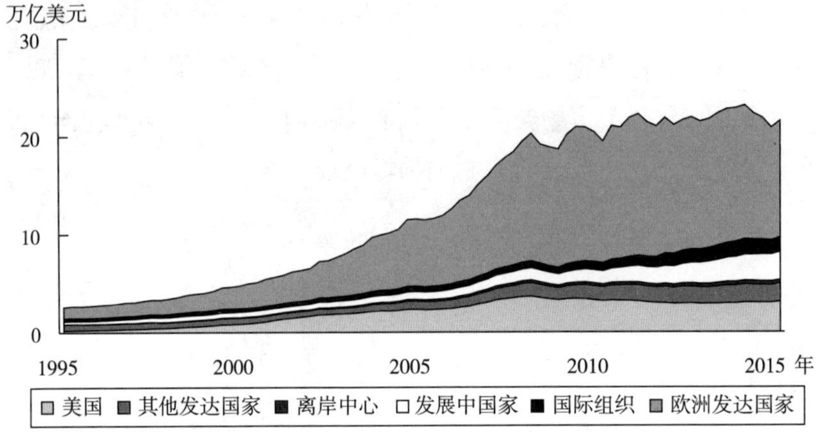

资料来源：BIS；其他发达国家包括澳大利亚、日本、新西兰、加拿大；离岸中心包括开曼群岛、百慕大、中国香港、新加坡等 10 多个国家和地区。

图 3–68 国际债券按发行人地域分布

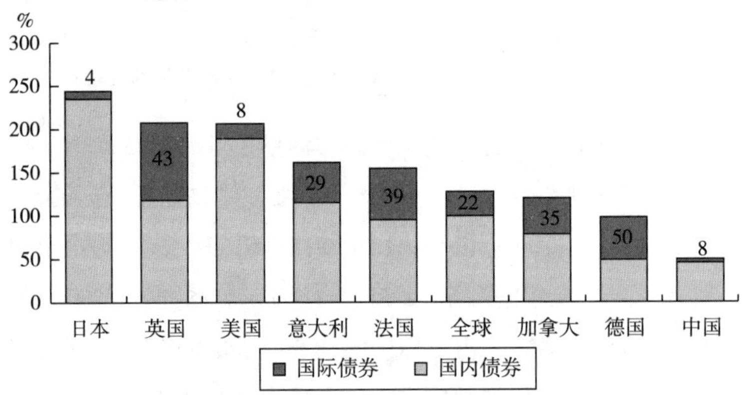

图 3–69 部分国家债券占 GDP 比例

第三，发展中国家的国际债券融资快速增加，偿债风险上升。

国际金融危机之后，一方面，在美欧各大央行长期低利率和量化宽松政策的刺激之下，国际资本纷纷涌入全球金融市场，显著压低了融资成本；另一方面，发展中国家实体经济并未受到金融危机的显著影响，许多国家的企业国际化扩张步伐加快，掀起新的海外并购与融资浪潮。这些因素刺激了发展中国家在国际债券市场上的融资快速发展。

数据显示，发展中国家发行的国际债券规模从2007年末的1.17万亿美元增长到2017年末的3.67万亿美元，在所有国际债券未偿余额中所占的比例从6.4%上升到15.3%，超过1997年亚洲金融危机前14.3%的最高水平。发行国际债券最多的国家主要集中在亚太和拉美地区。其中，以发展中国家货币计价的国际债券发行中，亚洲企业是最活跃的发行人，其次是拉美企业。巴西和墨西哥企业在国际市场上发行以雷亚尔或比索计价的债券时，倾向于通过企业总部发行；而中国、韩国和俄罗斯的企业则通常通过海外子公司发行，其中包括注册地在离岸金融中心的子公司。

发展中国家债券发行人地位的上升意味着国际债券发行主体进一步多元化，有助于发行人改善资产负债表结构。但同时，发展中国家以美元计价的债券大幅增加，对境外融资的依赖度增强，在美元升值的环境下会增加再融资风险、偿债风险和货币错配风险。2007年以来国际债券余额增长最快的国家包括白俄罗斯、阿塞拜疆、约旦、尼日利亚、摩洛哥和中国等；截至2017年末，发行国际债券未偿余额最高的五个发展中国家分别是中国、巴西、墨西哥、俄罗斯和韩国。

第四，债券类别结构更趋多元化，固定利率债券再显核心地位。

20世纪80年代中期以后，金融创新浪潮和投资者需求多元化等因素推动更多国际债券品种出现。浮动利率债券、可转换债券、资产证券化以及权证等品种，都给发行者和投资者带来新的选择。到2008年末，固定利率债券余额占所有国际债券市场中的比例从1995年初的75%下降至58.2%的历史新低。不过，2008年国际金融危机后，创新类国际债券发行受到影响，固定利率债券的核心地位更加突出。到2015年上半年，固定利率债券余额占国际债券市场的比例再度回升到70%。其原因包括：金融危机后发行受到了巨大抑制；各主要央行纷纷实行零利率甚至负利率政策，在持续低利率背景下，固定利率债券能给投资者带来更为稳定的回报（见图3-70）。

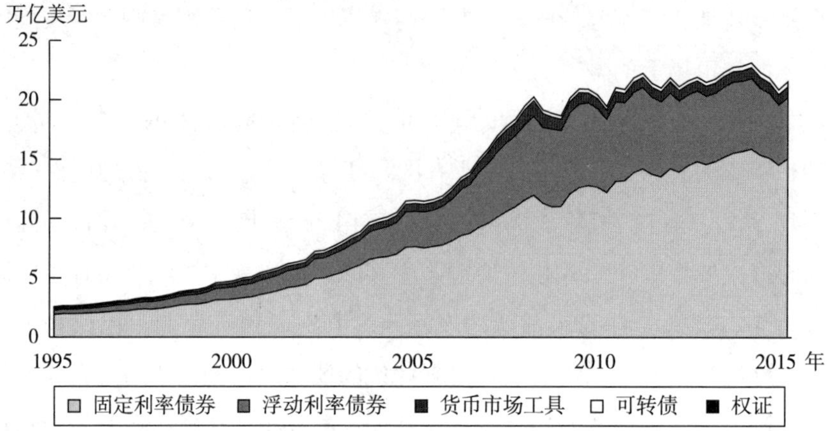

资料来源：BIS。

图 3–70　国际债券市场按产品类别的未偿余额变化

二、我国国际债券市场发展现状

20世纪80年代初，基于筹集外汇资金支持国家基础设施建设和大型产业项目的需要，我国开始涉足国际债券市场。1982年中国国际信托投资公司在日本发行100 亿日元债券，首开我国利用国际债券融资的先河。此后，我国建立了国际债券发行窗口制度，融资数额迅速增加。1993年我国首次在日本和美国发行外币主权债，2005年10月国际金融公司和亚洲开发银行在我国发行“熊猫债”，2007年国家开发银行在中国香港首发人民币“点心债”，这些都是具有里程碑意义的事件。随着人民币国际化步伐推进，我国国际债券市场发展已经粗具规模，呈现以下特征：

第一，境内主体在国际债券市场的发债与投资迅速增长。

按照国际债券市场发债的两种统计口径：一是发行人注册地在境内（按发行人居住地分类）并在离岸市场发行国际债券，例如财政部、金融机构和国有企业到中国香港、伦敦和新加坡等地发行债券；二是广义口径，即除了上述情况外，还包括总部设在我国境内但注册地在境外的企业（按发行人国籍分类）到离岸市场发行的债券。近年来我国“走出去”企业越来越多地通过海外子公司发行离岸债券融资。2017 年末，以发行人居住地统计我国发行的国际债券余额为1931亿美元，占全球国际债券余额的0.81%；若按发行人国籍统计，我国发行的国际债券余额为8881亿美元，占全球国际债券余额的3.7%（这一比例在2000—2010年平均仅为0.24%），过去8年增长异常显著（见图3–71）。

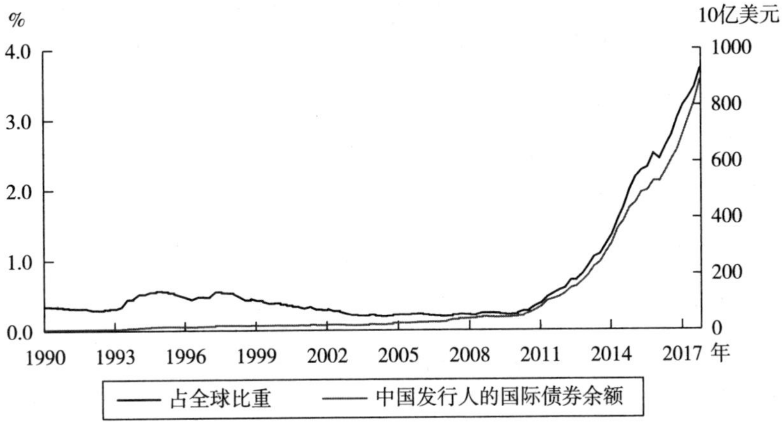

资料来源：Wind，中国银行国际金融研究所。

图 3–71　我国在国际债券市场融资的情况

从发行人类别结构看，2017年末我国政府发行的国际债券余额为167亿美元，金融机构发行的国际债券余额为4620亿美元，企业发行的债券余额为4094亿美元。从2011年开始，我国企业在境外债券融资规模已经超过境外股票融资规模。这是境外融资成本低、监管环境相对宽松、企业加快“走出去”和人民币国际化启航等多重因素共同影响的结果。

值得一提的是，我国投资者对国际债券的投资也有很大的发展。根据国家外汇管理局发布的数据，2015年6月末我国境内投资者（不含官方）对外债券投资存量为1942亿美元，其中80%以上分布在美国（633亿美元）、中国香港（357亿美元）、英属维尔京群岛（300亿美元）、开曼群岛（143亿美元）、英国（62亿美元）、澳大利亚（48亿美元）、新加坡（45亿美元）和日本（36亿美元）等地。

第二，境内债券市场对境外的开放度不断扩大。

我国国内债券市场开放正在加快。从2005年国际金融机构发行“熊猫债”开始到2009年，这一时期属于起步阶段，境外机构开始入市投资与发债，但开放渠道有限、投融资规模有限、参与者类型单一。2010—2014年，债市开放加速推进，境外机构类型和入市渠道不断拓展，银行间债券市场作为对外开放的主渠道地位确立，境外投资者债券持有量很快超过已较早开放的股票持有量。从2015年开始，我国允许境外央行、国际金融组织和主权财富基金等机构进入银行间债券市场，债券市场进入全面深化开放阶段；2016年2月进一步扩大开放力度，10月人民币将纳入IMF特别提款权（SDR）篮子货币，更为债市的开放发展吹响了新号角。

但相比我国发行主体在离岸市场国际债券的快速发展，我国债券市场对境外发行者和投资者的开放度仍然不高，主要体现在“熊猫债”、QFII、RQFII和对境外机构开放银行间债券市场等。到2017年末，境外机构在我国发行的“熊猫债”托管量仅为2511亿元人民币，占我国债券托管量的0.3%；境外投资机构持有我国人民币债券余额为11988亿元人民币，占我国债券市场余额的1.6%。其中，境外投资者持有我国国债的2.6%。相比较而言，2014年美国国债的49%为外国投资者持有，德国、日本、俄罗斯、韩国、印度尼西亚的这一比例分别为12%、9%、18%、11%和38%。

第三，人民币国际债券伴随人民币国际化增长迅速。

人民币国际债券是指发行人在本国或本地区之外发行的以人民币标价的债券，包括三类：我国境内机构在境外发行的离岸人民币债券、境外机构在我国发行的“熊猫债”、境外机构在我国境外发行的人民币债券（既有我国企业在境外设立的机构，也包括外国机构，例如澳新银行在伦敦发行的人民币债券）。因此，人民币国际债券与我国国际债券市场既有交叉也有区别。人民币国际债券的快速发展是人民币国际化推进的一个重要方面，顺应了海外人民币资金池不断积累的需要，也是人民币发挥国际投资货币功能和储备货币职能的必要条件之一。根据我国央行的统计，2016年末人民币国际债券存量余额为7132.9亿元，在全球占比约为0.5%（见图3–72）。从发行人结构看，绝大部分是境外注册主体在离岸市场发行的债券。按照BIS的狭义口径，截至2016年末，以人民币标价的国际债券余额为6987.2亿元，其中境外机构在离岸市场上发行的人民币债券余额为5665.8亿元，在中国境内发行的人民币债券余额为1321.4亿元。

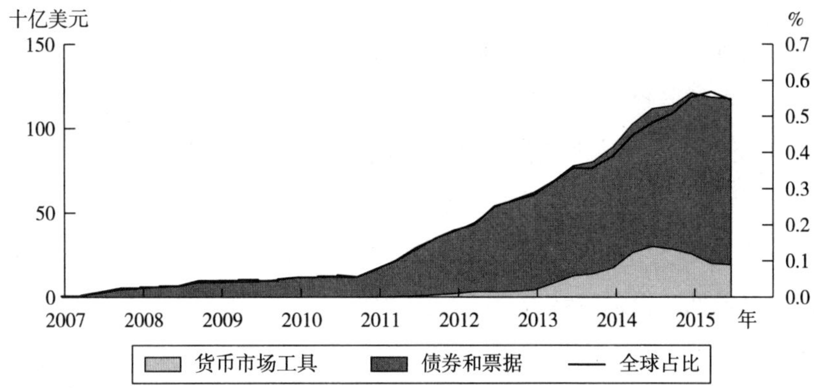

资料来源：BIS。

图 3–72　2007—2015 年人民币国际债券余额的发展趋势

三、对我国债券市场开放与发展的启示与建议

总体来看，过去十年，我国在国际债券市场的发展取得显著成效、全球地位日益突出，这是危机以来我国在全球经济金融体系中影响力不断上升的一个重要体现。但是，我国国际债券市场存在境内对外开放度不够、金融基础设施建设有待完善等诸多短板。未来，面对人民币加入SDR带来的重大机遇，我国债券市场将迎来新的重大开放与发展空间，应做好迎接机遇和挑战的准备。

第一，境内债券市场应成为未来金融开放重点，以适应人民币加入SDR的新形势。

人民币加入SDR将直接提升人民币资产对全球投资者的吸引力。一方面，央行外汇储备配置将影响与引导全球投资者投资意愿，官方行为具有示范效应，将推动金融机构、企业以及大量个人投资者在投资组合中纳入更多人民币资产。另一方面，人民币资产回报率相对较高，对海外企业与个人资金流出入限制进一步减少，也将成为非居民持有人民币资产的重要促进因素。

境外投资者配置人民币资产最重要的市场包括债券、股票、房地产等。从国际经验看，本币债券市场是降低金融风险、促进长期资本形成的主要市场；与其他市场相比，债券市场具有收益稳定、波动性较低、流动性较强、交易规模较大等特征，是吸引安全偏好较高投资者的基础性金融市场，从而也是各国作为外汇储备投资的重要标的。

当前，由于我国境内债券市场开放度相对有限，为适应人民币加入SDR的新要求，我国未来几年需要将债券市场开放作为金融开放的重点。

首先，这是债券市场健康发展的需要。目前我国债券融资占社会融资规模的比例仍偏低，投资者结构单一，流动性偏低，有必要引入成熟的境外投资者群体。

其次，这是利率市场化取得成功的关键。完整的债券收益率曲线是利率市场定价的基础，不仅有利于提高资金配置效率和改善金融结构，而且是央行在开放市场条件下进行货币政策调控的重要依托。

最后，这是推进人民币国际化的重要抓手。人民币要真正成为国际货币，重要的一环是要建立顺畅的人民币回流渠道，满足境外投资者对安全性、流动性和收益性的需要。离岸人民币债券市场固然可以满足部分需求，但根本还在于在岸市场的开放，提供充分的各期限、各类型产品，以及足够的市场容量。

有人担心债券市场开放会对我国金融稳定不利，事实上应更全面和客观地看待。美元的国际储备货币地位离不开其深厚而开放的国债市场，以及全球化的美元债券市场。国际货币基金组织的研究论文发现，发达经济体之所以能够对国际资本流动冲击“免疫”，一个重要原因不是简单阻止国际资本流动，而是开放金融市场。只要国际资本的流入和流出规模都足够大，流动净额就会相对较小，对实体经济和金融市场冲击有限。

从政策上讲，我国要扩大债券市场开放，除了目前已经实施的扩大境外投资者进入我国银行间债券市场等措施外，还可以有以下着力点：一是要大力支持跨境发行。目前境内机构在外发行债券基本已无限制，但境外机构在境内发行“熊猫债”仍受限制。可考虑进一步放宽发行主体、发行额度和资金用途等限制，便利亚投行、金砖国家银行等新兴国际金融机构以及实力较强的跨国企业参与发行“熊猫债”。二是大力推进跨境结算。以境内外债券中央托管机构互联为核心，以总体额度取代单个投资者额度限制，简化准入程序，放松交易限制等，实现境内外债券结算的相互连通。三是支持跨境担保品的使用，为全球提供安全公共品和流动性支持。鼓励人民币债券作为境外交易的担保品，比如境外交易所可将人民币债券冲抵保证金、境外央行可以将人民币国债作为流动性机制的合格担保品等。

第二，以上海国际金融中心建设为突破口，大力建设面向国际的债券市场。

上海自贸区、上海国际金融中心建设、人民币国际化和“一带一路”建设等都是重要的国家发展规划，这些发展规划可以相辅相成，加快推动我国国际债券市场的发展。目前，上海作为全国银行间同业拆借中心和上海交易所债券市场的所在地，其在岸人民币债券市场已经具备雄厚基础。上海自贸区的建立则为上海国际债券市场提供了新的历史机遇。国家相关政策已明确在风险可控前提下，可在自贸区内对人民币资本项目可兑换、利率市场化、人民币跨境使用等方面创造条件先行先试。随着改革推进，上海有望建成集在岸和离岸功能于一体的人民币市场，其中自贸区将承担阀门作用，促进在岸人民币跨境流出和离岸人民币回流。可通过大力发展“熊猫债”和推动自贸区注册的国内机构到境外发债融资，大力建设上海人民币国际债券市场，这将有利于促进人民币在岸和离岸市场协调发展，推动人民币国际化战略顺利实施，并进一步强化上海国际金融中心的地位。特别地，上海国际金融中心建设还可与“一带一路”建设结合起来，加快金融机构和金融市场开放步伐，将上海打造为“一带一路”投融资集散地，特别是建设面向国际的债券市场，打造具有特色，包含美元、欧元、日元及其他亚洲货币在内的离岸债券市场。

“一带一路”建设需要广泛吸引全球资本参与，打造完善的投融资集散地，解决资金来源、资金运用等重要问题。上海背靠中国强大的实体经济支撑，拥有连接国内国际航运中心的基础设施，占据宏观决策与中外金融合作的主场地位。上海应当而且可以扮演“一带一路”投融资集散地的角色。可加快推进以下工作：对接国际高标准经贸规则，建立负面清单管理模式，加快金融业对内对外开放步伐，尽早形成金融聚集效应；围绕“一带一路”融资需求，加大债券市场对全球投资者的开放步伐，做大市场规模，提升交易活跃度；加大对“一带一路”沿线央行、国际组织、主权财富基金、国际知名大银行、投资基金等机构的引入力度，推动上海成为各类外汇资金的集散地。

第三，大力推进包括债券市场统一监管在内的金融基础设施建设，为我国国际债券市场发展保驾护航。

推动我国国际债券市场的有序发展，离不开完善的金融基础设施支持与保驾护航。所谓金融基础设施，广义上指金融运行的硬件设施和制度安排，主要包括支付体系、法律环境、公司治理、会计准则、信用环境、反洗钱以及由金融监管、中央银行最后贷款人职能、投资者保护制度组成的金融安全网等。当前，支持我国国际债券市场的金融基础设施尚未健全，应当成为未来大力强化改革和发展的着力点。

一是完善统一的债券市场监管体系，协调各监管部门的职能。我国内地债券市场监管仍然存在多头监管和效率不高等问题，不利于形成完整的利率曲线和降低投融资成本。相比之下，我国香港市场债券发行申请人最快可以在48个小时内完成有关的上市申请程序。应进一步加强境内与境外、上海与中央市场监管部门合作，完善债券发行、资金运用、债券流通、信息发布等监管协调机制。

二是完善债券市场交易、支付、清算与托管等基础设施，降低交易成本和操作风险。健全统一的中央托管体系，完善和扩大跨境人民币支付结算体系（CIPS）在国际债券结算中的应用。

三是完善法律、税收、投资者保护等制度基础。仿效国际经验，通过分阶段和逐步豁免等方式，实施有吸引力和有竞争力的税收优惠政策。减免债券持有和交易方面的利息税、印花税等，减少发行债券的融资成本。出台覆盖全市场的境外投资者税收政策，明确由中央托管机构代扣代缴的集中申报和缴纳方式等。

四是加强跨境市场信息的分析，规范债券市场监测和管理。把握债券发行节奏，防范即期和到期还款的跨境资金大幅波动对人民币汇率和利率造成的短期冲击。加强债券市场在岸与离岸人民币存量和流量监测，建立债券发行主体募集资金流向监测体系，防范资金跨境异常流动和市场过度套利。

人民币贬值背景下中国跨境资本流动：渠道、规模、趋势及风险防范

2014年下半年至2016年底，人民币兑美元累计贬值幅度达到10.8%。受此影响，中国跨境资本流动出现了一些新情况和新现象。诸多指标显示，中国跨境资本出现一定程度外流。本文尝试建立一个既包括合法渠道，又包括地下渠道在内的测算框架，对人民币贬值背景下的跨境资本流动渠道和规模进行深入分析。人民币加入SDR后，客观上要求资本账户进一步开放，从中长期来看，跨境资本流动在规模、币种、动机、主体和结构等方面都将出现一些新变化。本文试图对此进行分析，并提出我国系统性应对跨境资本无序流动的政策建议。

一、人民币贬值背景下中国跨境资本流动情况

衡量跨境资本流动，国际通行做法是利用国际收支平衡表中的资本和金融项目数据，主要包括直接投资、证券投资和其他投资，不含储备资产变动（剔除了汇率、资产价格变动等影响，下同）。这种衡量方式主要有三种弊端：一是时间滞后，国际收支平衡表编制时间较长，且为季度数据，无法及时反映当前跨境资本流动情况；二是没有考虑地下渠道和贸易套利渠道下的跨境资本流动情况；三是储备资产变动中没有剔除“藏汇于民”数额，这部分储备资本并没有外流。

基于此，本文以国际收支平衡表数据为主，辅以进出口贸易、外汇占

款、银行结售汇、银行代客涉外收付款等数据，构建包括合法和地下渠道在内的跨境资本流动测算体系，对我国跨境资本流动的渠道和规模进行深入分析。

（一）2014—2016年人民币贬值期间确实存在一定程度的资本外流

通常认为，所有外流的私人资本，不论是短期还是长期，债券还是股本投资，合法还是非法资本，都可以算作资本外流。人民币国际化背景下，一系列金融改革政策陆续出台，加快了资本账户开放，为跨境资本流动提供了更多渠道。当前，美联储正式进入加息周期，人民币存在贬值预期，我国跨境资本外流压力加大。以下四种指标反映了资本外流的整体态势。

一是非储备性质的资本和金融账户"由顺差转为逆差"。2015年和2016年，我国国际收支总差额分别为-1300亿美元和-2142亿美元，而之前五年都是正的[①]。其中，经常账户年均顺差2532亿美元，较2014年增长15.2%；2014—2016年非储备性质的资本和金融账户均为逆差，且后两年逆差规模保持在4000亿美元以上，而2013年为顺差3461亿美元；2015年和2016年储备资产合计减少7866亿美元。我国出现了一定程度的资本外流。

表3-38　　2010—2016年中国国际收支顺差结构　　单位：亿美元，%

项目	2010年	2011年	2012年	2013年	2014年	2015年	2016年
国际收支总差额	5247	4016	1836	4943	2579	-1300	-2142
经常账户差额	2378	1361	2154	1482	2197	3042	2022
占国际收支总差额比重	45	34	117	30	85	-234	-94
与GDP之比	4.0	1.9	2.6	1.6	2.1	2.8	1.8
资本和金融账户差额	2869	2655	-318	3461	-718	-4342	-4164
占国际收支总差额比重	55	66	-17	70	15	334	194
与GDP之比	4.8	3.6	-0.4	3.6	0.4	-4.0	-3.7

资料来源：国家外汇管理局，国家统计局。

二是净误差与遗漏项持续为负。通常认为，资本与金融账户统计了合法

① 国际收支总差额＝经常账户差额＋资本和金融账户差额（不含储备资产）。

的跨境资本流动，而净误差与遗漏项除了真正的错误与遗漏项外，反映了官方统计口径之外的地下资本流动。从2014年第二季度以来，净误差与遗漏项连续十一个季度为负，说明地下资本流动出现了较大规模外流的情况。

三是外汇储备和外汇占款余额“由增转降”，且降幅加大。2014年之前，外汇储备和外汇占款余额基本呈上升趋势，然而从2014年下半年开始，受人民币贬值预期和中国经济增速放缓影响，中国外汇储备开始下降，从2014年6月的4万亿美元降至2016年底的3万亿美元（见图3-73）。外汇占款余额和新增外汇占款也在波动中下行，且下降速度加快。2014年下半年外汇占款余额月均下降70.5亿元，2015年进一步扩大至1994.7亿元，2016年有所收窄月均下降266.5亿元。

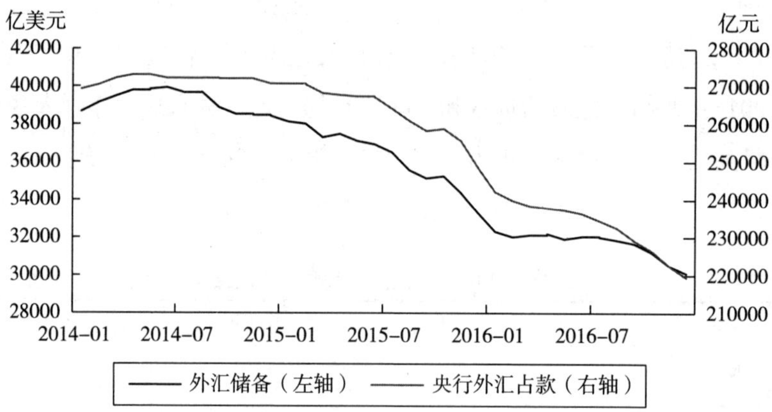

资料来源：Wind，中国银行国际金融研究所。

图 3-73　外汇储备和外汇占款余额情况

四是银行结售汇和银行代客涉外收付款差额“由正转负”，居民与非金融企业倾向于持有外币资产。与外汇储备和外汇占款余额走势类似，银行结售汇和银行代客涉外收付款差额一路走低，在2014年下半年落入负值空间。对比二者关系，可以反映居民与非金融企业持有外汇的意愿。如图3-74所示，2014年下半年以来的大多数时期，银行代客涉外收付款逆差小于银行代客结售汇逆差，意味着居民与非金融企业购买的外汇资产大于同期内他们对外支付所需的外汇资产，说明随着人民币兑美元升值预期转为贬值预期，居民与非金融企业更加倾向于持有外币资产，央行对外汇储备把控能力弱化。如果人民币汇率进一步贬值，居民与非金融企业可能会选择将手中外汇资产向外转移，“藏汇于民”格局并不稳固。

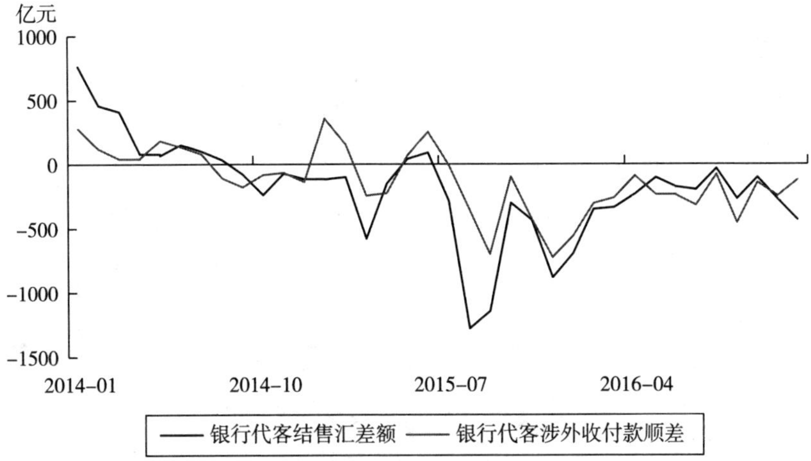

资料来源：Wind，中国银行国际金融研究所。

图 3–74　银行结售汇和代客涉外收付款情况

（二）跨境资本流动测算框架：渠道和规模

在国际收支平衡表中，资本账户资金流动规模相对较小（2005—2014年年均余额为36亿美元），远低于金融账户的规模（2005—2014年年均余额为1347亿美元），因此，本文重点分析非储备性质的金融账户和外汇储备的变动状况。

1. 合法渠道

第一，证券投资是金融账户下资本流出的重要渠道。证券投资波动性稍大（在过去31个季度中6次为负），规模普遍较低（过去31个季度平均余额为80亿美元）。2015—2016年，证券投资贡献了14%的金融账户逆差。EPFR为周度数据，不仅数据更为高频，而且详细记录了当前股权投资和债权投资的流动规模和行业分布。2014年下半年以来，央行六次降息，境内外债券收益率缩窄，股市在暴涨之后经历多轮暴跌，震荡加剧，人民币贬值预期又降低了未来投资收益，导致跨境资金持续从中国资本市场外流。EPFR资金流向数据显示，流入中国股市和债市的资金自2014年下半年以来双双下降（见图3–75）。

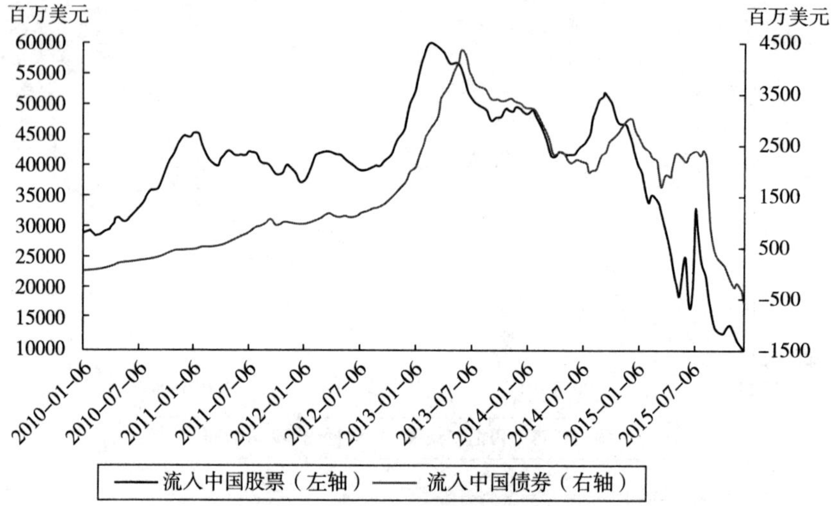

资料来源：EPFR 数据库，图片引自申万宏源证券研究报告。

图 3–75　累计流入中国股市和债市的资金量

第二，其他投资是金融账户下资本流出的主要渠道，企业财务安排导致境外贷款和贸易信贷显著收缩。其他投资波动性最大（在过去31个季度中18次为负），且规模相对最大（过去31个季度平均余额为233亿美元）。2015—2016年，其他投资贡献了88.3%的金融账户逆差。从其他投资项下的各分项资金流动情况中不难看出，过去几年“货币和存款”以及“贷款”这两项是其他投资资金变化的主要因素。在人民币贬值的几个季度，除了这两项，“贸易信贷”的地位也有所上升。从均值看，2015年和2016年贷款、货币和存款以及贸易信贷分别占其他投资项下资本净流出规模的45.5%、31%和25.7%。

从资产方与负债方可进一步探究人民币贬值对其他投资子项资本流动的影响。资产方为负（为正）意味着本国资本流出（流入），负债方为正（为负）意味着外国资本流入（流出）。2014年下半年以来，最明显的变化是货币和存款、贷款以及贸易信贷的负债方由正变负，这三项由扩张变为收缩，意味着外国资本净流出。在人民币贬值背景下，很可能是国外居民减少了在国内金融机构的存款、国内借款企业提前偿还了美元款项，国外企业减少了进口预付款，这是企业正常的财务安排。尤其是2015年，其他投资项下负债方四个子项合计为负3539.3亿美元，而之前年度均为正值，意味着境外非居民由之前的资本净流入转为资本净流出。但2016年形势有所好转，负债方再次由负转正，境外非居民再次实现资本净流入。从货币和存款的资产方来看，2015年国内资本外流速度放缓，其他投资合计流出792.6亿美元，较上一年减少75.9%，但2016年资本外流速度突然加快，其他投资项下境内居民合计对外转移资本3496.4亿美元，是2015年外流资本的4倍多。可见，本轮资本外流的一个很重要特点是，2015年主要是由境外非居民资本流入减少或资本回撤增加所致，而2016年恐慌情绪逐渐蔓延至国内，境内居民和企业“接棒”加快对外转移资产，导致资本外流加剧。

第三，同时考虑官方储备和民间持汇变动情况，2015年和2016年我国外汇资产实际流出额合计占外储名义下降金额的78.4%。一国持有的外汇资产主要有两大来源，一是官方持有的外汇储备，二是民间持有的外汇，国际收支平衡表中主要统计了官方持有的外汇储备变动情况，而忽视了民间持汇的变动情况。在强制结售汇时期，外汇储备变动主要由央行主导，但随着外汇管理制度由强制结售汇政策改成意愿结汇，企业和个人可自留外汇收入，民间持有的外汇可以在政策允许下自由出入境。因此，在计算我国外汇储备变动额时还需要考虑民间持汇的变动情况，本文使用金融机构外汇存款变动额来近似衡量，当然在现实生活中可能部分企业和个人还会持有一部分外汇现钞，用于境外旅游、消费等用途，考虑到持有现钞需要承担外汇利息等机会成本，假定这部分金额很小，本文对此不予考虑。

此外，官方外汇储备资产存量变动也包括两个部分，一是由于交易引起的外汇储备变动，包括因持有外汇资产带来的收益，简称交易变动；二是由于价格、货币汇率等非交易因素引起的价值变动，简称非交易价值变动（估值效应）。国际收支平衡表中外汇储备资产记录的是交易变动，国际投资头寸表中记录的是外汇储备存量，既包含交易变动，也包含非交易变动。

2015年和2016年，官方外汇储备存量分别下降5126.6亿美元和3198.5亿美元，其中因交易减少的金额分别为3423.2亿美元和4486.8亿美元，分别占存量下降金额的66.8%和140.3%，估值效应变动的金额分别为–1703.4亿美元和1288.4亿美元，2015年外汇储备下降部分原因是由账面价格变化所致。2015年和2016年，金融机构外汇存款余额分别增加537亿美元和847亿美元，民间持汇增加[①]。

因此，按照计算公式：外汇储备实际减少额=官方外汇储备减少金额中的交易变动金额+民间持汇减少金额，2015年和2016年我国外汇资产实际流出额分别为2886.2亿美元（3423.2亿美元–537亿美元）和3639.8亿美元（4486.8亿美元–847亿美元），合计约占我国官方外汇资产名义减少金额的78.4%。

2. 地下渠道或灰色渠道

结合国际收支平衡表，本文主要考虑两种地下跨境资本流动渠道：一种是虚假贸易套利资金流动渠道，另一种是隐藏在净误差和遗漏项中的跨境资本流动。

第一，进口低报是贸易套利资金流入的主渠道，人民币贬值使套利资金流入减少。我国对外贸易中存在一定数量的跨境套利交易，假借贸易渠道，通过境内外汇差、利差等谋取暴利。在2013年初一次引发广泛关注的跨境套利贸易潮中，贸易额、资金流和港口货物量之间明显不匹配。2013年1~4月，全国贸易高速增长，出口增速17.4%，其中内地与香港外贸进出口总值同比增长66%，深圳与香港贸易总值增长更是高达130%。与此形成鲜明对比的是，这一地区主要港口外贸货物量却显著低迷。深圳企业的开工情况及融资需求与强劲的对外贸易数据也出现背离。2013年4月下旬，外汇、海关、银行等部门联

① 实际上，外汇存款数据也存在因汇率变化等非交易因素引起的价值变动（估值效应），由于没有分币种的外汇存款数据，本文对此没有进一步区分。但预计外汇存款的估值效应很小，对本文结论影响不大，原因有二：一是2015年我国外汇存款余额月均金额为6594.8亿美元，仅是官方外汇储备的五分之一不到，金额较小；二是与官方外汇储备相似，假定外汇存款币种以美元为主，非美元占比较低，估值效应不大。

动，采取了一系列针对跨境套利贸易的监管措施，跨境套利贸易势头得到遏制，贸易额、外汇占款增幅明显下降，基本与港口货物量相匹配。

跨境套利贸易的主要驱动力是境内外汇差和利差。香港作为国际金融中心和中国对外开放窗口，货币兑换自由，存在一套独立的人民币汇率和利率价格体系，这为跨境贸易套利提供了可能，套利资金通过香港与内地的关联贸易流入内地。套利资金流入（流出）主要采取两种方式，一种是内地关联企业出口高报（低报），另一种是进口低报（高报），二者相加即是净流入（负值是净流出）。本文改进张明（2015）的方法，通过测算借道香港的虚假贸易套利资金来近似衡量我国虚假贸易套利资金，计算公式如下：

香港虚假贸易套利资金净流入=内地关联企业出口高报+内地关联企业进口低报=（内地对香港的出口–香港从内地的进口）+（香港对内地的出口–内地从香港的进口）

我们可以通过测算借道香港的虚假贸易套利资金来近似衡量我国虚假贸易套利资金。自1995年1月至2016年12月，通过内地关联企业进口低报流入的套利资金累计达到29431.8亿美元，占套利资金净流入的94%，进口低报成为套利资金流入的主渠道。在2005年汇改之前，内地关联企业通过出口低报导致套利资金流出3610.8亿美元，而汇改之后由于人民币兑美元汇率持续升值，出口由低报转为高报，出口套利资金也由流出转为流入。自2014年下半年人民币贬值以来，通过出口高报流入的套利资金明显减少，通过进口低报流入的资金增加（见图3–76）。2015年和2016年，通过出口高报流入的套利资金年均323.7亿美元，较2014年减少58%，虚假贸易资金年均净流入2894.8亿美元，较2014年减少6.8%。

第二，净误差与遗漏项中隐含的跨境资本流动占同期金融账户逆差的25%以上。对于净误差与遗漏项中多少是正常的统计误差，国际上并没有统一的标准。一般来说，净误差与遗漏项占贸易总量的比例应不高于5%。我国的统计情况较好，2005年汇改以来，净误差与遗漏项绝对值占贸易总量的季度平均比例不超过3%，我们以此数值为界，超过此比例的为短期跨境资本流动。2014年下半年以来，净误差与遗漏项绝对值占贸易总量的比例有九个季度高于

3%，说明人民币贬值以来隐藏在净误差与遗漏项中的跨境资本流动增加。经过测算，2015年和2016年净误差与遗漏项中跨境资本流出规模分别达到1108.9亿美元和1188.9亿美元，分别占同期金融账户逆差的25.5%和28.6%，影响不容小觑。

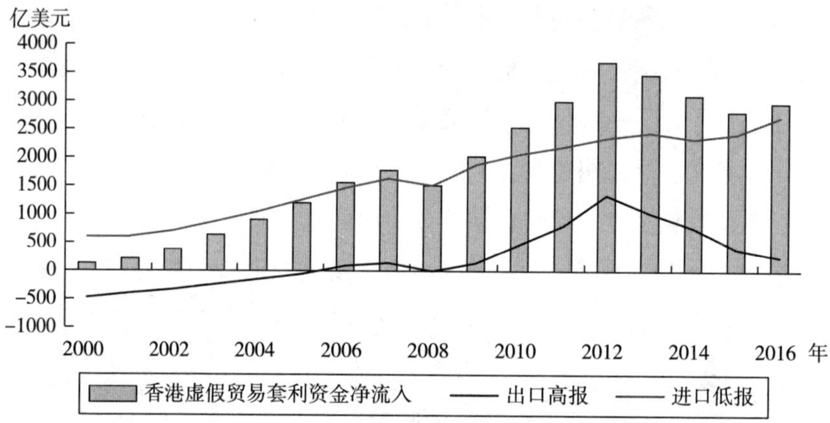

资料来源：Wind，中国银行国际金融研究所。

图 3-76 内地与香港之间的跨境贸易套利资金流动情况

（三）2015年和2016年我国跨境资本净流出规模均超5500亿美元

综合起来，2015年我国跨境资本净流出规模为5521.9亿美元[=4345亿美元（非储备性质的资本和金融账户资金流出）+2886.2亿美元（扣除了“藏汇于民”和价格因素的外汇储备减少值）+1108.9亿美元（隐藏在净误差与遗漏项中的资本流出）–2818.2亿美元（香港贸易套利资金流入）]，2016年跨境资本净流出规模为6014.8亿美元，较2015年增加了8.9%。考虑到除香港外，贸易套利资金可能还会通过其他地区流入，该数值可能被低估；但香港的进口贸易和中国内地的出口贸易统计方法不同，中国内地对香港的转口贸易香港政府并未统计到进口贸易中去，因此出口高报套利资金可能被高估，我们假定二者基本相抵。

（四）中国跨境资本外流是市场调整的结果

资本外流是市场主体的主动调整行为。从内部因素来说，中国经济进入新常态，市场需求萎缩，人口红利弱化，劳动力成本上升，致使外商直接投资企业收益下降，外资流入有所放缓。国家积极推进“一带一路”倡议，支持中国企业“走出去”，企业对外直接投资快速发展。在人民币持续贬值背景下，贸易套利资本收益下降，流入幅度放缓。为缓解“融资难、融资贵”问题，央行2015年五次降息，一年期存款基准利率从2.75%降至1.5%，基准利率与美国10年期无风险国债收益率倒挂，债权资本流出。国内股市震荡加剧，风险溢价显著上升，大幅走高空间不大，股权资本持续外流。央行为稳定汇率，抛售持有的外汇资产，导致外汇储备下降。

从外部因素来说，一方面，美元相对人民币升值，美国境内资产收益率上升，吸引了逐利资本回流；另一方面，美联储进入加息周期，境内外息差缩窄，吸引资金回流追逐安全资产。此外，美国经济复苏较快，积极实施“再工业化”政策，投资机会增多，也吸引了产业资本回流。

因此，短期跨境资本撤离我国，是由内外部多方面因素引起的，是我国经济结构调整、优势富余产能输出的主动行为，今后这部分产业资本还将继续向外输出，这是良性的资本外流；而证券投资和其他投资项的资本外流是恶性的，将给我国金融稳定带来风险，需要引起高度关注。此外，还要正确认识资本账户扩大开放对跨境资本流动的影响，资本账户扩大开放仅仅是为资本输出提供了更多“阳光下”的渠道，即使资本账户不开放，资金也会通过其他形式流出，如虚假贸易、企业内部转移、地下钱庄等。“堵不如疏”，开放虽然不能完全杜绝这些灰色地带和违法行为，但通过将跨境资本流动阳光化，有序地放宽资本流出领域、额度和通道，有利于监管机构加强对资本流出币种、规模和流向的管理，以便及时纠偏。

二、人民币加入SDR后我国跨境资本流动展望

人民币加入SDR后，人民币国际化迈入新的发展阶段，客观上要求资本账户进一步开放。随着资本跨境流动创新渠道和产品的逐渐增加，跨境资本净流动规模可能增大。从中长期看，跨境资本流动在规模、币种、动机、主体和

结构等方面都将出现一些新变化。

第一，跨境资本流动规模将显著增加，预期至2025年中国外部投资总头寸占全球GDP比重将超过30%。美国、英国、加拿大、阿根廷等国在20世纪70年代放开资本账户之后，跨境资本流动规模都较大幅度增长。假定中国资本项目在2025年完全开放（与人民银行2012年设置的时间表基本相符），届时开放程度将达到发达国家的平均水平。根据英格兰银行在跟随经济增长、赶超开放差距等情境下的模拟预测，到2025年中国外部投资总头寸占全球GDP的比重将从目前的5%左右增长到30%以上。

第二，人民币在跨境资本流动中的占比将上升，至2025年可能达到40%左右。人民币加入SDR后，人民币在跨境资本流动中的地位和角色将上升，人民币将成为热钱重要表现形式。未来随着我国对外直接投资及企业“走出去”步伐加快，RQFII、沪港通、中港基金互换和人民币跨境贷款等创新业务额度逐步放开，点心债发行规模逐步扩大，股票、基金、债券、金融衍生品、信贷等领域的人民币跨境流动均将呈现上升趋势。2010年底，人民币在中国内地涉外收付中的占比仅有3.6%。截至2018年5月末，该比重已经达到24%，仅次于美元占比（67%）。照此速度发展，预计在2025年前这一份额将达到40%左右。

第三，以投机为目的的短期跨境资本流动将增加，至2025年证券投资和衍生品投资在金融账户内的占比将超过50%。随着资本账户逐步放开、人民币海外资金池不断扩大和跨境资本流动便利度的提高，境内外长期存在的人民币利差、汇差和AH股溢价将刺激短期套利资本跨境流动。2015年第二季度，中国资产端的证券投资和衍生品投资为172.1亿美元，在非储备金融账户内的占比为16.7%，负债端占比23.1%。对照而言，2013年美国金融账户资产端和负债端下，证券投资和衍生品投资占比分别为50.6%和62.7%。如果2025年中国资本账户开放程度能够达到美国目前的水平，无论是资产端还是负债端，证券投资和衍生品投资在金融账户内的占比都将超过50%。

第四，个人跨境资本流动将增加，需要警惕高净值人群财富向海外转移的风险。2014年央行已经授权苏州工业园、天津生态城两个试点区域与新加坡银行机构开展个人跨境人民币直接投资业务试点，合格个人被允许以人民币进行海外直接投资，个人资本项下跨境资本流动渠道打开。未来，随着合格境内个人投资者（QDII2）业务启动，有合法纳税和社保记录的境内个人，可以用合法收入在全球配置资产。2014年，中国财富净值超过3000万美元的超级富裕人数为8366人，未来十年预计将超过1.5万人。如果高净值人群将财富向海外转移，将对我国外汇储备和国内流动性带来冲击。

第五，非金融企业为中介的跨境资本流动将增加，至2025年在银行本外币贷款总额中的比重有望达到15%。非金融企业不仅可以直接从境外银行贷款，或间接通过国内银行获得外国银行贷款，而且还可以通过境外发行外币债券的方式进行融资。2008年国际金融危机以来，中国非金融企业的外币贷款迅速增加，从2009年的2700亿美元增至2014年底的8800亿美元，在银行本外币贷款总额中的比重也由5.3%上升至8.5%，创10年来新高。照此速度发展，至2025年，非金融企业在银行本外币贷款总额中的比重有望达到15%。

三、系统性应对跨境资本流动的政策建议

跨境资本流动发生新变化，可能引发投机性资本大进大出或急进急出，加剧国内经济波动，威胁国家金融安全。我国应进一步加强宏观审慎金融监管，完善跨境资本流动监测体系，做好日常风险防范；同时，未雨绸缪，积极丰富应对潜在金融风险的应急工具箱，制订相关应急预警方案或备用计划，防患于未然。

第一，在制度安排上进一步加强和改进金融监管。转变监管理念，逐渐由合规性监管为主转向宏观与微观相结合的审慎性和风险性监管。在现有分业监管模式下，充分发挥人民银行牵头的金融监管协调部际联席会议的作用，加强对货币市场、资本市场、外汇市场和保险市场跨境资本流动和跨境交易的统一监控，制定有效措施加强对跨市场、跨机构和跨产品资本流动的监管。针对跨境资本流动，进一步增强金融监管部门与其他涉外经济管理部门之间的政策协调和信息共享，填补监管空白，减少监管重叠，进一步提升监管合力。

第二，完善跨境资本流动监测和预警体系，提高监测分析效率。建立

涉及多部门、多币种的立体化跨境资本监测系统，将人民币跨境支付系统（CIPS）、中国现代化支付系统（CNAPS）和央行反洗钱信息系统有效对接，实现信息共享，提高预警水平和监测效率。在数据收集方面，实现对跨境资本流动逐笔24小时实时监测。在监测分析方面，监控跨境资本的来源和流向，对各类性质、各类币种和各类主体的跨境资本活动进行监测分析。在管理方面，要有效识别异常交易，做好风险防范和事前预警。

目前，各自贸区在此方面已经作出一些有益探索，可尝试进一步完善，将成功经验在全国复制和推广。根据自贸区资金交易特点，中国人民银行上海总部成立跨境资本流动的实时监测室，建立了自贸区“反洗钱、反恐怖融资、反逃税”资本监测系统和可疑交易报告机制，重点监测涉及洗钱的高风险行业、高风险产品和异常跨境交易等可疑行为。立体化的跨境资本监测系统，在一定程度上提升了自贸区对跨境资本流动的监管。未来，可将此系统与境内货币市场、资本市场、大宗商品等市场实现有效对接，监测跨境资本的流向和用途，提高监测效率。

第三，设计好市场化的资本管制工具，防控短期跨境资本的异常流动。资本项目开放后，常规资本流动管理工具很难有效控制短期跨境资本异常流动，此时可采取一些市场化的资本管制工具，主要包括数量型和价格型措施。

数量型措施主要包括：对外汇衍生品杠杆率上限的规定；对外国投资者汇入或汇出投资本金和收益的规模限制；QFII、RQFII、QDII等的额度限制。2010年6月，韩国金融当局颁布一系列宏观审慎政策措施，防止外汇过度杠杆化。除了进一步收紧对银行外币贷款的限制、提高国内银行的流动性比率以及规定银行与出口商的远期外汇合同上限不能超过出口收入的100%以外，还包括对外汇衍生产品合同（包括货币掉期和外汇远期）的名义价值实行杠杆率上限的规定，这增加了外币衍生产品的交易成本，降低了银行对短期外币负债的依赖，减少了金融部门因资本流入突然中止而发生系统性风险的概率。

价格型措施以托宾税最为典型。例如，对现货外汇交易课征全球统一的交易税，减少纯粹的投机性交易；对持有证券的境外投资者征收退出税，随着证券持有期限的延长下调资本利得税，以此减少短期套利资金的流出和流入。

1998年9月，马来西亚政府为减少短期资本流动，要求流入资本必须在马来西亚境内存放一年才能流出，而资本流出要依据其在境内停留时间长短征收不同比例税金，停留时间越短，税率越高，最高可达30%。此措施实施后，马来西亚私人短期资本大规模流出情况得以遏制，经济增长速度逐渐企稳回升。

第四，做好应急预案，防范极端动荡情况下的资本外流风险。当前国际国内形势云谲波诡，如果发生经济衰退、地缘政治冲突和国际关系恶化等“黑天鹅”事件，将会导致我国跨境资本恐慌性外流。我国应该未雨绸缪，丰富应对潜在金融风险的应急工具箱，在政治、经济、军事和外交等领域，制定相关应急预警机制或备用计划，做到防患于未然。2014年俄罗斯因为卢布大幅贬值、地缘政治冲突和大宗商品价格下跌，资本大量外流，外汇储备急剧下滑。为了稳定国内经济形势，重塑经济预期，俄罗斯政府采取了一系列举措，包括连续加息、公开市场操作、非冲销干预汇市等市场手段，以及对外汇市场投机者进行口头威胁、对回流俄罗斯资金进行税收减免等行政手段。此外，冰岛在2008年国际金融危机期间、希腊在2015年债务危机期间，也都采取了相应的资本管制措施，取得了一定成效。

居民海外资产配置的国别比较及对中国的启示

近年来，随着中国经济快速发展和居民财富增加，居民海外投资需求日益高涨。由于中国对资本账户某些项目存在一定程度的管制，居民对外投资渠道和额度受到限制，主要通过QDII、沪港通和深港通等方式进行海外资产配置。从近期股市和债市开放的举措来看，未来中国跨境投资有望开辟更多的通道，比如沪伦（伦敦）通等。与发达国家相比，中国居民境外资产配置占比较低，境外资产配置方式不合理，以及部分居民通过隐蔽的非法渠道对外投资。美国和日本等发达国家经济处于较高的发展阶段，居民进行海外投资受到的限制较少，居民对外投资比较成熟，有很多经验教训可供借鉴。

一、中国居民海外资产配置现状与前景

（一）居民海外资产配置特征

第一，中国对外资产规模低于主要发达国家，但增长迅速。2004—2017年，中国对外资产从3105亿美元增加到36898亿美元，年均增长22%。同期，美国对外资产从103994亿美元增加到237153亿美元，年均增长7%；日本对外资产从33296亿美元增加到77267亿美元，年均增长6%（见图3-77）。2017年中国对外资产规模约为美国的16%，日本的50%，增长速度则是美国和日本等

发达国家的3倍。

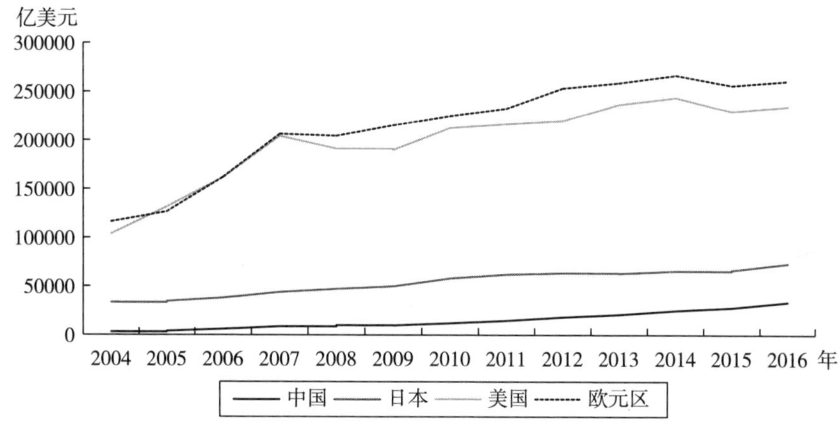

资料来源：IMF。

图 3–77　中国和美欧日对外资产规模

近两年人民币贬值加速了中国居民海外资产配置步伐。2014年之前，人民币处于升值周期，中国境内的资产收益率一直高于多数国家，因此只有少数居民出于避险、移民、子女留学等目的配置了部分海外资产，大部分居民对境外投资热情有限。反映这一现象的典型例子是外汇局批准的合格境内机构投资者（QDII）产品，自2007年推出以后，各年额度均未用完。但自2015年“8・11汇改”后，人民币存在贬值预期，国内资产收益率下降，使得境外市场多样化的投资产品和投资区域吸引居民捕捉境外市场的投资机会，这从QDII基金数量和余额变化中可见一斑。QDII基金数量从2015年的90只上升到2017年的130只（见图3–78），信托产品中QDII余额占比从10%上升到25%（见图3–79）。

第二，中国居民境外资产配置比例远低于其他主要经济体。2015年中国居民境外资产配置占总体可投资金融资产比例（渗透率）约为4.8%，在主要经济体中排名靠后。瑞士是居民境外投资渗透率最高的国家，居民境外投资占比高达42%，其次是英国和澳大利亚（见图3–80）。值得注意的是，我国台湾地区、印度等新兴经济体居民境外投资渗透率高于美国和日本。中国内地居民境外投资渗透率不仅低于我国台湾地区、印度和韩国，也大幅低于美国和日本。2017年7月召开的第五次全国金融工作会议指出，要“稳步推进人民币国际化、稳步实现资本项目可兑换”，这为中国居民境外资产配置比例提升奠定了政策基础。

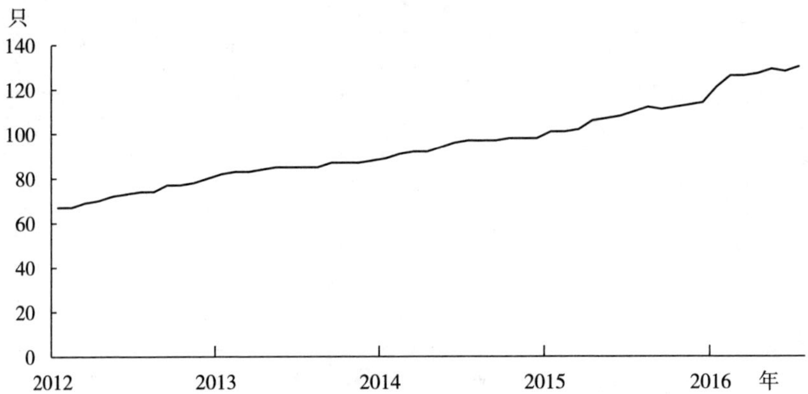

资料来源：Wind。

图 3–78　QDII 基金数量持续上升

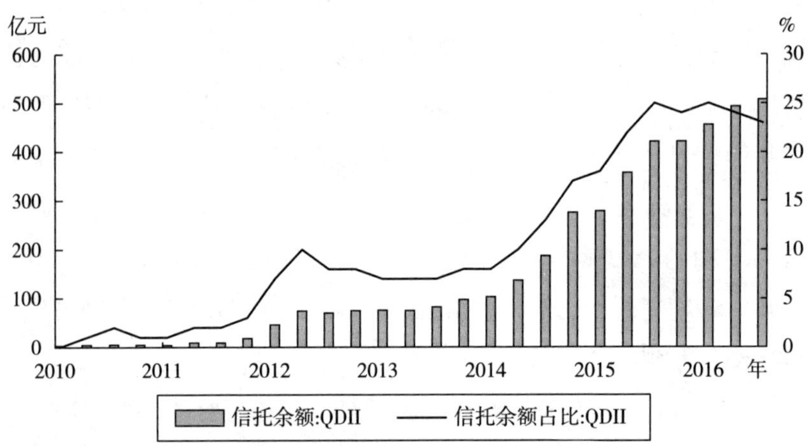

注：左轴是信托产品中 QDII 余额，右轴是余额占比。
资料来源：Wind。

图 3–79　信托产品中 QDII 余额及占比上升

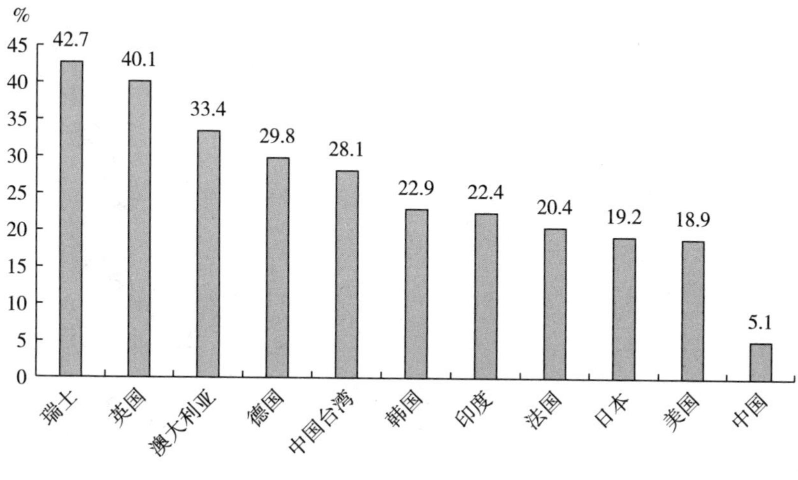

资料来源：Wind，The Boston Consulting Group.。

图 3-80　2015 年全球主要国家和地区居民境外资产配置比例

第三，中国居民对外投资中证券投资占比较低。一国居民对外投资主要包括对外直接投资、股权投资、债券投资、金融衍生品投资和其他投资，其中，其他投资包括货币和存款、贸易信贷和其他应收款等，主要由企业开展跨境业务产生的对外资产。2017年中国累计对外直接投资占对外总资产（不含外汇储备）的40%，日本、美国和韩国这一比例分别为20%、38%和33%；包括股权投资、债券投资和金融衍生品投资在内的证券投资占比13%，日本、美国和韩国这一比例分别为57%、44%和42%（见图3-81）。和发达国家相比，我国居民对外直接投资是对外投资主体，证券投资处于从属地位，金融衍生品投资金额非常小。

（二）居民海外资产配置潜力和路径

未来随着资本账户有序开放和居民投资需求上升，居民境外资产配置将继续增加。

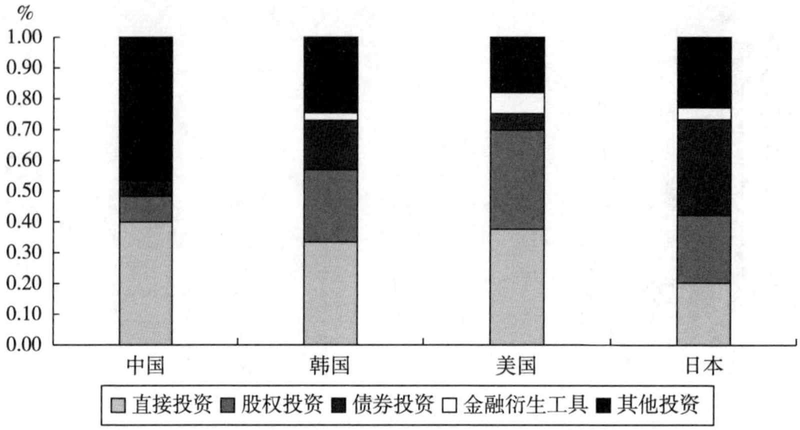

资料来源：Wind。

图 3–81　2017 年中美日韩居民对外投资结构

一是经济快速增长和居民收入增加。改革开放近40年来，中国经济年均增长率在9%以上，2010年经济规模超过日本仅次于美国，2017年GDP为82万亿元（见图3–82）。与此同时，中国人均GDP从改革初期的385元增加到2017年的59660元，增长140倍，从低收入国家跃升为中等偏上收入国家。居民部门金融资产[①]从2006年的25万亿元增加到2017年的167万亿元[②]，成为仅次于美国的全球第二大财富管理市场。中国居民金融资产在过去十年实现了约20%的增长，远远高于同期全球平均5.2%的增速，也高于美国、日本、德国等发达国家。国内现有投资渠道和产品难以满足不断高涨的投资热情和资产配置需求，境外资产配置成为越来越多居民的选择。

二是跨境投资监管政策有序放开。2007年QDII获准发行，2013年QDLP（合格境内有限合伙人）在上海自贸区破冰启动，2014年QDIE（合格境内投资企业）在前海试点落地，2016—2017年深港通和债券通相继开通。这一系列政策举措表明，中国一直在有条不紊地推进居民跨境投资开放。跨境投资监管

① 居民部门金融资产又称个人可投资金融资产，包括离岸资产，不含房地产、奢侈品等非金融投资资产。

② 社科院编制的居民资产负债表更新到 2014 年，我们根据过去几年居民金融资产的增速，估算出 2017 年居民部门金融资产。

政策的逐渐放开为居民增加跨境资产配置提供了新渠道，有助于促进居民境外资产配置增加。

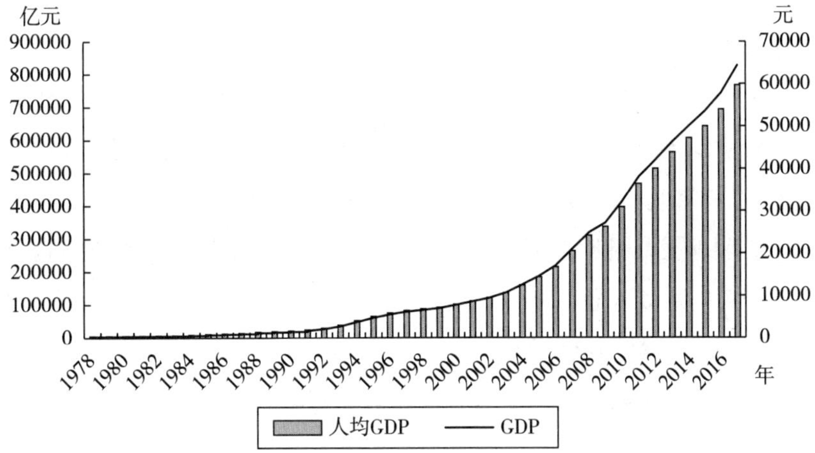

注：左轴为 GDP 规模，右轴为人均 GDP。

资料来源：Wind。

图 3-82　1978—2017 年中国 GDP 和人均 GDP 快速增加

三是居民境外投资需求上升。过去几十年，随着金融全球化日益发展，国家资产和负债分散化加深，居民投资出现了远离本国转向海外市场的趋势。与只投资国内资产相比，全球资产配置可以进一步拓展投资范围，投资者在降低投资风险的同时有望获得更高回报。同时，计算机和互联网的迅速发展为跨境资产配置提供便利，全球资产配置得到越来越多投资者的青睐。根据胡润研究院报告，中国受访的高净值人群[①]中50%有海外投资经验，70%在未来一年有海外投资需求。

我们对上述三个因素的居民跨境资本配置作简要假设和预测。对于"经济增长"因素，假设未来五年中国GDP平均增长6%；对于"资本账户开放"，假设未来五年中国资本账户开放继续稳步推进；对于"居民境外投资需求上升"，假设中国外部资产和负债以过去10年间的平均增速增长。初步估算，中国居民境外资产配置比例将从2016年的5.8%上升到2022年的10.2%。其

① 高净值人群：家庭可投资资产大于 600 万元的群体。

中，经济增长因素贡献4.4%，监管政策放开贡献3.7%，居民境外投资需求上升贡献2.1%。

从居民境外资产配置路径来看，长期以来，离岸投资（指资金已在境外）是中国居民海外投资的主要渠道，跨境投资（指境内资金通过外汇局批准的正式渠道出境投资，如QDII、沪港通等）渗透率显著低于其他国家。由于此前居民境外投资意识不强、境外投资存在一定风险以及资本账户管制等原因，居民跨境投资发展较慢。和离岸投资相比，跨境投资便于政府监管资金的去向，从而有效引导境外投资健康发展。在成熟和开放的金融市场中，跨境投资是居民进行海外配置的主要途径。例如，日本跨境投资和离岸投资的比例是19∶1，美国该比例为16∶1，韩国该比例为7∶1（见图3-83）。从近期股市和债市开放的举措来看，未来中国跨境投资有望开辟更多的通道，比如沪伦（伦敦）通等。

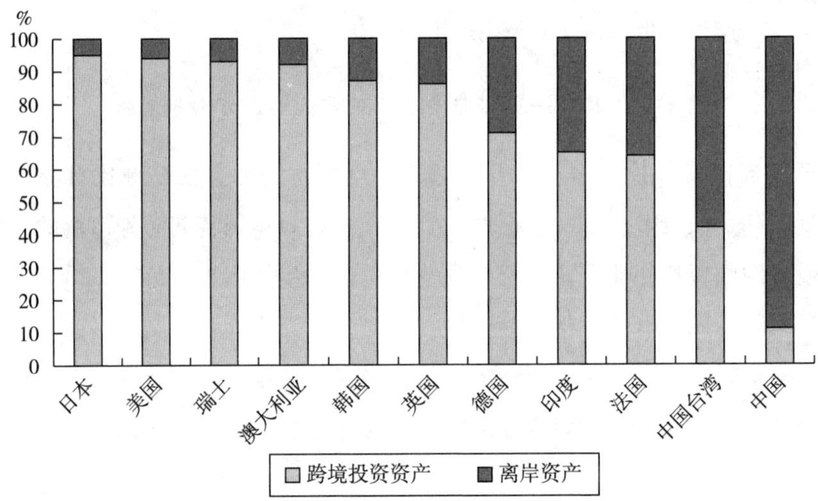

资料来源：Wind，The Boston Consulting Group。

图 3-83　2015 年全球主要国家和地区居民境外投资方式

二、居民海外资产配置存在的问题

第一，多地个人境外投资试点未取得显著成效。近年来，中国不断探索个人跨境投资合理途径，并在部分经济发展水平较高的城市或区域开展了试点工作。但是个人境外投资政策手续烦琐、政策不稳定等原因使个人对外直接投资试点效果大打折扣。天津滨海新区开展境内个人投资境外证券市场试点夭折，温州个人境外直接投资试点半个月后被终止，昆山个人对外直接投资效果并不理想，以及广东、天津和福建等其他自贸区个人投资者境外投资细则迟迟没有落地（见表3–39）。

表 3–39　　　　中国境内个人境外投资试点情况

序号	试点项目	试点结果
1	2007 年，港股直通车	2007 年 8 月，外汇局颁布《国家外汇管理局关于开展境内个人直接投资境外证券市场试点的批复》，同意在天津滨海新区开展境内个人直接投资境外证券市场试点。但是该试点没有真正启动，并于 2009 年 12 月被外汇局发布的《关于公布废止和失效的 55 件外汇管理规范性文件的通知》宣布失效。
2	2012 年，温州市金融综合改革试验区试点	《浙江省温州市金融综合改革试验区总体方案》发布，确定温州市金融综合改革的十二项主要任务中包括“研究开展个人境外直接投资试点，探索建立规范便捷的直接投资渠道”，随后《温州市个人境外直接投资试点方案》出台，但相关改革在很短时间内搁浅。
3	2013 年，昆山深化两岸合作试验区试点	《昆山深化两岸合作试验区跨境人民币业务试点暂行办法实施细则》发布，允许区内个人投资者以人民币进行对外直接投资，办理对外投资业务需选择一家区内银行办理并申请开立一个专门用于办理对外投资的个人人民币结算账户。
4	2013 年，上海自贸区试点	《中国（上海）自由贸易试验区总体方案》《支持中国（上海）自由贸易试验区外汇管理实施细则》等一系列政策出台，允许区内居民可通过设立本外币自由贸易账户实现分账核算管理，区内就业并符合条件的个人可按规定开展包括证券投资在内的各类境外投资。
5	2015 年，天津、广州、福建自贸区	总体方案中均提到在区内就业并符合条件的个人可按规定开展包括证券投资在内的各类境外投资，但没有出台相应的细则，个人对外投资无法落地。

资料来源：根据有关资料整理。

第二，境内居民对外投资受到渠道和额度限制。目前，居民投资海外股票市场、债券市场、货币市场以及衍生品市场合法渠道主要包括以下三种形式。一是通过机构募集境内个人资金，再利用QDII向境外进行固定收益类、权益类等金融投资。境内居民通过该投资渠道不能自由选择境外证券市场和投资标的，只能通过境内机构投资者实现间接投资。二是境内居民可通过港股通直接使用人民币投资香港证券市场，但投资主体资金账户余额不低于50万元，投资标的限于恒生大型和中型股指数的成分股、沪港上市的A+H股公司。三是境内个人在国内设立公司，然后再根据《境内机构境外直接投资外汇管理规定》实现对外投资。前两种方式虽然不需要外管局审批，但是有投资额度限制；第三种需要经外管局核准后办理，手续烦琐，条件严格，执行难度较大。

第三，部分居民通过隐蔽的非法渠道对外投资。现有渠道难以满足居民的境外投资需求，在居民对外投资中出现一些“灰色地带”。一是“化整为零”式，居民通过银行采用个人分拆购汇方式汇出资金；二是“暗度陈仓”式，居民通过地下钱庄运作转移资金出境；三是“蚂蚁搬家”式，居民通过走私现金分散转移；四是“中介服务”式，居民通过移民中介机构转移资金；五是“人民币跨境”式，居民通过人民币跨境交易转移资产。上述投资途径隐蔽，游离于监管之外。净误差与遗漏项的净流出一定程度上反映了部分资金通过地下渠道流出。事实上，长期以来在国内外的许多研究中，净误差与遗漏通常被视作发展中国家资本外流的代表变量。2017年中国净误差与遗漏项达到–2219亿美元。

第四，居民海外资产配置加剧资本外流和人民币贬值压力。居民境外资产配置逐渐成为跨境资本流出的主要方式。资本持续外流强化人民币贬值预期，人民币贬值预期增强全球投资者抛售人民币资产的动机，又进一步加剧资本外流压力，从而形成“资本外流—人民币贬值—贬值预期增强—资本外流压力加大—贬值预期再增强”的循环。如2014年下半年至2016年底，资本外流和人民币汇率贬值互相强化、互相影响，资本和金融账户持续逆差，人民币汇率大幅贬值。持续资本外流和人民币贬值预期有可能引发系统性金融风险。在人民币贬值预期下，以人民币计价的各类资产容易受到人民币贬值冲击。股市、债市、外汇等市场对汇率信号十分敏感，单一的个体风险可能因“蝴蝶效应”引发市场共振，导致资金迅速撤出各类人民币投资品，从而酝酿系统性风险。

三、发达国家居民海外资产配置发展规律和管理经验借鉴

（一）发达国家居民海外资产配置发展规律

第一，发达国家经济处于较高发展阶段奠定了其居民海外投资的基础。根据邓宁的国际投资发展周期理论，一国的国际投资分为四个阶段。第一阶段：一国经济起步时处于以依赖外资和吸引外资为主、对外投资为辅的初级不平衡阶段。第二阶段：随着经济发展和对外投资增加，吸引外资逐渐接近对外投资，一国进入国际双向投资相结合的中级平衡阶段，多数新兴工业化国家处于这一阶段。第三阶段：随着企业竞争力和国家经济实力的增强，一国对外投资大于吸引外资。第四阶段：处于较高发展阶段的发达国家不断扩大相互之间的交叉投资，最终走向对外投资和吸收外资相匹配的高级平衡阶段。发达国家经济处于较高发展阶段，有意愿也有能力进行对外投资。例如，美国是吸收外资第一的国家，同时是对外投资最多的国家。

第二，发达国家对外资产占GDP比重不断提升。20世纪七八十年代，发达国家对外资产规模的扩张比较缓慢，由1970年的6606亿美元增加至1985年的43388亿美元，占GDP的比重由30.4%上升至47.3%。20世纪90年代以后，随着大多数发达国家资本账户的开放，金融全球化日益加深，发达国家对外资产的规模发生巨大变化，由1986年的43388亿美元增加至2017年的971739亿美元，占GDP的比重由47.3%上升至228%（见表3-40）。

表 3-40　　发达国家对外总资产规模变化历程　　单位：亿美元，%

类别		对外总资产	债务类资产	直接投资类资产	权益类资产	外汇储备类资产
1970 年	规模	6606	2821	3077	320	388
	占 GDP 比重	30.4	13	14.2	1.5	1.8
1980 年	规模	28744	17533	7880	972	2359
	占 GDP 比重	36.1	22	9.9	1.2	3
1990 年	规模	103335	70359	19679	7406	5890
	占 GDP 比重	60.4	41.1	11.5	4.3	3.4

续表

类别		对外总资产	债务类资产	直接投资类资产	权益类资产	外汇储备类资产
2000 年	规模	265767	142090	60885	52716	8148
	占 GDP 比重	110	58.3	25	22	3.3
2010 年	规模	883058	503343	178116	167781	23220
	占 GDP 比重	212	100	42	28	5.6
2016 年	规模	971739	553891	242281	170054	26932
	占 GDP 比重	228	103	40	30	6.4

资料来源：International Financial Statistics。

第三，居民对外证券投资占主导地位，对外直接投资大幅下降后趋稳。1970—1986年，发达国家债券类资产占对外总资产比重由43%上升至68%，而直接投资类资产比重由47%下降至21%（见图3–84），反映居民对外投资方式发生了重大变化，对外证券投资成为越来越重要的海外资产配置方式。1986—2017年，对外直接投资资产的比重比较稳定；对外证券投资在对外资产中占主导地位，其中，权益证券类资产比重在2000年之前大幅上升，2000年后上升速度放缓。另外，金融衍生品等其他类型对外资产的规模大幅上升，其占对外总资产的比重由1985年的5%上升至2017年的19%。

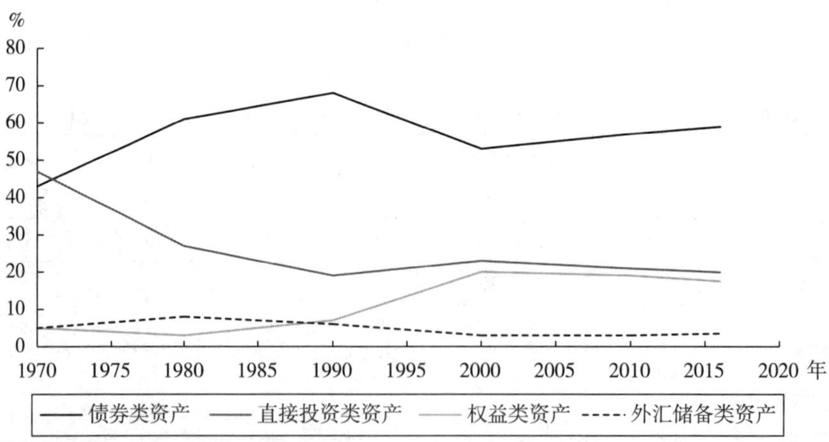

资料来源：International Financial Statistics。

图 3–84　发达国家对外资产结构变化情况

（二）发达国家对居民海外资产配置的监管经验借鉴

第一，发达国家居民进行海外投资受到的限制较少。布雷顿森林体系瓦解后，美元彻底与黄金脱钩，发达国家逐步废除包括自愿指导原则在内的资本输出限制措施。目前，美国和英国居民海外投资监管最为宽松，居民在股票、债券、货币等证券市场上进行海外购买、出售或发行均不受限制；日本和德国居民在证券市场进行海外购买是自由的，但是在海外出售或发行方面受到限制（见表3-41）。以日本为例，日本政府资本项目开放为海外证券投资发展创造了条件。1964年日本成为IMF第八条款国，取消经常项目外汇管制。随后修改《外资法》，从开放直接投资开始，启动了资本项目开放的进程。1970年日本允许证券机构投资海外证券，正式开始放松对海外证券投资的管制。1971年日本相继放松对信托机构、保险机构等投资海外证券的管制，以及放松对投资海外房地产的限制。日本政府放松管制的措施开启了日本海外证券投资大幕，催生了1972—1973年日本海外证券投资的高潮。1980年日本颁布了新外汇法，将居民对外投资从“原则禁止，例外许可”变为“原则自由，例外控制”。此后，日本总体保持了居民对外投资的宽松政策环境。

表 3-41　主要发达国家与中国居民海外证券资产配置限制情况

类别方式		美国	日本	英国	德国	中国
股票市场	居民在海外购买	没有	有	没有	有	有
	居民在海外出售或发行	没有	没有	没有	没有	有
债券市场	居民在海外购买	没有	有	没有	有	有
	居民在海外出售或发行	没有	没有	没有	没有	有
货币市场	居民在海外购买	没有	有	没有	有	有
	居民在海外出售或发行	没有	没有	没有	没有	有
集体投资类证券	居民在海外购买	没有	有	没有	有	有
	居民在海外出售或发行	没有	没有	没有	没有	有
衍生品市场	居民在海外购买	没有	有	没有	有	有
	居民在海外出售或发行	没有	没有	没有	没有	有
不动产交易	居民在境外购买	没有	有	没有	有	有

资料来源：IMF 2017年《汇率安排与汇兑限制》。

第二，资本账户渐进开放成为发达国家共识。20世纪60年代发达国家实现贸易自由化以后，许多国家开始解除资本管制。英国（1979年）、澳大利亚（1983年）和新西兰（1984年）选择了“休克疗法”，一次性取消全部资本管制。美国和德国等其他发达国家选择了资本账户渐进开放。基于迅速自由化对金融稳定较大的负面影响，发达国家已基本认同自由化应是渐进的过程，绝大多数发达国家遵循了这种方式。如德国早在1958年就开始了资本账户的自由化进程，在很短的时间内取消了对资本流出的限制。但是，对于资本流入限制，则因长期存在的国际顺差压力而迟至1981年才完全取消（1969年曾试图解除，但很快又重新实行管制）。法国、瑞典和卢森堡等发达国家在20世纪60年代初期即开始放松管制，但几乎都推迟至20世纪80年代甚至90年代才完全实现资本账户可兑换。

第三，多数发达国家在非常时期对居民对外投资采取管制措施。资本管制不是所有发达国家都存在的普遍现象，但在资本持续外流时，居民对外投资政策往往被收紧。20世纪60年代，由于持续几年资本外流造成的资本账户逆差，美国政府采取多种措施阻止资本外流，1963年对个人和公司持有的外国股票和债务征收利息平衡税（Interest Equalization Tax），减少国内居民购买外国证券；1965年开始实施自愿对外信贷约束计划（Voluntary Foreign Credit Restraint，VCRP），对银行对外放贷数量设置上限；1968年限制海外直接投资的自愿原则改为强制原则，对直接投资的资本外流按地区加以限制，并按所规定的收入比例强制资金汇回国内。日本在资本持续外流时实行了类似的管制。20世纪70年代日本连续三年出现经常账户逆差，为扭转资金非正常流出，日本暂停资本项目开放进程。1974年日本宣布禁止本国居民购买外汇短期证券，并要求银行、证券公司、信托公司和保险公司不得增加其净购入海外证券的余额，导致1974—1975年日本海外证券投资萎缩。德国在后布雷顿森林体系时期有过短暂的资本管制，但管制程度不如其他发达国家高。

同样，发展中国家在资本异常流动时也对资本账户进行管制。1997年亚洲金融危机期间，马来西亚资本大量外流，政府试图通过提高利率等货币政策限制外流，但效果不佳。1998年9月，政府采取多种控制流出举措：限制离岸掉期操作、禁止短期卖空林吉特、控制以林吉特计价的境内和离岸交易、要求离岸的林吉特币返回境内等。马来西亚资本外流在一定程度上得到缓解。2013年5月，受美国量化宽松政策可能提前退出的影响，巴西资本流出激增，对1年及以下期限外国贷款征收6%的金融交易税。2008年国际金融危机后，IMF一改以往对金融自由化的支持态度，承认了资本管制的合理性，认为一国可以根据实际情况对资本流动进行适当的管制。

四、对策建议

第一，增强国内金融市场对居民的吸引力，降低居民通过非法渠道进行海外投资的冲动。一是参照发达国家股市在交易制度和市场监管等方面对自身进行完善，改善自身的缺陷，使股市成为健康的投资市场。二是加强对跨界增发、借壳炒作的打击，减少投机行为和减少脱离公司价值的盲目炒作行为，引领投资者树立价值投资理念。三是鼓励债券市场产品创新，丰富债券市场品种，满足投资者的不同需求。四是提高债券二级市场流动性以及协调部门之间监管，完善债券市场，增强对居民的吸引力。

第二，考虑通过试点方式渐进开放居民对外投资。面对居民旺盛的海外投资需求，“堵”不如“疏”，否则在国内可供投资的资产选择短缺的情况下，可能会助长资产价格泡沫和金融投机气氛。一是在经济发展水平和开放程度较高的城市如深圳、广州等探索个人境外投资试点，符合条件的个人可根据法律法规开展境外投资。二是在自贸区探索居民对外投资的可能性。自贸区是国家新一轮开放的平台，是资本项目进一步开放的区域试点。例如，可以优先探索在自贸区开展个人对外直接投资、个人对外证券投资等。

第三，提高跨境投资比重，优化居民对外投资结构。离岸投资是中国居民资金出海的主要方式，这部分资金数量巨大且不易监管，而跨境投资是官方批准的正式渠道，便于监测和管理。居民通过沪港通、深港通以及债券通等跨境投资渠道对外投资，资金在封闭循环体中流转，监管部门可以持续监控资金动态。未来要继续加强国内股市和国际股市的联通，适时推出沪伦（伦敦）

通、沪新（新加坡）通、沪纽（纽约）通等。另外，货币市场和金融衍生品市场也可以采取类似的通道进行开放，以最大限度地减少风险。

第四，完善跨境资本流动监测和预警体系，防范跨境资本流动风险。中国在资本账户开放过程中要积极借鉴国际经验加强对异常资本流动的监管。建立涉及多部门、多币种的立体化跨境资本监测系统，将人民币跨境支付系统和央行反洗钱信息系统有效对接，实现信息共享，提高预警水平和监测效率。在监测分析方面，监控跨境资本的流向，对各类性质、各类币种和各类主体的跨境资本活动进行监测分析。在数据收集方面，实现对跨境资本流动逐笔24小时实时监测。在管理方面，要有效识别异常交易，做好风险防范和事前预警。

第三节　对外开放

以积极主动对外开放应对全球化新变化

开放是国家繁荣发展的必由之路，“十三五”规划建议中的这个重要论断在当前全球化新环境中具有更加重要的时代意义。2017年《政府工作报告》把“积极主动”的开放姿态摆在了更加显著位置，并且对推动外贸“优进优出”作出了具体部署。这对我国以开放促改革、以开放促发展、统筹好国内国外两个大局、应对全球化新变局具有重要意义。

一、从国内外环境新变化深刻认识积极主动对外开放的重要性

近两三年，我国开放发展的国际国内环境发生了重大变化。国际金融危机的后续冲击不断发酵演化，对经济全球化、世界贸易投资形势、国际贸易分工格局等诸多领域产生深刻影响。

从国际来看，一是保护主义、孤立主义等“逆全球化”思潮抬头。英国、美国先后都是19世纪以来全球化的重要倡导者，但在2016年英国脱欧公投、美国总统大选中都体现出严重的保护主义、孤立主义等“逆全球化”倾向，并且带动了法国、意大利等国政局动荡，这是我国改革开放以来少见的外部环境的重大转变。二是世界贸易投资复苏之路艰难曲折。距离国际金融危机

爆发已经过去了8年，尽管许多国家在政策等方面做了很多努力，但世界贸易投资环境仍然低迷，各方对恢复到危机前的繁荣增长缺乏信心。2016年，世界经济增速约为2.5%，创下5年来新低；世界贸易增速较上一年继续下降，创下2010年以来的最低增速；国际直接投资大幅下降13%，区域之间分化严重。三是国际贸易分工格局继续深刻演变。传统的消费型发达经济体尤其是美国大力复兴国内制造业，过去离岸外包的部分生产环节如今重新转移回到国内，全球价值链在重构中收缩，替代了部分跨境贸易和投资，使发展中国家的工业化道路比以往曲折。

从国内看，一是我国需要从全球化受益者向贡献者的角色转变。改革开放以来，我国成功抓住了全球化深入发展的外在战略机遇，深度融入相互依赖的全球经济体系，利用全球化实现了我国经济的快速发展壮大。如今，我国在世界中的体量和影响力已经举足轻重，以至于任何机遇都取决于自身内在的战略选择，不可能再像过去一样等待外部机遇。我国是世界第二大经济体，第一大货物出口国和第二大进口国，这样的块头使得我国对世界的影响达到前所未有的程度。所以，面对全球化逆潮加剧，我国已经没有可能像过去一样作壁上观、静观其变、变中求机。要想维护自身发展利益，我国必须选择积极主动、动中求机，从全球化的受益者转变为贡献者。二是我国加快转变竞争优势，提升产业资本吸引力的任务更加迫切。我国要素成本不断攀升，依靠低廉成本进行国际竞争的传统优势继续弱化。这在纺织品等劳动力密集型产品上表现尤为明显。2016年，我国对美国纺织品及原料出口同比增速为−7.3%，这一表现不仅低于美国该类产品整体降幅（−4.9%），并且与越南的逆势上涨（1.8%）形成鲜明对比。与此同时，我国实体经济回报率下降，2016年首次出现外商直接投资流出大于流入的现象。这都要求通过扩大对外开放吸收全球先进要素，提升中国在国际分工中的地位。

二、《政府工作报告》提出积极主动扩大开放并作了具体部署

面对国际环境新变化和国内发展新要求，2017年《政府工作报告》提出

要积极主动扩大对外开放，进一步完善对外开放战略布局，加快构建开放型经济新体制，推动更深层次更高水平的对外开放，更好地促进国内经济发展。

（一）“积极主动”成为2017年对外开放具体部署的关键词

“积极主动”是2017年《政府工作报告》对扩大对外开放作出的新定位。2016年《政府工作报告》提出的是“推进新一轮高水平对外开放，着力实现合作共赢”，与2016年2月的中央政治局会议表述相一致。回顾中央政治局层面关于对外经济问题的表述：2016年2月政治局会议提出“推进新一轮高水平对外开放，着力实现合作共赢”；2016年12月政治局会议提出“扩大开放领域、积极吸引外资”；2016年12月中央经济工作会议提出“推进更深层次更高水平的双向开放，赢得国内发展和国际竞争的主动”；2017年2月政治局会议提出“要积极主动扩大对外开放，打造国际合作竞争新优势”。从中可以看出，“积极主动”这一提法经历了从无到有的过程。

“积极主动”新定位与国际环境发生重大变化、国际社会对我国的期待增多和我国参与国际事务的能力明显提升有关。国际金融危机爆发以来，中国经济增长对世界经济增长的贡献率年均在30%以上，对稳定世界经济局势发挥了重要作用。2016年，中国在主办G20杭州峰会过程中推动各方通过了《G20全球贸易增长战略》和《G20全球投资指导原则》，凝聚了国际社会共识。2017年年初，习近平总书记在达沃斯论坛的主题演讲发出了支持和引导经济全球化的重要声音，充分展现了我国的时代担当。

“积极主动”扩大对外开放的姿态有助于避免“金德尔伯格陷阱”。回望历史，20世纪初时大英帝国已经在财政、生产、贸易、军事等多个领域显出颓势，逐渐无意推动全球化、维系国际秩序。而新崛起的美国并没有做好担当时代责任、提供国际公共产品的思想准备，导致大萧条来临之际没有组织有力的国际合作行动，反而助推了贸易战、汇率战的爆发。约瑟夫·奈把这种守成大国与崛起大国之间的“责任真空”称为“金德尔伯格陷阱”。如今，特朗普反复强调“美国优先”，而不再是国际责任，使得第二次世界大战后美国倡导的国际秩序稳定性下降。由此，2017年《政府工作报告》明确提出“经济全球化符合世界各国的根本利益”，“坚决维护多边体制的权威性和有效性，反对各种形式的保护主义，深入参与全球治理进程，引导经济全球化朝着更加包容互惠、公正合理的方向发展”。

（二）吸引外资再成对外开放重点，金融业开放步伐引人关注

尽管每次工作报告都有提及吸引外资，但这一次与以往不同，更加突出了“积极主动”。一是体现在招商引资优惠政策上。2014年国务院出台《关于清理规范税收等优惠政策的通知》后，地方政府招商引资的积极主动性下降，与此同时世界其他国家招商引资力度不断加强，在未能实现产业高端化的背景下我国产业“空洞化”风险上升。面对这一局面，2017年《政府工作报告》明确提出“地方政府可在法定权限范围内，制定出台招商引资优惠政策”。这是招商引资优惠政策近年来首次写入《政府工作报告》，极大地激发了各地政府的积极主动性。

二是体现在转换开放动力上。在加入世界贸易组织、逐步履行完加入世界贸易组织承诺后，我国长期缺乏有分量的对外经贸谈判成果来提高外资开放水平，能否转向自主开放成为反映“积极主动”姿态的重要政策选择。2017年《政府工作报告》明确提出“进一步放宽服务业、制造业、采矿业外资准入”“在政府采购、标准制定等方面对内外资企业一视同仁”，这在中美BIT谈判、我国加入《政府采购协议》谈判等外部谈判放缓的背景下尤为难得。

三是体现在扩大外资开放领域的力度上，尤其是金融业开放上。放宽外资准入属于老生常谈，但2017年1月国务院出台的《关于扩大对外开放积极利用外资若干措施的通知》提出了自加入世界贸易组织以来少有的开放力度。该通知要求服务业放宽银行类金融机构、证券公司、证券投资基金管理公司、期货公司、保险机构、保险中介机构外资准入限制，放开会计审计、建筑设计、评级服务等领域外资准入限制，制造业重点取消轨道交通设备制造、摩托车制造等领域外资准入限制，采矿业放宽非常规油气以及矿产资源领域外资准入限制。目前，制造业、采矿业的开放已经于正在征求意见的《外商投资产业指导目录》第七次修订稿中有所体现，而金融业开放如何推进开放有待进一步

关注。

（三）摆脱外贸总量情结，更加重视结构优化

摆脱外贸总量情结是战略定力的表现。2016年我国货物进出口总额比美国少204亿美元，这是自2013年我国跃居世界第一大货物贸易国后首次失去这一位置。尽管如此，我国外贸发展长期向好的基本面没有变，外贸结构调整和动力转换的趋势也没有变，我国没有必要因此再次出台大规模外贸支持措施。与2016年相比，2017年《政府工作报告》隐去了“遏制进出口下滑势头”的提法，2017年年初发布的《对外贸易发展“十三五”规划》也没有像“十二五”时期一样设定外贸增长目标，两份文件都把促进我国外贸从大进大出加快转向优进优出当作重点目标。

2017年进一步落实和完善进出口政策，推动“优进优出”。过去两年，国务院连续出台了《促进服务外贸产业加快发展的若干意见》《加快培育外贸竞争新优势的若干意见》《促进加工贸易创新发展的若干意见》等一系列文件，2017年将进一步落实和完善相关政策。重点包括：扩大出口信用保险覆盖面，对成套设备出口融资应保尽保。设立服务贸易创新发展引导基金。支持市场采购贸易、外贸综合服务企业发展。加快外贸转型升级示范基地建设。促进加工贸易向产业链中高端延伸、向中西部地区梯度转移。推广国际贸易“单一窗口”，实现全国通关一体化。增加先进技术、设备和关键零部件进口，促进贸易平衡发展和国内产业加快升级。

三、积极主动对外开放需要重视三个关系

在新阶段积极主动推动对外开放过程中，国内和国际两个大局既相互紧密联系，又相对独立存在，要立足国内，放眼国际，形成国内和国际开放发展的良性互动格局。

一是妥善处理走好自己的路与担当国际责任的关系。美国倡导全球化的历史中采取了很多经济问题和政治问题、社会问题挂钩的对外强势姿态，反过

来忽视了国内经济和社会发展的矛盾。我国本身的市场经济制度建设还具有很大的改进余地，走好自己的改革开放之路，不仅有利于自身跨越中等收入陷阱，也是担当时代责任、塑造国际社会榜样角色的重要途径。一个能推动13亿人口大国稳定发展的政府，其开放发展理念必然为国际社会所接受。从这个意义上说，中国在全球化中的贡献，根本基础正是中国国内经济和社会发展的表现。

二是妥善处理国内稳定发展与扩大对外开放的关系。开放是“双刃剑”，既会带来机遇，也会带来挑战。尤其是金融开放往往伴随着金融风险的潜伏，对金融监管和国际协调提出了更高的要求，需要从过去的外部金融风险回避者转变为主动的金融风险管理者。我国要主动作为、适度管理，让积极主动提高对外开放层次和水平的正面效应更多释放出来，也要把握好开放的节奏、力度、范围，在扩大开放中维护国家安全。

三是妥善处理发挥自身新优势与利用外部要素的关系。我国庞大国内需求市场的优势逐步显现，并逐渐成为参与国际分工的重要优势来源。企业凭借庞大内需可以享受更大规模生产带来的成本节约，也可以摊薄创新产品的研发和品牌投入成本。在这一微观基础上我国参与国际分工的模式将从纵向分工转向横向分工，我国招商引资的导向也应从成本导向型的纵向外资转向市场导向型的横向外资，让外资企业在需求和供给两端的价值链全流程扎根于中国。

比较优势变化需要我国开放发展框架作出调整

比较优势是一国融入经济全球化和国际分工的基础，也是开放发展框架的基础。近年来，无论是我国外贸还是全球贸易都遇到了少有的复杂形势，分析我国比较优势的阶段性变化具有重要意义。改革开放以来，尤其是在加入世界贸易组织之后的十五年里，我国充分利用自身比较优势，实现了开放带动经济发展。如今我国比较优势来源正在从劳动力转变为资本积累，决定了我国参与国际分工的模式随之变化，开放发展框架也应作出相应调整。

一、研究我国比较优势变化的测度方法

加入世界贸易组织后，我国对外贸易发展可以分为两个阶段。第一阶段是从加入世界贸易组织之后到2007年，我国外贸发展迅速，出口占全球比重从4.3%上升到8.7%，进口占全球比重从3.8%上升到6.7%。第二阶段是2007年之后，国际金融危机期间我国外贸经历了“过山车”式的大幅下滑与反弹，2011年以来增速逐年放缓，直至2015年出现罕见的进出口双双负增长，但同时我国出口、进口占全球比重也达到了前所未有的13.8%和10%[①]。分析我国两个阶段的比较优势变化，对判断我国参与国际分工和开放发展框架调整具有重要

① 上述数据均来源于世界贸易组织。

意义。

通过不同时期贸易顺差结构的比较，可以识别出我国比较优势的变化。一国贸易顺差的产品可近似看作具有比较优势的产品，贸易逆差的产品可看作具有比较劣势的产品。贸易顺差的变化可能来源于比较优势变化，也可能来源于其他因素变化。如果整体贸易顺差扩张，假定各产品比较优势不变，那么各产品应同比例扩大顺差。反之，如果某些产品未同比例发生顺差变化，即这些产品的比较优势就发生了变化。

通过观察数据点偏离趋势线的程度，可以测度具体产品的比较优势变化情况。在图3-85的散点图中，各数据点为我国HS两位编码下97章产品的贸易差额，横轴和纵轴分别表示2001年和2007年我国相应数据，图3-86同理描述了2007—2015年的情况。如果所有产品比较优势都没有发生变化，也就是各章产品贸易差额同比例发生变化，那么这些数据点应该落在同一条直线上。如果部分产品发生了比较优势扩张或者收缩，那么这些产品会向上或者向下偏离直线。事实上，HS两位编码下97章产品中，大多数只在很小的程度上偏离了趋势线，所以只需要重点关注偏离程度较高的一小部分产品，就足以刻画出这一阶段的比较优势变化情况。

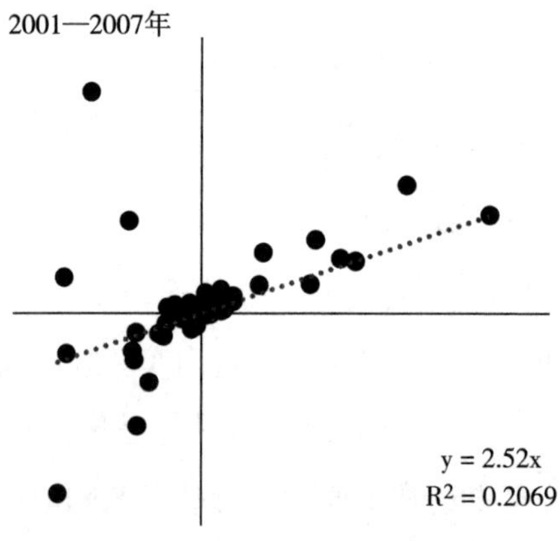

资料来源：根据海关数据计算。

图 3-85　我国贸易顺差的结构变化

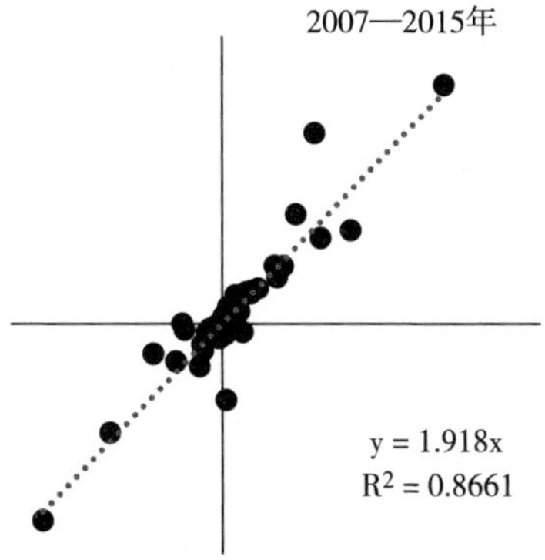

资料来源：根据海关数据计算。

图 3-86　我国贸易顺差的结构变化

二、金融危机前后我国比较优势变化的具体分析

从整体来看，2007年之前我国比较优势变化的作用十分突出，2007年之后比较优势变化的作用明显缩小。一是通过对比图3-85和图3-86可以直观地看到，在图3-85中大量的产品偏离了趋势线，而图3-86中各类产品基本都紧密围绕在趋势线上。与2007—2015年这一阶段不同的是，2001—2007年部分产品出现在第二象限，这些产品从比较劣势到比较优势的剧烈变化主导了这一阶段的贸易格局。二是通过线性回归可以得出，图3-85的R^2值仅为20.69%，图3-86的R^2值高达86.61%。这意味着，从2001年到2007年贸易顺差扩张了2396亿美元，其中79.31%的顺差变化是由偏离趋势线的产品，也就是比较优势变化造成的。与此相对比，从2008年到2015年贸易顺差扩张了3308亿美元，这一扩张幅度超过了上一个阶段，但在这一阶段中86.61%是由贸易产品整体同比例变化造成的，比较优势变动仅带来了13.39%的顺差变化。

（一）2007年之前我国比较优势的变化情况

对2001—2007年的数据筛选可以得出，97章产品中有10个章节较大幅度地偏离了趋势线，这些比较优势变化成为贸易顺差变化的主要来源，而其他章节程度和影响较小。对这10个章节的产品分析，可以发现2007年之前我国比较优势变化主要有三种情况。

第一种情况分布在第一象限，主要是劳动密集型产品比较优势得到强化（见表3-42）。如第61章（服装）、第94章（家具寝具），在2001年就已经是贸易顺差产品，到2007年这两章产品在趋势线上方偏离，说明这两章产品从2001—2007年进一步扩大了比较优势。

第二种情况分布在第三象限，主要是资本技术密集型和资源密集型产品比较劣势加剧。前者如第29章（有机化学品）、第90章（光学等设备），后者如第27章（燃料等）、第26章（矿砂等）、第74章（铜等）。这些产品在2001年就已经是贸易逆差产品，到2007年这些产品在趋势线下方偏离，说明这些产品从2001—2007年进一步加剧了比较劣势。

第三种情况分布在第二象限，这一象限代表部分产品从比较劣势转变为比较优势。如第84章（机械产品等）、第85章（电气产品等）、第72章（钢铁），这些产品在2001年原本是贸易逆差产品，到2007年已经变成贸易顺差产品，说明从比较劣势变成了比较优势。其中钢铁是典型的资本密集型产品，第84章、第85章是典型的机电产品，也是我国出口比重最大的组成商品，这两章产品从比较劣势到比较优势的转变对我国这一阶段经济贸易发展产生了深远影响。

表 3-42　2001—2007 年我国发生比较优势变化的主要贸易产品

	比较优势扩大	比较劣势扩大	从比较劣势变为优势
第 61 章“针织或钩编的服装及衣着附件”	●		
第 94 章“家具；寝具、褥垫、弹簧床垫、软坐垫；未列名灯具等”	●		
第 90 章“光学、照相、医疗等设备及零附件”		●	
第 29 章“有机化学品”		●	
第 27 章“矿物燃料、矿物油及其蒸馏产品；沥青物质；矿物蜡”		●	
第 26 章“矿砂、矿渣及矿灰”		●	
第 74 章“铜及其制品”		●	

续表

	比较优势扩大	比较劣势扩大	从比较劣势变为优势
第 72 章"钢铁"			●
第 84 章"核反应堆、锅炉、机械器具及零件"			●
第 85 章"电机、电气、音像设备及其零附件"			●

资料来源：根据海关数据计算。

（二）2007年之后我国比较优势的变化情况

与上一阶段相比，2007年之后我国比较优势变化总体上有三个特征。一是比较优势变化更加分散。不像上一阶段偏离趋势线影响较大的产品集中于一小部分产品，在这一阶段整体偏离程度小于上一阶段，分散到了更多的产品章节上，这也符合出口产品随着经济水平提高而逐步多样化的发展规律。二是比较优势变动情况比上一阶段更加丰富。除了比较优势扩大、比较劣势扩大、比较劣势转变为比较优势三种情况之外，还出现了比较优势收缩或比较劣势收缩两种情况。三是比较优势变化与要素密集类型的对应关系更加复杂。

比较优势优化的产品大多不再具有典型劳动密集特征（见表3-43）。比较优势扩大的第54章（化纤）、第48章（纸类）、第89章（船舶），比较劣势收缩的第29章（有机化学）、第74章（铜制品等）、第75章（镍制品等），比较劣势转变为比较优势的第39章（塑料品等）、第32章（染料等）均不是典型的劳动密集型产品。虽然比较优势扩大之列的产品仍然包括第94章（家具寝具等）、第60章（针织物及钩编织物），但较上一阶段以劳动密集型产品为主的情况发生了明显转变。

劳动密集型部分产品比较优势收缩，也有部分产品比较优势在扩大。第61章、第62章（服装）、第95章（玩具等）三章劳动密集型产品保持了贸易顺差，但已向趋势线下方偏离，说明存在比较优势但有所弱化。更值得注意的是，第60章、第94章两章劳动密集型产品不仅保持了大量贸易顺差，而且仍然向趋势线上方偏离，表明扩大了比较优势。

比较劣势扩大的产品资本技术密集程度比上一阶段更高。一方面体现在这一阶段扩大劣势的产品技术密集程度明显高于上一阶段，如第88章（航空器、航天器及其零件）、第30章（药品）；另一方面体现在上一阶段中扩大劣势的资本技术密集型产品在这一阶段已经显示收缩劣势，如第90章（光学等设备）。这也启示我们，这一阶段比较优势正在恶化的飞机、药品等产业也恰恰是下一阶段需要大力发展和收缩劣势的领域。

表 3-43　2007—2015 年我国发生比较优势变化的主要贸易产品

	比较优势扩大	比较劣势收缩	从比较劣势变为优势	比较优势收缩	比较劣势扩大
第 84 章“核反应堆、锅炉、机械器具及零件”	●				
第 85 章“电机、电气、音像设备及其零附件”	●				
第 94 章“家具；寝具、褥垫、弹簧床垫、软坐垫；未列名灯具等”	●				
第 60 章“针织物及钩编织物”	●				
第 54 章“化学纤维长丝”	●				
第 48 章“纸及纸板；纸浆、纸或纸板制品”	●				
第 89 章“船舶及浮动结构体”	●				
第 90 章“光学、照相、医疗等设备及零附件”		●			
第 74 章“铜及其制品”		●			
第 75 章“镍及其制品”		●			
第 29 章“有机化学品”		●			
第 39 章“塑料及其制品”			●		
第 32 章“鞣料；着色料；涂料；油灰；墨水等”			●		
第 61 章“针织或钩编的服装及衣着附件”				●	
第 62 章“非针织或非钩编服装及衣着附件”				●	
第 95 章“玩具、游戏品、运动用品及其零件、附件”				●	
第 88 章“航空器、航天器及其零件”					●
第 30 章“药品”					●
第 10 章“谷物”					●

资料来源：根据海关数据计算。

（三）对价值链分工的再考察

在上述分析中可以注意到，部分产品（如第84章、第85章等机电产品）

的要素密集分工类型不易作出准确划分，又在我国外贸格局中具有非常重要的地位，需要更进一步考察。原因在于，这部分产品更多地属于全球价值链分工[①]，而上述分析使用的比较优势测量方法更适用于产业间分工，这就需要借助贸易专业化指数（TSI）分布图进一步考察这些产品。

通过观察TSI分布图的移动方向可以识别价值链分工的优势变化。TSI指的是净出口额除以进出口总额。与产业间分工不同的是，价值链分工中一国大量出口某一类产品的同时，又大量进口同一类产品，这样其TSI会围绕在0附近，呈现“钟形图”形态[②]。

我国TSI分布图在持续右移，代表价值链分工竞争优势不断扩大。在2001—2007年这一阶段，我国TSI分布图大幅度右移，钟形图“驼峰”从0值左侧移到了0值右侧（见图3–87）。在2007—2015年这一阶段，尽管TSI指数提升幅度小于上一阶段，但通过更为细分的数据依然可以观察到明显的右移（见图3–88）。值得指出的是，即使仅观察2013—2015年这一较短的时期，我国外贸正处于相对低迷阶段，这种TSI分布图右移也是依然存在的（见图3–89）。

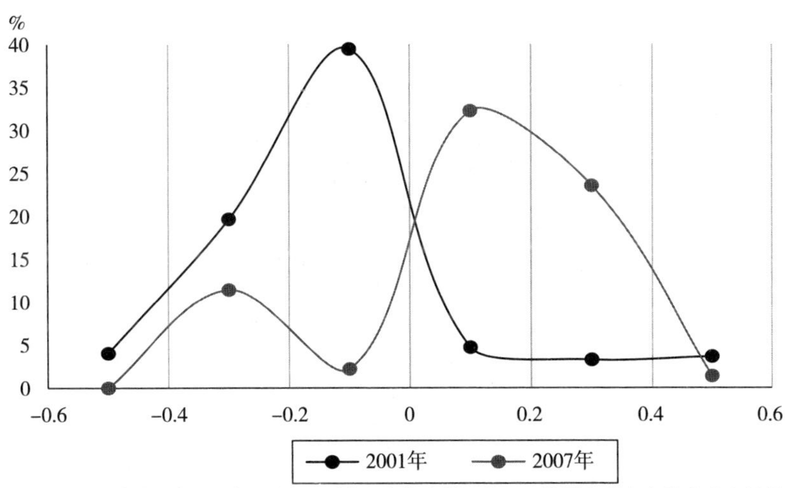

注：每个数据点代表“净出口额/进出口总额”在每个横坐标0.1范围内所有产品占总贸易份额之和。
资料来源：根据海关数据计算。

图3–87　2001—2007年我国TSI分布图变化

① 全球价值链分工，在一些文献中也称作垂直分工、垂直专业化、全球生产链等。

② 如果是产业间分工，则TSI分布图会出现“U字形”形态。

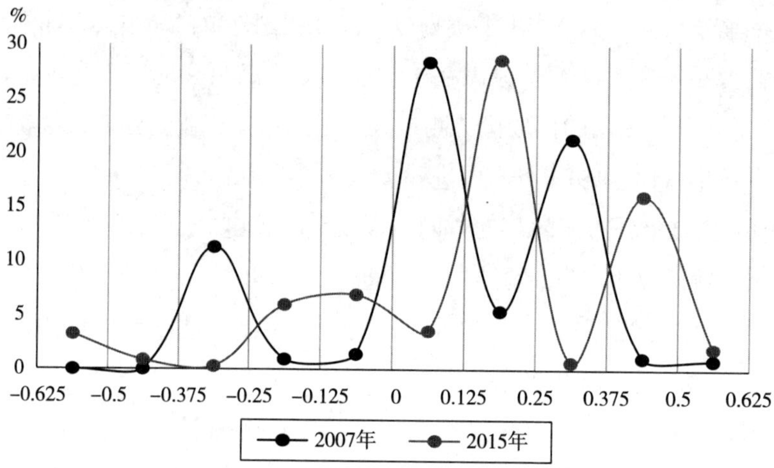

注：每个数据点代表“净出口额 / 进出口总额”在每个横坐标 0.0625 范围内所有产品占总贸易份额之和。相比上一阶段图示，更为细分的数据划分是为了更直观地显示图形移动。

资料来源：根据海关数据计算。

图 3-88　2007—2015 年我国 TSI 分布图变化

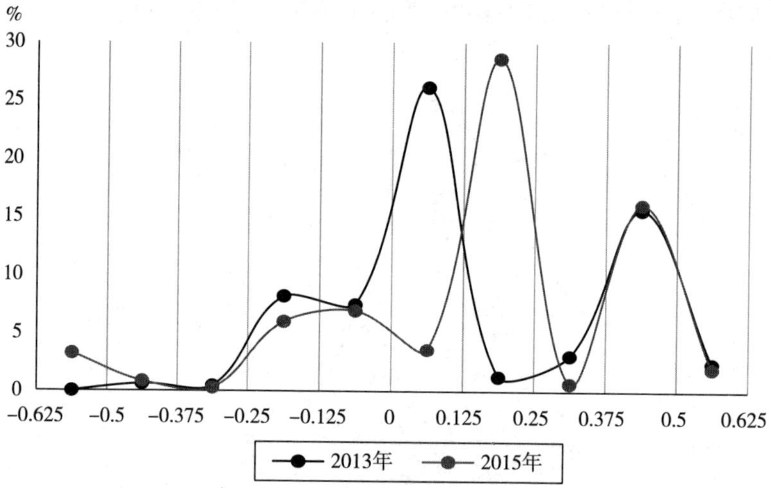

注：每个数据点代表“净出口额 / 进出口总额”在每个横坐标 0.0625 范围内所有产品占总贸易份额之和。

资料来源：根据海关数据计算。

图 3-89　2013—2015 年我国 TSI 分布图变化

三、我国比较优势来源变化决定了开放发展框架调整

比较优势来源是一国融入全球化和国际分工的基础，也是开放发展框架的基础，因而一国比较优势来源的变化必然对开放发展框架产生深远的影响。

（一）我国对外开放的比较优势来源正在发生变化

在要素禀赋理论框架下，一国发展过程中资本积累逐步增加，资本存量相对劳动力上升，导致劳动密集型产业相对下降，资本密集型产业相对上升，这也就是雷布津斯基定理。这一理论假说正在我国发展中得到应验。我国虽然人口红利正在衰减、劳动力成本优势下降，但资本积累[①]提升已经变成重要的比较优势来源，主要体现在三个方面。

一是比较优势优化的产品篮子构成发生变化，资本密集型产品逐渐占据主导地位。对比两个阶段，可以发现越来越多的劳动密集型产品不再处于比较优势优化的前列，越来越多的资本密集型产品则朝着比较优势优化的方向发展。这些资本密集型产品既有扩大比较优势和缩小比较劣势的，也有从比较劣势转变为优势的，涉及电子、机械、塑料、化工、金属冶炼等广泛的资本密集型行业，在新阶段下对我国外贸格局变化产生了重要作用。

二是不同劳动密集型产品的比较优势表现分化。近年来，一部分劳动密集型产品比较优势弱化的同时（如成衣），另一部分比较优势发生了强化（如面料）。面料、成衣同处于服装产业上下游，之所以出现分化，原因在于面料厂资本密集程度较高，更符合我国资本积累的要素禀赋变化，制衣厂劳动密集程度较高，更容易向越南等劳动力相对充裕的国家转移。

三是价值链分工的竞争优势持续扩大。加入世界贸易组织之后，我国凭借丰厚人口红利融入全球价值链分工，TSI分布大幅右移，突出表现在机电产品作为资本密集产品从逆差变为顺差。对比两个阶段，可以发现虽然近年来我国人口红利逐渐衰减，但TSI分布图依然延续了上一阶段的右移趋势，表明我

---

① 这里采用广义的资本积累概念，包括资本形成（如设备投资）、人力资本（如设备技能知识）、技术进步（如设备规模化应用带来的效率提升）。

国价值链分工的竞争优势来源已经不再是廉价劳动力，资本积累正在成为相应资本密集型产品竞争优势的新来源。

（二）比较优势转变对我国过去的开放发展框架带来了挑战

过去，以充裕的剩余劳动力作为比较优势来源决定了我国开放发展框架的关键在于打破供给约束。我国的人口红利在融入全球化之后形成了全球化红利，推动全球经济经历了增速较高且通胀温和的长期繁荣阶段，“经济全球化深入发展”成为我国开放发展战略机遇期的重要条件。这就帮助我国解决了发展中国家工业化经常面临的需求约束，也促使我国走向了外需导向型工业化发展道路。在需求约束可以依靠外部市场解决的基础上，开放发展的关键就聚焦在供给约束问题。

在各项要素供给约束中，以充裕的剩余劳动力作为比较优势来源决定了我国开放发展框架的着力点是解除资本约束。相比起过去融入全球化的经济体，没有一个拥有像我国一样充裕的剩余劳动力，甚至日本、韩国等“四小龙”多个经济体制造业劳动力之和也小于我国剩余劳动力人口。这就决定了廉价劳动力不会是我国面临的主要供给约束，反过来庞大劳动力背景下资本等其他投入要素构成了关键约束，成为我国传统开放发展框架的着力点。

在解除资本约束的过程中，我国形成了符合纵向分工模式的开放发展框架。我国通过土地、税收、补贴等招商引资优惠政策，积极吸引外商直接投资（FDI）来突破资本约束，不仅产业间分工上承接了劳动密集型行业（如纺织服装），在价值链分工上占据了劳动密集型制造环节（如机电行业），形成了符合纵向分工模式的开放发展政策。这直接体现在前文分析中纺织服装、机电产品贸易优势的强势扩张。

随着资本约束的解除，其他投入要素的短缺约束变得更加突出，在石油、矿产等资源能源品上表现尤为明显。我国石油、铁矿石等资源能源品的人均要素禀赋相对匮乏，同时由于市场垄断势力、地缘政治、产品定价金融化等因素影响，决定了我国工业化过程中要依赖大量进口来缓解约束，资源能源品成为我国比较劣势恶化最严重的产品之一。

如今，我国比较优势的来源不再是廉价剩余劳动力，而是逐渐转变为资本积累，意味着上述开放发展逻辑的基础条件发生变化。资源能源品不再是我国最短缺的外部投入要素，资本约束不再是开放发展框架要解决的关键问题，我国开放发展的关键矛盾也不再是供给约束，这就要求对符合纵向分工模式的开放发展框架进行调整。

（三）我国应建立更符合横向分工特征的开放发展框架

当资本积累在我国比较优势来源中发挥越来越重要的作用时，我国面临的内外部环境供求关系和国际分工模式随之改变。

第一，全球需求约束成为重要外在约束条件。我国融入国际分工带来的全球化红利已经衰减，金融危机后全球经济增长持续乏力，能源资源不再稀缺，市场需求的稀缺程度越发突出。而全球贸易更是连续五年低于GDP增速，各国对本土市场的保护主义都空前高涨。因此，我国开放发展的国际环境较过去发生深刻变化，经济全球化深入发展的动力大大削弱，这就决定了外部需求从过去发展的主要驱动因素变成了下一阶段发展的重要环境约束。

第二，内需将对我国开放发展发挥越来越重要的支撑作用。内需与外需不是简单的替代关系，相反，更大的内需意味着更强的出口竞争力。对于规模经济产业和个性化产品而言，庞大的内需是参与国际分工的重要优势来源。企业凭借庞大内需可以享受更大规模生产带来的成本节约，也可以更多地摊薄个性化产品的研发和品牌投入。我国当前内部需求市场已经六倍于加入世界贸易组织之时，并将日益壮大，从上一阶段的重要约束变成下一阶段的重要支撑。从居民部门来看，中等收入群体崛起孕育巨大消费需求，从企业部门来看，新型工业化、信息化、城镇化、农业现代化同步发展催生大量生产需求。

第三，我国与发达国家比较优势逐渐趋同，纵向分工的基础条件比过去明显弱化。发达国家往往都以资本积累作为比较优势来源。我国比较优势来源中资本积累的成分越来越多，我国与发达国家也越来越相似，这种比较优势的趋同决定了难以再大规模推进纵向分工。2015年，我国东部十个省市人均GDP均已突破1万美元，这相当于已经形成了一个人口超过3亿的中等发达经济体，其中北京、上海、深圳等地人均GDP已经与我国台湾等工业化后期经济体不相上下，这与加入世界贸易组织之初已经不可同日而语。

第四，转变经济发展方式对应着更加符合横向分工模式的开放发展框架。分工模式从过去以纵向分工为主，向下一阶段纵向分工和横向分工并重转变，正是我国加快转变经济发展方式和扩大内需进程在国际分工中的展现。日益庞大的内需不仅为解决外部需求约束提供了路径，更为横向分工提供了基础。纵向分工常见于比较优势差异较大的发展中国家和发达国家之间，而横向分工常见于比较优势相似或者趋同的国家之间。根据克鲁格曼的新贸易理论和波特的国家竞争优势假说，形成横向分工竞争优势的关键恰恰在于庞大的国内需求体量。

四、结论与建议

我国比较优势来源日益向资本积累转变，我国参与国际分工的横向化特征日益突出，是未来较长一段时期我国对外开放的基本趋势。在这个过程中，应在市场环境、外资管理、产业政策、参与国际规则治理等方面作出调整，建立更加符合横向分工的开放发展框架。

（一）完善统一开放的国内市场

完善统一开放的国内市场，其意义不仅仅在于促进内部贸易，更在于为横向分工建立竞争优势来源，让企业依托内需而非依赖外需培育竞争力。有研究表明，正因为存在着严重的国内市场分割和封闭，使得企业难以充分利用国内庞大的需求市场，不得不依赖向外部市场出口。

实现统一开放的国内市场要从着力打破地方保护、区域封锁和降低物流成本入手。在纵向分工模式下，我国地方政府往往通过设置当地市场壁垒、保护当地企业和争取经济功能区政策来促进辖内经济增长，但在横向分工模式下，这些行为会带来政策碎片化、市场隔断化，割裂我国整体内需市场，形成“大而散”的市场格局，削弱了庞大市场规模对培育竞争优势的积极作用。同时，我国物流成本居高不下，流通环节多、乱收费等现象突出，阻碍了商贸流通，也相当于分割了国内市场。

（二）更加重视吸引横向外资

过去，我国招商引资以纵向外资为主，即成本导向型外商直接投资。然而，这些外企来华投资生产，在需求上对接的是国外市场，与国内需求错配，在供给上衔接的外部供应链，容易向其他发展中国家转移。纵向外资一般发生在比较优势差距较大的国家之间，随着我国比较优势与发达经济体趋同，我国应更加重视吸引市场导向型的横向外资。

我国吸引横向外资的基础，不仅在于消费性市场，也在于中间品市场。从消费需求市场来看，日益增长的消费品需求市场可以吸引外企将微笑曲线两端的品牌和研发环节转移到我国。从生产需求市场来看，体系不断完善、规模不断增长的国内产能也会催生大量的中间品需求，吸引外企来华与之配套。也只有完成从吸引纵向外资到横向外资的转变，才能不被外资企业锁定于微笑曲线底端，而是让外资企业在需求和供给两端都扎根于中国。

（三）更加重视功能性产业政策和竞争政策

过去，我国发挥政府的作用更多地体现在选择性产业政策，按照发达经济体走过的老路，主动选择特定产业给予差别化产业政策，有利于实现超常规发展。然而，这种跟随策略难以长期实施，当我国比较优势与发达国家逐渐趋同，走完发达国家的老路后如何前进成为必然要遇到的问题。正如华为任正非先生所言，“高速增长之后已经处于无人领航的局面”。

如今，我国应弱化选择性产业政策功能，更多地发挥功能性产业政策和竞争政策的作用。功能性产业政策通常指政府支持研发投入、品牌和人力资源建设，竞争政策则强调通过反垄断、反倾销、反补贴、加强行业监管和知识产权保护来打击不正当竞争。前者有助于弥补我国过去制造业在纵向分工下微笑曲线两端的不足，更加适应从依赖外需转向对接日益增长的国内需求，后者有助于保障各类市场主体平等使用生产要素、公平参与市场竞争，让内需市场活力真正转化成横向分工的竞争力。

（四）更加重视国际规则的利益分配作用

加入世界贸易组织是我国利用国际规则实现比较优势的重要经验。在这个经验中，国际规则虽然是外生给定的，但更多地体现了公共产品有利于发展的一面，这也决定了我国被动接受的角色。然而，当前国际经贸规则正在经历1994年世界贸易组织成立以来最大的一轮重构，能否有利于我国培育新的比较优势尚未可知，我国如何在规则重构中变被动为主动，维护新的发展利益成为重要挑战。

发挥好国际规则的利益分配作用应着力于利用传统规则和引领前沿规则来争取市场需求。新形势下市场需求是最稀缺的资源。在传统规则上，应学习美国、印度等国积极使用反倾销、反垄断等措施保护本土市场，防止产业空心化并促进产业高端化。面对钢铁等全球性产能过剩问题，在自身调整产能的同时也要避免他国趁机抢占市场。在前沿规则上，应学习美国、欧盟等经济体最大限度影响规则变化方向、节奏的经验，让国际规则变革与国内经济发展步伐相匹配。

加快发展陆上贸易的战略意义、难点与对策

大力发展陆上贸易，是应对经济全球化新形势、推进“一带一路”建设的重要选择。过去的全球化进程以海洋贸易为基础，与英国、美国的临海环境有关，这也导致了陆上贸易发展相对落后，陆地型国家融入全球化相对迟缓，我国中西部地区开放相对滞后。我国加快推进“一带一路”经贸合作，支持全球化打开发展新空间，必须发挥背靠欧亚大陆的优势，大力发展陆上贸易，激活丝绸之路经济带，走出一条陆海结合的外贸新路子。

一、加快发展陆上贸易是当前我国扩大开放的战略选择

改革开放以来，我国高度重视对外贸易，逐步融入了全球化进程。由于东部沿海开放较早、国际海上贸易比较成熟，我国绝大部分外贸通过海运完成，而陆上贸易发展滞后。当前我国提出支持新型全球化，更加积极主动地扩大开放，陆上贸易将在这一过程中发挥重要作用。

第一，陆上贸易可以充分发挥我国陆地联通欧亚的比较优势。从地理特征看，我国是典型的沿海大陆型国家，陆域面积广阔，接壤国家众多，同时拥有绵长的海岸线。在发展空间上，我国与英国、美国、日本等海洋型国家不同，在陆地上就能通过铁路与欧亚很多国家联通。这为我国拓展外贸空间提供了新选择，也是发展陆上贸易的基本条件。

第二，陆上贸易有利于助推“一带一路”经贸合作。“一带一路”沿线

有相当一部分国家属于内陆型国家，不仅缺少出海口，无法顺畅地进行海运贸易，还受制于国际陆路交通设施、技术较为落后等因素，陆上国际贸易迟迟没有充分开展。“一带一路”沿线国家加快本地经济发展的意愿较强，自身拥有丰富的资源，进口需求也越来越大，我国与其扩大陆上贸易往来潜力较大。

第三，陆上贸易有利于提高我国中西部开放水平。近四十年来，我国东部地区不断扩大开放，实现了率先发展。但中西部地区受地理条件等限制，开放程度滞后于东部，拖累了其融入全球化的步伐。当前，在推动“一带一路”建设的大背景下，中西部应当立足于向我国陆地邻国开放的区位优势，充分发挥国际铁路运输助推陆上贸易的中坚作用。比如，新疆作为“一带一路”建设的核心区，可以建成向西开放的窗口；云南、广西可以成为面向南亚、东盟的辐射中心；东北可建成向北开放的窗口和东北亚区域合作枢纽。

第四，陆上贸易是我国推动全球化、提升国际经贸规则话语权的重要突破口。海洋是过去全球化的基础，美国、英国等更加注重海上贸易，围绕海上贸易制定了比较成熟的国际规则，但陆上贸易及其规则发展相对滞后。当前我国推动完善陆上贸易规则，符合“一带一路”沿线各国利益，阻力相对较小，有利于推动我国从国际经贸规则追随者向引领者转变，有利于经济全球化在陆上贸易打开新的空间。

二、我国发展陆上贸易面临三大问题

我国陆上贸易快速发展的同时，在国际规则、政府行为、市场培育等方面暴露出一些问题，不利于我国陆上贸易长期健康可持续发展。

（一）陆运规则不适应我国加快发展陆上贸易的需要

陆上贸易发展的主要途径是国际铁路运输。但是，《国际铁路货物联运协定》作为陆运规则已滞后于当前国际贸易形势。该协定于1951年制定，当时没有今天高速铁路技术和陆上贸易发展的时代背景，也没有充分考虑现代国际贸易和贸易金融的操作需要。例如，大量铁路运单仍使用俄语出具，与现代国际惯例严重不符。海运规则随海上贸易发展不断演化完善，相比较而言，陆运规则更新修订较为迟缓。

陆运规则落后的关键之处在于，没有赋予铁路运单物权属性。《国际铁路货物联运协定》由各国交通运输部门联合制定，从运输视角看，铁路运单是运输合同单据，无须考虑物权属性。但从贸易视角看，单据的物权属性非常重要。一是现代国际贸易早已在单一的实物交易基础上，发展出活跃的物权单据交易。二是对于贸易金融服务而言，物权单据起到了抵押物的重要作用。

具体而言，铁路运单物权属性缺失造成了三方面的影响：一是加大了国际贸易各方的风险。出口方先发货后收款，进口方先付款后收货，银行在两方之间结算和融通资金，货款不同步使得各方面临较大风险。海运提单具备物权属性，使物权与实物相分离，贸易各方总能在货款、货物、物权单据三者中占据其一，保障了贸易各方利益，但目前铁路运单不具备这一功能。二是削弱了银行提供贸易金融服务的积极性。在海上贸易中，银行可以获得海运提单作为抵押物，企业可以在货物到港前获得贸易金融服务。但铁路运单没有物权属性，因而要求企业在其他资产和还款能力上有所补充才能开展贸易融资，这就降低了贸易金融效率和各方开展陆上贸易的意愿。三是制约了陆上贸易中心的形成。基于单据的物权属性，现代海上贸易通过海运提单流转发展出快捷的转手贸易，进而形成了荷兰、新加坡及中国香港等海洋贸易中心。但铁路运单缺少物权属性，陆上贸易转让货物只能通过实际交运货物来实现，阻碍了转手贸易及陆上贸易中心的发展。

除了运单物权之外，陆上贸易规则还有一些需要加以改善和规范的问题。一是欧亚之间运单和运输规则有待协调统一。由于历史原因，欧亚大陆形成了《国际铁路货物联运协定》和《国际铁路货物运送公约》两套运单和运输规则体系，前者由我国和前苏联等国家制定，后者由欧洲国家制定，导致货物跨越两个体系时需要重新填单制单，实际上是“一路两法”。二是通关便利化规则有待优化。与海上贸易直接抵达进口国不同，国际铁路货运往往通行不少国家海关，部分国家重复关检、关检效率低下等问题导致整个通关时间十分漫长，降低了跨境运输效率。三是收取跨境过路费问题有待规范。与海上贸易途经公海不同，国际铁路货运往往要跨越若干国家边境，部分国家存在强收过路费、乱收关检费问题，对运输环境和成本造成恶劣影响。

（二）我国各地政策协调不够，陆运支持政策各自为政、恶性竞争

为了打造物流中心地位，各地方政府大力支持当地国际铁路货运业务。重庆、郑州、武汉、成都等地纷纷开行中欧货运班列，并且给予较大的补贴支持，部分地方政府每年的财政支持高达数亿元。无论是从内陆还是沿海出发的国际班列，各地补贴都达到了运价的10%以上，个别地方甚至超过40%。

地方政府各自为政的过度竞争容易造成市场失灵、运力过剩，加重财政压力，削弱贸易中心的集聚效应。各地政府纷纷通过“价格战”抢占运输市场，这种无序的竞相补贴行为，一是扭曲了市场价格信号，造成运力过剩，一旦削减补贴就容易导致线路瘫痪；二是分散了对外发送的货物，在国际陆运中难以发挥规模效应；三是把运输经营之争变成了地方财力之争，给地方财政带来较大负担。

（三）市场对陆上贸易的潜力和优势认识不到位，中欧陆上贸易缺乏返程经营主体

我国各地发往欧亚大陆的国际铁路货运线路，普遍面临去程满载、返程空载的问题，这种单向运输大大抬高了使用成本，制约了陆运发展。由于缺乏经营返程贸易的市场主体，部分线路返程空载率超过50%，因而去程班列开得多、返程班列开得少，甚至在国外卖掉集装箱以减少返程班列，即使“渝新欧”的去程与返程班列数量之比也达到了2∶1。

返程贸易具有充分的发展潜力，但仍需培育市场主体。欧亚大陆各国禀赋迥异，既有以资本或技术密集型产品为优势的国家，又有以资源能源、农产品等初级产品为优势的国家。这些国家与我国贸易互补性很强，但货源广泛、货品繁杂、涉及厂商众多，现有市场主体经营返程贸易难度较大。一是我国外贸企业通常规模较小且从事行业单一，缺乏在欧亚范围内多方面揽货的实力。

二是各类货源需要与国际班列做到时间空间上的匹配协调，需要有实力的经营主体开展大量跨国物流集散工作。三是长期以来各方对海运贸易有路径依赖，欧亚大陆广大国家使用陆上贸易的市场习惯尚需培育。

三、政策建议

为延续并促进当前陆上贸易快速发展的良好势头，我国应在国际规则制定、政府支持政策、市场主体培育、交通运输软硬环境等方面，积极为陆上贸易创造更好的条件，破除和化解不利于其可持续健康发展的障碍和问题。

第一，完善陆上贸易规则。可由国家铁路局牵头积极与铁路合作组织加强沟通：一是完善《国际铁路货物联运协定》有关铁路运单的规定，以适当的合同条款实现铁路运单物权化；二是坚决清理治理欧亚铁路沿线乱收费现象，形成合理透明的过境通关收费环境；三是加快与欧洲《国际铁路货物运送公约》的协调统一。类似的国际规则修改操作已有成功先例，如2015年，在我国提议下，铁路合作组织废止了实行58年的禁运个人邮包规则。

第二，大力扶持和培育市场主体和贸易中心。一是坚持市场在推动陆上国际贸易中的决定性作用，避免地方补贴无序竞争带来运价扭曲。可由中央统一规范地方的价格补贴政策，培育陆上贸易的造血能力而不是简单输血扶持，引导地方政府更多支持陆上贸易便利化、人才培养、物流创新等。二是支持培育新形势下的市场主体。可由中央牵头筹建基于欧亚大陆的综合贸易公司，统筹国内跨境线路和运力，集中组织多方面货源经营陆上贸易，提高返程贸易效益。三是打造我国和外国的陆上贸易中心。综合考虑国内欧亚大陆各条线路，集中谈判力量压低国外运输成本，选定若干关键城市规划我国和外国的陆上贸易中心，发挥集聚效应。

第三，提高陆上国际贸易通关便利度。国内要深化铁路货运通关“放管服”改革，大力推进铁路口岸“大通关”建设，全面实施铁路货运一站式作业、一体化通关；进一步完善铁路口岸信息平台，加大对集装箱货运系统整合力度，提高铁路口岸通关的自动化程度；扩大“集中报关”“凭保放行”等快捷措施的应用范围。国际上，可借助高层互访、上合组织、中国—中东欧（16+1）、中国—东盟（10+1）、中欧等合作平台，与“一带一路”沿线国家共建高效的铁路运输组织模式，开通更多的国际货运固定班列；推进国际海关信息互换、监管互认、执法互助，减少烦琐的审批通关流程，建立中外国际陆港间的常态化铁路联运机制。

第四，加快“一带一路”沿线交通和物流基础设施建设。运输通道方面，优先部署联通中国和巴基斯坦、孟加拉国、缅甸、老挝等邻国的铁路项目，推动现有线路改造和提速升级，逐步确立国际铁路建设技术标准。物流节点方面，加快对现有铁路口岸进行升级改造，规划建设“一带一路”沿线贸易和物流集散中心，积极推动口岸多式联运业务发展，持续提升铁路口岸辐射力。融资保障方面，利用好亚投行、丝路基金、政策性银行等现有融资机制，积极引入世界银行、亚洲开发银行、主权财富基金、商业银行等资金支持。

自贸区资本账户开放路径及其对国内宏观经济稳定的挑战

近几年来中国名义资本账户开放和实际资本账户开放均稳步推进。跨境直接投资实现了基本可兑换，跨境证券投资取得重大进展。上海自贸区是人民币资本账户开放的“桥头堡”，担当资本账户开放试点的重任。资本账户开放带来大规模的跨境资本流动对货币政策独立性、国内金融市场稳定带来挑战，也容易引发套汇套利交易以及洗钱风险。自贸区在探索资本账户开放的进程中要注意防范这些风险。

一、中国资本账户开放稳步推进

资本账户开放衡量有两种标准：名义资本账户开放和实际资本账户开放。名义资本账户开放是一国在资本账户开放上“说”了什么，是根据法规标准进行的定性度量，通过考察一国约束金融开放的法律法规和其他规范性法律文件来对金融开放程度进行衡量，反映政府对于本国金融开放的意愿以及政策性的指引。实际资本账户开放是一国在资本账户开放中“做”了什么，是根据实际资本流动进行的定量测度，通过考察金融开放过程中参与主体的行为对市场的综合影响，真实反映出金融开放的深度和规模。

（一）名义资本账户开放提速

近几年来中国资本账户开放明显提速。跨境直接投资实现了基本可兑换。推广跨国公司外汇资金集中运营管理，允许符合条件的跨国公司主办企业异地开立国内、国际资金主账户，试行跨国公司借用外债比例自律管理政策；进一步简化和改进跨境直接投资外汇管理，取消直接投资项下外汇登记核准，境内外投资主体可直接到银行办理相关外汇登记；简化外国投资者出资确认登记管理，取消境外再投资外汇备案；外商投资企业外汇资本金实行意愿结汇管理，对资本金适用实施负面清单管理；自贸区对外商投资实行准入前国民待遇加负面清单管理模式，负面清单内的领域和产业禁止投资，负面清单外的领域，对外商投资项目由审批制改为备案制。

跨境证券投资取得重大进展。在股票市场上，沪港通和深港通的相继开通、我国股市纳入MSCI指数、QFII和RQFII机制不断完善、证券机构放开外资股比限制，以及创新企业境内发行股票或存托凭证试点工作已展开为国内居民配置境外资产和境外投资者投资中国股市拓宽了通道。在债券市场上，银行间债券市场全面放开，熊猫债发行主体和资金用途放宽，富时集团和彭博指数纳入我国债券，债券市场的国际化程度进一步提升。在基金和衍生品市场上，内地香港两地基金互认、允许境外交易者和境外经济机构从事境内特定品种期货交易等吸引境外投资者。

根据IMF标准，中国实现部分可兑换以上的资本交易项目达37项，占资本账户项目的92.5%，不可兑换项目仅剩3项，即非居民境内发行货币市场工具、非居民境内发行衍生工具和其他工具，较2009年72.5%的可兑换水平有了较大幅度的提升（见表3–44）。

（二）实际资本账户开放指数上升

中国对外总资产从2007年的24162亿美元增加到2017年的69256亿美元（见表3–45），其中，直接投资增长较快，从2007年的1160亿美元增加到2017年的14730亿美元，2015年增速尤其明显，这和中国推进“一带一路”倡议，鼓励企业对沿线国家进行投资密切相关。证券投资增长缓慢，中国对跨境证券投资实行额度管理，2007年以后股权投资增长迅速，进入爆发期，这和中国企业尤其是互联网企业密集赴境外上市相关。其他投资中贸易信贷和贷款占主要地位，并且发展迅速。

表 3-44　　中国资本账户开放现状

项目					现状
1	一、资本和货币市场工具	1. 资本市场证券交易	A. 股票或其他具有交易性质的证券	非居民在境内购买	部分可兑换
2				非居民在境内出售或发行	基本可兑换
3				居民在境外购买	部分可兑换
4				居民在境外出售或发行	基本可兑换
5			B. 债券或其他债务性证券	非居民在境内购买	基本可兑换
6				非居民在境内出售或发行	部分可兑换
7				居民在境外购买	部分可兑换
8				居民在境外出售或发行	部分可兑换
9		2. 货币市场工具		非居民在境内购买	基本可兑换
10				非居民在境内出售或发行	不可兑换
11				居民在境外购买	基本可兑换
12				居民在境外出售或发行	部分可兑换
13		3. 集体投资类证券		非居民在境内购买	基本可兑换
14				非居民在境内出售或发行	不可兑换
15				居民在境外购买	部分可兑换
16				居民在境外出售或发行	部分可兑换
17	二、衍生工具和其他工具			非居民在境内购买	部分可兑换
18				非居民在境内出售或发行	不可兑换
19				居民在境外购买	部分可兑换
20				居民在境外出售或发行	部分可兑换
21	三、信贷业务	1. 商业信贷		居民向非居民提供	基本可兑换
22				非居民向居民提供	基本可兑换
23		2. 金融信贷		居民向非居民提供	基本可兑换
24				非居民向居民提供	基本可兑换
25		3. 担保、保证和备用融资便利		居民向非居民提供	基本可兑换
26				非居民向居民提供	基本可兑换

续表

<table>
<tr><th colspan="4">项目</th><th>现状</th></tr>
<tr><td>27</td><td rowspan="2">四、直接投资</td><td colspan="2">1. 对外直接投资</td><td>基本可兑换</td></tr>
<tr><td>28</td><td colspan="2">2. 对内直接投资</td><td>基本可兑换</td></tr>
<tr><td>29</td><td colspan="3">五、直接投资清盘</td><td>基本可兑换</td></tr>
<tr><td>30</td><td colspan="2" rowspan="3">六、不动产交易</td><td>居民在境外购买</td><td>部分可兑换</td></tr>
<tr><td>31</td><td>非居民在境内购买</td><td>部分可兑换</td></tr>
<tr><td>32</td><td>非居民在境内出售</td><td>基本可兑换</td></tr>
<tr><td>33</td><td rowspan="8">七、个人资本流动</td><td rowspan="2">1. 贷款</td><td>居民向非居民提供</td><td>部分可兑换</td></tr>
<tr><td>34</td><td>非居民向居民提供</td><td>部分可兑换</td></tr>
<tr><td>35</td><td rowspan="2">2. 礼品、捐赠、遗赠和遗产</td><td>居民向非居民提供</td><td>基本可兑换</td></tr>
<tr><td>36</td><td>非居民向居民提供</td><td>基本可兑换</td></tr>
<tr><td>37</td><td colspan="2">3. 外国移民在境外的债务结算</td><td>可兑换</td></tr>
<tr><td>38</td><td rowspan="2">4. 资产的转移</td><td>移民向国外的转移</td><td>基本可兑换</td></tr>
<tr><td>39</td><td>移民向国内的转移</td><td>部分可兑换</td></tr>
<tr><td>40</td><td colspan="2">5. 博彩和中奖收入的转移</td><td>部分可兑换</td></tr>
</table>

资料来源：根据 IMF《汇率安排与汇兑限制》整理。资本账户开放现状包括不可兑换、部分可兑换、基本可兑换、可兑换。其中，“部分可兑换”指存在严格准入限制或额度限制；“基本可兑换”指有所限制，但限制较为宽松，经登记或核准即可完成兑换。

表 3–45　　2007—2017 年中国对外资产构成　　单位：亿美元

项目\年份	2007	2008	2009	2010	2011	2012	2013	2014	2015	2016	2017
对外总资产	24162	29567	34369	41189	47345	52132	59861	64383	61558	65070	69256
直接投资	1160	1857	2458	3172	4248	5319	6605	8826	10959	13574	14730
证券投资	2846	2525	2428	2571	2044	2406	2585	2625	2613	3670	4972
股权	196	214	546	630	864	1298	1530	1613	1620	2152	3075
债券	2650	2311	1882	1941	1180	1108	1055	1012	993	1518	1896
其他投资	4683	5523	4952	6304	8495	10527	11867	13938	13889	16797	17136
货币和存款	1380	1529	1310	2051	2942	3906	3751	4453	3598	3653	3677
贷款	888	1071	974	1174	2232	2778	3089	3747	4569	5768	6372
贸易信贷	1160	1102	1444	2060	2769	3387	3990	4677	5137	6145	6339
其他应收款	1255	1821	1224	1018	552	457	1038	1061	412	1107	593
储备资产	15473	19662	24532	29142	32558	33879	38804	38993	34061	30978	32359

资料来源：Wind，中国银行国际金融研究所。

中国对外总负债从2007年的12281亿美元增加到2017年的51115亿美元。其中，对外直接投资稳步增长，从2007年的7037亿美元增加到2017年的29041亿美元，占对外总负债的56%；证券投资在近几年发展迅速，从2009年的1900亿美元增加到2017年的10439亿美元，这和2008年国际金融危机后中国对跨境证券投资的管制放松以及中国经济仍保持较高速度的增加相关；其他投资中贷款占比较大，2008年以后增速较快，从2008年的1030亿美元增加到2014年的5720亿美元，2017年下降到3922亿美元（见表3–46）。

表 3–46　　2007—2017 年中国对外负债构成　　单位：亿美元

项目 \ 年份	2007	2008	2009	2010	2011	2012	2013	2014	2015	2016	2017
对外总负债	12281	14629	19464	24308	30461	33467	39901	48355	44830	45567	51115
直接投资	7037	9155	13148	15696	19069	20680	23312	25991	26963	27551	29014
证券投资	1466	1677	1900	2239	2485	3361	3865	7962	8170	8111	10439
股权	1290	1505	1748	2061	2114	2619	2977	6513	5971	5795	7166
债券	176	172	152	178	371	742	889	1449	2200	2316	3272
其他投资	3778	3796	4416	6373	8907	9426	12724	14402	9643	9844	11628
货币和存款	791	918	937	1650	2477	2446	3466	5030	3267	3166	4452
贷款	1033	1030	1636	2389	3724	3680	5642	5720	3293	3205	3922
贸易信贷	1487	1296	1617	2112	2492	2915	3365	3344	2721	2883	2871
其他应付款	467	552	121	106	106	277	144	207	172	408	184

资料来源：Wind，中国银行国际金融研究所。

实际资本账户开放指数通常采用对外总资产和对外总负债之和（除去外汇储备资产）占GDP的比重来衡量。其中，对外总资产包括中国对外直接投资、证券投资和债务资产、金融衍生品资产、外汇储备和其他资产如银行借贷和贸易信贷；对外总负债包括外商直接投资、证券投资债务、金融衍生品债务等。近年来中国对外开放水平提升，资本账户实际开放指数从2007年的0.57上升到2017年的0.70。和以前相比，中国近几年无论是名义资本账户开放，还是实际资本账户开放都有了很大的进展（见图3–90）。

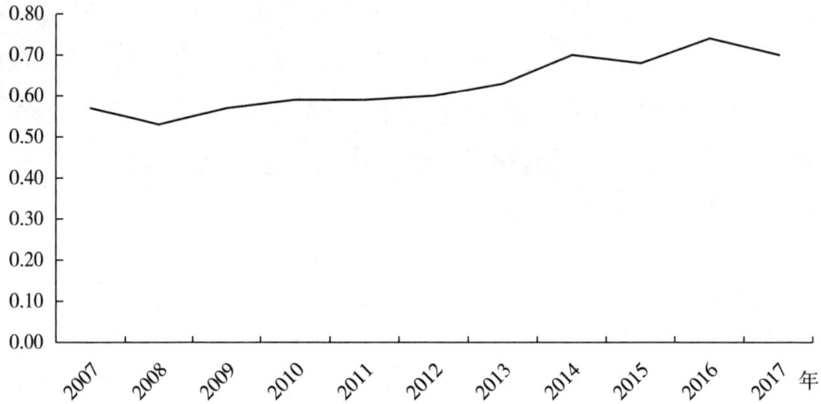

资料来源：Wind，中国银行国际金融研究所。

图 3–90　2007—2017 年中国实际资本账户开放指数

（三）上海自贸区试点资本账户可兑换

上海自贸区是人民币资本账户开放的“桥头堡”。自贸区金融试点政策主要包括四大方面：利率市场化、人民币跨境使用、外汇管理政策改革和人民币资本项目可兑换，其中人民币资本项目可兑换是关键所在。自贸区有以下关键特征：一是无须中国人民银行批准，自贸区的银行即可自由地对经常账户下以及涉及实体直接投资的人民币进行结售汇操作；二是自贸区内的企业可以在离岸市场上借入人民币，但是这些资金不能在自贸区以外使用，也不能用于证券投资或者申请贷款展期；三是自贸区内的外商投资企业可以按需自由地进行结售汇；四是合格外商投资银行可以设立子公司、分支机构或特殊的机构对现有的子分支机构进行升级；五是合格私营投资者可以投资自贸区的银行业并设立银行、金融租赁公司、消费者金融公司以及其他金融机构；六是政府有意支持自贸区的银行机构开展跨境金融服务（见表3–47）。

表 3-47　　上海自贸区与区外境内资本项目开放政策比较

	区外境内	自贸区内
跨境人民币结算	除收取境外投资者汇入的人民币并购款或股权转让款以外，居民不能办理其他跨境人民币业务	区内机构和个人都能简化办理经常项下和直接投资项下跨境人民币业务，仅需提交收付款指令
	港澳台个人可以从港澳台每人每天不超过 8 万元汇入大陆的同名账户，中国台湾个人还可汇入大陆的非同名账户	对出口重点监管名单内的企业仍需审慎审核交易凭证
跨境人民币收付	除集团内企业外，跨境人民币集中收付可拓展至与集团内企业存在供应链关系的、有密切贸易往来的集团外企业	跨境人民币集中收付业务在企业集团内开展
个人银行结算账户	除收取境外投资者汇入的人民币并购款或股权转让款以外以及从中国台湾汇入的个人汇款外，居民不能办理其他跨境人民币业务	区内就业或执业的中国人或外籍个人都能通过开立个人结算账户或个体工商户单位结算账户办理经常项下跨境人民币结算业务
人民币外债业务	中资企业借外债应报发展改革委批准	区内中外资企业和非银金融机构均可以从境外借入一年（含）以上的人民币外债，有外债额度限制
	外资企业可按投注差借外债	区内人民币外债按余额计算总规模
	人民币外债按发生额计算总规模。首次展期不计入境外借款总规模，此后的展期计入境外借款总规模	借款人应在上海地区的银行开立人民币境外借款专用存款账户
跨境业务账户管理	NRA 账户（境外机构境内外汇账户）和 OSA 账户（境外机构境内离岸账户），均能办理外汇存款、国际结算等国际业务，但如果与境内发生收支业务，则需按跨境业务管理；均属于外债范畴	FTA 账户是跨境证券投资的载体，账户内本外币资金按统一规则管理，可以办理经常项下和直接投资项下的跨境资金结算等；在区内就业并符合条件的个人可按规定开展包括证券投资在内的各类境外投资等

资料来源：上海自贸区网站。

二、自贸区资本账户开放路径选择

（一）中国基本满足资本账户开放条件

一国资本账户开放前宏观经济要满足一定的条件，可以概括为可维持的国际收支体系，稳固的财政，完善的国内金融体系和弹性的汇率制度等。

第一，可维持的国际收支体系。不可维持的国际收支体系容易引发本币大幅度贬值，导致国际收支危机，因此，可维持的国际收支结构对资本账户可兑换至关重要。通常从以下几个指标来衡量。一是经常账户差额占GDP比重。经常账户逆差与GDP的比重超过5%被认为是过度的。中国经常账户差额占GDP比重自20世纪90年代以来都是正的，在2007年达到9.5%的峰值后开始下降，但截至2017年底经常账户保持顺差。二是对外负债比重。中国的对外负债率比较低，2017年为14%，低于可接受的60%的负债率水平。三是外汇储备规模。2017年中国的外汇储备为3.1万亿美元，占对外总资产的45%，远高于其他国家。相对充足的外汇储备可以较好地应付各种冲击，从而减轻国际收支调节的压力。

第二，国内财政稳固。资本账户开放的经验表明，当资本管制措施逐步减少甚至完全解除时，如果一国存在着高额的财政赤字，那么短时间内会出现大规模的资本流入或流出，从而给汇率和宏观经济稳定造成压力。实行稳健的财政政策，对于避免资本账户开放过程中发生过度的资本流动，从而防止国际收支和汇率的动荡至关重要。2017年中国财政赤字占GDP比重为2.88%，低于3%的警戒线。

第三，国内金融体系稳健。2014年中国的金融资产规模为200多万亿元，占全球金融资产总额的14%，成为仅次于美国的金融资产大国，其中，近80%的金融资产为银行资产[①]。截至2017年末，银行业不良贷款率为1.74%，拨备覆盖率为181.42%，资本充足率为13.65%。银行业资本和拨备仍然较为充足，和前几年相比，不良贷款率有所上升，拨备覆盖率下降，但整体上仍可控。2015年5月存款保险制度施行，是金融业一项重要基础性制度安排，对完善金融安全网、加强存款人保护、推动形成市场化的金融风险防范和处置机制，建立维护金融稳定的长效机制等，具有重要意义。当前需要密切关注股市风险，虽然股票作为直接融资在总体融资中所占比重不到10%，但近两年，股市大涨大落，对投资者信心带来不小冲击。

① 数据来源于中国社会科学院编制的国家资产负债表，该数据更新至2014年底。

第四，人民币汇率更富弹性。2013年，境内和境外人民币兑美元期权市场6个月隐含波动率日均分别为1.91%和2.15%，远远低于24种主要发达和新兴市场货币10.16%的平均波动率。2015年8月人民币汇改后，人民币汇率形成机制更加市场化，人民币汇率双向浮动弹性进一步增强。2015年8月11日至12月末，境内外人民币汇率波动率日均值分别为2.0%和2.4%，较2015年年初至8月10日的日均值上升42%和74%。

（二）资本账户开放应遵循循序渐进原则

资本账户开放有两种，分别是激进式和渐进式。理论上，如果一个国家的资本账户开放选择了激进式的方式，那么系统性金融危机的爆发概率将明显提高；反之，如果一个国家的资本账户开放选择了渐进式的方式，那么系统性金融危机的爆发概率可能较低。阿根廷、智利和乌拉圭等拉美国家早期资本账户激进式开放的实践也证明发展中国家不适合激进式开放。渐进式开放模式是一种更普遍意义上的选择。发达国家资本账户开放多是采取渐进式模式。如德国早在1958年就开始了资本账户的自由化进程，而且在很短的时间里取消了对资本流出的限制。但是，对于资本流入限制，则因长期存在的国际顺差压力而迟至1981年才完全取消（1969年曾试图解除，但很快又重新实行管制）。英国、日本、澳大利亚以及欧洲大陆的发达国家多在20世纪60年代初期即开始放松管制，但几乎都迟至20世纪80年代甚至90年代才完全实现资本账户可兑换。多数发达国家实现资本账户完全开放几乎用了30年①。对于发展中国家来说，渐进式开放模式无疑更具有现实性。中国经济改革一向走的是渐进式的道路，在资本账户开放上也是遵循循序渐进原则，按照“先直接投资后证券投资、先流入后流出、先长期后短期、先机构后个人”的思路推进开放。在渐进式开放模式下，资本账户开放有三种路径。如何选择恰当的开放顺序，同样具有重要意义。

① 英国完成资本账户可兑换的时间为1979年，日本为1980年，澳大利亚为1983年，新西兰为1984年，荷兰为1986年，丹麦为1988年，法国和瑞典为1989年，比利时、卢森堡、爱尔兰、意大利、奥地利、芬兰和挪威为1990年，葡萄牙和西班牙为1993年，希腊为1994年，冰岛为1995年。

第一是“先外后内”。先推动本国货币的国际化，以及资本账户的逐步开放，在本国货币逐渐成为世界货币的基础上，借用已取得的国际金融资源优势，再推动本国金融制度的改革以及金融自由化，包括本国利率和汇率的市场化。这种模式以美国为代表。美国渐进式金融自由化经历了近百年，20世纪40年代通过布雷顿森林体系和马歇尔计划推动美元国际化，1974年废除包括指导原则在内的资本管制措施；1976年签订《牙买加协议》，实行浮动汇率制度；1980年废除Q条例，推进利率市场化。美国金融自由化“先外后内”的模式，是结合世界经济发展的形势以及本国的经济实力推动的，且适合其发展的成功的金融改革模式。

第二是“先内后外”。先对国内的金融制度、金融市场与要素进行改革，在国内基本形成较为市场化的金融体制的基础上，再开始分步骤推动资本账户开放，并促进本币的国际化。这种模式以日本和英国等为代表。日本实质性的资本账户自由化始于20世纪60年代早期，完成于20世纪90年代晚期，用了将近40年的时间。这一自由化进程经历了三个阶段：经常账户自由化、转向全面自由化体系，以及废除剩余限制。余永定、林毅夫和魏尚进等认为资本账户开放应该遵循一定的顺序，在没有完成利率市场化和汇率形成机制改革前，就推动资本账户的开放，资金跨境流动的套利和套汇风险会冲击金融体系的稳定性，形成巨大的风险。一国不应该通过资本账户开放来倒逼国内改革，资本账户开放是最后的屏障。

第三是“协调推进”。盛松成认为资本账户开放不应该严格地遵循一定的顺序，否则会贻误改革时机，而是应该协调推进，成熟一项推进一项。他认为按照国际标准，目前中国资本账户开放的条件基本成熟。从宏观经济稳定性、金融市场的深度和广度、银行体系稳健性及国际收支状况等方面评判，中国正处于扩大资本账户开放的有利时机。美国量化宽松货币政策的退出、新兴市场的资本短期流动等，基本上是短期或者周期性的现象。中国不应该也没必要因为国际金融市场的短期波动而改变中国战略性开放进程。资本账户开放的程度越高，风险防范的意识就应该越强，防范风险的政策和措施就应该越有力。

资本账户“先外后内”模式不适合中国国情，目前争论的是资本账户“先内后外”还是“协调推进”，无论是“先内后外”还是“协调推进”都承认应该渐进式开放，双方争论的焦点是资本开放顺序问题。目前中国对中长期性质的双向直接投资与贸易融资已经基本放开，但在证券投资、跨境借贷与衍生品交易等短期资本流动方面仍存在较为严格的管制。因此，进一步开放资本项目，主要的开放内容是短期资本流动。上海自贸区是资本账户开放试点，应该延续渐进式改革的基本思路，稳步推进短期资本账户开放。

一方面，短期资本账户开放有利于推动人民币国际化。目前人民币已成为中国第二大跨境支付货币和全球第五大支付货币，但是人民币作为计价货币的功能较弱，而真正的国际化货币计价功能较强。通过开放资本账户，拓宽境外人民币流入流出渠道，将扩大人民币在国际范围内的使用，使人民币成为国际计价货币和结算货币。可以设想，随着人民币国际计价、国际结算以及国际投资等职能逐步实现，人民币成为国际储备货币将为时不远。另一方面，通过加快短期资本账户开放来倒逼国内结构性改革。由于中国经济体制改革已经进入攻坚区和深水区，通过开放资本账户或许能够倒逼国内金融市场改革。此外，开放衍生品等短期资本项目，还有利于丰富跨境业务中的利率、汇率等风险经营管理工具。

三、对宏观经济的挑战

IIF报告指出自2013年5月美联储表示退出量化宽松意愿以来，新兴市场国家已经遭遇了三波市场冲击，每一次国际资本逆转流出新兴市场国家都会发生货币贬值和金融市场动荡。虽然中国拥有巨额的外汇储备，但是随着资本账户管制的放松，国际资本流进流出规模的逐渐增大，资本流动的安全性也不容乐观。

第一，资本账户开放对货币政策独立性带来挑战。根据“不可能三角”理论，即“货币政策独立性、资本市场开放和汇率固定”这三者中只有两个能够同时实现。在现有汇率机制和外汇管理体制短期无法改变的情况下，国际短期资本的无序性和聚集性流动，对于国内货币供应的自主调控和货币政策的独立实施，造成了越来越大的困难和挑战。2014年下半年至2015年，中国资本和金融账户逆差5835亿美元，净误差与遗漏为-2940亿美元，储备资产累计下降3731亿美元。其中，外国来华非直接投资累计净流出3468亿美元，相当于2003—2013年持续流入规模的30%，相当于2009—2013年主要发达经济体QE期间净流入规模的43%，也就是说，过去十年左右的非直接投资净流入中已有三四成流出了中国。2016年上半年资本和金融账户持续逆差，资本持续外流。由于资金流向海外，外汇占款相应减少，进而导致国内流动性收缩。一旦资金流出加剧，央行就只能通过宽松货币政策向市场注入流动性，这将会加剧人民币贬值预期进一步促使资金外流。如果释放的货币量不足以提振实体经济，中国经济的运行风险将会更大。所以，央行的货币政策陷入两难的处境。

第二，容易引发套汇和套利交易。无论德国、日本还是巴西，在资本账户开放的过程中，都遇到过国际套汇或套利投机资本。在利率市场化、汇率市场化还未完全实现的基础上，上海自贸区利率市场化、汇率市场化先行先试的改革，是在试图创造一个与自贸区以外的环境完全不同的经济市场，这势必带来“双轨制”，自贸区的利率和汇率与区外将会有所不同。一方面，如果资本账户放开，则在上海自贸区内外形成不同的汇率，汇率双轨制的存在会诱使相关机构在区内外转移资金来赚取汇率差额。从跨境人民币业务试点的经验看，人民币在岸汇率（CNY）和离岸汇率（CNH）通常存在价差，如果价差比较大，企业就可能利用跨境人民币业务进行套利。另一方面，自贸区利率的市场化会在一定程度上加大区内区外的利率套利。完全放开利率市场化，区内货币交易可能借助中国香港等人民币离岸市场，以较低成本从境外筹集资金。2016年境内人民币平均贷款利率为5.6%，境外人民币融资成本约为4%，甚至更低。利率市场化的先行先试可能会造成资金与境内区外发生双向流动，更可能的是境外或区内的资金流向借贷市场。这些流动会造成对中国资本市场、借贷市场较大的冲击，处理不当，很有可能引发金融危机。

第三，资产价格大幅波动带来次生灾害。一是外商直接投资的增加会拉动国内投资水平和市场需求的上升，导致国内价格水平的上涨。中国地产热背后就有大量国际资本的影子，外资对房地产价格的上升起了非常大的作用。中国房地产业自2007年起已经成为外商直接投资的第二大产业，2014年外商投资房地产达到29%的峰值，投资集中在北京、上海、广州，推动了国内一线城市房价的非理性上涨。目前房地产市场价格一直处于高位，而且对外资进入房地产市场的限制也比较宽松，一旦资本流动逆转，国际买家集中抛售房地产，有可能对房地产市场形成较大冲击。二是短期投机性资本影响资产价格形成。短期投机性资本稳定性差、隐蔽性强，一般不直接参与国内的生产经营行为，主要通过参与民间借贷市场、股票市场等投机行为获得收益。这类资本大量流入资本市场会干预资产价格的形成，股市、债市等资产价格的大幅上升容易诱发资产泡沫，而资产价格下跌往往会助推投机性资本外流，加剧危机的广度和深度。

第四，剧烈的国际资本流动不利于金融稳定。学者对于国际资本流动对一国金融稳定的影响是有争议的。资本流入有利于新兴市场国家合理利用资本、完善金融体系、带来金融发展和金融增长，但是，金融自由化往往也伴随着金融动荡和金融危机。在相对封闭的条件下，政府可能还有余地和能力来逐步化解扭曲带来的风险，但在金融开放条件下，政府干预能力下降，国际投资者会通过广义的套利行为对扭曲结构进行“强行矫正”，这种强行矫正带来的后果就是脆弱性与危机。20世纪90年代以来，发展中国家频频爆发金融危机或遭受金融危机的传染，如1994年墨西哥金融危机、1997年亚洲金融危机、1998年俄罗斯金融危机、2001—2002年阿根廷金融危机以及2008年发端于美国进而传导至发展中国家的金融危机。综观这些金融危机，可以发现，遭受金融危机或受到金融危机冲击的国家在金融危机爆发前无一例外地经历了国际资本大量流入、突然逆转流出的过程，在资本逆转流出的过程中，往往伴随的是这些国家金融稳定的破坏。

第五，容易引致洗钱风险。一是反洗钱法律、法规不健全形成的风险。自贸区适用《反洗钱法》，中国人民银行上海总部也发布了《关于切实做好中国（上海）自由贸易区反洗钱和反恐怖融资工作的通知》，但是自贸区内一些不属于传统金融服务的行业仍处于反洗钱法律法规框架之外。二是监管宽松形成的风险。跨国企业双向资金池业务允许企业根据需要进行资金调配，而此前跨境资金流动必须提供用途证明，这为企业通过虚假贸易、虚假投资进行洗钱提供便利。三是系统整合与部门协调不足形成的风险。理论上，自贸区内交易应该同时向自贸区管理当局和海关报告。实际上，自贸区软件系统并未与包含所有港口信息的海关信息系统统一整合。自贸区内存在国家或省级的监管或执法机关，政策协调也存在困难。这些系统整合与部门协调不足的漏洞都可能被洗钱分子利用。

四、政策建议

在资本项目尚未完全开放以前，异常跨境资金的大规模出入将影响人民币汇率稳定和中央银行货币政策的独立性，并可能给国民经济带来强烈冲击，跨境资金流动的风险在于，在脆弱的国内金融体系下全面开放资本账户可能引发金融危机。因此，如何在风险可控的前提下，稳步而有序地开放资本账户，成为中国金融改革最为重要而且迫切的任务。

第一，自贸区要进一步推动资本市场双向有序开放。支持更多境外机构在自贸区内发行投资和交易人民币债券，支持自贸区内金融机构和企业在境外发行人民币债券，支持境外优质公司在自贸区内发行股票。推动自贸区内个人投资更加便利化，进一步提高自贸区内居民投资海外金融市场以及外国投资者投资自贸区金融市场的自由程度和便利程度。推进修订外汇管理条例，将资本项目可兑换纳入法治框架，逐步建立外汇管理负面清单制度，改进企业和个人的外汇管理，试行外汇无限额管理。继续推进人民币跨境双向人民币资金池业务以及外币资金跨境投资业务。支持离岸人民币市场健康发展，建立在岸市场和离岸市场的良性互动。

第二，加快自贸区内金融创新。一方面，从上海自贸区空间规划发展看，自贸区远离市区，相对比较封闭。区内大多都是出口加工型企业，而真正的金融自由化要有大量金融资本的流动，金融创新受到地域的局限，金融改革需要在更高层面进行统筹。另一方面，自贸区内金融创新依然不足，自贸区没有同业拆借市场，也没有类似外汇交易中心的机构，而仅依靠贸易投资是难以获得真正的离岸金融中心地位的，也难以推动人民币国际化向纵深发展。未来自贸区要进一步拓展金融市场的广度和深度，完善市场结构层次，推进市场参与者的多样化，完备市场的风险对冲工具，根据市场规模和健康程度，逐步提高金融市场的开放规模和程度。

第三，完善自贸区跨境资本流动宏观审慎监管。在资本项目实现自由化后，宏观审慎监管将取代资本管制成为跨境资本流动风险的有效手段。当前中国跨境资本管理以行政命令或数量型工具为主，跨境资本的审慎监管尚处于初步建立阶段，部门间的协调机制尚不完善，要注重金融监管体系间协作。以跨境融资为例，从事权上看，跨境融资涉及央行、外汇局、发展改革委等多个部门。全口径融资政策明确了央行和外汇局关于跨境融资管理职能的分工，形成了比较完善的内部协调机制。但仍然存在其他职能部门管理要求与全口径跨境融资不一致的情况。如发展改革委仍然保留对银行中长期外债的审核权限，而依照全口径跨境融资政策，银行可在跨境融资额度内自行办理短期和中长期跨境融资。自贸区作为资本账户开放的试点，可在跨境资本流动宏观审慎监管方面进行创新，弥补部门协调机制不足。建议自贸区统一跨境融资监管部门，彻底改变跨境融资分头监管、计划审批模式，为深化全口径跨境融资宏观审慎管理提供制度保障。

第四，自贸区可优先试点价格型调控工具，提高资本流动管理的透明度。中国现在对资本流动的调控仍然属于数量型调控工具，即旨在通过调节相关系数和因子来直接调控市场主体的跨境融资规模。相对于传统的外债指标式管理而言，是质的飞跃。但这种数量限制型工具透明度较低。自贸区可借鉴国际上的经验，配套实施价格型调控工具，通过价格传导机制，调节跨境资本投机成本。针对跨境资金流出的压力，可考虑征收托宾税。在不影响贸易投资便利化的情况下，在短期资本流动量正常变化区域内，免征交易附加税；但是，如果资本流动量变化异常，可以实施较高的惩罚性税率，以减缓国际游资对金融市场稳定性的冲击。相比在汇率出现大幅波动时，央行通过突然收紧或叫停相关政策管制资本外流，征收托宾税更合理，对于外汇交易而言，虽然征收托宾税会增加交易成本，但是这种成本是透明的，比突然管制跨境资本流动要好，交易的不确定性相对较小。

第五，自贸区内各部门要加强反洗钱合作。首先，自贸区以反洗钱政策法规为先导，完善和出台相关的法规及规范性文件，改进监管方法，完善监管制度，引导金融机构树立反洗钱风险管理的组织结构、技术支持以及风险管理的方法体系。其次，中国人民银行上海总部要积极发挥在洗钱犯罪预防和监测中的骨干作用，加强与自贸区内各部门之间合作。探索建立与自贸区管委会、海关、税务、工商等部门合作机制，加强资金信息与海关、税务、工商等的信息共享，提升对区内贸易及资金流动的后台监控能力，并会同税务、公安部门加强对自贸区犯罪类型的研究，加强对走私、税收犯罪的打击力度。最后，自贸区可对大额交易和可疑交易确立灵活性报告标准。给予报告义务主体相应的自主能动性，授予各部门或机构一定的弹性处理权，简化报告要素，提高报告效率，通过相应的激励机制发挥金融机构或非金融机构的自主能动性，共同防范洗钱。

“一带一路”基础设施融资：国际经验及政策建议

基础设施互联互通是“一带一路”建设的优先领域。基础设施建设具有周期长、资金需求量大等特点，欧美主要以“银团贷款+发行债券”提供支持，日本则以“政府主导+民间参与”为主，此外公私合营（PPP）也较为典型。建立市场化导向的多层次融资体系是确保“一带一路”基础设施建设顺利推进的重要保证。对此，有以下建议：一是要拓宽资金来源，防止中资银行“唱独角戏”。二是借鉴国际经验，积极推动PPP模式在“一带一路”基础设施融资中的运用，吸引更多的私人投资者。三是要加强与沿线各国政府的政策沟通和协调，降低政治风险。四是做好配套工作，加快建立多层次的资本市场，发挥香港、上海等国际金融中心的作用。

一、基础设施的重要意义及“一带一路”相关建设进展

基础设施不仅是经济发展的必要条件，也是推动社会进步的重要力量。近年来，中国高速公路和高铁快速发展，不仅是推动中国经济增长的重要内容，也全面改善了人们的生活状态，成为展示中国巨大变化的“黄金名片”。

“一带一路”沿线很多发展中国家的基础设施相对滞后，制约了其经济增长的潜力。许多发达国家也面临基础设施的更新维护等问题。鉴于基础设施对经济社会发展的重要意义，“一带一路”把铁路、公路、港口、电力、信息

通信等基础设施的互联互通作为优先领域加以推进，并取得了良好的效果。2017年5月，推进“一带一路”建设工作领导小组办公室编写了《共建“一带一路”：理念、实践与中国的贡献》，对过去几年来“一带一路”建设所取得的成果进行了系统的梳理。我们整理了基础设施领域的合作进展，如表3–48所示。

表 3–48　“一带一路”基础设施建设所取得的进展

重点领域	进展
交通设施重大项目	中老铁路、匈塞铁路、中俄高铁、印尼雅万高铁、巴基斯坦白沙瓦至卡拉奇高速公路、中巴喀喇昆仑公路二期升级改造、比雷埃夫斯港、汉班托塔港、瓜达尔港等标志性项目建设取得进展。埃塞俄比亚—吉布提铁路建成通车，这是非洲第一条跨国电气化铁路。哈萨克斯坦南北大通道 TKU 公路、白俄罗斯铁路电气化改造，以及中国企业在乌兹别克斯坦、塔吉克斯坦实施的铁路隧道等项目，将有效提升所在国运输能力。
能源设施	中俄原油管道、中国—中亚天然气管道 A/B/C 线保持稳定运营，中国—中亚天然气管道 D 线和中俄天然气管道东线相继开工，中巴经济走廊确定的 16 项能源领域优先实施项目已有 8 项启动建设。中国与俄罗斯、老挝、缅甸、越南等周边国家开展跨境电力贸易，中巴经济走廊、大湄公河次区域等区域电力合作取得实质性进展，合作机制不断完善。中国企业积极参与“一带一路”沿线国家电力资源开发和电网建设改造，中兴能源巴基斯坦 QA 光伏发电项目建成后将成为全球规模最大的单体光伏发电项目，吉尔吉斯斯坦达特卡—克明输变电、老挝胡埃兰潘格雷河水电站、巴基斯坦卡洛特水电站等项目有助于缓解当地电力不足的矛盾。
信息网络	截至 2016 年底，中国通过国际海缆可连接美洲、东北亚、东南亚、南亚、大洋洲、中东、北非和欧洲地区，通过国际陆缆连接俄罗斯、蒙古国、哈萨克斯坦、吉尔吉斯斯坦、塔吉克斯坦、越南、老挝、缅甸、尼泊尔、印度等国，延伸覆盖中亚、东南亚、北欧地区。中国政府有关部门还与土耳其、波兰、沙特阿拉伯等国机构签署了《关于加强“网上丝绸之路”建设合作促进信息互联互通的谅解备忘录》，推动互联网和信息技术、信息经济等领域合作。

资料来源：《共建“一带一路”：理念、实践与中国的贡献》，推进“一带一路”建设工作领导小组办公室编写，2017 年 5 月。

二、“一带一路”五大资金池及基础设施融资来源

资金融通是“一带一路”建设的重要支撑。特别是，基础设施建设周期长，资金需求量大，更需要充足的金融资源和有效的融资市场提供支持。当

前，“一带一路”包含五大资金池：

（1）世界银行、亚洲开发银行、欧洲复兴开发银行等传统国际金融机构：这些机构主要通过提供贷款、联合融资担保、技术援助和赠款等方式支持“一带一路”基础设施建设项目。

（2）国开行、进出口银行等政策性银行：它们不仅提供传统授信，也参与设立国别/产业基金，为境内外企业、大型项目等提供低成本融资支持。

（3）以中行、工行为代表的商业银行：商业银行是筹集“一带一路”建设资金的重要力量，它们不仅通过提供银团贷款和项目融资支持“一带一路”建设，还积极推出多元化跨境金融服务，通过发行债券、外汇理财计划等方式，将私人资本纳入进来。

（4）以丝路基金等为代表的专项投资资金：例如，丝路基金可以运用股权、债权、基金、贷款等多种方式提供投融资服务，也可与国际开发机构、境内外金融机构等发起设立共同投资基金，进行资产受托管理、对外委托投资等。

（5）以亚投行、金砖国家新开发银行、上合组织开发银行等为代表的新兴多边金融机构。截至2017年底，亚投行已为28个项目提供了53.4亿美元贷款，除个别项目为亚投行独立提供贷款外，其余项目主要与世界银行、亚洲开发银行、欧洲复兴开发银行等其他多边开发银行以及商业银行进行联合融资。

从融资方式来看，政策性银行和商业银行等间接融资方式是主体，据初步统计，截至2017年5月已累计为“一带一路”提供建设资金超过3500亿美元。尽管丝路基金、一些专项投资基金及部分商业银行已通过股权、发行债券等直接融资方式为“一带一路”项目筹资，但总体规模仍然较小，参与度还有待提高。其中，2015—2017年，中国银行累计成功发行三批、76亿美元“一带一路”债券，是以直接融资方式进行筹资的有益尝试。“一带一路”债券由中国银行位于“一带一路”沿线的海外分行作为发行主体，采用人民币、美元、欧元等多币种同时定价发行，所筹资金均运用于“一带一路”建设项目。

从资金属性来看，公共部门资金，特别是来自国开行、进出口银行等政策性银行的资金占较大比例。在许多基础设施项目中，国开行或进出口银行在单个项目中的支持力度往往超过80%（见表3-49）。世界银行、亚洲开发银行、亚投行等多边金融机构的资金也是公共部门资金的重要组成部分。亚投行作为新型国际金融机构，其提供贷款时更多采用与世界银行等国际组织合作的方式。私人部门资金参与“一带一路”基础设施建设，则更加注重项目的可持续性和运营效率，主要通过商业银行提供的项目融资、双边贷款等加以实现。此外，部分企业通过直接设立投资基金、参股项目等形式提供资金支持。表3–49列举了部分“一带一路”基础设施建设项目的贷款支持情况。

表 3–49　部分“一带一路”基础设施建设项目的贷款安排

国家	项目	贷款安排
巴基斯坦	M4 高速公路（绍尔果德至哈内瓦尔段）	融资额超过 2 亿美元，其中亚投行贷款 1 亿美元，与亚洲开发银行、英国国际发展部、巴基斯坦政府共同融资
塔吉克斯坦	杜尚别到乌兹别克斯坦边境的公路改善项目	项目所需资金为 1.05 亿美元，其中亚投行贷款 2750 万美元，欧洲复兴开发银行提供 3500 万美元贷款和 300 万美元援助
阿曼	铁路系统准备项目	亚投行贷款 3600 万美元，Omen Global Logistics Group（OGLG）提供 2400 万美元贷款
阿曼	杜库姆港商用码头和运营区发展项目	亚投行贷款 2.65 亿美元，杜库姆特别经济区管委会（SEZAD）提供 8833 万美元贷款
巴基斯坦	燃煤电站项目	预计耗资 10 亿美元，国开行为项目贷款 7.5 亿美元
印度尼西亚	雅万铁路	项目造价 51.35 亿美元，国开行提供 45 亿美元贷款额度
哈萨克斯坦	阿斯塔纳轻轨项目	工程总投资约 18 亿美元，国开行提供不超过 16 亿美元贷款
马来西亚	东海岸铁路计划	项目总投资 550 亿林吉特（约 128 亿美元），其中 85% 的资金由中国进出口银行提供年利 3.25% 的贷款，其余 15% 由马来西亚银行通过伊斯兰债券集资
肯尼亚	蒙巴萨—内罗毕标准轨铁路项目	项目金额约为 38.04 亿美元，其中 90%（36.04 亿美元）由中国进出口银行提供贷款，10% 由肯尼亚政府提供
肯尼亚	内罗毕—马拉巴标准轨铁路项目	一期工程 14.8 亿美元，中国进出口银行提供 85% 信用贷款
埃塞俄比亚吉布提	亚吉铁路	项目金额 40 亿美元，埃塞俄比亚段 70% 的资金和吉布提段 85% 的资金使用中国进出口银行商业贷款，共计 29 亿多美元
俄罗斯	亚马尔液化天然气（LNG）项目	俄罗斯联邦储蓄银行和俄罗斯天然气工业银行提供 36 亿欧元的贷款，并与中国进出口银行和国开行签署了为期 15 年提供信用总额度为 120 亿美元的贷款合同

资料来源：根据公开资料整理。

三、基础设施融资的国际经验

基础设施由于规模大、周期长、风险高，很少有金融机构能够独立承担。从国际上来看，基础设施融资一般有三个渠道（见图3–91）。首先，来自公共部门的资金是重要的渠道，这包括国家或地方政府的财政支出、国家政策性银行、多边开发性金融机构（Multilateral Development Banks，MDBs）、官方发展援助（Official Development Assistant，ODA）等。其次，来自国内外私营部门的融资，这既包括股权融资，也包括债务融资（主要是商业银行贷款，或发行债券）。最后，公私合营（Public–Private Partnership，PPP），即通过私营企业、民间资本和政府合作，提高基础设施项目的投资效率，这也是目前国际上较为常见的基础设施运作模式。

基础设施融资最主要的还款来源是政府当期或未来的税收收入，同时还包括用户对基础设施服务的付费、土地价值捕获（land value capture）[1]等。

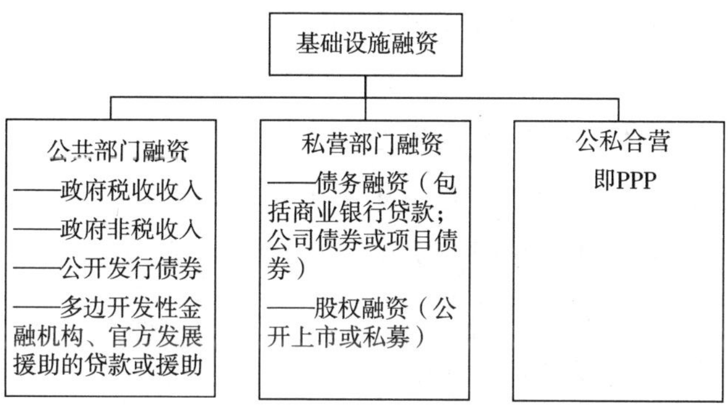

资料来源：亚洲开发银行（2017），《满足亚洲的基础设施需求》（*Meeting Asia's Infrastructure Needs*）。

图 3–91　基础设施融资来源

（一）发达国家基础设施融资的两种模式

1.欧美以"银团贷款+发行债券"为主的融资模式。近年来，欧美发达国

① 即基础设施改善使得周边区域的土地价值得到提升。

家财政预算空间日益缩小，其政府对基础设施融资的支持力度不断下降，私营部门融资已居于主导地位。在部分国家，私营部门的出资比例超过50%。根据汇丰银行（2017）[①]的统计，在国际金融危机爆发之前，私营部门在英国基础设施投资总额中占比60%以上，即使危机后有所下降，仍占到50%以上。

在私营部门融资中，欧美大型银行提供的银团贷款是最主要方式，约占基础设施总融资的60%~70%。不过，受2008年国际金融危机、欧债危机等影响，欧美银行业所受到的金融监管日益趋严，限制了其提供贷款的能力。在这种情况下，欧美基础设施通过资本市场的融资有所增加[②]。其中，欧洲以绿色债券和项目债券最为典型，美国则以市政债为主。

绿色债券是一种募集资金用于环保项目的债券。全球绝大部分绿色债券都是"气候债券"，其募集资金主要用于改善环境，包括清洁能源、提高能效、公共交通和水处理等。2007年，欧洲投资银行发行了第一只绿色债券。2007—2012年，绿色债券市场主要由欧洲投资银行、国际金融公司和世界银行等开发性金融机构所主导。2013年，企业实体发行了第一只绿色债券，激发了更多私营部门包括公司和商业银行等参与其中。绿色债券的市场规模从2012年的30亿美元增加到2016年的810亿美元（其中，中国的发行规模达到362亿美元，占39%）[③]。在二十国集团（G20）成员中，已有14个国家的市场发行过绿色债券。New Climate Economy机构预计，在接下来的十五年里，全球将需要额外的6万亿~7万亿美元用于绿色发展，而目前绿色债券只占全球债券市场的不到0.2%，具有巨大的发展潜力。

项目债券计划（Project Bonds Initiative，PBI）是欧盟一项促进交通、能源和信息通信技术（ICT）三大领域建设的资本市场融资项目。欧盟和欧洲投资银行为PBI设定合格项目的标准，双方共同分担风险敞口，并负责PBI具体

① 汇丰银行．"一带一路"资金融通——钱从哪来？，2017年5月31日．

② IOSCO. 基础设施债券融资的国际经验[J]. 金融市场研究，2015（1）.

③ 气候债券倡议组织和中央国债登记结算有限责任公司．中国绿色债券市场现状报告2016，2017年1月．

的管理和执行。由于基础设施项目建设存在不确定性，基础设施项目难以获得较高评级。PBI实施过程中，欧洲投资银行通过为债券提供信用增进服务，降低大型基础设施融资成本，并吸引机构投资者的参与。根据该计划，2012—2014年为测试阶段，欧盟提供约2.3亿欧元的资金用于该计划。该项目试点已在2012年11月开始，所有的计划必须在2014年12月31日前通过欧洲投资银行的考察。该计划实施后，PBI将撬动46亿欧元的基础设施融资，这些项目将在2014—2020年完成。

在美国的基础设施融资中，市政债是重要的组成部分。在过去的几十年中，美国市政债券市场快速发展，在支持美国基础设施建设方面作用重大，每年为州、地方政府以及各类公私实体提供数千亿美元的资金支持①。2002—2016年，美国市政债券发行量每年在3000亿~5000亿美元。其中，2016年，美国共发行市政债券4458亿美元，占美国全部债券品种发行总量的6.1%。市政债券的发行主体多样，包括州、行政区（如市、镇、县和学区）和机构（如住房、医疗、机场、港口和经济发展等部门与机构）。尽管市政债市场通常被认为是“持有到期”市场，但其二级市场交易也很活跃。2016年，市政债交易约932万笔，交易量约2.8万亿美元。美国市政债的投资主体以个人投资者为主，其通过共同基金、货币市场基金和封闭式基金直接或间接持有多达70%以上的未偿市政债券。

2.日本以“政府主导+民间参与”为主的融资模式。日本基础设施建设经历了由政府投资为主，向政府投资建设、民间市场化运营，再到政府通过土地开发权等优惠政策吸引民间投资建设的几个阶段。

日本的大规模基础设施建设集中在20世纪60~70年代。在此过程中，政府投资发挥了重要作用。第二次世界大战后，日本经济高速增长，对基础设施的需要日益增加。于是政府以征收目的税（汽油税、天然气税、地方道路让与税、城市规划税等）的方式筹集资金②。其中，以汽油税最具代表性。随着经

① 美国证券交易委员会．美国市政债券市场面面观[J]．金融市场研究，2013（9）．

② 王德．日本基础设施建设财政制度[J]．国外城市规划，2001（2）．

济增长和机动车快速普及，政府开始征收汽油税。由于小汽车越普及，使用越频繁，交纳的汽油税越多，用于道路建设的资金也就越丰厚，因此这一机制通过在小汽车普及与道路建设资金来源之间建立良性循环关系，极大地推动了道路基础设施的建设。

当然，仅靠税收的投入并不能满足基础设施建设的需要。日本政府基于国民的高储蓄率，利用邮政储蓄、国民年金、简易生命保险等国家控制的民间资金作为基础设施开发的资金，这就是所谓的财政投融资制度。利用这些资金设立各种公团、公社等社会基础设施建设公有事业团体，有计划地实施国家的长远方针和政策。

20世纪90年代，西方国家的私有化浪潮对提升基础设施产业的效率取得了良好效果。而日本经济开始出现停滞，政府无法负担高额的基础设施建设和维护成本，同时还面临税收减少、赤字过高的压力。于是日本开始借鉴西方国家经验，基础设施建设的主导力量由政府走向民间。即使是政府主导的基础设施建设，也会有大量民间资本的注入。一方面，日本政府开始对基础设施产业进行市场化改革[①]。例如对日本国铁进行民营化分拆，将其分拆为11个单位，各公司实行股份制；或将日本电信电话（NTT）等公司的股票公开上市。另一方面，日本政府又采用了减免税收、给予轨道沿线的土地开发权等优惠政策，吸引私人资本投资交通基础设施建设。

在日本基础设施建设过程中，政策性银行发挥了重要作用。日本政府于1951年成立了日本开发银行，向国内基础设施建设提供长期低息贷款。1999年，日本进行了金融制度改革，政府在日本开发银行的基础上成立了日本政策投资银行。日本的优惠低息制度不仅促进了基础设施部门的高速增长，更重要的是通过政府的集中投入，对民间资本产生了极大的诱导效应，大量民间金融机构竞相向政策性银行投资的部门提供贷款，有效地保障了大规模基础设施建设对资本的需求。

① 尹竹，王德英．日本基础设施产业市场化改革的模式及绩效评价 [J]. 亚太经济，2006（6）.

（二）公共部门在亚洲发展中国家基础设施融资中居于主导地位

亚洲地区是全球储蓄率最高的地区，但由于资本市场深度不够、缺乏适当的投资渠道，储蓄难以有效转化为基础设施建设资金，导致私营部门在基础设施融资中的参与度不高。根据亚洲开发银行（2017）的数据，亚洲发展中国家所进行的基础设施投资中，公共部门提供了超过90%的资金，占GDP的5.1%，远远高于私营部门的比例（占GDP的0.4%）。不同区域和经济体之间基础设施投资率差异很大，东亚的基础设施投资多由公共部门主导，南亚的私营部门投资占据相当大的比例，东盟、太平洋和中亚地区介于两者之间（见图3–92）。

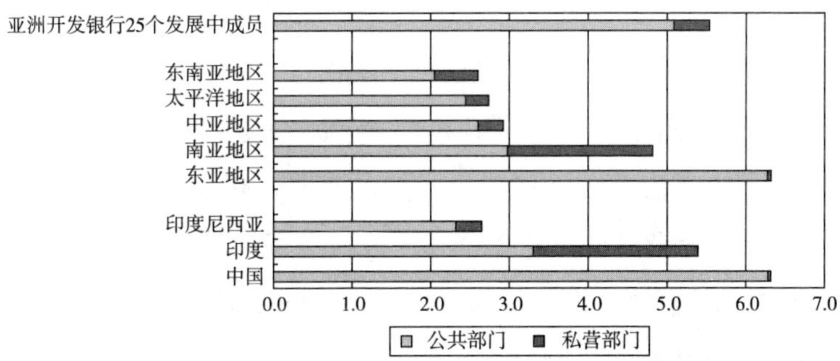

注：数据为2011—2014年均值。

资料来源：亚洲开发银行（2017），《满足亚洲的基础设施需求》（*Meeting Asia's Infrastructure Needs*）。

图3–92 公共部门在亚洲基础设施中占主导

（三）提升私营部门参与基础设施融资的三个渠道

亚洲开发银行（2017）、汇丰银行（2017）等研究显示，发展基础设施的主要障碍并不在于资金缺乏，而在于私营部门投资者难以识别真正可投资的项目。近几年来，全球养老基金、主权财富基金、保险公司和其他机构投资者管理的私人资本总额约为50万亿美元，但只有0.8%的资金用于基础设施建设（OECD成员中的这一比例平均为10%~15%）。

对于以长期性、资金密集为主要特征的基础设施投资项目而言，如何设计出结构化的风险共担安排是吸引私人部门投资者的重点。其中，最关键的因素是合同需要基于风险和回报相匹配的激励原则。此外，公正透明的法律框架也有助于降低政治风险，而政治风险是跨国基础设施项目面临的主要风险之一。只有在私人投资者对法律和政治程序有充分信任的前提下，他们才会愿意提供大规模的长期融资。

因此，要提高私营部门参与基础设施投资的热情，需要从市场建设、监管体系、法律法规等多方面完善融资框架，提供有效的风险分担和风险转移机制，主要包括以下渠道：

一是提供创新性的金融工具，如企业和项目债券、夹层融资、资产证券化产品等，将私营部门的长期投资转化为短期可见的收益，分散其投资风险。

二是扩大基础设施股权融资。亚洲开发银行（2017）的数据显示，全球上市基础设施公司的市值占全球股票市值的6%，占全球GDP的4%，而亚洲上市基础设施公司的市值为5000亿美元，仅占亚洲GDP的2.5%，还有较大的增长空间。2016年，亚洲基础设施投资私人股权融资规模约为360亿美元，占全球交易总额的51%，说明亚洲正成为全球基础设施投资的热门地区。

三是发展基础设施债券融资。长期以来，由于银行可以通过贷款协议密切监测基础设施项目的进展，其在分配资金和谈判中也更灵活，银行往往在提供基础设施融资方面处于主导地位。但金融危机后，巴塞尔Ⅲ等新的监管规定要求银行必须增加资本缓冲，大大降低了银行提供长期项目融资的能力。在此情况下，发展债券市场有利于弥补银行贷款的不足。在项目初始阶段，银行贷款十分重要，而在工程开始建设并产生现金流以后，债券就可以发挥更多作用。债券市场的发展和银行业之间可以产生较好的协同效应。

（四）PPP作为私营部门参与基础设施融资的重要方式

当前，PPP在吸引私营部门参与基础设施投资中发挥了重要作用。世界银行、欧洲投资银行以及联合国等国际机构都积极鼓励推行PPP。2014年在北京举行的APEC财长会议还通过了《APEC区域基础设施PPP实施路线图》，更使得PPP成为近年来国际基础设施融资的热点。

PPP是一个宽泛、综合的模式概念，私营部门参与基础设施融资的上述三种渠道在PPP中均有涉及。在实践中，PPP被衍生出很多具体的模式，其中典型的模式包括设计—建造—融资—运营（Design-Build-Finance-Operate，DBFO）、建设—运营—移交（Build-Operate-Transfer，BOT）、建设—拥有—运营（Build-Owning-Operate，BOO）等[①]。

从全球范围来看，欧洲的PPP市场最为发达，英国、西班牙、德国、法国等国PPP项目的规模和管理水平处于领先地位，此外，加拿大、澳大利亚等国也是佼佼者。根据全球PPP研究机构PWF（Public Works Financing）的统计数据，1985—2011年全球基础设施PPP名义价值为7751亿美元，其中欧洲约占全球PPP名义价值的45.6%，亚洲、澳大利亚占24.2%，美国、加拿大分别占8.8%和5.8%，墨西哥、拉丁美洲、加勒比海占11.4%，非洲和中东地区占4.1%[②]。2012年，合作伙伴公告（Partnerships Bulletin）和德勤对70多家国际领先的PPP企业进行调查，评选出了全球五大最活跃的PPP市场，依次为加拿大、美国、法国、荷卢比经济联盟和英国。

其中，英国是引入PPP融资模式的先驱者。在英国，大多数基础设施投资由私营部门提供资金支持。据统计，约60%通过私人资本提供，约22%通过PPP模式提供，约18%通过传统的政府资金支持。英国基础设施建设中私营部门参与度较高，与其在20世纪80年代的私有化改革有很大关系。撒切尔夫人担任英国首相期间，在水、电、天然气等领域大规模推行私有化，引入私营资本提高公共服务效率和质量，PPP模式由此萌芽。1992年，为加强医院、学校等社会类基础设施以及市政交通、垃圾处理等商业可行性偏低的经济类基础设施建设，时任财政大臣拉蒙特提出了私人融资计划（Private Finance Initiative，PFI），吸引私营部门加大资金投入。1997年工党执政后，将PFI模式作为重要施政手段，几乎在所有社会类基础设施领域予以推广。2012年，针对PFI模

① 刘晓凯，张明，全球视角下的PPP：内涵、模式、实践与问题 [J]. 国际经济评论，2015（4）.

② 王天义．全球化视野的可持续发展目标与PPP标准：中国的选择 [J]. 改革，2016（2）

式存在的可融资性偏低、透明度和灵活性不足等问题，英国政府在改进PFI模式的基础上，又推出了PF2模式，通过政府参股投入部分资本金，承担更多风险，从而缓解私人投资者的融资压力，提高项目运营的效率。与此前的政府较为重视社会类基础设施建设不同，当前英国政府高度重视交通、能源等经济类基础设施建设，以求发挥乘数效应，带动其他领域投资。根据英国财政部公布的数据，截至2017年3月底，英国已累计实施了715个PFI和PF2项目（其中699个项目正在运营，16个项目正在建设），项目总价值591亿英镑。到2021年，英国政府还计划在能源、交通、通信等领域引入PPP模式，融资规模预计达到270亿英镑。

加拿大是世界上最活跃的PPP市场，并开创了具有加拿大特色的PPP模式。加拿大最早由省一级政府积极推动PPP的广泛应用，并设立专门的机构负责PPP模式的融资问题。加拿大政府一开始就充分意识到了PPP模式可能会带来的经济效益和社会效益，瞄准其对经济增长与国民服务的巨大作用，为PPP模式提供了一系列政策支持（包括设立专门的PPP基金等），从而充分调动私营部门的积极性。即使2008年国际金融危机之后，在英国等国PPP市场陷入低迷的情况下，加拿大PPP市场依然持续活跃。截至2013年底，加拿大一共有220个PPP项目，按照累计金额排序，前五大PPP行业分别为交通、医疗健康、司法/劳改、能源、教育。在融资方面，加拿大比较有特色的是养老基金投资PPP的模式。据统计，加拿大养老金在基础设施的投资占总资产比例平均为5%，远高于国际的1%。这些资金雄厚的机构投资者参与，给PPP项目提供了大量的低成本资金，同时其自身也获得了长期稳定的投资收益。

四、完善“一带一路”基础设施融资的政策建议

与国际相比，“一带一路”基础设施融资具有以下特点：

第一，基础设施本身所具有的金额大、周期长、风险高等特点决定了其融资以间接融资为主，这在美欧日发达国家或是“一带一路”发展中国家都是如此。相比较而言，由于欧美国家的金融深化程度更高、直接融资市场更加发

达、大型银行介入金融市场的经验更加丰富，欧美国家在运用直接融资工具时更加熟练和频繁，而"一带一路"基础设施建设中直接融资的比例还有待提高。

第二，吸引私人资本的参与是国际基础设施融资的重要原则，也是"一带一路"需要努力的方向。发达国家受财政约束的影响，较早地在基础设施领域引入私人资本，并形成了行之有效的机制。"一带一路"可借鉴国际经验，在一些商业模式成熟、项目可持续性较好的领域尽量引入更多的私人投资者，提高"一带一路"基础设施融资的市场化、专业化和精细化程度。

第三，有效的风险分担机制是基础设施融资的关键。从国际上来看，无论是以银团贷款、发行债券还是PPP模式为基础设施建设筹资，其核心都是要解决基础设施融资的风险分担问题。"一带一路"建设中，往往以中资银行为主，且各个银行往往单打独斗，长期来看既存在资金的压力，也面临较大的风险。

展望未来，鉴于"一带一路"基础设施建设的投资需求庞大，建立市场化导向的多层次融资体系是确保"一带一路"基础设施建设顺利推进的重要保证。这一多层次融资体系不仅包括现有的公共部门融资，还应充分调动沿线国家的资源，加强政府和市场的分工协作，广泛纳入私营部门资金，开拓多元化融资渠道。

首先，要拓宽资金来源，防止中资银行"唱独角戏"。

一方面，继续加大公共部门的资金支持力度。基于基础设施项目周期长、资金需求大等特点，未来国开行、进出口银行等政策性银行以及世界银行、亚洲开发银行、亚投行等多边金融机构的资金支持仍然是其主要的资金来源。在2017年5月召开的"一带一路"国际合作高峰论坛上，中国已宣布将加大对"一带一路"建设资金支持，规模达7800亿元人民币，包括向丝路基金新增资金1000亿元；鼓励金融机构开展人民币海外基金业务，规模预计约3000亿元；国家开发银行、中国进出口银行将分别提供2500亿元和1300亿元等值人民币专项贷款，用于支持"一带一路"基础设施建设、产能、金融合作。在"一带一路"基础设施建设过程中，要发挥好开发性金融的示范带头作用，并加强与丝路基金、国际多边组织的合作，为标杆项目、重点项目提供长效支持，促进“一带一路”建设早见成效。

另一方面，商业银行要发挥私营部门融资的主力军和桥梁作用。过去几年，商业银行在筹集“一带一路”建设资金中发挥了重要作用。未来随着“一带一路”建设的深入推进，越来越多的中资企业将在“一带一路”沿线开展经营，除了需要存款、贷款、汇兑、结算等基础金融服务之外，对现金管理、资产保值、风险防控、投资交易、信息咨询等高端金融服务的需求也在不断增加。商业银行可以发挥自身海外机构以及代理行的网点优势，不断优化跨境和离岸服务流程，提高服务效率，拓展服务内容。此外，商业银行还应充分借助资本市场的力量，积极运用债券等多种融资方式，设计灵活多样的融资结构，撬动国际私人资本，在私人投资者参与“一带一路”建设的过程中充当桥梁和纽带。

其次，要借鉴国际经验，积极推动PPP模式在“一带一路”基础设施融资中的运用，吸引更多的私人投资者。

亚洲地区拥有大量的长期储蓄资金，且仍在不断增长。当前，“一带一路”基础设施融资的主要障碍不在于资金缺乏，而在于如何将现有的融资资源与可投资项目进行匹配，建立畅通的融资渠道。PPP恰恰提供了成熟有效的市场化运作模式和风险控制机制，成为可资借鉴的方式。

一是在共同出资、共享收益、共担风险的基础上，通过设计合理的项目融资结构，将不同风险偏好和回报要求的投资者与项目需求匹配起来。这将有助于吸引包括保险公司、养老基金、对冲基金等在内的更为广泛的私营部门投资，提升基础设施投资的整体效率。积极引入多边投资担保、出口信用保险类机构，利用它们的资金实力、专业优势和管理经验，强化项目的风险控制。对于具有重要意义、溢出效益较大的项目，政府可以通过前期加大资本投入、提供信用担保等形式来吸引私营部门的参与。

二是借鉴国际经验并结合我国实际，建立专门的机构对PPP项目进行指导和管理，积极开展风险识别、技术援助、质量控制、纠纷处理等工作。此外，引入第三方监督评估机构，强化信息披露和社会监督，以增强PPP项目的透明度。

再次，要加强与沿线各国政府的政策沟通和协调，降低政治风险。

基础设施项目具有长期性和资本密集性，从过去经验来看，政府政策的持续性和稳定性是影响项目成败的关键。我国应积极与沿线国家或地区政府签订投资合作框架协议，提供透明的监管框架，在取得两国政治互信的前提下实现投资合作，降低境内外投资者对外沟通与谈判的交易成本和风险，从而提高私营部门参与“一带一路”建设的积极性。

最后，要做好配套工作，加快建立多层次的资本市场，发挥香港、上海等国际金融中心的作用。

高效的金融市场和制度安排，可以快捷地促成“一带一路”建设资金供求双方的交易，并有利于降低成本，分散风险。为此，需要做好一系列配套工作，包括相应的金融基础设施及活跃的二级交易市场，建设信息透明化、灵活的价格发现机制，完善产权和投资者保护等法律法规。同时，还可以充分发挥香港、上海等国际金融中心的作用，依托其发达完备的金融基础设施、有深度和流动性高的外汇市场以及大量全球领先的金融机构和投资基金，为“一带一路”项目提供专业的项目融资和风险管理服务。

参考文献

[1] 陈四清. 全球化变局中的增长动力——2017年全球经济金融回顾与展望 [J]. 国际金融研究，2018，(1).

[2] 陈四清. 新时代中国金融的新使命 [J]. 国际金融，2018，(1).

[3] 陈四清. 坚决做好防范化解金融风险工作 [J]. 中国金融，2018，(13).

[4] 陈四清. 完善全球金融治理 [J]. 中国金融，2018，(15).

[5] 陈四清. 完善“一带一路”金融服务体系 [J]. 中国金融，2017，(8).

[6] 陈四清. 积极推进金融创新 打造“一带一路”新动力 [J]. 西部大开发，2017，(9).

[7] 陈四清. 用金融创新推动“一带一路”建设 [J]. 中国金融，2017，(19).

[8] 陈四清. 人民币国际化趋势下的贸易金融发展走向 [J]. 中国银行业，2013，(1).

[9] 陈四清. 去全球化背景下亚洲金融合作的新思路 [J]. 国际金融研究，2016，(8).

[10] 陈四清. 开启人民币国际化新格局 [J]. 中国金融，2014，(24).

[11] 陈四清. 自贸区的银行服务创新 [J]. 中国金融，2014，(3).

[12] 陈四清. 经济转型与金融视角 [J]. 中国金融，2014，(13).

[13] 陈四清. 构建良性消费模式 促进消费健康发展 [J]. 银行家，2013，(4).

［14］陈四清. 对2008年金融危机的再认识［J］. 国际金融，2013，(4).

［15］陈四清. 贸易金融的趋势与策略［J］. 中国金融，2013，(11).

［16］陈四清. 中国式影子银行的特点、风险与治理策略［J］. 西部金融，2013，(9).

［17］陈四清. 经济转型与金融视角［M］. 北京：中国金融出版社，2014.

［18］陈四清. 贸易金融［M］. 北京：中信出版社，2014.

［19］埃斯里·德米尔古克–肯特，罗斯·莱文. 金融结构和经济增长：银行、市场和发展的跨国比较［M］. 中国人民大学出版社，2006.

［20］安国俊. 债券市场发展与金融稳定研究［M］. 经济科学出版社，2015.

［21］巴曙松，王璟怡，杜婧. 从微观审慎到宏观审慎：危机下的银行监管启示［J］. 国际金融研究，2010（5）：83–89.

［22］波士顿. 中国私人银行2016：逆势增长，全球配置［R］. 2016.

［23］蔡春林，丁畅.经济增速放缓背景下强化金砖国家合作机制的对策［J］. 国际商务研究，2014（9）：5–13.

［24］蔡继东. 海外证券投资发展的宏观因素研究——日本的经验和对中国的启示［J］. 金融纵横，2012（11）.

［25］蔡群起，龚敏. 中国生产性服务业的规模与结构——基于40个经济体投入产出表的比较分析［J］. 经济问题探索，2016（9）：154–165.

［26］陈蓉，石国进. 打造“一带一路”中欧班列品牌的思考［J］. 铁道运输与经济，2015（11）：71–74.

［27］陈卫东，熊启跃. 非金融企业去杠杆不能“眉毛胡子一把抓”［N］. 上海证券报，2016–05–20.

［28］陈雨露，马勇. 宏观审慎监管：目标、工具与相关制度安排［J］. 经济理论与经济管理，2012（03）：6–15.

［29］陈雨露. 重建宏观经济学的“金融支柱”［J］. 国际金融研究，2015（6）.

[30] 崔凡. 现代国际贸易理论对中国对外贸易发展的启示 [J]. 经济理论与经济管理，2005.

[31] 崔琪琪，李昊源. 国际原油价格对国内汽油价格动态传导效应研究——基于协整和非对称ECM的分析 [J]. 产业经济评论，2015（6）：104-111.

[32] 丁学东. 我国对外直接投资形势和对策建议 [J]. 全球化，2017（2）.

[33] 发展改革委. 共建"一带一路"：理念、实践与中国的贡献 [J]. 推进"一带一路"建设工作领导小组办公室编写，2017，5.

[34] 法国参议院金融委员会专题报告，Places financières : quelle stratégie française face au Brexit ? Rapport d'information de rapporteur général, M. Albéric de MONTGOLFIER fait au nom de la commission des finances n° 574（2016—2017）– 07/06/ 2017.

[35] 樊丽明，张晓雯. 托宾税：论争焦点及评析 [J]. 财贸经济，2012（8）：12–1.

[36] 丰华，易金务. 从地缘政治视角看美国的海上崛起及其对当代中国的启示 [J]. 太平洋学报，2011.

[37] 福建银监局课题组. 银行业偏离实体经济成因 [J]. 中国金融，2015（1）：90–91.

[38] 高觉民，李晓慧. 生产性服务业与制造业的互动机理：理论与实证 [J]. 中国工业经济，2011（6）：151–160.

[39] 高瑞东.美国去杠杆的政策措施及效果 [J]. 中国金融，2016（10）.

[40] 黄永春，郑江淮，杨以文等. 中国"去工业化"与美国"再工业化"冲突之谜解析——来自服务业与制造业交互外部性的分析 [J]. 中国工业经济，2013（3）：7–19.

[41] 汇丰银行. "一带一路"资金融通——钱从哪来？，2017.

[42] 莱因哈特，罗格夫，綦相等. 这次不一样——八百年金融危机史

［M］. 机械工业出版社，2012.

［43］雷达，赵勇. 中国资本账户开放程度的测算［J］. 经济理论与经济管理，2008（5）.

［44］李扬. “金融服务实体经济”辨［J］. 中国经济报告，2017（6）.

［45］李洁，张天顶. 跨境资本流动的影响因素及启示——基于 BMA 方法的研究［J］. 金融监管研究，2014（4）：87–107.

［46］李扬. 魔鬼在我们心中［J］. 中国金融，2016（10）.

［47］李卓，李林强. 国际原油价格波动对中国宏观经济影响的重新考察［J］. 经济评论，2011（3）：77–87.

［48］刘建，蒋殿春. 国际原油价格波动对我国工业品出厂价格的影响——基于行业层面的实证分析［J］. 经济评论，2010（2）：110–119.

［49］刘兴. 发展上海人民币国际债券市场研究［J］. 金融发展研究，2014（6）：72–76.

［50］刘轶. WTO金融服务法中的承认制度及其实践［J］. 国际金融，2008（3）：45–49.

［51］罗伯特 · J.希勒. 非理性繁荣［M］.中国人民大学出版社，2016.

［52］罗承先，周韦慧. 美国页岩油开发现状及其巨大影响［J］. 中外能源，2013（3）：33–40.

［53］罗佐县. 美国页岩油勘探开发前景展望及其影响分析［J］. 技术经济与管理研究，2014（3）：84–89.

［54］骆嘉. 金砖国家金融合作机制的发展历程和现实境遇［J］. 井冈山大学学报（社会科学版），2014（2）.

［55］吕志胜，金雪涛. 生产性服务业与制造业的融合关联——基于美国的研究［J］. 经济研究参考，2011（56）：14–21.

［56］马勇，马全军. 国际债券市场新趋势和我国的国际债券融资［J］. 国际经贸探索，1997（1）：50–53.

［57］梅新育. “托宾税”理论与实践的发展——渊源、效率与公平分析［J］. 经济学动态，2002（5）：91–94.

［58］明斯基. 稳定不稳定的经济［M］. 清华大学出版社，2010.

［59］欧洲系统风险委员会. ESRB，Vulnerabilities in the EU residential real estate sector，2016/11.

［60］任惠. 中国资本外逃的规模测算和对策分析［J］. 经济研究，2001（11）：69–75.

［61］商务部.【2016年商务工作年终综述之三十】以“一带一路”为引领，推动走出去健康有序发展（2017年2月）. http：//www.mofcom.gov.cn/article/ae/ai/201702/20170202514844.shtml.

［62］师应来，王平. 房地产预警指标体系及综合预警方法研究［J］. 统计研究，2011（11）.

［63］施康，王立升. 分清“好杠杆”和“坏杠杆”［J］. 中国改革，2016（5）：49–52.

［64］石刚，王琛伟. 中国短期国际资本流动的测算——基于BOP表［J］. 宏观经济研究，2014（3）：43–56.

［65］史炜，瞿亢，侯振博. 英国金融统一监管的经验以及对中国金融监管体制改革的建议［J］. 国际金融，2016（7）：3–9.

［66］斯特凡诺·米科西. 欧元区的内在缺陷与补救措施［J］. 中国金融，2012（20）：19–21.

［67］孙国峰. 以新发展理念指导金融改革［J］. 中国金融，2017（7）.

［68］谈俊. 宏观审慎管理视角下的托宾税及其实施［J］. 现代经济探讨，2016（12）：44–48.

［69］汤柳，尹振涛. 欧盟的金融监管改革［J］. 中国金融，2009（17）：20–22.

［70］屠新泉. 我国应坚定支持多边贸易体制，积极推进全球贸易治理［J］. 国际贸易问题，2018（2）：15–19.

［71］王国刚. 完善中国金融市场体系的改革方案研究［J］. 金融评论，2015（3）.

［72］王任飞，王进杰. 我国基础设施发展现状评析［J］. 经济研究参

考，2006（38）.

［73］王志军. 资本管制到金融全球化时代的美国对外投资［J］. 南开学报，2012（2）.

［74］温军伟. 欧元区主权债务危机与欧元的前景［J］. 金融理论与实践，2012（1）：44–50.

［75］吴庆. 基础设施融资指南（第二讲）［J］. 中国投资，2001（2）.

［76］吴庆. 基础设施融资指南（第三讲）［J］. 中国投资，2001（3）.

［77］吴晓灵. 新常态下如何继续推进中国金融改革［J］. 财经界，2015（7）.

［78］吴宇飞. 国内信用证结算中运输单据物权属性缺失问题［J］. 中国流通经济，2015（11）：116–122.

［79］夏斌. 宏观审慎管理：框架及其完善［J］. 中国金融，2010（22）：30–32.

［80］熊启跃，黄宪. 资本监管下货币政策信贷渠道传到的“扭曲”效应研究——基于中国的实证［J］. 国际金融研究，2015（1）：48–61.

［81］熊启跃等. 国际化会影响银行的净息差水平么？来自国际大型银行的经验证据［J］. 金融研究，2016（5）.

［82］熊启跃，王书朦. 负利率环境下国际大型银行净息差管理经验及启示［J］. 金融监管研究，2017（2）.

［83］许珊珊. 银行资金“空转”需重视［J］. 中国金融，2016（8）：100.

［84］许莹. 美国页岩油的快速发展对全球原油市场的影响［J］. 当代石油石化，2014（3）：9–13.

［85］杨成林. 去工业化的发生机制及影响研究［M］. 中国社会科学出版社，2015.

［86］杨海珍等. 金融风暴下国际资本流动态势及其对中国宏观经济的影响［J］. 管理评论，2009（2）.

［87］杨继梅，周茂荣. 欧元区成员国的财政溢出效应分析［J］. 欧洲研

究，2014（5）：89–106.

［88］杨仁发，刘纯彬. 生产性服务业与制造业融合背景的产业升级［J］，改革，2011（1）：40–46.

［89］姚枝仲. 中国贸易结构的变动：2001—2008［J］. 国际经济评论，2008(06)：28–30.

［90］尹翔硕. 欧洲单一市场对欧盟成员国贸易流动和产业区位的影响［J］. 欧洲，2001（2）：67–74.

［91］臧秀玲. 后危机时代金砖国家合作机制的发展困境及其突破［J］. 理论视野，2015（8）：65–69.

［92］张丽平. "一带一路"基础设施建设投融资需求及推进［J］. 中国经济时报，2017–04–18（005）.

［93］张明. 中国面临的短期资本外流：现状、原因、风险与对策［J］. 金融评论，2015（3）：17–30.

［94］张晓慧. 从中央银行政策框架的演变看构建宏观审慎性政策体系［J］. 中国金融，2010（23）：13–16.

［95］张宇燕. 全球化之殇：含义、诊断与矫正［J］. 国际金融，2017（7）：3–4.

［96］郑永年. 中国的海洋地缘政治与陆地地缘政治［J］. 外交评论（外交学院学报），2014（01）：1–11.

［97］中国国家统计局. 金砖国家联合统计手册（2015 年）. http：//www.stats.gov.cn/.

［98］中国科学院数学与系统科学研究院《欧洲主权债务危机影响的综合分析与监测预警》课题组. 欧元区经济失衡及再平衡之路［J］. 金融发展评论，2013（6）：2–10.

［99］周佩庆. 石油减产协议后的供给侧形势及油价走势研判［J］. 中外能源，2017（2）：1–5.

［100］周小川. 金融政策对金融危机的响应——宏观审慎政策框架的形成背景、内在逻辑和主要内容［J］. 金融研究，2011（01）：1–14.

［101］朱胜勇. 生产性服务业水平、结构与影响：国际经验及启示［J］. 改革，2008（7）：103–109.

［102］宗军. 展望中国债券市场发展的前景［J］. 银行家，2015（9）：66–67.

［103］邹伟康. 美国未来金融监管的特朗普场景［J］. 国际金融报，2017–01–20.

［104］ADB. Infrastructure and Growth in Developing Asia. ADB Economics Working Paper Series，2010，No. 231.

［105］ADB. Meeting Asia's Infrastructure Needs，2017.

［106］Adrian Van Rixtel，Luna Romo González，Jing Yang.The determinants of long–term debt issuance by European banks：evidence of two crises. Bank for International Settlements，2015：513.

［107］Agarwal，R.&M. Kimball.Breaking Through the Zero Lower Bound. IMF Working Paper，2015，No.15/224.

［108］Altunbas，Y. et al.Does Monetary Policy Affect Bank Risk–Taking?. ECB Working Paper，2016，No.1166.

［109］Aramonte，S. et al.Risk Taking and Low Longer–term Interest Rates：Evidence from the U.S. Syndicated Loan Market.*Finance and Economics Discussion Series*，2015–2068.

［110］Arteta，C. et al.The Coming U.S. Interest Rate Tightening Cycle：Smooth Sailing or Stormy Waters?.Policy Research Note：15/02，World Bank，Washington，D.C，2015.

［111］Arteta，C. et al .Negative Interest Rate Policies：Sources and Implications，CEPR Discussion Paper，2016，No. DP 11433.

［112］Azis，J. Iwan，Hyun Song Shin.Managing Elevated Risk，Global Liquidity，Capital Flows，and Macroprudential Policy – An Asian Perspective. Copublished by Asian Development Bank and Springer，2014.

［113］Bachmeier L J，Griffin J M. New Evidence on Asymmetric Gasoline

Price Responses ［J］. *Review of Economics and Statistics*，2003，85（3）：778-776.

［114］Baldwin，Richard .The Great Convergence. Harvard University Press，2016.

［115］Bank of Japan .Introduction of Quantitative and Qualitative Monetary Easing with a Negative Interest Rate.Press release，January 29，2016.

［116］Barba Navaretti，Venables，Barry，et al. Mult inational Firms in the World Economy. Princeton University Press，2004.

［117］Bech，M. L. & A. Malkhozov .How Have Central Banks Implemented Negative Policy Rates?.*BIS Quarterly Review*，2016，No. 1.

［118］Bernanke，B. .What Tools Does the Fed Have Left? Part 1：Negative Interest Rates.Brookings Institution（blog），March 18，2016.

［119］Bernhardsen，T. & K. Lund .Negative interest rates：Central bank reserves and liquidity management. Economic Commentaries 2015/2，Norges. BIS，87th Annual Report，2017.

［120］Borio Claudio.The Macroprudential Approach to Regulation and Supervision：Where do we stand?，2006（4）：108-110.

［121］Borio，C. et al .The influence of monetary policy on bank profitability. BIS Working Papers，2015，No. 514.

［122］Brunnermeier，M.K.&Y. Koby.The "reversal Interest Rate" An Effective Lower Bound on Monetary Policy. BIS research network meeting，14，March，2016.

［123］Bruno Tissot.Monitoring house prices from a financial stability perspective—the BIS experience，2014.

［124］Busch，R. & C.，Memmel.Banks' net interest margin and the level of interest rates. Discussion Papers from Deutsche Bundesbank，Research Centre，No. 16/2015.

［125］Carl Emmerson，Paul Johnson，Ian Mitchell，The EU Single

Market：The Value of Membership versus Access to the UK，The Institute for Fiscal Studies，August 2016.

［126］Claessens，S. et al. Low-for-long interest rates and net interest margins of banks in Advanced Foreign Economies.Federal Reserve. IFDP Notes. April 11，2018.

［127］Cuddington J T.Capital Flight：Estimates，Issues，and Explanations. Princeton Studies in International Finance，No. 58. 1986.

［128］Daniel Garrote，Jimena Llopis and Javier Vallés，Banco De Espana. Private-Sector Deleveraging Channels：An International Comparison.https：// ideas.repec.org/a/bde/journl/y2013i11n02.html，2013.

［129］Daqing Yao，John Whaley.The Yuan and Shanghai Pilot Free Trade. *Journal of Economic Integration*，2005.

［130］Darby M R. The Price of Oil and World Inflation and Recession［J］. *The American Economic Review*，1982，72（4）：738-751.

［131］Delphine Cuny.Brexit：La finance répond "Yes，but" à Edouard Philippe.La Tribune，11/07/2017.

［132］Draghi，M..Introductory Statement to the Press Conference. April 21，2018.

［133］Ehrenstein G，Westerhoff F，Stauffer D. Tobin Tax and Market Depth［J］. *Quantitative Finance*，2005，5（2）：213-218.

［134］European Commission .Survey on Merchants' Costs of Processing Cash and Card Payments：Final Report. European Commission，Directorate-General for Competition，March 2015.

［135］European Commission，European Financial Stability and Integration Review（EFSIR）：A focus on Capital Markets Union，25.4.2016.

［136］European Commission. White Paper on the Future of Europe Reflections and Scenarios for the EU27 by 2025. Brussels，1.3.2017.

［137］Europlace，Brexit，Paris，Welcome to Europe，07/ 2017

[138] Financial Service Committee：The Financial Choice Act of 2017，U.S. House of Representatives，H.R.10，115th Congress，2017.

[139] Findlay R，O'rourke K H.Power and plenty：trade，war，and the world economy in the second millennium.Princeton University Press，2009.

[140] Genay，H. .What is the impact of a low interest rate environment on bank profitability?.Chicago Fed Letter 324. July，2014.

[141] Gesell，S. .Die nat urliche Wirtschaftsordnung. Available in English as the Natural Economic Order，London：Peter Owen Ltd，1958.

[142] Grisse，C. .The zero-lower bound and movements in the term structure of interest rates.*Economics Letters*，2015，131（6）：66-69.

[143] H. Evren Damar，Césaire A. Meh，Yaz TerajimaLeverage .Balance Sheet Size and Wholesale Funding. Bank of Canada，Staff Working Papers，2010：10-39.

[144] H.M. Treasury，The long-term economic impact of EU membership and the alternatives，Presented to Parliament by the Chancellor of the Exchequer by Command of Her Majesty，April 2016.

[145] Hicks，J.R..Mr. Keynes and the "Classics"；a Suggested Interpretation.*Econometrica*，1937，5（2）：147-159.

[146] Hofmann，B. et al. Sovereign Yields and the Risk-Taking Channel of Currency Appreciation. BIS Working Paper，2016：538.

[147] IMF.Household Debt and Financial Stability.International Monetary Fund，October 2017.

[148] IMF. Annual Report on Exchange Arrangements and Exchange Restrictions [R]. 2016.

[149] IMF. The Global Trade Slowdown：Cyclical or Structural?，2015.

[150] IMF：Liberalizing Capital Flows and Managing Outflows，prepared by the Monetary and Capital Markets Department；the Strategy，Policy，and Review Department；and the Research Department，in consultation with the Legal

Department, March 13, 2012.

[151] International Monetary Fund (IMF) .Global Financial Stability Report. IMF, Washington, D.C., April, 2016.

[152] Isabelle Chaperon , Brexit : Paris et Francfort se disputent les faveurs des banques britanniques, LE MONDE ECONOMIE, 29/03/2017 e.

[153] Jean Pisani-Ferry, Norbert Röttgen, AndréSapir, Paul Tucker, Guntram B. Wolff, Europe after Brexit: A proposal for a continental partnership, 25 August 2016.

[154] Jobst, A. & Lin, H. .Negative Interest Rate Policy (NIRP) : Implications for Monetary Transmission and Bank Profitability in the Euro Area. IMF Working Paper, 2016, WP/16/172.

[155] Jonathan D. Ostry, Atish R. Ghosh, Karl Habermeier, Luc Laeven, Marcos Chamon, Mahvash S. Qureshi, and Annamaria Kokenyne: Managing Capital Inflows: What Tools to use? IMF Staff Discussion Note, April 5, 2011: 1-41.

[156] Joshua Aizenman, Menzie D. Chinn, Hiro Ito .The "Impossible Trinity" Hypothesis in an Era of Global Imbalances: Measurement and Testing.La Follette School Working Paper, No. 2012.

[157] Kant C..Foreign Direct Investment and Capital Flight. *Princeton Studies in International Economics*, 2003 (1) : 202-205.

[158] Khayat, A. .Negative Policy Rates, Banking Flows and Exchange Rates. AMSE Working Papers, 2015, No.1538.

[159] Killian L. The Impact of the Shale Oil Revolution on US Oil and Gasoline Prices [J]. *Review of Environmental Economics and Policy*, 2016, 10 (2) : 185-205.

[160] Krugman P. .Scale Economies, Product Differentiation, and the Pattern of Trade.*American Economic Review*, 1980 (70) : 950-959.

[161] Krugman, P. .It's back: Japan's slump and the return of the liquidity

trap. *Brookings Papers on Economic Activity*，1998，29（2）：137–206.

［162］Luigi Buttiglione，Philip R. Lane，Lucrezia Reichlin and Vincent Reinhart.，Deleveraging，What Deleveraging? .The 16th Geneva Report on the World Economy，https：//cepr.org/content/deleveraging–what–deleveraging–16th–geneva–report–world–economy，2014.

［163］Luigi L. De Ghenghi：Another "Choice" for Bank Regulatory Reform? Davis Pork/Reform，March 15，2017.

［164］Mahan A T .The influence of sea power upon history，1660–1678. Read Books Ltd.，2013.

［165］Moser，C. & A. Kol.Asset and liability management with ultra–low/negative interest rates：The perspective of a Swiss bank – an illustrative example. UBS Group AG. Workshop No. 20.OBSERVATOIE DU BREXIT，https：//brexit.hypotheses.org/tag/economie.

［166］Obstfeld.Trilemmas and Tradeoffs：Living with Financial Globalization.Early draft，2014.

［167］OECD，Financing Trends In Infrastructure，Risk And Returns，The OECD Green Survey，2016.

［168］OECD：The OECD's Approach to Capital Flow Management Measures Used with a Macro–Prudential Intent，Report to G20 Finance Ministers，April 16–17，2015.

［169］Paul H. Kupiec：Big Banks Will Always Be Too Big，Glass–Steagall or Not，American Banker，April 25，2017.

［170］Perez–Segura，A. & R. Vigfusson .The relationship between oil prices and inflation compensation.IFDP Notes，Board of Governors of the Federal Reserve System，April，2016.

［171］Prabhakar，Akhilesh Chandra .An Overview of the New Emerging Balance of Forces— "the BRICS，G20 andG7" Response to the Global Financial Crisis.*Asian Economic and Financial Review*，2011，1（2）.

[172] Prabhakar, Akhilesh Chandra. An Overview of the New Emerging Balance of Forces— "the BRICS, G20 and G7" Response to the Global Financial Crisis [J]. *Asian Economic and Financial Review*, 2011, 1 (2) .

[173] Richard Dobbs, Susan Lund, Jonathan Woetzel, an, d Mina MutafchievaMcKinsey: "Debt and (not much) Deleveraging" , ttps: //www. mckinsey.com/featured insights/employment–and–growth/debt–and–not–much–deleveraging, 2015.

[174] Rodrik D. .Premature Deindustrialisation in the Developing World. *Frontiers of Economics in China*, 2017, 12 (1) : 1.

[175] Rodrik, Dani .The Globalization Paradox: Democracy and the Future of the World Economy.Norton New York, 2013.

[176] Rognlie, M. .What Lower Bound? Monetary Policy with Negative Interest Rates. Job Market Paper, November 23, 2015.

[177] Rogoff, K..Costs and Benefits to Phasing out Paper Currency.NBER Macroeconomics Annual, 2015, 29 (1) : 445–456.

[178] Rostagno, M. et al .Breaking through the zero line: The ECB's Negative Interest Rate Policy. Presentation at Brookings Institution seminar Negative interest rates, Washington D.C., June 6, 2016.

[179] Sabine Syfuss–Arnaud, Francfort prépare l'arrivée des réfugiés du Brexit, 04/09/2017 , Challenge.

[180] Schott, P..Do Rich and Poor Counties Specialize in a Different Mix of Goods? Evidence from Product–Level U.S. Trade Data. NBER Working Papers, 2003, No. 8491.

[181] Simon, G. .Central Bank Balances and Reserve Requirements.IMF Working Papers , 2011/36.

[182] Stiglitz, J..What's Wrong with Negative Rates?. Project Syndicate, April 13, 2016.

[183] Stotsky J G. Why a two–tier Tobin tax won't work [J]. *Finance and*

Development, 1996（33）：28–29.

[184] Swanson, E.T. & J.C. Williams .Measuring the effect of the zero lower bound on medium– and longer–term interest rates.*American Economic Review*, 2014, 104（10）：3154–3185.

[185] The City of London, Shaping legislation：UK engagement in EU financial services policy–making, June 2016, www.cityoflondon.gov.uk/economicresearch.

[186] The City of London, Where Next Europe：the Future of European Financial Services, May 2015, www.cityoflondon.gov.uk/economicresearch .

[187] ThecityUK. Bond Markets, October.2012. http：//www.thecityuk.com/.

[188] Thomas M. Hoenig：A Market–Based Proposal for Regulatory Relief and Accountability, Presented to the Institute of International Bankers Annual Washington Conference, March 13, 2017.

[189] Timmer M, O' Mahony M .Groningen Growth and Development Centre.*Journal of Development Economics*, 2000, 77（1）：517–531.

[190] World Bank, World Development Report 1994：Infrastructure For Development.

后　记

砥砺奋进四十载，继往开来谱新篇。四十年来，改革开放不仅深刻改变了中国，也深刻影响了世界。进入新时代，我们面临的国内外形势更加错综复杂，承担的任务更加艰巨繁重。做好新形势下的经济金融工作，必须正确认识当今时代潮流和国际国内大势。只有这样，才能及时抓住重大战略机遇，保持经济金融持续健康发展。

近两年来，按照中央加强中国特色新型智库建设的要求，中国银行大力推动一流金融智库建设，部署研究了一大批关于国内外经济金融发展的重大课题，鼓励研究人员为国家经济社会发展提供研究支持和政策建议。本书是基于中国银行近年来的研究成果编写而成的。

本书的撰写人员主要来自中国银行国际金融研究所，也有部分来自一些海外分支机构。其中，国际金融研究所的陈卫东所长在书稿筹划、组织撰写、书稿审阅等方面做了大量工作。其他作者还包括：国际金融研究所宗良、钟红、葛奇、周景彤、王家强、边卫红、廖淑萍、李佩珈、高玉伟、熊启跃、梁婧、王有鑫、盖新哲、赵雪情、马曼、范若滢、谢峰、田园；巴黎分行潘诺、汪信君、郭亮；纽约分行陆晓明等。

本书的出版得到了中国金融出版社各位领导和同仁的大力支持，特别是黄海清主任对全书的主题策划、结构框架等方面提出了许多宝贵意见和建议。在此，一并表示诚挚的谢意。

由于国际国内形势错综复杂，并且时刻处于发展变化之中，书中缺点疏漏在所难免，敬请广大读者批评指正。

陈四清

2018年12月于中国银行